长城：追问与共鸣
The Great Wall: History and Insight
·修订版·

董耀会 著

燕山大学出版社
·秦皇岛·

自　　序

这本书以长城历史为认识对象，试图不仅以历史的眼光看长城，还将从现实视角，对长城历史的本来面目及本质进行分析、论述和判断。我不是一个心性狂傲的人，在长城之路上漂泊很多年之后，当年的文学青年，已经不知不觉地将自己的生命，融入了长城的岁月之中。

这本书里有长城的历史，有对长城相关问题的追问。这里也有共鸣，有我对长城的情感。有我三十五年来，奔波在长城上的各种体验和感受。我将陪同大家一起去行走长城，去追逐长城的历史。或许有的地方，还会颠覆你以往对长城的某些认识。

在人类文明史上，中国长城是一个极为特殊的文化现象，在文化和精神价值维度，对长城做出恰如其分的评价，是我多年的追求。让我们一起走进长城的历史，去认识长城的伟岸和荣耀。让我们一起去仰望长城的星空，去感受长城历史天空曾经的艳阳高照和冷月冰霜。

中国有一句老话："读史可以使人明智，鉴以往可以知未来"。我力争在心平气和的语境之下，进行我的追问，与有缘于这本书的人达成共鸣。

长城：追问与共鸣

一

20世纪80年代，我27岁的时候和吴德玉、张元华历时508天徒步自费考察了明长城山海关至嘉峪关段。1984年5月4日我和吴德玉从山海关老龙头出发，两个月后张元华从北京的平谷加入我们的队伍，1985年9月24日我们一起攀登抵达嘉峪关城楼。

接着我们三人又于10月20日从辽宁丹东出发，12月28日到达山海关，徒步考察了明辽东镇长城。近两年的长途跋涉，到家之后才都明显地感觉已经身心疲惫到极限。当时并没有意识到，一时的疲惫却给了我生活的一世从容和淡定。

人生几十年，若白驹过隙。徒步考察长城出发那年我27岁，今天写这本书的时候，我已经63岁了。35年过去了，我也已经从青年到白头。这期间的很多情形，都已经淡忘了。可是，时至今日朋友们聊起来，还有人会觉得我当时放弃很好的工作，义无反顾地去走长城，很令人不可思议。

出发那一天，我的家乡秦皇岛春光明媚。前一夜，我一直处于似睡非睡的状态。淅淅沥沥的小雨，一直下到凌晨。早晨雨停了，太阳出来后的天空一尘不染。

这一天，我和吴德玉将迈出徒步自费考察明长城的第一步，定好了七点半从我家出发。早晨不到五点，几个从小一起长大的伙伴过来送我们。妻子已经起来做饭了，我还赖在床上。我将暂时告别这张床，说暂时也要至少两年。

不记得妻子都做了什么菜，只记得有一盘花生米，几根黄瓜，几个西红柿，两瓶白酒。大家只是喝酒，很少说话。妻子煮熟了饺子时，我看看表已经快七点了。

我说："就到这儿吧，等我和德玉从嘉峪关回来，喝个一醉方休。"离开母亲，离开老婆孩子的那一刻，不敢和她们的目光相对，我不知道自己走了之后，她们的日子怎么过，我甚至不知道自己还能不能活着回到她们面前。

其实，与当年从全国各地征调来修长城的那些士卒和农夫相比，我们与亲人的离别就不算什么了。他们告别家庭的时候，肯定比我的感受更凄惨，那才是真正的生离死别。后来走在长城路上，每当想家的时候，我就想一想那些修建长城和戍守长城的人们。

从这一年的这一天开始，我再也没有离开过长城。一路走来，我也不知道从什么时候开始，深深地感到长城始终笼罩在一层神秘的魅力之中，引人入胜，令人不能自拔。

实话实说，这一辈子做长城的事既有很享受的时候，也有感觉很苦的时候。享受的是一种幸福感，自己与长城这样伟大的事物结缘，所付出的一切都能获得超越生命的充实。

研究长城，也是有苦有乐。苦的时候，寂寞孤独，仿佛是在服苦役。其实，说孤独也不孤独，因为我的人生之路始终有长城相伴。换言之，说不孤独也孤独，因为长城在大地上屹立千百年，长城也是孤独的。

我写过很多有关长城的书，这些不同年代出版的书，记录了我对长城不一样的认识和理解。我有时觉得已经非常了解长城，已经和长城融为了一体，有时又会突然觉得，我对长城非常地陌生，长城在很遥远的地方，还有很多的问题我并不了解。

不仅我个人如此，不同时代的人，对长城历史的认识也多有不一样的地方。之所以这样，不仅是因为研究者主观因素所致，还与现实社会发展的客观需要有关。

每一个历史时期，都有其要解决的问题。历史就是在解决旧问题，又产生新问题，再解决新问题的过程中一步步走到了今天。

长城：追问与共鸣

三十多年，我就这样跟随心灵的脚步，穿越时空，不断地追根究底，试图寻找一个又一个与长城有关的答案。

二

很多人都去过长城，或是去过北京的八达岭长城，去过河北秦皇岛的山海关长城，或是去过长城的某一个点。然后，就以为那就是中国的长城。其实，绝非如此。中国历朝历代的长城，中国各个地方的长城，可以说是千差万别。

在我的概念里，长城之伟大，可以用两个"长"来概括：第一是长城体量的长，万里长城万里长；第二是长城历史的长，从春秋战国长城产生开始，有着两千多年的发展史。

万里长城都在什么地方？2012年，国家文物局发布了长城资源认定结论：中国各时代长城资源，分布于北京、天津、河北、山西、内蒙古、辽宁、吉林、黑龙江、山东、河南、陕西、甘肃、青海、宁夏、新疆等15个省（自治区、直辖市），经过97个地级市，404个县（市、区）。

长城从东到西横跨了中国北方，从东北的大兴安岭，经华北平原、黄土高原、内蒙古高原，蜿蜒至新疆天山南北的广阔绿洲。其中，河南、山东的长城，分别是春秋战国时期的楚国和齐国所修建。

万里长城今天还有多少遗址遗存？国家文物局和国家测绘局于2006年开始对长城资源进行全面、系统的调查工作，调查成果依法作出认定，以明确长城的身份，对其进行保护。调查结果：

截止到2012年6月，经国家文物局认定的中国历代长城遗迹总长有21196.18公里。各类长城资源遗存总数43721处（座/段），其中墙体10051段，壕堑（界壕）1764段，单体建筑29510座，关、堡2211座，其他遗存185处。

这里说的历代长城，包括中国古代从春秋战国各诸侯国之间为相互防御而修建的长城，到中原诸侯国和王朝为防御游牧势力而修建的长城。我们说起长城，主要是大家都比较了解的北方农牧交错地带的长城，如山海关、八达岭、嘉峪关这样的明代长城。

明长城资源保存相对完整，形制类型最为丰富。主要分布区域包括北京、天津、河北、山西、内蒙古、辽宁、陕西、甘肃、青海、宁夏等十个省（自治区、直辖市）。其主线东起辽宁虎山，经河北山海关，西至甘肃嘉峪关。现存墙壕5209段，单体建筑17449座，关、堡1272座，相关遗存142处，长度8851.8公里。

中国历史上很多的朝代都修建了长城，国家文物局长城资源调查结果认定，我国境内现存长城的时代确定为春秋战国、秦、汉、南北朝、隋、唐、五代、宋、西夏、辽、金、明及时代不明等13个不同时代类型。

最后合并为8个时代，分别为：春秋战国、秦汉、南北朝、隋、唐、五代、宋辽金西夏、明。其中，河北、山西、内蒙古自治区各拥有的时代数量均为6个，辽宁和宁夏回族自治区各有5个时代的长城，陕西、甘肃各有4个时代的长城，吉林、新疆维吾尔自治区各有3个时代长城，北京、黑龙江各有2个时代长城，天津、山东、河南各有1个时代长城。

透过长城厚实斑驳的砖石或黄土夯筑的墙体，跨越时空触摸悠久的历史，感受万里长城的万里长，仅认识长城的建筑，了解长城的历史还不够，还要知道祖先为什么持续两千多年不断地修建和使用长城。

长城是一首伟大的史诗，我一生最大的荣耀是始终在阅读长城。我们常说：经得住时间沉淀的才是永恒的。长城无疑经历了时间的沉淀，但其永恒性又在哪里呢？了解长城，只有拉长历史的镜头，才能认清其历史价值。

三

长城的历史自然关乎战争的胜负,甚至关乎王朝的更替,但绝不仅仅是这些。长城的历史更关乎中国历史的宏大叙事,关乎中华文化的传承和发展。

长城的意义主要体现在促进中华文化的发展,长城的历史文化价值主要体现为其对人类文明的贡献。在人类社会生活和人类文明的发展过程中,人类始终面临三大基本问题:生死存亡、构建文明发展秩序、文明发展和延续。

在中国古代,长城存在的价值与解决人类面临的这三个基本问题始终息息相关。当然,探讨这方面的问题可以说很复杂,但有关讨论也可以做得很简。

生死存亡,是人类从远古到今天乃至到未来,必须要面对的第一大基本问题。长城作为防御体系,首先是要解决农耕民族的生存问题,同时也事关游牧民族的生存。不能解决生死存亡,一切都无从谈起,这一点对农耕民族和游牧民族都一样。长城内外不同族群的利益有大小之分,有轻重之别。不论是长远利益、全局利益还是潜在利益,努力争取利益的最大化是所有利益主体的诉求。

各种利益与生死存亡相比,毫无疑问都处于次要的位置。对长城以南的农耕民族如此,对长城以北的游牧民族亦然。不同利益主体之间,有序化的交流与发展,总体上符合双方的长远利益。

以农为本的思想生长于农耕地区,农耕经济构成了中国古代的支柱性产业。这样的经济类型,产生与其相适应的文化,既是民众生存的需要,也是社会发展的需要。农耕民族依托农耕的定居生活,诞生了植根于这片土壤之上的农耕文明。农民是农耕社会的主体,农民的生死存亡，决定着农耕政权的生死存亡。所以，最晚在春秋晚期就有了"得民心者得天下"的主流思想。

构建文明发展秩序，是人类从远古到今天乃至到未来，必须要面对的第二个基本问题。

人类有合作发展、寻求双赢或多赢的愿望，也有为了追求利益而互相排斥、对抗甚至争斗的事实。在适宜人类生活的环境中，人类相互联系、相互制约并建立起各种法规制度，构建起有目的地进行文明发展的社会秩序。人类社会形成之后，任何政权都需要构建秩序。

每一个国家、民族都有不同的文化传统，在不同的历史时期不同的文化背景下，其构建秩序的方式也有很大的不同。长城的存在调整了农耕和游牧两个民族之间的冲突，减少了双方发生战争的次数，在那个时代部分地解决了不同文明的冲突问题。

斯塔夫里阿诺斯在《全球通史：从史前史到21世纪》中讲长城防御的作用时认为：游牧民族的"入侵还常常是一系列爆炸反应的最终结果。攻不破中国长城，或者遇上障碍物如在蒙古形成的富有侵略性的部落联盟，往往使游牧民转而西进。接二连三的入侵犹如不断向西的一连串冲击波，最终使游牧民涌过奥克苏斯河、多瑙河或莱茵河"。这一点在西方史学界有很多的研究成果。

匈奴人与蒙古人等西进，除了遇到长城的阻隔之外，还有着各自特殊的原因。但长城强大的防御，使其不能轻易南下，转而西征也是一个原因。

长城的存在，对中华文明的发展和延续提供了保障。思想与文化是人类区别一般生物的重要特征，思想文化的发展是一个漫长的过程。文明发展史的规律和经验证明，形成文明需要时间完成其发展过程，需要有一定质量的传承。

长城：追问与共鸣

中国文明的起源和文明社会的形成，是一个连续性的发展过程，长城自产生之始就伴随着中国文明的发展。中国是有着五千年历史的文明古国，人们世世代代劳动、生息、繁衍在这片辽阔的土地上，保持着几千年绵延不断的历史记载，形成了独特的文化脉络与体系。从这个意义上说，长城是中国文化的根脉。

地域是文明的承载体，民族或族群是文化的承载者。人类的各种文明，会因为环境和社会的变迁而发生巨大的变化。人类的各种文化，也会随着承载文化的民族与族群的盛衰而变化。一个民族的文化能否在人类文明史上发扬光大，既要看该民族存续时间的长短，也要看该民族所创造的文化的传承质量。

我上面这些所有的回答，都是在表达一个观念：世界文化遗产长城与人类从远古到今天，乃至到久远都始终面临的生存、秩序、发展三大问题密切相连，所以，我认为长城是人类文明的标志。

四

统一是中国历史上有实力政权的强烈追求，也是中国人历来具有的独特心理意识。这种意识的形成以农耕经济社会形态为基础，这一点和世界其他国家特别是西方国家，不太一样。

长城的产生和发展与中国文化对统一的追求有直接的关系。中国古代史从部族到诸侯，从诸侯到天下一统，社会形态始终在不断地分裂与统一的过程中交替进行。

古代早期欧洲的农耕经济始终不够发达，他们的生活资料主要通过海外贸易获得。支撑早期欧洲国家的经济是商贸经济，农业经济在其各经济形态中则处于相对落后的地位。中国古代的经济和社会基础，却是稳定性很强的农耕经济。因此，中华民族对统一的追求，远比世界其他民族要强烈得多。

中国具有悠久的国家统一的历史，这一点长城是最好的证明。国家统一在几千年中不断得到加强，各民族人民也在这样的历史发展中不断融合。追求统一是中国历史发展的大方向，有利于社会发展和管理。在一定的程度上达到了统一，就可以减少冲突及战争。

中国是传统的农业大国，既是粮食的生产大国，也是粮食的消费大国。黄土地与土地上生产的粮食，孕育了农耕文明。中国人年复一年，脸朝黄土背朝天地生产和生活，形成对稳定和安全的需要。这就是中国古代两千多年来，持续修建和使用长城的社会基础。

维护长城区域的控制只有两种手段——征伐和防御，二者都不可缺失。对外如果军事征伐成为常态，表明王朝抵御外敌的能力已经不够强。就如同对内如果镇压和打击威胁成为常态，说明王朝丧失了社会大部分的民众凝聚力。所以，修建长城与征伐相比，前者的作用更为积极。

上述观点，我这些年在各种场合都做过阐述，得到了广泛的认同。不过思想与传播之间似乎有一道鸿沟，我们还没有跨越。我相信，对长城价值的正面理解和认识，将会越来越深入人心。

修建了伟大长城的中华民族的祖先们，让我感到无比骄傲。读懂了长城，可以了解中华民族的生息繁衍，了解民族文化和社会的发展历程。话虽如此，也不是说长城在中国历史上就没有负面的影响，其中有些问题，就会在正文中有所涉及。但长城及其形式的文化对中国历史发展正面的深刻影响是主体。读懂了长城，可以听到中华民族从远古走到今天，古老而雄浑的脚步声。

目 录

第一章 民以食为天 国以民为本 1
一 农耕政权边疆地区的防御工程 2
二 长城与中国独立的地理环境 6
三 调整农耕与游牧社会经济秩序 11
四 东汉同时期欧洲也修建了长城 14

第二章 先秦诸侯国相互防御的长城 18
一 长城产生于争霸和兼并战争 20
二 长城始建于齐国和楚国 25
三 螳螂捕蝉的燕国、赵国南长城 38
四 中山小国的长城修建 41
五 远交近攻的魏国、韩国、秦国长城 43

第三章 战国北方防御游牧势力的长城 50
一 农耕政权向北扩张建长城 51
二 骑兵作战改变战争形态 54
三 秦国灭义渠戎建长城 57

四　赵国北征林胡、楼烦建长城 …………………… 60
　　五　燕国却东胡千里建长城 …………………… 63

第四章　始皇长城：第一道万里长城 …………………… 66
　　一　秦朝长城及北疆防御 …………………… 68
　　二　秦征匈奴向北发展 …………………… 72
　　三　秦朝长城的修建 …………………… 77
　　四　秦修建通长城的直道 …………………… 79
　　五　北伐与修建长城对秦国的影响 …………………… 81

第五章　汉代长城：中国最长的长城 …………………… *87*
　　一　西汉初年修缮秦长城 …………………… 93
　　二　武帝征战匈奴建长城 …………………… 97
　　三　西汉北伐和修长城的影响 …………………… 105
　　四　东汉建长城及灭匈奴 …………………… 108

第六章　北朝长城：非汉民族修建的长城 ………… *114*
　　一　北魏长城的修建 …………………… 117
　　二　东魏长城的修建 …………………… 123
　　三　北齐长城的修建 …………………… 125
　　四　北周长城的修建 …………………… 127

第七章　隋唐长城：重新统一之后的长城 ………… *129*
　　一　隋唐北疆对突厥的防御 …………………… 130
　　二　隋文帝时期长城的修建 …………………… 133
　　三　隋炀帝时期长城的修建 …………………… 136
　　四　唐受降城防御体系建设 …………………… 138

五　唐朝西域烽燧防御工程修建 …………… *142*
　　六　唐朝时期长城的修建 …………………… *147*
　　七　唐朝长城地区的藩镇割据 ……………… *150*

第八章　金长城：被历史遗忘的长城 ………… *152*
　　一　金修建长城的背景 ……………………… *154*
　　二　金长城初建于何时 ……………………… *159*
　　三　金长城大规模修建时期 ………………… *162*
　　四　猛安谋克的退化及女真汉化 …………… *165*
　　五　新发现的西夏长城 ……………………… *170*

第九章　明长城走向鼎盛的背景 ……………… *172*
　　一　明初修建长城防北元卷土重来 ………… *173*
　　二　明中期防蒙古诸部南下抢掠 …………… *177*
　　三　明末长城防御后金战略进攻 …………… *189*

第十章　明长城的修建与戍防 ………………… *199*
　　一　加强京师防御的蓟辽保定镇长城 ……… *200*
　　二　长城前沿阵地宣大、山西镇长城 ……… *212*
　　三　西北边陲陕西三边四镇长城 …………… *223*
　　四　不隶属长城九边的西宁长城 …………… *235*
　　五　明末清初长城功能的延续与转变 ……… *237*

第十一章　明长城防区设置的发展变化 ……… *240*
　　一　都司卫所制度兼顾生产和军事 ………… *242*
　　二　九边军镇独立的军事防御区 …………… *245*
　　三　长城九镇的形成设置时间 ……………… *247*

第十二章　明长城指挥系统形成与演变 ············ *255*
　　一　大将、塞王镇守边关制度 ················ 256
　　二　兵制中的总兵、巡抚、总督 ················ 261
　　三　皇上的耳目宦官监军 ··················· 265

第十三章　清朝对明长城的再利用 ··············· *271*
　　一　清朝依然视长城为"汉夷"分界 ············· 271
　　二　清朝利用长城实行满禁和蒙禁 ············· 274
　　三　清修长城防御蒙古准噶尔 ················ 279
　　四　清不再大规模建长城的原因 ··············· 283

第十四章　长城与王朝的国家治理 ··············· *289*
　　一　长城产生与中央集权制 ················· 291
　　二　战与和的选择及力量与利益平衡 ············ 296
　　三　长城地区的管理和控制 ················· 301
　　四　中原稳定与动荡对长城作用的影响 ··········· 305
　　五　长城加速草原社会的政治发展 ············· 308
　　六　和亲是王朝和游牧部族政治联姻 ············ 312
　　七　朝贡是政治行为更是经济行为 ············· 315
　　八　开市与闭市都是一把双刃剑 ·············· 319

第十五章　长城与王朝的军事防御 ··············· *322*
　　一　长城的军事防御价值 ··················· 325
　　二　长城防御驻防系统 ··················· 329
　　三　长城防御屯田系统 ··················· 336
　　四　长城烽火传递系统 ··················· 339
　　五　长城驿传递运系统 ··················· 345

六　长城不战而屈人之兵 ·················· 349

第十六章　长城与王朝的经济关系 ·················· 355
　　一　长城地区的农耕与游牧经济形态 ·················· 359
　　二　长城修建与戍守都靠赋税支撑 ·················· 366
　　三　长城内外经济互补性是贸易的基础 ·················· 373
　　四　长城既防外也防内 ·················· 380
　　五　长城对丝绸之路的保障作用 ·················· 384

第十七章　长城与王朝的民族关系 ·················· 390
　　一　长城区域民族融合的纽带 ·················· 393
　　二　长城内外的多民族共生共存 ·················· 397
　　三　面对游牧势力农耕社会的力不从心 ·················· 399
　　四　中原王朝保持对游牧民族军事压力 ·················· 404
　　五　向长城地区移民促进民族融合 ·················· 409
　　六　长城与中华民族的多元一体 ·················· 413

第十八章　长城精神价值之洞见 ·················· 417
　　一　长城与中华传统文化 ·················· 420
　　二　长城与爱国主义情感 ·················· 424
　　三　长城与勤劳顽强美德 ·················· 429
　　四　长城与崇尚和平理念 ·················· 433
　　五　长城——世界遗产 ·················· 437

主要参考文献 ·················· 443

后　　记 ·················· 449

第一章　民以食为天　国以民为本

中国古代为什么要在漫长的两千多年，不断地修建和使用长城？为什么要在上万里的辽阔区域，修建和戍守着如此连绵不断的长城？支撑古人这样做的理由是什么？

这一点说复杂也复杂，说简单也简单。最简单的答案：长城有用。有用是长城的本色，是长城的生命力之所在。

不知何故，时至今日总有些人不断地说服大众相信，中国古代修建长城是基本没有用的。"民以食为天，国以民为本"，这是中国人都熟悉的一句老话。这句阐述食与民、民与国关系的老话，讲出了修建长城深层次的原因。

如果长城无用，我们这个持续两千多年，不断修建和使用长城的民族，始终在做一件无用的事也太愚蠢了吧？这个愚蠢的民族早该灭亡了，为什么又会繁荣地走到今天呢？中国不同的历史时期，有很多不尽相同的地方，但有一点是相同的：农业是维系国脉民生的基业，也是历代王朝的立国之本，长城保障的就是这个根本。

中国古代王朝建立在发达的农耕经济基础之上，社会则是具有血缘宗族性生产关系的社会结构。这样的政权、这样的社会最需要的是安全稳定的保障。中国文化追求"先天下之忧而忧，后天下之乐而乐"的道德境界,如果社会安定这一基本保障都做不到,别的就更无从谈起了。

在农牧交错地带,农耕和游牧经济及政权有很强的冲突性。这期间有农耕政权的向北扩张,也有游牧政权的向南发展。即便是彼此力量相对平衡的时期,塞外铁马金戈也随时有可能驰骋于中原大地,踏破定居的农耕家园。

农民离不开土地,农民种上地之后就更不能离开这块土地。而且,他们的土地和庄稼,也不能让牧民放的牛羊等牲畜踩踏。否则,打不下粮食下一年就没有吃的了。这也是从事农耕的农民,为什么会对游牧族有着莫名的恐惧感的原因。

农民没法活了,社会自然就会动荡,政权也就会不稳定。因此,农耕政权需要通过构建长城,来规范调整农耕和游牧双方的关系。这样做不仅是解决对外的问题,也直接关系其内部的安全。

一 农耕政权边疆地区的防御工程

人们谈起长城,很容易就想到战争。其实,长城的历史大多数时间并非处于血雨腥风之中,也与枪林弹雨关系不大,更非时刻都是出生入死的战斗。因为中国长城绝大多数的地方都没打过仗。即便打过仗的地方,绝大多数的时间也是不打仗的。

这并不影响我们作出"长城是军事防御工程"这样的判断。长城作为军事防御工程,不是为打仗而修建,是为不打仗而修建。既然长城是军事防御工程,毫无疑问其修建始终是国家行为。

认识长城产生和发展的历史,需要看得再远一点。将长城放到中国国家起源及发展的大背景之中,放在中原农耕政权的社会需求之上，才能够看清楚其与国家政治及社会的联系。

当然，还可以追问得更远一点。有时候我想，人类是怎么走出洞穴的？只有走出洞穴，才是人类生活的开始。他们一定是找到了虽然不再住于洞穴中，依然可以有安全保障的办法。安全措施不外乎是挖深深的沟，或垒高高的墙。今天能见到的中国古代长城，整体上讲也不外乎是墙或壕这两种形式，只是防御功能在此基础上越来越完备而已。

长城究竟指什么？其内涵和外延是什么？长城与一般军事防御工程有何区别和联系？随着长城研究的普及和深入，许多研究者提出了如何定义长城的问题。不同的理解，彼此之间虽然有差异，但较为一致的意见是，长城是中国古代军事防御工程。

军事防御工程不止长城，长城与其他军事防御工程有着两个本质区别：第一是长城建筑体量的长，这一点其他军事防御工程无法比拟；第二是长城防御体系具有较大的纵深。

我在主持编纂《中国长城志》时，结合前人的研究成果，给长城下过这样的定义：长城是中国古代由连续性墙体及配套的关隘、城堡、烽燧等构成体系的军事防御工程。

古代最早修建一道延绵的长墙用于防御，为什么不叫长墙而叫长城，这绝非偶然。长城最早就是诸侯国的城墙，不是一道封闭的墙，而是一个庞大的体系。构成长城防御体系的许多军事要塞和城堡内，都住着执行戍守任务的士兵。

秦汉之后的长城，作为农耕政权构建的军事防御工程，本身具有整体性、结构性和层次性的特点。一般人理解长城往往忽略其防御的整体，对防御体系的结构性和层次性也认识不足。这些方面，就先不展开说了。

整体性强调的不仅是长城防线以内，更需要强调的是，我们一

长城：追问与共鸣

定要明白：长城虽然用一条有形的防御线，将中原与草原社会分割开来，但千百座连通长城内外的关隘，又将农耕和游牧地区紧密地联系起来。

长城见证了中国历史的发展。苏秉琦提出中国国家起源发展有三个阶段——古国、方国、帝国。他认为早期古国在四千年前发展为方国，在两千年前汇入了多元一统的中华帝国。防御工程从产生到发展，伴随着古国、方国、帝国的发展全过程。

古国时期以聚落的环壕或石城等防御建筑为主。方国时期长城正式登上历史舞台，成为诸侯国之间兼并反兼并的军事防御工程。秦始皇完成统一大业和秦汉帝国的形成，中国历史进入帝国时期，万里长城产生于此时期。

只有大一统的王朝政权，才会有万里长的边疆地区。古代中原王朝拥有广袤的北部边疆地区，才会有修建长城维护边疆地区安全稳定的需要。边疆地区稳定，才能维护政权的稳定。

不同的朝代、不同的历史时期，王朝的边疆并非固定不变。不同历史时期的边疆地区，依当时客观现实基础所确立。王朝对长城地区防御的构建、调整和社会治理都受到既定边疆政策的影响。边疆治理对古代所有王朝政权来说，都是其国家治理方略的主要内容。

边疆地区在经济、政治、文化发展方面都占有重要位置。不管是统一时期还是分裂时期，古代中国从国家治理的角度，将王朝政权控制的边缘地区界定为边疆，并采取与内地不同的方式加以治理。边疆既是拱卫国家核心区域的安全屏障和战略纵深，也是国家实力强大之后进一步向外发展地理空间的依托。

随着经济的发展、实力的增强，农耕政权在一定时期也会产生向游牧地区扩展的需求。扩张的直接结果，致使中原边疆地区发生较大的变化。中原王朝对长城外民族产生政治上的吸引力、军事上的威慑力的同时，也会产生经济上的影响力和文化上的感召力，推动游牧民族对中原王朝的内降、归附和臣服。

谈中国古代长城的历史，离不开农耕与游牧的概念。那么农耕与游牧特指的又是什么呢？农耕与游牧有三层意思，彼此之间既相互独立又有密切的联系。

首先是指农耕经济与游牧经济。这两种完全不同的经济类型，决定了长城内外的对立统一关系。第二是指以这两种不同经济类型为生产、生活基础的不同民族。即农耕民族和游牧民族，包括这些不同的民族创建的文化与文明。第三是指农耕政权与游牧政权。实际上发生在长城内外的大规模冲突，特别是激烈的军事冲突，主要是不同的民族政权之间利益与力量的角逐。

长城是中国古代王朝的边疆，是从农耕政权与游牧政权所控制地域而言。王朝的边疆与现代政治学的边疆，并非一个概念。现代的边疆是国家靠近边界的领土疆域，这一点与古代不一样。现代意义的"边疆"及其纵深，是由主权国家在其领土边界范围之内，根据政治、经济、军事的需要，按特定的自然地理或行政区划确定的区域。确立国家边疆的前提和依据是现代国际法，作为国家行使主权空间的标志是边界。基于国家主权意义的边疆，是近代民族国家出现以后才逐渐确立的概念。

王朝的边疆地区并不等同于中国历史的疆域，这二者不能混淆。王朝和边疆民族政权的关系，不同的时间节点其关系模式不一样，一般来说有如下三种情形：

第一种是多数时间，统一的王朝强大时期，各边疆民族政权为王朝所册封。第二种是边疆民族政权与王朝势均力敌时期，形成双方割据的分治局面。第三种是王朝政权腐败并走向覆灭，各边疆民族政权进入中原，成为部分农耕地区或全国的统治政权。

不管是哪种情形，或是多种情形相互交织，最后，都是以中原民族和边疆地区的民族融合为结果。考察历代长城的作用时，需要对当时王朝的边疆进行分析。但是，将长城作为整体来研究时，不要混淆农耕政权的边疆与中国历史的边疆之区分。

中国长城地区的动荡与稳定，由边疆地区会波及更远的地区，甚至可以直接或间接地影响到世界的安定。有学者认为，中国历史上朝代的兴亡不仅与游牧社会的盛衰有关，还影响了西方社会的发展。

F. J. 梯加特《罗马与中国——历史事件的关系研究》一书以东西方历史比较为核心，经过精心的类比和分析，发现公元前58年到107年这段时间里，"每一次欧洲的蛮族起义都发生在罗马帝国东部边界或是中国的'西域'战争之后"，"欧洲的40次暴乱中，有27次与汉朝的西域政策有关，或者至少与这个政策所引起的局势变化有关"。

总之，长城位于古代王朝的边疆。现在认识长城的历史及其价值时，需要立足于中华人民共和国的疆域；在考察各阶段的长城时，需要关照古代王朝不断变化着的边疆。

王朝败落、衰微或分裂的时候，游牧政权不仅会改变与王朝的羁縻关系，还会采取军事进攻手段来抢夺王朝所控制的某些区域，甚至颠覆王朝政权。这些变化，都会对边疆地区社会经济产生影响。

二　长城与中国独立的地理环境

人们常用"上知天文，下知地理"形容一个人知识的渊博。天文和地理，讲的是人类生活的自然环境。世界各国自然环境千差万别，对历史的发展影响很大。

打开一幅中国地图，把长城的信息填在上面，就会发现过去讲长城的时候，常忽略一个地理现象，这就是决定中国为什么会持续不断修建长城的地理问题。长城的修建，从东北到西北，无不与地理环境和自然条件有关。

位于亚欧大陆的东部的中国，地理环境具有相对的独立性。正是贯穿东西的长城，结合其余三面的天然屏障，使这个独立空间形成了相对安全的闭合。

中国东边和东南为海洋所环绕，西部有世界屋脊帕米尔高原，西南有青藏高原和喜马拉雅山，在当时的条件下这些都是难以逾越的天然屏障。只有西北的新疆戈壁沙漠之中的绿洲、北部内蒙古高原、东北兴安岭和长白山之间的广阔平原，没有天然屏障，可以与更远的地方相联系。

丝绸之路也就是在这些地方，经中亚陆路通往欧洲。经西域的丝绸之路，被名为"绿洲路"或"沙漠路"；经北方蒙古草原游牧民居地至中亚的丝绸之路，被称为"草原路"。今天的学术研究对北部长城地区草原丝绸之路的关注还远远低于对经过河西走廊的丝绸之路的研究。实际上，其重要程度毫不逊色于西部的丝绸之路。

这种相对独立并几乎与外部世界隔绝的自然环境，使中国古代文明与世界其他地区的文化形成各自并行发展的状态。在这样的地理环境下，只有从东北到西北的北方没有可以阻挡进攻的天然屏障，这是长城产生的地理基础。修建长城是在中国相对独立的地理环境下，北部防御不足而进行的补充。

中国相对独立的环境之内，可以满足农耕经济自给自足发展的需要。作为东亚大陆体量最大的农耕族群，华夏族便在这样的环境下发展强大起来。农耕经济的发展首先得益于黄河与长江流域有利

7

于农业经济发展的地理环境。

农耕经济高度发达，对中国传统文化的形成都有重大影响。农耕经济的春种秋收及中间阶段的浇水施肥除草是在同一地域进行的一个完整、连续的过程，每年开春就要做好全年的安排。久而久之便形成了按部就班、从大处着眼、从具体处着手的思维模式。其中也包括整体安全的考虑，没有安全的保障，一切就无从谈起。

对于华夏文明的主体而言，在当时的条件下没有其他文明可以跨越地理限制，对华夏文明构成威胁，虽然，期间彼此也有过一些冲突，发生过一些战争。

公元前6世纪，横跨亚非两大洲的波斯帝国占领了埃及、两河流域、伊朗高原，但到了帕米尔高原，没能跨越锡尔河。

公元前4世纪，马其顿皇帝亚历山大的远征军，占领了伊朗、印度之后也没能跨越帕米尔高原进一步威胁华夏文明。

7世纪驰骋欧亚非三大洲的阿拉伯帝国，也止步于帕米尔高原，没有对华夏文明构成威胁。西方各大帝国从西向东发展时，受自身实力和当时技术条件等方面的影响，均没能跨越中国西北到西南的各种自然环境构成的天然地理障碍，对华夏文明构成威胁。

在这样的地理环境下，长城以内的农耕民族得以发展成为"薪火相传，生生不息"、具有强大生命力的多民族共同体。相对独立的地理环境决定了中国古代农业社会在经济、政治和文化上的相对稳定。

农耕经济及其文明和文化，对长城外各民族有着很强的吸引力，并形成了周边不同时期不同民族向中原地区内聚的现象。正是这种内聚力，使中华文明得以不断地发展。

有一块温度与湿度均适宜农耕的区域，即中原地区，是古代华夏民族的发源地。古人认为，这片土地是天下的中心地区。文化比较先进的华夏族自称中国，以别于四夷。在相对独立的地理环境下，农耕经济在其发展过程中，长时间受长城保护，得到持续发展，中国文化也因此具有了较好的持续性。

传统农业的持续发展保证了中华文明的绵延不断，使其具有极大的凝聚力。在世界发展史上，中国内地农业区的面积和粮食产量长期处于领先地位，供养着数量最多的人口。

当然，与地中海文明不同，中国的西北、西南的高原和高山、戈壁和荒漠，东面和南面的海岸线，所形成的人类早期难以逾越的障碍。这种情形之下，在保障自己安全的同时，也相应地成为中国与世界联系的天然阻碍。

总体来说，古代中国拥有相对独立的地理环境，在这种环境下只有华北平原、内蒙古高原、黄土高原之北联通大漠南北，没有难以逾越的天然屏障，北方游牧民族最可能由此南下，对农耕民族造成威胁。因此，古代王朝往往只好借助较为利于防守的自然环境，修建长城来加强对游牧民族的防御。

农耕政权在东北、华北、西北修建长城，是为了补充北方天然屏障的不足，历代长城的走向和选址又是怎样的呢？还是看一看中国地形图，我们可以发现在北纬41度至42度之间的中国北方，由东向西，分布着大兴安岭、燕山山脉、阴山山脉、太行山脉、贺兰山、六盘山、祁连山脉、天山山脉等大型山脉。

长城基本上修建在这些山脉的山脊上或这些山脉南北临近地区的冲要位置。长城区域的环境和经济类型都受大兴安岭、阴山、贺兰山等一系列山脉的影响。这些山脉的西侧、西北、北侧为典型的放牧区，东侧、东南、南侧为典型的农耕区。长城就坐落于沿山脉走向形成的典型的农、林、牧交错地带。

长城区域的东部，主要是大兴安岭地区。先秦至秦汉时期，大

长城：追问与共鸣

小兴安岭以南地区，就是农耕与游牧的交错地带。战国燕长城和秦汉长城，都修建在大小兴安岭以南，燕山以北。金长城的很大一部分，位于大小兴安岭地区。此外，汉朝末期的鲜卑部落、唐宋时期的室韦蒙古部族基本上都是产生于这里并发展壮大后才走出此地区的。

华北平原北部区域是长城设防的重点地区，中国很多朝代的长城都修建在这个区域。这里自古就是传统农耕地区，明代将都城移到北京后，战略地位更是得到显著提高。明长城九镇中的蓟镇、宣府镇、大同镇、山西镇都修建在华北平原。

燕山山脉，既是华北平原东北方向的主要屏障，也是东北地区进入华北平原的必经之路，自古以来就是修建长城的重要区域。游牧势力占据这一区域，就有了向中原发起进攻的立脚点；农耕政权控制了这一区域，就有了向北发展的基地。战国燕北长城修建于燕山北部地区，北齐长城和明长城的蓟镇，主要是修建于燕山南部地区。

黄土高原的北缘是长城防御的重点地区。黄土高原由西北向东南倾斜，海拔多为1000～2000米，大部分为厚层黄土覆盖。黄土高原上的太行山脉、六盘山脉均是长城经过的主要山脉，这两条山脉将黄土高原分成三部分：山西高原、陕甘黄土高原、陇西高原。其中，陇西高原成为战国秦和秦始皇修长城防御北方的重点区域，山西高原和陕甘黄土高原则主要是明朝的重要长城防御区。

阴山山脉位于内蒙古自治区的中部，为保护河套平原的天然屏障，也是长城区域的中部地区。山脉东西走向，包括狼山、乌拉山、大青山等。河套平原是黄河冲积平原，包括前套平原和后套平原，今天依然是内蒙古高原的米粮仓。这一地区自古就是农耕与游牧势力交替据有、相互争夺的地区，也是农牧民族相互融合、相互认同程度较高的地区。秦统一中原后，派蒙恬率三十万大军将匈奴逐出河套并在此修建长城。此后，汉长城亦建于此地区，并向这一区域大量移民。

祁连山南部的河西走廊及以西的西域地区，自古就是东西方交流的大通道。汉代经营西域、开通丝绸之路后，由绿洲连接起来的河西走廊对于王朝来说更为重要。绿洲有较好的水源，适宜农业生产，是以农耕经济为基础的王朝开拓边疆、发展自己的重点地区。汉代占据了几个绿洲，长城也由河西走廊继续向西修建。

王朝政权始终重视与西域诸族的关系。在古代，西域多数时候为游牧势力所控制，即便为中原王朝所据有的时期，青海、甘肃和宁夏也常面临来自游牧势力的威胁。汉、明两代都曾在此地区大规模修建长城，进行纵深军事布防，并实行屯田开发。

三 调整农耕与游牧社会经济秩序

黄梅戏《天仙配》中有这样一句唱词"你耕田来我织布，我挑水来你浇园"，真切地反映了古代中国男耕女织类型农业经济的特点。长城厚重的历史、不老的传奇都与农耕经济及政权有关。

长城是古代中国以中原农耕政权为主，在不同历史时期为防御北方游牧势力而修建的规模浩大的军事工程。长城修建和使用长达两千多年，保护了农耕地区和调整了农耕与游牧民族的社会经济秩序。

中国人常将长城和黄河、长江放在一起讴歌，长城是中国的代名词，黄河、长江是中华民族的母亲河。古老的人类文明，一般伴随种植农业的产生而发展起来，水则是农业发展的最基本的条件。靠近大河流域的土地肥沃，气候和降雨都更有利于农作物的生长，适合人类生存。所以，黄河、长江这样的大河自然就成为文明的发

长城：追问与共鸣

源地。

古代中国如此，古埃及、古印度、古希腊、古罗马也是在由渔猎、采集向农业定居生活的过渡中形成并发展各自的文明的。这些产生于尼罗河流域、印度河、底格里斯河和幼发拉底河流域的古老文明，同产生于黄河、长江流域的中华文明，被称作世界四大古文明。中华文明是世界古代文明中唯一不曾中断过的文明，这其中长城发挥着不可替代的作用。

长城产生之初，并不是因为农耕和游牧的冲突。中国古代文明形成过程中，定居农业形成初期的冲突，主要是不同部落联盟之间的战争。春秋战国时期各诸侯国之间相互防御的长城，属于这种性质战争的继续和发展。

到了战国时期，才有了秦、赵、燕三个诸侯国防御匈奴等游牧势力的长城，开始了农耕对游牧的防御。秦汉时期创造了较为发达的农耕文明，与此同时，游牧民族也向草原文明迈进。而同期产生并发展起来的万里长城，作用主要是在农耕向北扩展之后，规范、协调农耕和游牧两种生产、生活方式所带来的矛盾和冲突。

长城内外的农牧政权，总体上来说是不同利益的竞争多于彼此的合作。长城的主要作用是保护农耕社会和农耕生产。古代中国农耕经济经过长时期的调适和耕作结构的调整，形成了几个主要农业区域，如北方的华北平原、关中平原，南方的成都平原和长江中下游平原。其中华北平原是黄河流域农业文明的起源地，从辽金开始成为中国北方的政治中心；关中平原农业生产十分发达，从西周到唐代一直是全国的政治中心。

长城的作用之一，就是直接保障和影响了华北平原和关中平原，间接保障和影响了长江中下游平原。中国古代农业之所以能取得如此之高的成就，长城的保障作用不可忽略。

第一章 民以食为天 国以民为本

长城是中华文明的象征，见证了中华民族从多元到一体，伴随了中华民族形成和发展的过程。长城内外广大地区，更是中国古代各民族碰撞与融合的舞台。中国具有人口众多和民族多元一体两大特点。这两大特点，都与长城地区有着密切联系。

长城地区农牧民族的碰撞与交流，促进了中华各民族之间的融合，有利于多民族统一国家的形成和发展。从这个意义上说，长城地区在中国历史发展的过程中具有特殊的地位。

长城这一军事防御体系是北方农耕地区的安全保障，多处于王朝的边缘地带，被视为王朝政治权力和势力范围的标志。长城保障农耕经济区的安全和稳定，亦即保障了王朝的税赋。长城调整了农耕和游牧民族的关系，促进了王朝和游牧政权朝贡秩序的构建。

秦汉以来游牧民族持续南下，对长城以内的农耕社会构成巨大的威胁。这里所说的游牧民族包括匈奴、鲜卑、柔然、突厥、契丹、蒙古等。保境安民成为历代王朝统治者的当务之急，王朝与草原社会的关系，也是边疆史研究重点之一。

传统的历史研究以农耕社会为本体，游牧社会多处于客体的地位。拉铁摩尔认为，正像专门化的农业文明一样，游牧文明也是畜牧经济高度专门化的产物，二者并无优劣之分。中国的边疆问题源于汉地社会的农业文明和草原社会的游牧文明的交会、碰撞与冲突。二者的互动，既有农耕民族的向北扩展，也有游牧民族的南下。

农耕文明自产生之后，就向外有选择地扩张，先是顺黄河进入中下游平原，而后向南发展到淮河流域。只有农耕经济向北扩张遇到了与农耕地区迥异的地理环境，这是一种只能发展异质文化的"硬"边界。继续向北的自然环境，完全不适合发展农耕经济。

游牧民族对农耕地区的侵扰问题不仅是中国古代存在的问题，也是世界文明古国普遍面临的问题。因各国的具体情况不同，游牧民族侵扰造成的影响在各国也不一样。两河流域、古埃及和印度的农耕文明创造者既无天险可守，也没有修筑中国长城这样的防御工事，所以在游牧民族的反复冲击和征服面前，遭受到严重摧残。

约公元前6500年，在幼发拉底河和底格里斯河流域创造农耕文明的苏美尔人于下游地区建造了城市，过着定居的农耕生活。已经开始通过凿渠灌溉提高农业收成，并创造了楔形文字的古老农耕文明，后来被来自上游西北部操闪米特语的游牧民族——亚摩利人和亚述人所摧毁。

他们的语言也被闪米特语所取代，其族群也因与征服者混合而消失了。整个族群消亡了，其族群所属的文化，不论曾为本族群的发展作出过什么创造性的贡献，也同样要随之而消亡。

现在讲长城对农耕和游牧的关系及影响讲得还远远不够。每片被耕耘的土地，都是农民在大自然中完成的杰作。土地是农耕者的世界，秋天的收获是现实对理想的最好诠释。

有5亩地就可以养活一个农民家庭，但是要养活一个牧民家庭，则至少需要数百亩甚至数千亩草场。一场战争，一次抢掠，对农民来说可能就是一个噩梦。可以毁灭一个家庭，摧毁一个村庄，毁掉农牧交错地区的安宁。甚至，可以毁掉农耕政权的统治。

四 东汉同时期欧洲也修建了长城

站在长城边上往下看，陡立的悬崖如临万丈深渊。再向远方看去，长城如仰天长啸的巨龙，爬上了更高的山。

常有人问我，为什么只有中国建造长城？

其实修建长城，并非中国所独创，外国也有长城，只是不像中国修建的长城这么多，使用的时间这么长而已。秦汉长城修建和使用的同时期，欧洲罗马帝国也修建了长城。只是比秦始皇长城和汉武帝长城要晚，大约在中国古代的东汉时期。

在古代文明开启的公元前 1000—前 500 年，欧亚大陆有着非常相似的特点。欧亚大陆上的几个强大帝国的疆域，由原来只在各自所在区域的大河流域内活动而向外扩张，形成了秦汉帝国、罗马帝国、贵霜帝国、安息帝国等更强大的帝国。在这四个帝国中，文明程度和军队的战斗力属秦汉帝国最高，罗马帝国曾多次被安息帝国打败，最终灭掉罗马帝国的也是波斯帝国。

秦国和公元前 5 世纪到前 3 世纪末的罗马，有着非常相同的一点，两者都是从一个地域相对狭小的国家，通过向外武力扩张，成为疆域辽阔的大国。罗马帝国由位于今天意大利的一个小城邦，发展成欧洲历史上最庞大的帝国。这个时期的中国，战国初期还并不强大的秦国，逐渐灭掉六国统一了天下，建立了修建中国第一条万里长城的秦朝，创立了中央集权制的帝国。

汉代继承了秦朝的中央集权制，斯塔夫里阿诺斯在《全球通史：从史前史到 21 世纪》中说："到公元 1 世纪，罗马帝国、安息帝国、贵霜帝国和汉帝国一起，连成了一条从苏格兰高地到中国海、横贯欧亚大陆的文明地带。"

虽然当时欧亚东部的中国和欧亚西部的罗马帝国之间，彼此的了解很少，更没有建立起直接的联系，但两个帝国不约而同地采用修建长城的方式，保卫帝国边疆。2 世纪古罗马的边界防御设施——罗马边墙（Roman Limes），属于与中国长城相同性质的军事防御工程。

罗马帝国修建长城与中国一样，处于一个政权强大的相对统一时期。哈德良统治时期（117—138），是罗马帝国的强大时代。为维持庞大的帝国边疆稳定，哈德良在帝国经过数百年对外扩张后，修筑了长城以防御北方的"野蛮人"。

英国"哈德良长城"（Hadrian's Wall）是其中的代表地段。我曾去考察过哈德良长城，那里的游人很少，一个景区一年的游人，大约和八达岭长城旺季时期一天的游人数量相当，约10万人。城墙高的有4.5米，低矮之处不足1米，绵延118公里。2005年，联合国教科文组织将英国"哈德良长城"与德国境内550公里长的罗马边墙合并，作为一个项目列入《世界遗产名录》。

罗马将长城以南受罗马教化的人称为"文明人"，将长城以北的人称为"野蛮人"。罗马边墙全长超过500公里，从英国北部的大西洋海岸开始，贯穿欧洲黑海，延伸至红海和整个北非大西洋沿岸。

罗马帝国以罗马边墙划分与自由日耳曼族的边界。被称为英国"哈德良长城"的古遗址，属于罗马边墙的西北端。罗马边墙是罗马帝国强大的军事组织的有力证明。

罗马的统一和统治与同时期的中国也有不同。中国古代之所以能够实现统一，其中有一个因素，就是从战国起实行郡县制。在秦汉时期郡县制推向全国，中央集权统治方式由此而始，在中国延续了两千多年。罗马帝国的统治则是以罗马城为中心主体，其外省份的统治者主要是地方军阀家族以及那些表示臣服的当地政治势力。

罗马基本不能对各地进行全面的制约，只能通过对那些军阀或地方的政治领袖的控制，实行对不同地区的间接统治。当罗马皇帝对他们失去统治力时，外省的实权统治者便纷纷独立，发展成众多的独立国家。

哈德良长城见证了罗马帝国的强大与式微。罗马帝国依靠以军事征服为前提，以军事力量保障下的法律进行管理，缺少中国文化中对统一的追求和行之有效的郡县制等政治制度。所以，随着罗马帝国的军事解体，政治的统一也就不复存在。

罗马帝国强大时，其统辖疆域大于今天的欧盟。罗马帝国衰落时，欧洲大陆各王国、部族进入分裂状态。没有强大的政权统治，欧洲的君主们只能依靠宗教管理社会，这就是中世纪的欧洲宗教盛行的主要原因之一。

在这样的背景下，罗马帝国土崩瓦解后，处于分裂状态的欧洲自然不再有修建长城的必要了。特别是罗马帝国灭亡之后，罗马边墙的防御对象——入侵的蛮族在西罗马帝国的领土上先后建立了十个王国。这就是罗马长城为什么没有像中国长城那样，成为一个民族不断发展历史见证的原因。

不论是中国长城，还是欧洲长城，都是对立关系背景下出现的防御工程。中国长城作为历史上农耕民族和游牧民族矛盾与冲突的产物，同样突出表现长城内外对立的一面。但从长城发展的整个历史来看，这种对立并没有掩盖住长城内外不同民族之间的交流与融合。这也是我们反复强调，长城是民族融合之纽带的原因。

第二章　先秦诸侯国相互防御的长城

　　长城产生于春秋战国时期，这是中国历史的大变革时期，各种学派蓬勃发展，形成了百家争鸣的局面，诞生了老子、孔子等著名思想家。这个时期周王室衰微，"征伐自诸侯"，战争多了，防御的需求也就大了，产生了长城防御体系。

　　中国历史学研究通常把秦朝以前统称为"先秦时期"。秦以前修建的长城，被称为"先秦长城"。长城产生于春秋战国时期的内在推动力是什么？完全是因为这个历史时期充斥着吞并、扩张领土的战争。中华大地上的各个诸侯国，各国有各自的君王、年号，有自己的货币、文字、语言，有自己的军队。

　　春秋战国时期，经过几百年大吃小、强灭弱的统一战争，最后秦灭六国。从此，中国历史追求国家统一的道路，持续数千年而不变。长城产生于春秋战国，不过长城这类墙体与壕堑相结合的防御体系的构建，能从史前时代的人类活动中找到源头。

　　史前时期围绕聚落修建的环壕及石墙，是长城产生之前的防御体。人类构建防御体的起源，可以追溯到人类走出山洞穴居生活的时期。人群离开了洞穴的屏障，面对来自大型动物或其他人群的巨大威胁，以血缘、亲缘关系结成了共同生活的群体，在自己的居住地周围挖掘壕沟或修建围墙，凭借这些人工建筑来保障聚落群体的安全。

新石器时期的防御还是很简单的防御，这种防御的主要表现形式是规模小、驻地化。当时的军事活动还缺乏较大的机动性，所以防御就更不具有运动的形式。新石器时代早期用于军事活动的武器装备也还很简单，主要是棍棒和石质或骨质武器，再有就是石块。

这时期的防御也是简单的防御，只要可以满足在相对短的时间内、在相对集中的空间里避免受到进攻方较大的伤害就行。被伤害总是一件痛苦的事情，防御的目的是把损失减到最小。保存自己的力量，等待联盟中其他部落的支援。

长城的产生与社会的整体变革关系密切，顾炎武说："春秋之世，田有封洫，故随地可以设关。而阡陌之间，一纵一横，亦非戎车之利也。观国佐之封晋人则可知矣。至于战国，井田始废，而车变为骑，于是寇抄易而防守难，不得已而有长城之筑。"

废井田、开阡陌是春秋战国时期的社会大变革之一。土地私有化使诸侯国原有的疆界被打破，依靠战争夺取土地成为常态。于是，进攻与防御技术的变化也随着土地扩张的需求发展起来。

长城的修筑、维护和军事利用自春秋战国至清有两千多年的历史。据史料推断，楚长城和齐长城修建得最早，两国长城均出现在春秋时期。我曾多次去考察楚长城和齐长城，站在古老的长城上看蓝天白云，是一种很美的感觉。

由于诸侯兼并，到战国时期出现了楚、秦、燕、齐、韩、赵、魏等较为强大的诸侯国家。这些国家经常有利益冲突，为了互相防御，在自己的领土上修筑起一道或数道城墙。这些城墙呈线形分布，往往长达数百里或上千里。公元前4世纪左右，在兼并和反兼并的过程中，诸侯国之间进攻和防御的需求越来越大，长城防御逐渐发展完善起来。

一 长城产生于争霸和兼并战争

春秋战国时期是个机会与挑战并存的岁月，一切都充满了变数。今天结成联盟的两个国家，明天就可能兵戎相见。这个时期，在长城发展史上处于开创的地位，长城防御由此产生并逐渐成熟起来。

已知的中国古代文献，对春秋战国时期长城缺乏全面系统的记载，研究春秋战国长城主要依靠考古。楚长城的被确定，就是通过考古人员在长城遗址寻找并获取了战国时期的文化遗存，依据出土的古代遗物作出的判断。

春秋战国时产生长城防御体系不是偶然现象，与各诸侯国之间的争霸和兼并战争此起彼伏有关。实力强大的诸侯国都在考虑，如何借此混乱之机扩张势力范围，寻求自身利益的最大化。这些强大的诸侯国也认识到，只有做强自己才能称霸，才能占领别国的土地甚至兼并其他诸侯国。

长城是战争发展到一定阶段的产物，也与春秋战国时期经济发展到一定程度有关。首先是争霸和兼并战争背景下，有了修建长城防御体系的需要，其次是各诸侯国的经济发展，有了支持修建长城的经济能力。

争霸表面上看是大国获得政治控制权，是大国获得中小诸侯国拥戴的霸主地位。实际上，霸主地位具有重大的利益。到春秋末期和战国时期，诸侯强国为获得土地和人口这样的重大利益关系，决定投入多大的国力和军事力量进行战争。强大起来的诸侯国通过发动战争来获得更多的土地、更多的人口，进而通过土地的扩大和人口的增加来拓展本诸侯国的利益空间,增强国家的综合实力。

春秋时期的战争,分为三种类型。第一种是强大的诸侯国之间的争霸战争,第二种是力量强大的诸侯国蚕食和兼并小国的战争,第三种是华夏诸侯与周边戎、狄、胡等族之间的战争。春秋时期首先修建长城的楚国灭国最多。当时有历史记录的一百七十多个诸侯国,被楚国灭掉的就有四十多个。

强大的诸侯国为争夺霸主地位而进行的战争规模较大、冲突的时间较长。春秋时各诸侯国不再真正服从周天子的命令,而周天子为了保证自己的存在不得不依附强大的诸侯国。于是,各大诸侯国都想凭借实力,通过战争等手段来获取自己在诸侯中的霸主地位。

强大的诸侯国逐渐蚕食和兼并相邻、相对弱小诸侯国的战争不断发生。除了争霸的诸侯国外,发动战争的诸侯国中,有一些虽无力寻求更大范围的霸主地位,但作为区域强国、大国,他们也对周边其他的弱小国家发动兼并战争。如春秋时期鲁国兼并了邾国等小国,这样的兼并使区域局部统一,客观上为大国争霸奠定了基础。

华夏诸侯国与周边戎、狄各族之间发生的战争,往往与不同的经济方式冲突有关,但在春秋时期,此类战争的规模小于诸侯争霸和诸侯国之间的兼并战争。战国时期,诸侯国与相邻的游牧民族的战争数量和规模才大起来。实际上这三种战争在很多的时候处于交叉和联系的状态。

孔子就说过:"管仲相桓公,霸诸侯,一匡天下,民到于今受其赐。微管仲,吾其被发左衽矣!"管仲提出尊王攘夷,他务实、稳健地推进齐国对内对外的战略布局,包括帮助北方的燕、赵等击退了北方的少数民族。所以孔子感叹:没有管仲,可能有很多的地方都会被少数民族占有,穿衣束发都要随之改变。

春秋战国时期这三种类型的战争,从规模上来说日益扩大,从战争的惨烈程度来说也日益激烈，从发生战争的次数来说是越来越频繁。春秋从早期到晚期，实际上是一个军事对峙越来越复杂和越来越严重的时期。为了满足战争的需要，各诸侯国竞相组建、扩建自己的常备部队，积极修建防御工事。

由于这时的战争以车战为主，在坚固的城墙和又深又宽的城壕面前，战车很难发挥出应有的战斗力，守军只要有足够的粮食，保护好水源，就可以用很少的兵力在长时间里抵御敌军的进攻。这样的战例很多，鲁宣公十四年（前595）"秋九月，楚子围宋"。《吕氏春秋》记载，楚康王曾攻打宋国，围城五个月没有取得胜利。在坚固城池面前，守城者只要有足够顽强的意志和相对匹配的实力，便能在防守中取得成功。而攻城者要取胜，得付出沉重的代价。

远离战争，珍惜生命是和平追求者的诉求，战争不同于经济行为的地方，主要是风险的体现形式很直接。战争的风险，在很短时间之内就可以看见。在生产力水平相对低下，商业所占比重相对较小的春秋战国时期，这一点表现得更为明显。

一场大规模战争的失败，伴随着巨大利益的丧失，其中也包括部分国土和人口的丧失。战国时期一场重要战争的失败，甚至决定了一个诸侯国是否还能继续存在的命运。所以，这样的风险就不仅是经济风险的问题。是否愿意担当这样的风险，是否能担当得起这样的风险，是否投入战争，需要当政者做出正确的决策。

春秋时修建防御工程时，比早前出现了一个变化，就是各国诸侯在增修、新筑都城的同时，还在战备要地建筑军事要塞，并在战事紧张时派军队戍守。

这一变化，主要是因为战争的直接目的已经由单纯掠夺财富、攫取贡赋变为兼并土地、鲸吞资源。于是，关塞成了各诸侯国在战争中激烈争夺的目标。"坏城郭，戒门闾……备边竟，完要塞，谨关梁，塞徯径"，自然成为军事防御极为重要的内容。

《左传》中保存了不少诸侯国重视在关塞设防的史料。鲁文公十三年（前614），晋侯派军"守桃林之塞"，以遏秦军；鲁昭公二十六年（前516），晋国"使女宽守阙塞"等。女宽是晋国大夫，他所驻守的阙塞是东周王城洛阳外的关隘。

战国时期，一直处于国无宁日、岁无宁日、"邦无定交，士无定主"的混战局面。为保持自己的生存，扩大国土的势力，各国君主们一方面改革图强，加强军备；另一方面，在外交上频频争取别国的支持。

一个国家要使自己立于不败之地，墨子认为要重视守围城之法，要"城厚以高，壕池深以广，楼榭修，守备缮利"。秦惠文王时，墨学在秦国很兴盛。随着时间的推移，这一认识被广泛接受。

秦国频频向北方的义渠戎用兵，夺得义渠二十五城。到秦昭王时，更是彻底消灭了义渠戎，设置陇西、北地、上郡，并修筑长城来防备匈奴。秦防御北方边疆的战争实践，对墨子的弟子整理编纂《墨子》有很大的帮助。而秦国的北方防御行动，也受到一些墨子思想的影响。

秦孝公励精图治，积极变法，使秦国国力得到很大的发展，因此有了六国合纵抗秦和秦国连横对抗各国的策略。秦惠文王时，秦国的力量有了更大的发展，与魏作战的过程中秦国不断取得胜利，迫使魏国将河西的土地献给秦国。

此时，魏国修筑的用于防秦的长城已经失去了应有的作用。秦惠文王中期，秦国的势力深入到魏国的河东和河南等地。秦国抢占了魏国曾经构建军事防御工程的地域，一定程度上打击了魏国防御秦国的信心。

秦国连横取得的成绩在此时比较突出，但六国合纵也曾给秦国造成不小的压力。合纵部队联合抗秦，也取得过击败秦军的战绩。如秦庄襄王元年（前249），魏国以信陵君为将，率领五国联军大败

长城：追问与共鸣

秦军，一直追到函谷关。魏军的胜利没有动摇秦国强大的实力，也没有使秦国放弃扩张的计划，反而使五国诸侯很快就互相冲突，联盟瓦解，再也不能对秦国构成合力的威胁。在兼并与反兼并战争中，以战国七雄为主的诸侯国根据自身军事需要，构筑起多条长城。

相比于春秋争霸战争，战国七雄之间兼并战争的规模要大得多，战争的破坏性和残酷性也都达到了更具毁灭性的程度。战争越来越频繁，加强防御的需要就越来越强烈。各诸侯国从只是战时派驻军队驻守关塞，转为平时在较大关塞也驻有守卫部队，如《史记·张仪列传》载韩国就设有平时"守徼亭障塞"的人员。

《管子·地图》中论述查看地图的重要性时曾提及："凡兵主者，必先审知地图。轘辕之险，滥车之水，名山、通谷、经川、陵陆、丘阜之所在，苴草、林木、蒲苇之所茂，道里之远近，城郭之大小，名邑、废邑、困殖之地，必尽知之。"这也从侧面透露了战国时期对关塞驻兵防守的重视。平时的守御为战时启用关塞御敌奠定了基础。一旦战争爆发，各诸侯国就"夷关折符"，力拒敌人于国门之外。

为了及时掌握远处的情况，又在临近要塞的制高点修建观察敌情的瞭望台，再逐渐发展成可以连续传递军情的烽火台。

烽火台同驻兵的城堡构成一体的防御线，从而形成了一个大规模的防御体系，就是在这样的背景下产生了长城。长城为较大的防御地区提供安全保障，每一段长城都是一个相对完整的防御工事，既有传递军情的烽火台，又有戍守人员居住的城障。

修建长城既有战略需要和经济能力的问题，也还有施工及攻防等技术条件的要求。只有这些条件具备了的时候，才能催生长城。

春秋时期，各诸侯国修筑的国都和在战略要地修筑的一些城邑，围墙越来越高、越来越厚。而且，墙外都有一些沟堑来加强防御，提高防御力和防御纵深。在城门，有悬桥来加强防御。这样的城，防御力量已经很强。供守城部队使用的器械随着战争规模的越来越大和战争数量的越来越多,也更加成熟。筑城技术、防御体系的设置已经相当成熟,这些为长城的产生提供了较好的技术条件。

长期的争霸和兼并战争,给社会带来巨大灾难的同时也给社会发展带来了机遇。众多小国经过兼并发展成为几个大国,实现了区域性的统一。几个更加强大的诸侯国,凭借政治、军事、文化优势,不断地对周边各国进行征伐。

二 长城始建于齐国和楚国

1998年6月28日,北京怀柔县(今怀柔区)境内的慕田峪长城,骄阳高照,气温35摄氏度。下午2时,我受外交部邀请陪同美国总统克林顿一行,参观慕田峪长城。克林顿总统问:"这是不是中国最古老的长城?"我告诉他:"不是,中国最古老的长城是楚长城。"

经常会有人问,中国最早的长城是什么时候的长城?我一般是回答:中国古代最早修筑长城的是齐国和楚国,有时也说楚国和齐国。根据历史文献记载,齐国和楚国长城的修建和使用的时间,都是从春秋开始到战国末期。

实事求是地讲,截止到现在文物考古界还没有找到得到考古证明了的春秋时期的长城建筑遗存。所以,只能笼统地说中国古代最早修筑的长城,是春秋战国时期齐国和楚国的长城。期待着有一天新的考古发现,能够解决此问题。

现存的齐国和楚国的长城,如果不是经过后世修建再利用的部分,遗址保存得非常少了。即使是存在的长城,也是一道被岁月尘封的遗迹,已经成为很不起眼的土垒,若隐若现地蜿蜒在山坡之上。

长城：追问与共鸣

这些遗址遗存不经专门人员指点，一般人根本就看不出来那就是长城。以致相当长一段时间，很多的专家学者甚至怀疑楚国长城的存在。国家长城资源调查工程实施以后，河南省文物局考古所通过大量的考古工作，证明了楚长城的存在，才结束了这种争论。

齐国和楚国修建长城与双方的关系有关，也与当时的整体环境有关。齐、楚两国春秋时期先后称霸，战国时期也是实力最强的两个诸侯国，楚齐联盟曾使秦国长期不敢进攻六国。

齐桓公尊王攘夷称霸时，率领诸侯对抗楚国，也承担起为燕国等抵御游牧部族扰掠的问题。尊王攘夷战略的核心是责任和义务的再分配，责任和义务的背后是利益的驱动。

齐桓公是个典型的"生的伟大，死的窝囊"的君王。晚年昏庸至极，被最宠信的两个大臣易牙和竖刁软禁起来。齐桓公才明白，今天的自己和往日不一样。

一代英豪，最后活活饿死。等到几十天后儿子们争夺完君位，想起给他发丧时已经是蛆虫满屋。齐桓公死后，晋国崛起成为霸主，成为齐、楚共同对抗的强国。此时总的来说齐楚两国关系较好，晋国率领诸侯攻打齐国时，楚国还曾出兵攻打鲁国、郑国，帮助齐国解围。到战国后期，齐国是连横的争取对象，齐国和楚国又都是合纵的主要争取对象，关系比较复杂。

齐国和楚国的联盟，本来对秦国的威胁很大。只可惜楚王没能跨越秦国设下的破坏齐楚联盟的"陷阱"，盲目乐观地相信了秦国许诺给其600里土地，而轻率地与齐国断交。

以至于秦已经表现出了不准备兑现承诺时，昏庸的楚王仍不认真反思，务实地思考如何解决和齐国已经破裂的关系。反而对秦国心存幻想，继续挑战齐国的底线。

等楚国明白上秦国的当了，再回头找齐国时，齐国出于对背叛的憎恨不可能与其再结盟，结果齐楚在仇恨的吞噬中两败俱伤。而秦国则获得渔翁之利。

（一）齐长城的修建

2015年7月10日至15日"走长城，读齐鲁，做好汉"活动在山东举行。

我去山东，顶着烈日，全程参加了这次齐长城徒步游。

活动由山东省旅游局、中国文物保护基金会、长城保护基金管理委员会、中国长城文化研究中心共同举办，旨在做好齐长城旅游资源的保护开发利用工作，将齐长城打造成山东省旅游新名片。此次活动对宣传齐长城起到了很好的作用，过去齐长城沿线的老百姓世代相传，这些长城遗址为秦始皇所建。

我推动齐长城的保护和利用工作，起于2012年夏天和山东省委常委、副省长孙伟的一次见面。我将近几年考察齐长城的情况介绍给他，孙省长听得兴致勃勃，并坦言此前对山东齐长城并不了解。2014年我专门为此给已经是常务副省长的孙伟写了一封信，他和主管副省长很快作出了批示。

此后的三年，我每年都要去齐长城很多次。因齐长城，我交了很多的山东朋友，我很喜欢山东人的性格倔强、做事果敢。山东人老乡观念极强，据传"老乡见老乡，两眼泪汪汪"便源自山东人。

关于齐长城修建的历史记载，首见于《管子》一书中管子和齐桓公的一段对话：

管子问桓公："敢问齐方于几何里？"桓公回答："方五百里。"

管子说："阴雍长城之地，其于齐国三分之一，非谷之所生也。"管子接着告诉齐桓公，掌握调节经济的号令，可以依靠号令控制四方的商品流通。

桓公不知道该怎么控制，管子说："长城之阳，鲁也；长城之阴，齐也。"

  有的学者根据齐桓公在位时间和管仲的生平,推断《管子》书中所提长城为齐桓公所筑,认为齐长城应该建于公元前685年至前645年之间齐桓公时期。这种推断忽视了一个问题,这便是《管子》一书真正的成书时间问题。

  《管子》一书为汉代道家假托管子之名而著,所以书中虽提及长城,但不足以证明管仲时期齐国已经有长城。齐桓公时期即便没有修建长城,齐鲁交界处主要通道上的关隘,已经修建并驻有军队戍防。

  成为真正的霸主之后,齐桓公有理由感到振奋和自豪。但在铺天盖地的颂扬声中越来越自以为是的齐桓公,似乎已经很难走得更远了。

  齐桓公死后,齐国内乱,楚国势力得以向北发展,但历史文献中至今尚未发现这一时期齐国筑长城防楚国的记载。《竹书纪年》记载了周威烈王二十二年(前404),也就是晋烈公十二年,晋国韩景子等攻打齐国,进入长城的事:"王命韩景子、赵烈子、翟员伐齐,

作者考察齐长城

入长城。"这一年在齐国是康公元年,齐长城至迟在公元前5世纪就已经有了。

这一点也得到出土青铜器骉羌钟铭文的证明。铭文内容为:"唯廿又再祀,骉羌作伐,厥辟韩宗䗍。率征秦迮齐,入长城,先会于平阴。武侄是力,袭敚楚京。赏于韩宗,令于晋公,昭于天子,用明则之于铭。武文□烈,永世毋忘。"这是已知金石铭文上首次出现"长城"一词。

骉羌钟铭文记述,一个名叫骉羌的韩国将领,在一次伐齐的战争中,首先攻入齐国的长城。在这场战争中,骉羌作战勇猛,因而受到韩君、晋公和周天子的奖赏,特此铸器作为纪念。

20世纪30年代初,骉羌钟出土于洛阳城东金村太仓古墓。这组大宗战国时期的青铜编钟共14件,其中的12件收藏在日本京都泉屋博古馆,另外2件现藏于加拿大皇家安大略博物馆。

齐国到底何时筑起长城巨防,学界一直众说纷纭。刘德春在《齐长城综述》中分析推断,齐国修筑巨防的时间,很可能是在齐灵公二十七年(前555)。在此之前的几年,齐国一直在侵讨鲁国,先后取龙(今山东泰安东南)、围成(今山东宁阳北)、围桃(今山东汶上东北),并直逼鲁国都城曲阜。

这一年,齐国还兴兵征伐鲁国北部。鲁国求救于晋。晋平公会十一国之师于鲁国济水之滨,伐齐国。大军压境,齐侯不得不"堑防门而守之广里"。齐国防御工程始筑于此时,是具有一定道理的推论。匆匆而建的防御体,抵挡不住诸侯大军,诸侯之师直抵临淄,焚四郭,攻两门,齐军不敢出战。此役齐国大败,使齐国最高决策层深深地认识到了防御的重要性。

最近公布的清华简《系年》中有关齐长城的记载,为认识齐长城的修建时间提供了新史料。清华简《系年》篇第二十章记载了齐长城的修建经过:

长城：追问与共鸣

> 晋景公立十又五年，申公屈巫自晋适吴，焉始通吴晋之路，二邦为好，以至晋悼公。悼公立十又一年，公会诸侯，以与吴王寿梦相见于虢。晋简公立五年，与吴王阖卢伐楚。阖卢即世，夫差王即位。晋简公会诸侯，以与夫差王相见于黄池。越公勾践克吴，越人因袭吴之与晋为好。晋敬公立十又一年，赵桓子会诸侯之大夫，以与越令尹宋盟于邗，遂以伐齐，齐人焉始为长城于济，自南山属之北海。晋幽公立四年，赵狗率师与越公朱句伐齐，晋师阀长城句俞之门。越公、宋公败齐师于襄平。至今晋、越以为好。

晋敬公十一年为前441年，简文中所记载的"齐人焉始为长城于济"或许是齐长城最早的修建时间，而"自南山属之北海"意为齐长城起于今济南平阴、长清一带，沿当时济水修建至渤海岸。

齐国东、北是大海，西有河、济两道天堑，只要西南筑起巨防，再借助泰沂山脉的天险筑长城，便构成完整的安全体系。齐国在"堑防门"的基础上，逐渐完备西南防御工事，形成巨防。齐国早期修筑长城的目的是防晋、卫、鲁等诸侯国。楚国灭鲁后，齐国的长城便增加了直接防楚的重任。

齐威王时，齐国又一次大规模地修建长城。齐威王很有抱负，他在所造的铜器陈侯因敦铭文中写道，要"绍统高祖黄帝，伀（近）似桓、文"，就是说他的最大愿望是继承黄帝的事业，最低目标也要继承齐桓公、晋文公的霸业。

《史记》引《竹书纪年》云："梁惠王二十年，齐闵王筑防以为长城。"梁惠王（即魏惠王）二十年当为齐威王七年（前350）。这条引用可能是出现了抄录的错误。若时间准确，则此次修筑当为齐威王时。

若人物准确，则时间需往后推延至齐闵王时。目前学界的观点，较为大家认可的是齐威王时。

齐国最后一次修筑长城是齐宣王时。齐宣王为齐威王之子，前319年至前301年在位。《史记·楚世家》记载："齐宣王乘山岭之上筑长城，东至海，西至济州千余里，以备楚。"关于这道长城，其他的史书记载也比较多，并且也较一致。

齐长城西段是为防御鲁国，当时的鲁国虽弱于齐国，对齐也还是构成一定的威胁。前256年楚国灭掉鲁国后，齐国为防楚国又修筑了东段长城。

齐长城修建线路的形成既有其政治地缘关系，又受地理环境的影响。西晋张华的《博物志》载："齐南有长城巨防、阳关之险，北有河、济，足以为固"。在地理环境上，齐国东有大海，西面和北面有黄河和济水，南面有泰山和沂山作为天然屏障。一旦越过了这些屏障，就进入了齐国腹地，兵临齐都临淄城下。所以，《韩非子》在讲到齐国战略地位时说"一战不克而无齐"不无道理。

齐长城修建于今天的山东省中部，地貌以山地、丘陵和平原为基本类型。山地和丘陵主要集中在鲁中南的核心地区，其中高山险峻地带的齐长城以山险防御为主，低山隘口处筑有关隘和向两侧延伸的长城墙体，丘陵地带筑有连绵的长城墙体。

齐长城为东西走向，防御方向是齐国的南方。齐长城所经的鲁中南的泰沂山地，基本上呈北高南低的态势。这一地貌特征有利于处于此地北部的齐国构建长城防御体系，形成易守难攻的防御形势。站在齐长城的南边，也就是外侧看，很多地方是悬崖峭壁。而齐长城的里侧却相对要平整很多。

鲁中南山地丘陵西侧的齐长城修建在西黄河冲积平原之上。鲁中南山地向东的齐长城，在胶东平原的南缘，然后继续向东是渤海岸边的海积平原，形成中部旱地连接西东两大平原的形态。丘陵和平原地区的长城以黄土夯筑为主，有些夯土墙体有石砌基础。

齐长城集山地防御、河流防御和滨海防御特点于一身，这是春秋战国时期其他诸侯国修筑的长城所不具备的特点。特别是在齐国的西南部，济水与泰山之间构成依河临山之险，是齐国对外的交通要道，更是春秋战国时中原诸国进攻齐国的咽喉。所以，齐国在这里首先修筑了西段由连绵墙体构建的长城。并且直到战国末期，这里还始终是齐国防御其他诸侯国的主要防线。

2009 年第三次全国文物普查时，莱芜市文物办协同山东大学共同对境内长城类城防工程进行细致的调查，在莱芜市境内西起莱城区的崇崖山，向东沿祖徕山余脉蜿蜒东至钢城区的黄羊山与青羊崮，有总长三十多公里的石砌矮墙与城堡。调查组认为这是齐鲁之界上的鲁长城遗迹，将其暂定为"疑似鲁长城"。国家长城资源调查验收，最后没有认定此成果。

国家文物局网 2012 年 6 月 5 日《关于山东省长城认定的批复》，明确了齐长城分布于十八个县（市、区）。东起山东省青岛市黄岛区，经胶南市、诸城市、五莲县、莒县、安丘市、沂水县、临朐县、沂源县、淄博市博山区和淄川区、莱芜市（现莱芜已并入济南市）莱城区、章丘市（今济南市章丘区）、济南市历城区、肥城市，西迄济南市长清区。胶南市合并于黄岛区后，齐长城分布于十七个县（市、区），总长度为 641.32 公里。

山东省长城资源调查队《山东省齐长城资源调查工作总结报告》记载，齐长城除主线外，在南侧还有三段与主线呼应的复线，分别为：从长清三岔沟至肥城的连环山；从博山区望鲁山北 729 高地南行至梯子山后，沿博山、莱城交界向东南，直至莱城区炮台顶；从临朐、沂水交界处的脖根腿东山向东南，行经朱家峪东山，过穆陵关，向东至三楞山，与北侧由安丘方向延伸向东的主线交接。

（二）楚长城的修建

我第一次去考察楚长城，是在 2000 年 8 月 25 日至 27 日。那一年的 5 月 8 日我回北京，在高速公路上发生严重车祸。车内五个人没了两个，活着的三个人也都重伤。我第一次去考察楚长城，是车祸之后刚恢复工作。到河南南召县，看了以周家寨为主的古山寨群。

我提出，请地方文物部门同志带我们寻找一下山寨两侧山间的沟谷有无墙体建筑，结果如愿找到了，很开心。这一带山寨很多，绝大部分都与楚长城无关，可能是明清修建用于躲避匪乱的。

但是，拦截山地沟谷的石墙显然不会是为此目的而建。这些很可能是春秋战国时楚长城的遗址。如果山寨坐落在长城线上，很可能是修建在楚长城的基础上。所以，我建议地方政府加强研究和保护，并报请省文物局进行考古调查。迄今为止，还没有见到有考古成果证明这些山寨遗址和楚长城有关系。

楚长城在历史文献中曾被称为"楚方城"。楚长城位于今河南境内，总长度推测有 500 多公里。楚国在春秋时就已经有长城，并且发挥了一定的作用。楚修长城与使用长城的记载见于《左传》，公元前 656 年齐桓公率诸侯国军队伐楚，兵至陉山。

楚国派将军屈完前往迎战齐桓公的大军，面对整装待发、士气高涨的齐军，屈完虽感受到了很大的压力却毫不示弱，他对齐桓公说："君若以德绥诸侯，谁敢不服？君若以力，楚国方城以为城，汉水以为池。虽众，无所用之。"齐桓公一直盯着说话的屈完。最后的结果还不错，这场开战在即的血战，就这样在楚长城外被化解了。

基本上所有研究楚长城的文章，都会提到屈完与齐桓公这两个令人敬畏的英雄的这段对话。学界一般认为楚方城就是长城，有关这一点《汉书·地理志》中有清楚的记载。

不过，上述认识并不是共识。长期以来，长城研究者对此还是有很大的争议。楚国不计成本地全力向北推进，让中原诸侯国感到了其称霸中原的迫不及待，所以群起而攻之，这一点在史学界有共识。

在楚文化研究中，"楚方城"不仅是楚国修建的防御体系，还是一个历史地理概念。常有人为"楚方城"到底是指的什么发生争持，各说各的理，各举各的史料，都很有道理。因为在各种典籍记载中，"楚方城"具体所指有以下四种含义：

一是指楚国关隘名，即方城塞。《国语·齐语第六》记齐军"南征伐楚，济汝，逾方城，望汶山"。韦昭注："方城，楚北之厄塞也。"《吕氏春秋·有始》中更是明确地将方城与句注、居庸等关塞相提并论："何谓九塞？曰：大汾，冥阨，荆阮，方城，肴，井陉，令疵，句注，居庸。"

二是指城邑，即方城邑。《水经注·沅水》中记载："苦菜、于东之间有小城，名方城。"

三是指山名，即方城山。《荀子·议兵》分析楚国的山川形势说："汝、颍以为险，江、汉以为池，限之以邓林，缘之以方城。"杨倞注中说："方城，楚北界山名也。"《水经注·汝水》："醴水又东与叶西陂水会，县南有方城山。"

四是楚长城的代称。对这一点，《汉书·地理志》有明确的记载："叶，楚叶公邑。有长城，号方城。"这也是在还没有找到楚长城遗址之前，我一直坚信楚长城存在的原因。

1933年商务印书馆出版的《中国长城沿革考》设专章论述了楚方城，作者王国良勾勒出了楚长城的走向。近百年来，学术界对楚长城在楚国军事、建筑、历史地理，乃至中国长城史上的地位的认识越来越清楚。但楚长城到底在哪里，依然是一无所知。包括前面说到的我去河南考察楚长城，也是猜测的成分远远大于研究。

直到国家文物局开展长城资源调查，河南省文物考古研究所组织两个调查队，于2008年10月开始进行楚长城调查，才真正确定了楚长城建筑的存在。楚长城墙体30.51公里，被历代破坏而消失的楚长城墙体约25.37公里、山险81.34公里，共计137.22公里。此外，调查和发掘了方城县大关口和泌阳县象河关等楚长城关堡、叶县保安镇前古城、泌阳沙河店古城、付庄古城等位于楚长城线上的三个城址。

随着学术界对楚长城的广泛关注与全面研究，被称为"楚方城"的楚长城，已经被长城研究领域广泛接受。楚国在春秋时虽然经济、文化均已经发展到一个较高的水平，但相对中原诸国来说，楚国被视为蛮夷，《公羊传·僖公四年》说："夷狄也，而亟病中国。南夷与北夷交，中国不绝若线。"其中，"南夷"指的就是楚国。

不但中原诸侯国称楚国为蛮夷，楚自己也这样自称。《史记·楚世家》中这样记载："楚伐随。随曰：'我无罪。'楚曰：'我蛮夷也。今诸侯皆为叛相侵，或相杀。我有敝甲，欲以观中国之政，请王室尊吾号。'随人为之周，请尊楚，王室不听，还报楚。三十七年，楚熊通怒曰：'吾先鬻熊，文王之师也，蚤终。成王举我先公，乃以子男田令居楚，蛮夷皆率服，而王不加位，我自尊耳。'乃自立为武王，与随人盟而去。"

周天子不给我封王，我就自立为王。仅此一点楚王与其他各诸侯国君比起来，显得非常不一般，甚至可说是更加的霸气。

楚国占据南阳盆地的战略是武王时制定，文王时开始实施的。南阳盆地处于秦岭西麓，伏牛山、方城山、桐柏山、大洪山之间，由汉水支流丹江、淅川、唐河、白河等河流冲积而成。自古即为阳光充足、雨量充沛的米粮之仓。

看一下中国地图，会惊奇地发现南阳盆地不论是从南北还是从东西来看,都是居于中心的特殊地位。南阳盆地居关中、汉中、中原与湖北平原之间,是连接这四个大平原的通道。从四面都可以进入南阳盆地,从南阳盆地也可以向四面出击。

对楚国来说,以南阳盆地为中心的战略要地,向西沿汉水上溯,可以进入汉中地区;向西北通过武关可进入关中地区;由襄阳下汉水可进入两湖地区;由淅川河谷上溯可进入伊洛河谷;由其东面山地可出盆地,进入中原腹地。

齐桓公称霸三十多年,一方面阻止了北方戎狄势力对燕国等诸侯国的掠扰,一方面抑制了南方楚国的北进。为此,齐桓公多次召集诸侯国会盟,以便在北控戎狄、南抑楚国的行动中形成统一战线,并不断树立、巩固自己的霸业。齐国称霸时,楚国没有办法向北寻求较大的发展,选择修筑长城来防御齐国,同时向东、向南发展自己的势力。

南阳盆地具有东西伸展、南北交会的特点。无论是在南北之争中,还是在东西对抗中,南阳都处在战争的前沿位置。楚国据有南阳盆地后,面对来自各方的军事压力,虽停止了继续北上的步伐,但绝不放弃南阳盆地。楚国的发展更像一种神话,今天对楚国在南阳地区长期存在形成的历史积淀,认识还远远不够。

楚国在此利用险要,构筑了军事防御工程。春秋战国时期,南阳盆地的方城山及长城、汉水都成为楚国抵御北方诸侯的战略要地,楚国占据南阳盆地修建长城,与齐、晋等国形成长达数百年的南北对峙。

在东西之争时,南阳盆地是关中与东部地区的必争之地,由南阳盆地入攻武关是一条较为容易的进攻路线。楚国占据南阳盆地之后,就是沿着这条路攻入关中地区的。无论是进攻关中,还是自关中向东发展，南阳盆地都是进可攻、退可守的战略要地。战国后期，秦国占据了武关、夺取了南阳盆地之后，南阳更成为秦攻楚的一个前沿阵地。

《战国策·楚策一》载，楚国强盛时"地方五千里，带甲百万，车千乘，骑万匹，粟支十年"。当时"天下莫强于秦楚"，楚国和秦国都有可能成为天下一统的完成者。特别是楚王开始醉梦于诸侯国"领袖"地位的霸主时，甚至扬言要看一看周天子的鼎，这就是"问鼎中原"典故的由来。

楚怀王十七年（前312），楚军进攻秦国时还曾长驱直入，一直打到蓝田，秦国靠韩、魏两国的相助化解危机，最后秦国与韩、魏、齐连横攻楚获胜。在此之前，楚国基本上没有因为秦国的强大而焦虑过，此后则不行了，防秦等国的进攻成为楚国的重要任务。

此后，楚长城所保卫的南阳盆地成了秦、楚、韩、魏四国争夺的战略目标。经过数十年的反复争夺，秦国取胜，控制了南阳盆地，并进而打响了统一全国的战争。在秦灭楚的战争中，楚长城没有发挥楚国所期待的防御作用。

楚长城遗址不像齐长城，经过清代重修利用，所以没有齐长城墙体高大。楚长城遗址隐匿在荒野之中，只能看出一点墙体的轮廓，蜿蜒在大地上。这也是一直以来找不到楚长城遗存的原因。

根据国家文物局《关于河南省长城认定的批复》可知，楚长城主要分布在河南省南阳市的方城县、南召、桐柏县，平顶山市的鲁山县、叶县、舞钢市，驻马店市泌阳县，北起河南省鲁山县，经叶县、方城县、舞钢市、泌阳县，南至桐柏县。此外，湖北省境内也分布有烽火台及驻防设施，省文物局做了考察工作。

三 螳螂捕蝉的燕国、赵国南长城

在中国古代"燕赵"是一个有特殊意义的地域符号。广义上的"燕赵"不仅是今天河北的别称,还包括河北之外的北京、天津、内蒙古中南部、山西北部,以及辽宁、河南、山东的部分地区。

战国时期赵国最后的都城在今天河北的邯郸,燕国的都城在今天的北京,燕下都则在河北省的易县。所以多称河北为"燕赵大地"。研究战国时期的长城,必须了解燕文化和赵文化。北京与河北中部地区是燕文化的核心地区,河北邯郸与山西东南部地区是赵文化的核心地区。

战国初期,赵国和燕国在变法之前都属于国力较弱的诸侯国。这两个诸侯国,都修建了防御其他诸侯国进攻的长城。这两条长城,被后世长城研究者称为赵南长城和燕南长城,以区别后来在北部所修建的防御游牧民族的北齐长城。

燕南长城主要防赵兼防齐,赵国南长城则主要是防魏也兼有防齐的考虑。齐是老牌强国,魏国首创变法,任用吴起为将,建立了完善的军队制度,走上了富国强兵之路,对赵国的威胁更加大了。

赵国南有悍魏,北有胡人,西有虎狼之秦,只有东边的燕国力量比较弱,所以赵经常伐燕。燕国是周天子较早封的诸侯国,赵国发动进攻燕的战争,常受到其他诸侯国的反对。所以,赵国始终也没有给燕国造成致命的打击。

到了战国中期,赵燕之间的战争更加激烈。特别是赵武灵王胡服骑射改革之后,赵国的军事实力急剧增长,就更加强了征伐燕国的军事行动。

"燕赵古称多慷慨悲歌之士",这话是被后人尊为"唐宋八大家"之首的韩愈所说。盛唐著名边塞诗人王昌龄也写过:"拂衣去燕赵,驱马怅不乐。""慷慨悲歌"就这样成为燕赵民风的代表,长城是燕赵慷慨悲歌的标志。

(一)燕南长城的修建

战国时,燕王哙学尧舜禅让,把王位让给相国子之。他可能以为这样做可以名垂青史,没想到自己的浪漫主义行动给燕国造成了一场灭国之灾。齐宣王以平定燕国内乱之名攻下燕国首都,并将燕王哙杀死,太子平与子之也在大乱中死亡。燕王哙时期在燕国南部修建的长城,丝毫没有发挥作用。

燕国遭受重创后,赵武灵王从韩国召回燕公子职,拥立其为燕昭王,并帮助他整顿破碎的山河。燕昭王又称襄王,燕国走向强大的领导者,也是燕长城的主要修建者。燕昭王继位之初,面临的是国家内乱、外敌入侵的危急形势。经过二十八年的艰苦奋斗,燕国的经济实力才有了很大的发展,国内也彻底安定下来。

在强大自己、广招天下贤士的同时,燕昭王继续修筑燕南长城,加强对齐国的军事防御。不久,秦、赵、魏、韩四国组成联盟,发起对齐国的征讨。燕昭王应赵国之邀,几乎是倾全国之力参与了这次联合行动,并成为此次征讨齐国的主力部队。

这场战争中,五国联军获得大胜,燕国军队一举占领了齐国七十二座城池,并攻占了齐都临淄。燕昭王终于报了齐国的灭国之仇,他可能坚信燕国将由此走向强盛,没想到他死后不久,这些辉煌的战果很快丧失殆尽。这是因为燕昭王的继承人既没有其励精图治的精神,更没有敬贤爱贤的胸襟。

燕南长城也叫易水长城,修筑于燕昭王之前。秦相张仪游说燕昭王时说:"今大王不事秦,秦下甲云中、九原,驱赵而攻燕,则易水、长城非大王之有也。"这段看起来晓之以理、动之以情的话是否符合燕国的利益我们不去评价,但起码说明这时易水一带已筑有长城。

燕南长城主要是用来保卫燕下都易水城,防御齐国。此时,秦国逐渐强盛,东进图霸,驱赵以威胁燕境。所以燕南长城也成为防赵、御秦的依托。燕南长城利用古易水的堤防与新修筑的城墙相连而成,《史记》等历史文献谈到这条长城时,都是将易水与长城连称。

国家文物局《关于河北省长城认定的批复》认证,燕南长城主要位于河北省保定市易县、徐水县（今徐水区）、容城县、安新县、雄县和廊坊市大城县、文安县。

（二）赵南长城的修建

从现在掌握的材料可以知道,赵国长城有三道:赵肃侯所筑南、北长城两道,赵武灵王所筑赵北长城一道。赵北的两道长城均用于防御东胡。只有赵肃侯时所筑的南长城,属于中原诸侯国相互防御而筑的长城。

赵国修建南长城,主要用于防魏国和齐国。魏国都大梁,距赵都邯郸仅数百里,而漳水西岸的魏国重镇邺城距邯郸尚不足百里,魏国对赵国的威胁极大。魏惠王十七年（前353）,魏军攻占了赵都邯郸,并强占了三年之久。

赵肃侯即位后欲振兴赵国。赵肃侯十六年（前334）,齐王与魏王在徐州盟会,互尊为王。赵国对魏、齐两国的联合极为不满,派军队攻打魏国,遭到魏军的顽强抵抗,赵军被迫撤军。

为防御齐、魏两国的报复性进攻,赵肃侯在南部边境,即漳水和滏水之间,修了一道长城,后世将其称为赵南长城。前333年,齐、魏大军果然兴兵伐赵,赵军引黄河之水冲灌敌军,才迫使齐、魏两国退兵,赵南长城在此次会战中所起的作用不明显。

关于赵南长城,《史记·赵世家》记载:"武灵王十九年召楼缓谋曰:

'我先王因世之变,以长南藩之地,属阻漳、滏之险,立长城。'"说明赵武灵王前已修筑此条长城。《史记·赵世家》明确记载了这道长城的修筑背景:"肃侯十七年,围魏黄,不克。筑长城。"赵南长城的修筑时间,很可能始于此年。

《史记正义》记载,刘伯庄"疑此长城在(潭)〔漳〕水之北,赵南界"。《日知录·长城》也认为此长城(赵肃侯所修长城)在漳水之北,今河北磁县及河南临漳县间均有遗址。张维华依据《史记正义》所注,推测:"赵(肃侯)长城所经之地,以意度之,其西首当起武安故城南太行山下,缘漳而东南行,约至番吾之西南,逾滏而东,经武城、梁期之南,复缘漳东北行,约经裴氏故城之南,而东抵于漳。"

《史记》对赵南长城的记述很简单,今天很难依据文献明确赵南长城的具体起讫地点和走向。经考古工作者实地考察,赵南长城主要位于河北省邯郸市涉县、磁县及河南省卫辉市、辉县市、林州市、鹤壁市淇滨区。但此段长城,尚有待国家文物局的认定。

四 中山小国的长城修建

中山国与燕、赵两国相比,就更小、更弱一些。这个小国不但在强国环绕中生存着,还保持着自己的独立,维持着彪悍的战斗力。这一点与战国七强大有不同。

战国时期的中山国东与齐国邻近,北与燕国接近,西南与晋、赵相连,四邻是强悍的诸侯国家。特别是中山国位于赵国东北部,把赵国分隔成南北两部分,成为赵国的心腹之患。被赵国包围着的中山国,虽不是诚惶诚恐,但也非常难受。

长城：追问与共鸣

中山国修建长城，主要是防御赵国。中山国土不大，民族却很强悍，多次打败晋、赵等强邻的进攻。战国初期约公元前408至前406年，魏国发动一场攻灭中山国的战争，中山国被魏国军队攻灭。这件事很奇怪，不知魏国为什么要穿越赵国攻打中山，并且将其灭国。更奇怪的是，赵国竟然对此一副无动于衷的态度。

直到二十五年后，魏国接连被赵、齐打败。中山国趁机驱逐魏军并复国。赵国在敬侯十年（前377）和次年，两次大举进攻中山国，遭到中山的顽强抵抗，没有取得成功。此后，中山国为防御强邻的袭击，防止再次灭国的危机，开始修筑长城。《史记·赵世家》记载：赵成侯六年（前369），"中山筑长城"。

有关中山国长城的文献记录，目前所见仅此一处。考古工作者曾在顺平、唐县等地发现了土石混筑的战国中山长城。此段中山长城遗址，已经得到国家文物局的认定。

前314年，齐军攻燕时，中山国也攻占燕国一些土地，疆域大为扩展，南至槐水，北至易水，东至扶柳，西至太行，同《战国策·秦策三》所载"昔者中山之地方五百里"相吻合。这时的赵国已强盛起来，对中山国构成了巨大的威胁。赵武灵王十九年（前307）曾经说过："今中山在我腹心，北有燕，东有胡，而无强兵之救，是亡社稷，奈何？吾欲胡服。虽驱世以笑我，中山、胡地吾必有之。"

古代在讨论修不修长城和长城防御时，常常会提到"社稷"两个字。"江山社稷""社稷之安""社稷之危"，这里的社稷都是指王朝天下的安危。"社稷"之本义是两个与农耕有关的神，社为土神，稷为谷神。以土神和谷神之称而代表家国天下，代表中央政权，是源于以农为本的农耕民族的原始崇拜。

赵武灵王把胡、中山和燕国的威胁，都视为国家存亡之大事。此后，赵武灵王于二十年（前306）、二十一年（前305）、二十三年（前

303)、二十六年（前300）派兵大举进攻中山，占领了中山大片土地。《战国策·赵策三》记载："赵以二十万之众攻中山，五年乃归。"

这条史料记载的数字虽然不一定准确，但赵国以强大的兵力攻打中山国，并且打了数年，这个事实是准确的。在这场战争中，中山国修建的长城是否起到了作用不得而知。《资治通鉴·周纪四》也记载，惠文王二年（前297）"主父败中山兵"，三年（前296）"赵主父与齐、燕共灭中山，迁其王于肤施"。

赵主父是赵武灵王，赵国的第六代国君，前325年至前299年在位。他把王位交给小儿子，自封"主父"的第二年率兵灭了中山国。赵、齐、燕三个大国联合起来出兵，才灭掉了中山，说明中山国的战斗力很强。中山灭亡之后，中山长城也就被历史湮没。

李文龙是最早对中山长城遗址遗迹进行考察的长城研究者，他在《保定境内战国中山长城调查记》中，详细记载了他的考察成果："中山长城分布于保定西部太行山区的涞源、唐县、顺平、曲阳四县，总长178里，顺平县境48里，唐县境88里。"

五　远交近攻的魏国、韩国、秦国长城

秦国在战国时期采取"远交近攻"的大战略，联络距离秦国较远的诸侯国，通过加强与远方诸侯国的经贸和文化联系，通过寻求"共同利益"而合作，使其在秦攻打计划中的诸侯国时，他们至少能保持中立。同时，进攻邻近的诸侯国，靠威慑来挟持其割地或直接采取军事行动强取豪夺，获得利益。

魏、韩两国是"三家分晋"时由晋国分出来的诸侯。两国都是秦国的近邻，直接受到秦国威胁或打击。按理说魏、韩两国面临共

同的敌人时，最容易暂时放下纷争联合起来。然而两国非但不团结，反而冲突不断，这对于虎视眈眈的秦国来说，就是"鹬蚌之争，渔翁得利"。其实，仅魏、韩两国联合起来，也难以抵挡秦国走向强大。

苏辙在《进论五首·六国论》中的一段话，非常准确地道出了秦国和韩、魏两国的地缘关系："夫韩、魏不能独当秦，而天下之诸侯借之以蔽其西，故莫如厚韩亲魏以摈秦。秦人不敢逾韩、魏以窥齐、楚、燕、赵之国，而齐、楚、燕、赵之国因得以自完于其间矣。"

如果真像苏辙想的那样，战国其他四个诸侯国让韩、魏在没有防御东边各国的后顾之忧，并支持韩、魏全力抵挡秦国军队，会给秦国造成很大的压力，起码会给秦国的统一增加很多的变数。

（一）魏长城的修建

进入战国的第一个百年是魏国势力强大的时期，不需要修建长城。周贞定王二十四年（前445），魏文侯即位，先后任用翟璜、李悝、魏成子为相，实行变法，取得很大成绩，魏国成为战国初期的强国。魏文侯任用吴起为大将，取得了秦国河西列城，进入了国富民强的发展阶段。魏国还联合韩国和赵国，多次与楚国作战，并多次击败楚军。

魏文侯六年（前440），魏军在河西的少梁（今陕西省韩城市西南）建城池并屯兵积粮。秦国感到了威胁，首先动手发兵攻打少梁，结果是秦军遭受了失败。

魏文侯十三年（前433），魏国大举进攻秦国，占领秦国的繁庞（今陕西韩城东南）。十六年（前430），魏国大将吴起率兵攻取秦国的临晋（今陕西大荔东）、元里（今陕西澄城南），十七年（前429），继续伐秦至郑。

魏国和秦国本以黄河为界，魏国在河西原来仅有少梁一城，取得上述几座城池之后，河西之地就全部由魏国占据。秦国对魏国据

第二章　先秦诸侯国相互防御的长城

有河西始终视为心腹之患,只是无力与魏抗衡。当然,只要条件允许,秦国第一时间便会采取行动夺回河西。

韩哀侯二年（前375）,韩国与魏国为争夺郑国发生战争之后,韩国与赵国又因争夺魏国发生战争。连年与赵、韩两国的冲突,使魏国的实力受到很大削弱。这一时期,魏国由于树敌过多,处于四面受敌的境况。为缓解压力,魏国从孝公后期开始加强长城防御体系的建设。周烈王五年（前371）魏孝公死后,魏惠王继位,继续与韩、赵两国作战。

在魏国与韩、赵两国频繁作战时,秦献公埋头实行了一些改革,使国力有所增强。此后,魏、韩虽联合起来抗秦,但联盟关系很脆弱。魏惠王四年（前366）,秦出兵向韩、魏联军进攻,大败韩、魏联军于洛阴。接着又于魏惠王六年（前364）深入到河东,在石门（今山西省运城西南）和魏军大战,斩首六万级。

魏惠王八年（前362）,魏国再次同韩、赵两国发生大战。秦国又趁机向魏国进攻,在少梁把魏军打得大败。此战中,秦国取得繁庞城,并迫使魏国迁都大梁（今河南开封）。至此,魏国河西大部分领土虽仍据于己手,但已处于失利状态。尤其是少梁之战,秦国已严重地危及魏国西部疆土。

《史记·秦本纪》记载:"孝公元年,河山以东强国六,与齐威、楚宣、魏惠、燕悼、韩哀、赵成侯并。淮泗之间小国十余。楚、魏与秦接界。魏筑长城,自郑滨洛以北,有上郡。"《史记正义》注释道:"魏西界与秦相接,南自华州郑县,西北过渭水,滨洛水东岸,向北有上郡鄜州之地,皆筑长城以界秦境。"由此可知,魏河西长城应始筑于前361年（即孝公元年）至前358年。

魏惠王十二年（前358）,为巩固河西之地,魏国派大将军龙贾沿洛水修一道长城,这就是魏河西长城。《水经注》亦引《竹书纪年》

45

载:"梁惠成王十二年,龙贾率师筑长城于西边。自亥谷以南,郑所城矣。"龙贾修建的这条长城,应该还是起了一段时间的作用。

后来为加强国都大梁的防务,又在大梁以西、黄河以南修筑了魏河南长城。《史记·魏世家》提到"魏惠王十七年,与秦战元里,秦取我少梁","十九年,诸侯围我襄陵。筑长城,塞固阳"。可见前361年至前351年(魏惠王十九年)间,魏曾不断地经营河西防务。

魏国修建这些长城,早期是为解决西边的后患,以便全力与韩、赵两国作战。这样可以避免在与韩、赵作战时,西面对秦国进行防御的力量弱化,形成两面受敌的局面。而魏国修建长城的后期,则是在四面被包围的情况下,主要为了解决来自秦国的强大威胁。

魏国长城防御的战略还有一定的效果,魏国在修建长城后,虽然多次与韩国、赵国、齐国、秦国发生战争,但还是保住了自己的利益。直到魏国在马陵之战中败于齐国,才逐渐地走向衰退。

魏国在战国初期,已经具有成为一个大国的条件,开始为追求全面意义上的影响力和话语权而四面用兵,一度达到穷兵黩武的程度。结果形势很快发生了变化,魏国四面受敌,处于孤立的窘迫境地。到了这个时候,魏国修建什么样的长城也难以解决其安全问题。修建魏国西长城的将军龙贾,也在他修建长城的28年之后,被秦国打败。

国家文物局《关于陕西省长城认定的批复》《关于河南省长城认定的批复》认定:魏国长城主要分布于陕西省富县、黄陵县、宜君县、黄龙县、韩城市、合阳县、澄城县、大荔县、华阴市及河南省新密市。

(二)秦堑洛长城的修建

秦国是战国时期修建诸侯国之间相互防御长城较少的诸侯国。其原因有二:一是秦国首先取得了变法的成功,将权力集中于诸侯君王之手,对其他诸侯国主要是采取攻势;二是秦国所在的渭河流

第二章 先秦诸侯国相互防御的长城

域大部分地区都易守难攻，秦军向东进攻其他诸侯国时，基本没有后顾之忧。

《史记·刘敬列传》载汉代娄敬评价秦国，特别是关中地区的战略位置时说："且夫秦地被山带河，四塞以为固，卒然有急，百万之众可具也。因秦之故，资甚美膏腴之地，此所谓天府者也。"娄敬在这里既讲了秦地的资源优势，也讲了其军事区位的优势。

秦厉共公和秦简公于公元前461年至公元前409年间，先后在黄河和洛水西岸修筑长城，史称堑洛长城。当时秦国还不是很强大，东部黄河、洛水之间的土地屡被魏国攻占。为抵御魏国，秦修建了长城。只是与其他诸侯国的长城相比，秦长城工程量不大，使用时间也不长。

关于秦厉共公至秦简公时期，晋国占有河西地以后，秦国沿洛水西岸修筑长城，历史文献记载很简单。《史记·秦本纪》记载，秦厉共公"十六年，堑河旁。以兵二万伐大荔，取其王城"。简公六年，"堑洛，城重泉"。在秦惠文王元年（前337），张仪"为秦将，取陕，筑上郡塞"。

毫无疑问，"堑河旁""堑洛"和"筑上郡塞"都是修筑军事防御工程。秦简公七年（前408），秦军退守到洛水西岸后，再次沿河修筑长城以提高防御能力，并修筑重泉城。

秦国于洛水所筑长城，从公元前409年算起，早于魏在洛河所筑长城近五十年。秦河西长城从公元前461年算起，则早于魏河西长城近一百年。百年之间，由秦国修筑长城以防魏，变成魏国修筑长城以防秦，足以看出秦、魏盛衰的形势变化。秦、魏强弱关系转化的转折点是河西之战。这场魏国与秦国为了争夺关中的大规模战争，是战国时耗时较长的几场战争之一，前后打了几十年，以秦国胜利而告终。

从此之后，秦一统天下的决心初露端倪，战略部署也呼之欲出。要结束诸侯割据局面的秦国，自然没有了修建诸侯国之间相互防御长城的需要。

秦昭王时期修建长城，把防御的重点放到了防御游牧部族上。他在秦国崛起道路上表现出来的淡定和从容，至今都值得认真地思考。秦国在尚未成为一家独大的强国之前，保持适度的"低调"对于实现长远发展目标，有着显而易见的意义。

（三）韩长城的修建

韩国地处黄河中游地区，是战国七雄中国土最小，人口少，国力也较弱的诸侯国，韩国军队却很强悍。《史记·苏秦列传》说："以韩卒之勇，被坚甲，蹠劲弩，带利剑，一人当百，不足言也。"

《韩非子》载："赵举则韩亡，韩亡则荆魏不能独立，荆魏不能独立则是一举而坏韩、蠹魏、拔荆，东以弱齐燕。"秦国这一各个击破的统一全国战略，首先打击的重点为赵、韩两国。

韩国四面被魏国、楚国和秦国所包围。这些诸侯都比韩国强大，韩国没有地域上的发展空间，还经常遭受其他强国的进攻。韩军虽善战，在秦国兼并六国时，还是成为六大诸侯中第一个被灭掉的，亡于公元前230年。此前，秦国乘赵攻打燕之机大举进攻赵国，连年战争极大地削弱了赵国的战斗力。秦国在和赵国作战的空隙，派出一支劲旅，没费多大的力量就灭了韩国。

战国时期的韩国，基本上没有多少光辉的战绩。特别是到了韩灭国之前，可以说也仅是秦国和山东各国征战的缓冲地而已，韩国的存在与否，对整体形势已经没有多大的影响力了。

关于韩国修建的长城，《水经注》记载："《竹书纪年》：梁惠成王十二年，龙贾率师筑长城于西边。自亥谷以南，郑所城矣。《郡国志》曰：'长城自卷迳阳武到密者是矣。'"长城研究者早就注意到这段长城，罗哲文曾说：这段长城"历史文献上有时称韩，有时称郑，因此把它称作郑韩长城。这道长城与魏东南河外长城相连，共同防御秦国"。

关于出现这段长城"有时称韩，有时称郑"的情况，《史记·韩世家》说得很清楚："是韩既徙都，因改号曰郑，故《战国策》谓韩惠王曰郑惠王，犹魏徙大梁称梁王然也。""自亥谷以南，郑所城矣"的长城，应该是韩国所建，因为郑国灭亡前一直唯魏国之命是从，没有必要在与魏交界的地方修筑长城。

韩长城建于哪一年尚不清楚，估计是在韩哀侯二年（前375）至韩昭侯八年（前355）这二十年之间。《资治通鉴·周纪一》记载：周烈王元年，也就是韩哀侯二年，郑国随魏国伐楚时，"韩灭郑，因徙都之"。韩国灭郑之后，在原来郑国的领地上修建长城来应对魏国，这是相对合理的推断。

现在的考古成果，并不能有力地证明韩长城的存在。韩长城遗存状况，尚有待进一步的考察研究。

第三章　战国北方防御游牧势力的长城

中国古代农业约产生于10000多年前的旧石器与新石器过渡时期。约6000～5000年前石器青铜器混用时期，农耕和游牧开始分离。到战国时农耕和游牧分界线形成，农耕政权防御游牧民族的长城产生。

为什么农牧分界线形成于战国时期？因为这个时期农耕地区普遍使用铁制农具，劳动生产率大大提高，加之秦、赵、燕与游牧民族相交的诸侯国强大起来，使农耕区迅速扩展到农牧交错地带。原来杂居在中原周边的少数民族，绝大部分融入了农耕社会。

只有北方草原地区的民族，继续保持以游牧为主的生产方式，专业化、流动性的游牧经济类型形成。游牧的经济方式、游牧部落、游牧政权，都是成熟于此时期。游牧势力对农耕地区产生较大的冲击及影响，也始于此时期。

战国秦、赵、燕长城具有很大的价值，其对游牧民族的防御体现出了较大的主动性。秦、赵、燕在占据了军事优势的情况下修筑长城，加上一定数量的驻军，有效防止游牧民族骑兵闪电式的袭击，是一种扬长避短的主动行为。陈可畏在《论战国时期秦、赵、燕北部长城》中说："没有长城，即使有大量的步兵和骑兵，仍然是防御不了的。战国时代的历史事实证明了这一点。"

从东向西说，在农牧交错地带修建长城，赵国最早，然后是秦国，再往后是燕国。游牧部落第一次看到高大的城墙横亘在眼前，一定会感受到很大的震慑。

长城挡住了牧民南下牧马，也使抢掠者望而却步。长城区域是特别广阔的区域，任何朝代都没有足够强大的军事力量，可以仅凭借军队的驻守来保证这个广大区域的正常生产和生活。即便农耕政权为了长城区域的利益，愿意花费巨额军费甚至倾其所有来支持庞大的军队，征用大量青壮劳动力来从事军事活动也做不到。

在这种情况下，长城应运而生。农耕政权借修建起的长城达到加强对农耕地区进行有效保卫、减少常驻军队和缩减军队经费的目的。通过长城提高农牧交错地区的防御能力，有效地解决了养兵太多养不起，养兵太少又起不到其应有防御作用的问题。

两害相权取其轻，两利相权取其重。尽管修筑长城和派军驻守长城防线需要的经费不少，但与不修长城仅派军队相比，以达到相同的防御效果论，修长城所需付出的代价相对小很多。

一 农耕政权向北扩张建长城

战国时黄河流域和长江流域经过兼并战争，形成齐、楚、燕、韩、赵、魏、秦等七个诸侯国为主并立争霸的局面。由于人口规模的发展和农业精耕细作的发展，农耕经济形成了一个完整的、操作成熟的体系。而就在这个时期，游牧民族则彻底放弃了粗放的农业经济类型，转变为较为纯粹的游牧经济类型。

中原农耕经济与北方游牧经济，在战国时期同时出现了较大的发展。两种经济类型为了自身的发展而向外扩张的时候，在农耕和游牧两种经济的过渡地区，发生了较大的冲突。当农耕民族将军事和经济扩展到农耕与游牧的自然边界以后，由于继续向北发展已经没有了适合农业耕作的自然条件，农耕民族向北拓展利益的行为，便停止在农牧交错地区的北部边沿。

农耕经济可以大规模地向北挤压游牧经济的生存空间，还有一个原因是，中原的农耕政权已经有了较为完备的国家政治组织和法令制度。相比之下，游牧部族则处于众多部落相互联系比较松散的政治阶段。正如《孟子·告子下》描述的那样，处于"无城郭宫室、宗庙祭祀之礼，无诸侯币帛饔飧，无百官有司"的状态。

这个时期的游牧部族，既不具备作为政权所必需的政治组织，也没有可以凝聚各部落的统一文化。《史记·秦本纪》中秦穆公所言，也是讲戎狄没有一定的文化和法度的支撑，他说："中国以诗书礼乐法度为政，然尚时乱，今戎夷无此，何以为治，不亦难乎？"《左传·昭公四年》（前538）记载："冀之北土，马之所生，无兴国焉。"

春秋战国是农业农耕文明具有很强扩张性的时期，其主要特征是外向型地向四周发展。因为随着农业的快速发展，农业耕种由过去的轮种，发展成为一年一季，有的地区甚至已经出现了一年两季的耕作方式。这样，随着经济的快速发展，诸侯国中心区域的人口越来越多。强大的诸侯国要由中心向四周拓展，使农耕经济和游牧经济的边界线向外延展。农耕地区不断向四周拓展的同时，农业文明也不断发展。

先进的农耕经济吸引了四周较为原始、以半耕半牧或以放牧为主的一些部落学习农耕技术，使得整个农耕经济在春秋战国呈现发展势头很猛的拓展阶段。只有农耕经济发展到一定程度，到达农耕与游牧自然分界线之后，农耕经济与游牧经济的矛盾才凸显出来。

继续向北发展，受气候和降水等因素影响，已经不适合农耕经济类型的生存。此后，农耕经济逐渐稳固下来，农耕政权固守农耕地区，在已经拓展的地域采取相对保守的态度。

游牧民族受到农耕民族强大挤压之后，在长城之外眺望长城之后，也逐渐地统一和强大起来。游牧与农耕民族产生了强烈的冲突。在农耕民族内部矛盾激化的时期，游牧民族强大的骑兵就会对农耕地区造成很大的伤害。当农耕政权统一强大的时期，就会用军事手段去征伐游牧政权，而重新占据农耕拓展地区。

在历史交替发展的过程中，农耕民族和游牧民族的矛盾有时突出，有时弱化。矛盾激烈的时候，就要以大规模的战争手段解决问题。游牧民族冲击得到缓解的时期，则是游牧经济和农耕经济相对平衡的时期。征服与被征服和双方平衡发展的交替变化，成为长城地区的常态。

战国时期修建的北方长城，保护了农耕政权的扩张成果。从蒙古高原到中亚、西亚，都曾经是游牧民族主要的活动区域。农耕经济发展到游牧经济的活动区域时，自然会受到游牧部族的反抗。燕、赵两国所面对的东胡、匈奴这种典型的游牧民族就是如此，分布在黄土高原或黄河上游许多地区的游牧民族也是如此。

为了应对来自游牧民族的侵扰，疆域与游牧民族接壤的诸侯国，纷纷采取措施保护既得利益，修筑长城便是其中的一种。长城的修建是对全局进行安全控制的举措。其所反映的并非仅是内外双方军事力量的强弱，也不是双方社会的优劣态势。

游牧部族为了应对农耕政权开疆扩土带来的压力，在匈奴的武力征伐之下，最终以游牧社会的政治组织形式获得统一，并很快走向强大。农耕和游牧政治经济的发展是两个相对独立的过程，彼此之间又有影响和联系。游牧民族对农耕或半耕半牧地区的威胁，也是促使农耕社会对游牧地区扩张的原因之一。农耕政权对北方游牧地区的扩张，刺激了游牧部族在自身发展道路上的进步。骑马民族的武力不断壮大，发展到全民皆兵的程度，进而彻底转型为游牧社会，与农耕政权的强大军事压力有关。

二　骑兵作战改变战争形态

春秋时期马匹主要用于驾车而不是骑乘，所以早期的长城非常简单。长城的关隘多修建在交通要道或较为平缓开阔的地方，原则上只要能够挡住战车的通过就行。

从事战争的主要是马拉的战车，因而战车的多寡是衡量一个国家军事实力的标准，如"百乘之家""千乘之国""万乘之王"等等，都是形容某一个诸侯国的军事实力。

战国时期骑兵作战的出现，彻底改变了战争的形态。骑兵以其高度的机动性、猛烈的攻击性，在战争史上起着极为重要的作用。骑兵作为主战兵种参战之后，一方面加速了战争的进程，扩大了战场的范围，另一方面也改变了之前使用的战略、战术。

长城的大规模出现，特别是在北方防御游牧民族的战争中集中出现，也是因为防御性的城墙可以有效地遏制骑兵的速度。

游牧骑马作战较早，骑兵队伍以精良的骑射技术驰骋疆场。游牧经济的流动性，决定其族群没有固守城池的需要，没有设立阵地的概念。所以，攻打城池对他们来说也是较为困难的作战方式。针对这一作战特点而构建的长城，是一种较为有效的防御体系。

游牧军队在形势有利的时候就大举进攻，攻破一点，长驱直入；形势不利的时候就立刻撤退，四处散开，避而不战。长期的草原游牧生活，使牧民们的野外生存能力、自然适应能力都很强。

每当农耕政权军队北上征伐时，游牧军队多采用躲到草原深处的办法来自我保护，使农耕政权军队根本找不到作战对象。当战争发生在游牧军队较为熟悉的长城之外时，其可以保持较长时间的战斗力，而且成本极低。

中原骑兵的出现，最早见于记载的是战国初年赵武灵王的"胡服骑射"。战国初年，兵力较强的赵国在同居于草原、山地的游牧部族林胡、楼烦等作战中经常失败。其原因只有一个，就是这些游牧民族擅长骑射，机动性非常强。

赵国的战车和步兵，面对来无影去无踪的骑兵，只能被动地挨打。为了争取战争的主动权，赵武灵王决心改变传统的作战方式，穿适应骑马作战的胡服，组建骑兵，练习骑射。

赵武灵王下此决心也很困难，从他和肥义的对话可以很清楚地看出来。肥义为赵肃侯的贵臣，武灵王继位后因年少未能亲政，由其辅政。亲政后赵武灵王处理政事，也都要先征询肥义的意见。

《史记·赵世家》记载，赵武灵王对肥义说："今吾将胡服骑射以教百姓，而世必议寡人，奈何？"赵武灵王这句问话与其说是在说一个顾虑，倒不如说是他在表达自己的决心。

肥义果然没有让赵武灵王失望，他是赵武灵王坚定的支持者，他说："臣闻疑事无功，疑行无名。王既定负遗俗之虑，殆无顾天下之议矣。夫论至德者不和于俗，成大功者不谋于众。"

赵武灵王十九年（前307），这位君王一如往常般一言九鼎，义无反顾地推行此新举措，"变俗胡服，习骑射"。胡服是窄袖短衣，合裆长裤，比中原诸侯国的长袍大褂灵活得多。

改变服饰的行动，还真受到了很大阻力。赵武灵王顶住保守势力的非议。他下达命令，带头穿胡服上朝。《竹书纪年》记载赵武灵

长城：追问与共鸣

王"命吏大夫奴迁于九原，将军、大夫、适子、代史皆貂服"，并对反对胡服骑射的一些王公大臣给予了很严厉的处罚。在推行胡服的同时，赵武灵王就开始"招骑射"，具体做法是模仿北方"三胡"骑兵的装备，学习骑兵的训练方法，大规模组建骑兵部队。

赵国的骑兵是在有骑射传统的林胡、楼烦故地组建，直接招募会骑射的人进入军队，并在赵武灵王二十一年（前305）"破原阳以为骑邑"，将这些牧区变为骑兵训练与驻屯的场所。

胡服骑射的效果，很快就在战争中体现出来。《史记·赵世家》记载了赵国的骑兵在几年中，"西略胡地，至榆中，林胡王献马"，"攘地北至燕、代，西至云中、九原"，"灭中山"等军事成就。有了骑兵的赵国，在战场上所向披靡，一时间几乎称霸了北方。

赵武灵王改革的成功，引起了各诸侯国的关注，各国相继效法赵国组建了骑兵。从中国军事的发展历程可以看到，此后骑兵始终是军事的作战主要兵种，各类配合骑兵部队的武器装备也逐渐发展起来。

《史记·苏秦列传》记载：燕国"带甲数十万，车六百乘，骑六千匹"；赵国"带甲数十万，车千乘，骑万匹"；魏国"车六百乘，骑五千匹"；楚国"带甲百万，车千乘，骑万匹"。由此可见，骑兵已经和战车一起成为衡量一个国家军事实力的标准。

各诸侯国拥有的骑兵数量不等，最多的是周边有游牧民族的秦、楚、赵三国，各拥有骑兵万余。其次是燕国和魏国，分别有六千骑和五千骑。这个时期的作战，使用骑兵配合步兵已经越来越普遍，但战车仍然发挥着重要作用。

当然，这个时候骑兵在各兵种中的比例都并不太高，较高的赵、燕两国骑兵也不到全部兵力的十分之一，最低的楚、魏两国只有百分之几。初建的骑兵规模虽然还较为弱小，却具有强大的生命力。

赵武灵王胡服骑射从另外方面说明，游牧民族已经很强大。胡服骑射虽然是农耕政权为了抗衡草原骑兵而采取的措施，但这一举措也说明战国时游牧部族已经发展到较为成熟的历史阶段。

胡服骑射使赵武灵王在军事领域的变革取得了成功，由于其并没有同步进行与军事改革配套的政治、经济改革，赵国的综合国力特别是经济实力，并没有因为变革而得到持续的发展，赵国很快就失去了因军事改革而获得的优势。

长城作为一道坚固的防御体，其存在本身对于游牧骑兵来说就是一种巨大的威慑。游牧骑兵擅长马上行动，让他们下马攻城，便失去了军事上的优势。有长城这样雄伟墙体的存在，可以部分地制止一些小规模的骚扰和掠夺，制止小规模武装对长城沿线农耕地区的抢掠。

从这个意义上说，长城在修建之初就已经实现了自己的战略目的。今天认识长城，必须坚持站在古人的立场，坚持当时的问题导向。只有这样，才能理解古人统筹谋划修建长城的初衷。

三　秦国灭义渠戎建长城

1935年10月初，中央红军的长征队伍，已经胜利在望了。毛泽东随大部队走过了宁夏固原六盘山西麓的战国秦长城后，写下了"不到长城非好汉"的豪迈诗句。

战国中后期，秦国西北部与义渠戎国为邻。秦国与戎有着很深的渊源，史学界有一种观点认为秦国就起源于西方戎狄。王国维在《秦都邑考》中较早提出了此观点，这是一个不可忽视的问题。

俞伟超也从先秦时秦国的墓葬形式有别于中原的屈肢葬，还有铲形袋足鬲等器物以及洞室墓等文化特征等方面，得出结论，认为秦之祖先"源自羌戎"。另一种说法认为，秦的先祖是生活在东方的夷族，之后逐渐向西迁移。较早提出此观点的是傅斯年的《夷夏东西说》。不论是戎狄说，还是东来说，史学界普遍认同秦国的先祖非中原族群。

春秋末期，秦国还没有成为一个很强大的诸侯国。秦国在向东扩张自己的势力范围时，遭到了强大晋国的阻挡。这一时期，秦国尚无力与晋国进行正面强大的军事对抗。所以，秦把自己的发展战略转向西方。

战国初期，秦国也还没有力量与三家分晋后的魏国抗衡，仍然没有办法向东发展。但正是这一阶段，秦国向西扩张国土取得了丰硕的成果。秦定都咸阳之后，就开始实施剪灭六国、统一中国的大战略。

《史记·商君列传》载，商鞅曾对秦孝王说："秦据河山之固，东向以制诸侯，此帝王之业也。"商鞅对秦的发展壮大功劳非常大，如果没有商鞅在秦国实行的变法，秦国便没有实力进行合纵连横，更没有良好的基础去实现全国的统一。

秦国于穆公三十七年（前623）对西戎作战，取得了开地千里的战绩。这是秦国第一次对西戎大规模地采取军事行动，并取得了全面的胜利。到秦襄公时，义渠戎与秦国的战争朝着越来越激烈的方向发展。此时，多是义渠戎国的军队攻打秦国，曾经一直打到了渭水河畔。

这一时期的秦国虽然已经很强大，但面对义渠戎的进攻，当时不得不退出渭河下游地区。正是这场战争，坚定了秦国对义渠戎采取更强大的军事打击的决心。

秦孝公十年（前352），秦国打败了魏国之后，国土东部的威胁减弱了不少。而此时正是义渠国发生内乱的时期，秦国立即出重兵攻打义渠国，使义渠的军事力量和国家力量都遭到了很大的削弱。

此一时，彼一时。到了秦惠文王七年（前331），义渠国再次发生内乱，秦国再次趁机派兵攻打义渠，迫使其臣服于秦国。令义渠人想起来就不寒而栗的秦国，在原来义渠所占领的秦国属地建立了义渠县。

秦惠文王更元七年（前318），魏、赵、楚、燕、韩等国家联合起来攻打秦国，义渠国王乘机攻打秦国的西部，重新夺回了一些地方。秦惠文王更元十一年（前314），秦国对义渠国进行了报复性的征伐，占领了义渠国的二十五个城池。

秦昭王元年（前306），楚国、齐国、韩国联合起来对抗已经逐渐强大的秦国，秦国再一次面临来自东、西两面的威胁。此时，得力于秦昭襄王的母亲宣太后和义渠国王的情爱关系，秦国西部的威胁得到了很大的缓解。

义渠国逐渐恢复国力后，又有了复国计划。面对这种情况，宣太后毅然支持昭襄王，杀掉义渠国王。此后，秦国彻底灭掉了义渠戎。秦灭义渠后，获得了大量的义渠人驻牧的土地。部分降秦的义渠人加盟了秦军，使秦国的骑兵得到了较大的发展。前些年热播的电视连续剧《芈月传》，讲的就是这个历史故事。

义渠戎国被灭掉之后，秦国将这片新据有的土地设为北地郡。《括地志》云："宁、原、庆三州，秦北地郡，春秋［及战国］时为义渠戎国之地，周先公刘不窋居之，古西戎也。"距离秦国很近的义渠戎虽然被灭掉了，但北部的其他游牧民族依然是秦国的威胁。秦昭襄王决定，在已经被秦国占领的义渠国故地修筑长城以防御更北边的其他游牧民族。

秦国在与中原其他诸侯国的征战中，进攻的姿态居多，但面对

59

来自游牧民族的威胁，秦国在占据了有利地理区域后，采取的主要是防范措施。此时，由于中原赵国所筑的北长城，已经将整个北河地区囊括于赵长城之内，而秦都咸阳位于北河的正南方向，秦国还受到来自赵国的威胁。

历史文献对秦昭王所筑长城的记载很少。《史记·匈奴列传》载："秦昭王时，义渠戎王与宣太后乱，有二子。宣太后诈而杀义渠戎王于甘泉，遂起兵伐残义渠。于是秦有陇西、北地、上郡，筑长城以拒胡。"关于秦昭王筑长城的准确时间，历史文献也没有记载，但《后汉书·西羌列传》中有秦昭王灭义渠戎的时间记载："王赧四十三年，宣太后诱杀义渠王于甘泉宫，因起兵灭之，始置陇西、北地、上郡焉。"

根据文献记载，战国时秦国的北长城，大致起于今甘肃省临洮县，向东南至渭源，然后转向东北，经通渭、静宁等县达宁夏固原。再由固原折向东北方向，经甘肃环县，陕西横山、榆林、神木等县直达黄河西岸。

国家文物局关于甘肃、宁夏回族自治区、陕西、内蒙古自治区长城认定的批复确认，秦国北长城主要分布于甘肃省华池县、环县、镇原县、静宁县、通渭县、陇西县、渭源县、临洮县，宁夏彭阳县、固原市原州区、西吉县，陕西省神木市、榆林市榆阳区、横山区、靖边县、志丹县，南迄吴起县。此外，秦国北长城在内蒙古也有发现，南起伊金霍洛旗，经准格尔旗、鄂尔多斯市东胜区，北到达拉特旗。

四 赵国北征林胡、楼烦建长城

战国时，赵国北部主要有林胡、楼烦和东胡，合称"三胡"。赵国水草丰美的北部地区与三胡的驻牧地相邻，常常需要面对他们向南发展的威胁。而且，这时期的游牧民族由先前互不统属的部落，逐渐趋于局部聚集，在相当大的地域范围内形成较大的部落联盟。

赵北长城有两道，分别是赵肃侯所筑北长城和赵武灵王所筑北长城，均用于防御东胡。赵武灵王时，赵肃侯所筑北长城已属赵国内地。赵武灵王驱胡攘地，势力北进至今内蒙古大青山一带，并在此修筑长城。

赵肃侯所筑北长城的起讫点、修筑时间等，历史文献的记载较为混乱。长城位置大致在飞狐口、雁门关一线。《史记·赵世家》正义认为："赵长城从蔚州北西至岚州北，尽赵界。"明《两镇三关通志》载尹畊《九宫私记》云："余尝至雁门，抵岢石，见诸山往往有剐削之处，逶迤而来，隐见不常。大约自雁门抵应州，至蔚东山、三涧口诸处亦然。问之父老，则曰古长城迹也。夫长城，始于燕昭、赵武灵，而极于秦始皇。燕昭所筑者，自造阳至襄平；武灵所筑者，自代并阴山至高阙；始皇所筑者，起临洮，历九原、云中至辽东，皆非雁门、岢石、应、蔚之迹也。及读史，显王三十六年有赵肃侯筑长城事，乃悟。盖是时三胡并强，楼烦未斥，赵之境守，东为蔚、应，西则雁门，故肃侯所筑以之。则父老所谓长城者，乃肃侯之城，非始皇之城也。"

近人寿鹏飞的《历代长城考》认为，赵肃侯所筑北长城的西段，从"平型、北楼、宁武、雁门、偏头诸关以至河曲"。赵肃侯长城，已经是在强化赵国对边境地区的管控。

赵武灵王是赵北长城真正的缔造者。他的一生很传奇，也可以用我概括齐桓公的那句话"生的伟大，死的窝囊"来概括赵武灵王的一生。古今中外，死得很窝囊的伟大人物真的有很多。

赵武灵王嬴姓，名雍，死后谥号武灵。在位时赵武灵王发奋图强，勇于变革，身体力行地倡导改穿胡服，学习骑射，极大地加强了国防力量。先打败林胡、楼烦，后又攻灭了中山国，占有今河北北部、山西北部和河套地区。

赵武灵王所筑赵国北长城，《史记·匈奴列传》记载："赵武灵王亦变俗胡服，习骑射，北破林胡、楼烦。筑长城，自代并阴山下，至高阙为塞。而置云中、雁门、代郡。"《赵世家》载，赵武灵王二十六年，赵国"复攻中山，攘地北至燕、代，西至云中、九原"。

二十七年，武灵王自号为主父。《史记·赵世家》载武灵王"欲令子主治国，而身胡服将士大夫西北略胡地，而欲从云中、九原直南袭秦"。由此可知，赵武灵王筑北长城，当在武灵王二十六年（前300）和二十七年（前299）之间。

赵武灵王废太子章，传位于幼子何，即为赵惠文王，此举激化了争权斗争。赵惠文王四年（前295），武灵王、惠文王住在沙丘宫，一场争权夺势的宫变之后，公子成调兵围沙丘宫三月有余。一世英雄的武灵王，就这样活活饿死宫中，史称"沙丘宫变"。

对于赵国而言，这场宫变没有成功者。最大的受害者不是赵武灵王，也不是当了四年赵王、年仅十四岁的赵惠文王。最大的受害者是赵国，从此之后的赵国再也没有过赵武灵王时期的辉煌。

关于赵武灵王所筑北长城的走向和位置，《史记》中仅《匈奴列传》记录了"自代并阴山下，至高阙为塞"一句。赵至代的一段长城，因战国以后长城修筑状况混乱，至今仍未搞清楚。沿着阴山至高阙的一段，后世记载较多，基本情况也较清楚。

《水经注》有这样的记载："其水又西南入芒干水。芒干水又西南迳白道南谷口，有城在右，侧带长城，背山面泽，谓之白道城。"郦道元文中所提白道城在今呼和浩特市北郊坝子口村，"水"即黄河，黄河边的这道长城疑为赵武灵王所筑。

国家文物局《关于内蒙古自治区长城认定的批复》认定，赵国北长城主要分布在内蒙古自治区。"东起兴和县,经察哈尔右翼前旗、乌兰察布市集宁区、卓资县,呼和浩特市赛罕区、新城区、回民区、土默特左旗、土默特右旗,包头市东河区、石拐区、青山区、昆都仑区、九原区,西迄乌拉特前旗。"

五　燕国却东胡千里建长城

燕长城经过的地区历史上是中国许多少数民族活动的区域。各族人民通过辛勤劳动,开拓了这片富饶而辽阔的土地,东胡便是其中一支。燕国在昭王之前并不强大,为了换取北部的安宁,不得不向东胡媾和,并以本国大将作为人质。

秦开是燕昭王宠信的爱将,当时,为了顺利实施伐齐兴国的战略决策,让东胡不再给燕国制造更大的麻烦,同时为了必要时借助东胡的兵力用于燕齐之战,燕昭王派秦开出使东胡。

秦开为质于胡的时间,相关史籍记载不详,一些燕史研究学者认为应当在公元前 299 年至前 260 年之间,离开东胡的时间是公元前 285 年至前 284 年。作出这一判断的主要原因,一是燕国曾有借胡兵助伐齐的考虑,二是燕昭王向东胡进军要有物力财力,选择适宜的时机,可能在伐齐取得决定性胜利之后。

以这种权宜之计实现的和平极不稳定,并不能使东胡停止南掠行为。燕昭王通过变革使燕国实现富强之后,便决定向东和向北发展,并以军事手段一举解决来自东胡的威胁。秦开自东胡返回燕国后不久,燕昭王派秦开率军袭击东胡,迫使东胡向北退却,这一行动给燕国带来了大片土地。

为了保障已经获得的土地利益,燕国筑长城来防止东胡重新杀

63

回这一地区。燕国要对长城地区实行稳固的控制，要将可以耕种的土地牢牢掌握在自己的手里。

秦开率兵攻伐东胡之所以取得大胜，与秦开曾为质东胡并积极筹谋有密切关系。秦开在东胡期间，对东胡各方面都有了深入的了解，也掌握了东胡与燕国毗邻地区的山川地理。回到燕国后，他向昭王提议尽速行动。燕军很快突破东胡防线，不仅收复了被东胡占去的燕国小片土地，而且把燕国控制的土地向东北推进了千余里。

秦开率军拓展燕国东北部疆域，《史记·匈奴列传》载"燕亦筑长城，自造阳至襄平。置上谷、渔阳、右北平、辽西、辽东郡以拒胡"。燕在新辟地区实施郡县制，设置了五个郡，并大批移民，使这一农牧交错地区很快融入农耕经济。

《战国策·燕策一》载，燕国所辖"东有朝鲜、辽东，北有林胡、楼烦，西有云中、九原，南有呼沱、易水"，就是说包括了今北京以及河北北部、内蒙古南部、山西东北、山东西北、辽宁西部的广大地区。

《韩非子·有度》中说："燕襄王以河为境，以蓟为国，袭涿、方城，残齐，平中山，有燕者重，无燕者轻。"这里说的燕襄王就是燕昭襄王。燕国国力强大起来，成为举足轻重的大国。燕昭王时期修筑的长城是燕国北界的屏障，也是战国时期创修的最后一道长城。

《史记·朝鲜列传》记载："朝鲜王满者，故燕人也。自始全燕时尝略属真番、朝鲜，为置吏，筑鄣塞。秦灭燕，属辽东外徼。汉兴，为其远难守，复修辽东故塞，至浿水为界，属燕。"这说明，燕长城障塞已经延伸到朝鲜国，直到汉朝"复修辽东故塞，至浿水为界"，浿水即今朝鲜半岛上的大同江。

考古学界关于燕文化在战国时期迅速向东北方扩张的结论，也同样支持了对燕北长城地域的认定。林沄在《中国北方长城地带游牧文化带的形成过程》中说："根据郑君雷对东周燕墓的全面分期研究，现在可以确定战国中期较典型的燕人墓已出现于张家口、朝阳和赤峰，最北到达沈阳。这说明那时燕国不仅占有了原先代国的东部，而且已经占领了貊人的故地，以及努鲁儿虎山以西的东胡入侵过的地区。随后，燕人的农业定居文化便占据了燕长城沿线以东的广大地区。"

国家文物局《关于内蒙古自治区长城认定的批复》《关于河北省长城认定的批复》认定：燕北长城主要分布在辽宁、内蒙古和河北境内。辽宁省内分布于抚顺县，抚顺市顺城区、望花区，沈阳市东陵区、皇姑区、沈北新区，阜新蒙古族自治县、北票市、建平县。内蒙古自治区内东起敖汉旗，经喀喇沁旗，西至赤峰市元宝山区。河北省内分布于沽源县、赤城县。

在这里有必要强调一下，目前有些长城研究者认为燕山山脉以南的京津冀地区有战国燕长城和秦始皇长城，这是没有依据的。一些明清地方志认为这一地区的长城是燕秦长城，并不能作为认定长城历史时期的依据。

第四章　始皇长城：第一道万里长城

我在国内外讲长城时，常常喜欢问大家这样一个问题：提到长城，大家首先想到的一个人是谁？答案几乎毫无悬念，非常一致的回答是秦始皇。大家都知道，是秦始皇修建了中国第一条万里长城。

我们今天应该感谢秦始皇的地方有很多，他统一了国家，废除了分封而建立了全国的郡县制，他统一了度量衡和文字，还有就是他修建了万里长城。当然，我们更应该感恩无数平平凡凡的长城建设者，伟大的长城是他们辛勤付出的成果。

战国后期，秦国一家独大，这曾使其他六国很紧张。强大的"共同敌人"，并没有促使其他的六国联合起来，抵抗秦国这个共同的威胁。齐、楚、燕、韩、赵、魏六国各怀心腹事，盘算着各自的利益，最后被秦逐一灭国。

历史，就是这样的残酷无情。秦始皇建立了中国历史上第一个中央集权的王朝，统一了中原地区和部分游牧地区。谁也不会想到，"万里长城"将要随之而诞生，当时的人更想不到，长城会在后世成为一个伟大的奇迹，受到全世界的敬仰。

秦始皇北逐匈奴后，占据了原属于匈奴的草原地区，并下令大规模地修筑长城以保护已经获得的这些土地。秦始皇统治期间所筑的长城,除北部阴山长城之外,大多是在战国秦、赵、燕三国长城的基础上进行增修扩建,将之连成一线。因其长度超过万里,自此中国长城有了"万里长城"这一称呼。

今天研究长城,常将秦汉两个王朝合称为秦汉时期。这是因为秦汉两朝,有着非常密切的继承与联系。公元前221年秦灭六国之后,第一次完成了真正意义上的中国统一,建立起中国历史上第一个中央集权制的秦朝。

秦始皇废封建,立郡县,开始实行全面的统一。秦始皇长城就是在这样的背景下修建起来的。秦朝的历史虽然很辉煌,但却二世而亡。经过短暂的分裂之后,汉朝再次统一全国,并基本延续秦的制度,史称"汉承秦制"。秦汉时期是中国历史上第一个大统一时期,也是多民族国家形成的奠基时期。

所以,秦汉长城在中国历史发展过程中,也具有特殊的意义。

根据历史文献记载,古代修建长城超过万里的朝代有三个:秦朝、汉朝和明朝。其中,秦始皇时修筑的西起临洮、东至辽东的万里长城,汉朝修筑的从西域至辽东的万里长城,主要都是为了防御游牧的匈奴政权而修建。

农耕民族在秦汉时期早已具备了共同的语言文字,其经济生活和文化心理趋同,逐渐形成了统一的地域。范文澜在《试论中国自秦汉时成为统一国家的原因》中认为,秦汉时期汉民族的共同地域"就是长城之内的广大疆域"。

秦汉之际农耕民族在共同抵御游牧民族的过程中发展起来,把秦汉长城放在民族学上考察,也可以说是汉民族形成的标志。不过由于汉朝及后世的部分史家,对秦始皇的暴政和二世而亡进行反思,秦始皇被脸谱化甚至长城被说成是秦始皇的过错,致使我们离真实的秦始皇长城也就渐行渐远了。

秦汉长城作为农耕与游牧两种经济类型和文化分界线的同时，也是当时这两种经济和文化的交会线。秦汉长城脚下的关市，诚如西汉贾谊在《新书》之《匈奴·事势》中所说，"夫关市者，固匈奴所犯滑而深求也，愿上遣使厚与之和，以不得已许之大市……则胡人著于长城下矣"。司马迁在《史记·匈奴列传》中也说，关市使"匈奴自单于以下皆亲汉，往来长城下"。

秦始皇和汉武帝都是在自己的力量发展到很强大，与长城外边的民族爆发全面战争可能性很低的时候才修建长城。毕竟战胜敌方之后，一如既往地保持长城地区全线军事优势是很难做到的。

这时候，社会进入全面战争状态的可能性大幅度降低，但局部战争的数量和发生的概率并没有降低，一些局部的战争和冲突可能引起更大的冲突。通过长城的修建，限制局部战争的发生和发展，或许是当时政权做此选择的原因。

一　秦朝长城及北疆防御

1974年3月，临潼骊山西杨村的农民，在秦始皇陵东1.5公里的地方打井，发现了用泥土烧制的陶俑，经陕西省考古队勘探和试掘，震惊世界的兵马俑被揭开了神秘的面纱。我长期在长城沿线奔波，岁月过早地在我这饱经风霜的脸上，增添了许多的沧桑感。有时候在长城考察跑上几个月之后，还真有几分像黑乎乎的兵马俑。

秦始皇二十六年（前221），秦国结束了自春秋战国时期以来的诸侯割据称雄局面，建立起中央集权的国家政权，秦始皇陵和兵马俑也由此开始修建。秦始皇开启的中央集权制，实行了两千多年，一直到20世纪初清朝覆灭。秦始皇统一中国，使中国的政治成熟度

第四章 始皇长城：第一道万里长城

长期处于世界的前列。

秦始皇统一了中国，才有了修建万里长城的需要。秦开创的中央集权政治体制，与战国时期其他各国的文化大相径庭。也正是有了中央集权的政治体制，修建万里长城才成为一种可能。

《史记·秦始皇本纪》记载，建立全国政权后秦始皇下令"堕坏城郭，决通川防，夷去险阻"，拆毁诸侯之间相互防御的长城的同时，为防止六国反对势力造反，"收天下之兵以铸铜人"，也就是收缴了天下的武器，运到咸阳，铸成了九具铜人。后来的焚书坑儒和拆毁其他六国长城，同样出于一统天下的目的。

秦统一六国是一场天翻地覆的大变革，风云激荡中反对势力如潮也很正常。秦国统一天下，对于六国人来说就是灭国之恨。特别是六国的贵族阶层，世袭的政治经济特权被彻底地剥夺了，他们心里有仇恨，想伺机复辟是一种必然。

秦始皇这样做，想消除以诸侯国互防长城为代表的割据思想遗存对秦朝一统天下的影响。想法很好，城墙也真拆了，但人们心里与秦国相隔的城墙，却因秦的暴政而越筑越高。秦二世而亡的社会基础是什么？就是这道"长城"。

秦始皇为了防御匈奴，不仅没有拆毁战国时秦、赵、燕三个诸侯国在北方修筑的拒胡长城，而且在这三条长城的基础上，进一步进行连接、修缮，并在某些地段大规模地增筑，形成了一条新的长城，这就是历史上西起临洮、东至辽东的秦始皇万里长城。只有统一的中央集权的王朝，才有能力集中优势资源创造出万里长城的奇迹。

秦始皇对匈奴作战，首先是向北方扩展秦朝的势力，将边疆地区纳入秦的控制管理之下。其次才是解除来自草原匈奴人的威胁，巩固其在中原地区的统治，即杜佑在《通典》中所说的"列州郡，俾分领焉；置边防，遏戎狄焉"。

长城：追问与共鸣

《史记·秦始皇本纪》记载，秦始皇东巡时曾勒石昭功："六合之内，皇帝之土。西涉流沙，南尽北户。东有东海，北过大夏。人迹所至，无不臣者。"他的雄图大略不仅是要统一诸夏，还要荡平"四夷"。他要通过"抚有蛮夷""以属诸夏"而使"皇帝之德，存定四极"。这就是"王者无外"思想。

统一的秦国以中原为中心，向东、向南已经发展到大海，向西或为高山或是沙漠戈壁，只有北方农牧交错地区尚有发展空间。向北发展持续扩张疆域，成为秦始皇最终的不二选择。

公元前220年，秦始皇建国元年的第一次出巡，就选择北部的陇西、北地。浩浩荡荡的队伍出鸡头山（今宁夏泾源北），过回中（今陕西陇县西北）。始皇三十二年（前215），始皇再次巡视北边，东北至碣石。《史记·秦始皇本纪》记载这次行动，"巡北边，从上郡入"。《史记·蒙恬列传》还记载了始皇三十三年（前214），"使蒙恬将三十万众北逐戎狄，收河南"。

这次军事行动，秦占据了今内蒙古境内河套以南地区。次年，蒙恬又率兵渡过黄河，占据了匈奴控制的阴山（今内蒙古大青山）、阳山（今内蒙古狼山）和北假（今内蒙古黄河河套以北、阴山山脉以南的夹山带河地区）等地。

秦朝将北方边疆扩展到了阴山一线和黄河北岸地区。秦朝对匈奴所实行的军事打击和积极防御相结合的政策，取得了较好成效。《盐铁论》说，蒙恬"威震匈奴"，匈奴单于头曼"不胜秦，北纵"，"不敢南面而望十余年"。

秦始皇用兵匈奴和修筑长城，后人也给予了不同的评论。这其中有人否定，也有人肯定，各有各的道理。汉代的晁错，为持否定观点的一个代表人物。

《汉书·晁错传》载，汉文帝时晁错认为："秦时北攻胡貉，筑塞河上，南攻杨粤，置戍卒焉。其起兵而攻胡、粤者，非以卫边地而救民死也，贪戾而欲广大也，故功未立而天下乱。"在他看来，秦朝北击匈奴的军事行动，不是为守卫边疆、救民于难，而是为了扩大疆土，结果北方匈奴的问题没解决好，反而使民众陷于水深火热之中，造成社会的大动乱。

汉武帝时王恢的观点，正和晁错相反。他认为："蒙恬为秦侵胡，辟数千里，以河为竟，累石为城，树榆为塞，匈奴不敢饮马于河，置烽燧然后敢牧马。夫匈奴独可以威服，不可以仁畜也。"(《汉书·韩安国传》)王恢对秦朝出兵北击匈奴和修建长城防御匈奴的举措给予了充分的肯定，并认为对匈奴只能以武力的方法去征服。

同样是《汉书》记载，王莽时的将军严尤对秦始皇击匈奴建长城，也是持反对的态度。他认为秦始皇"不忍小耻而轻民力，筑长城之固，延袤万里，转输之行，起于负海，疆境既完，中国内竭，以丧社稷，是为无策"(《汉书·匈奴传》)。由此可见，距秦始皇不过一二百年的文臣武将，对于秦始皇时期的政策已经褒贬不一。

秦始皇修万里长城，不是因为国家综合力量虚弱，军队的力量没有匈奴骑兵强大，而是由于中原农耕经济同北方游牧经济矛盾的特殊性决定的。经济是基础，农耕生产需要和平安定的环境。只有安定，才能不断地进行耕耘和收获，实现自身经济的发展。

秦始皇知道，秦国在战国各诸侯国中经济力量雄厚，军事力量强大，才能够消灭六国、平定百越。知道无法消灭匈奴，但坚信，有力量可以迫使匈奴远遁漠北。

我相信，秦始皇统一全国后逐一走过曾经是六国的江山，看到这些地方已经都属于秦国的土地，内心会感到兴奋不已。一统江山的始皇帝，以蔑视一切的领袖心态君临天下，从某种意义上说他的意志一定会继续膨胀。

但是，取得北击匈奴的胜利后，匈奴仍有南下的实力，并随时可能南下。这也是客观事实，必须要面对，要解决。秦始皇最终确定了对匈奴的战略：一方面在军事上严厉打击匈奴政权及武装，一方面大修长城，巩固边防，确保国家的安全。

二　秦征匈奴向北发展

战国后期，匈奴人乘中原战乱之机大举南下，重新越过赵国修建的北部长城，占领当时的阴山、北假、阳山以及河南地（今内蒙古鄂尔多斯市）。

依山带水、沃野千里的自然环境，给匈奴人的畜牧和狩猎提供了极为良好的发展条件。在新的环境中，匈奴人的游牧经济得到迅速发展，政权组织也日渐走向强大。

秦始皇统一中原的过程中，匈奴人的社会制度正处于转化阶段，出现了自己的政治领袖——头曼单于。在头曼单于以前，匈奴的部落联盟是松散型结合，时大时小，时聚时散，很不稳定。

自头曼单于开始，匈奴在政治上趋于团结、统一和稳定，经济实力和军事实力也比以前增强了。日渐强大的匈奴，同更加强大的秦朝之间的战争不可避免。中原大局已定后，秦始皇便把注意力转向了北部边防，开始了北逐匈奴的各项工作。

秦朝征伐匈奴，除为解除匈奴对秦朝北方造成的威胁、保障北部边境的安全外，还有对外扩张、开疆拓土的目的。开土拓疆是秦国一贯不变的传统，始皇伐匈奴，正是这一传统的继承和发扬。雄心勃勃的抱负和好大喜功的性格，决定了秦始皇在实现中原的统一后，要继续对周边地区进行征服和战争。对于这两点，汉代人早就有认识。

《汉书·严安传》记载,汉武帝的重臣严安谈到秦始皇为什么要伐匈奴、建长城时说,秦始皇伐匈奴是"欲威海外""辟地进境"。汉武帝的主要谋臣主父偃也说:"昔秦皇帝任战胜之威,蚕食天下,并吞战国,海内为一,功齐三代。务胜不休,欲攻匈奴。"(《汉书·主父偃传》)汉文帝时的智囊人物晁错说:"其(秦始皇)起兵而攻胡、粤者,非以卫边地而救民死也,贪戾而欲广大也。"(《汉书·晁错传》)

秦始皇北征匈奴,开始于秦始皇三十二年(前215)。蒙恬率三十万大军,浩浩荡荡进入草原,驱逐河套一带的匈奴人,收复战国时赵国的旧地。秦国建都咸阳,北距匈奴所居河南地不远,一旦北方遭受攻击,咸阳就会直接受到威胁。秦始皇要解除后顾之忧,就必须要打击匈奴并要迫使其北迁。

关于秦始皇为什么要对匈奴作战,历史文献并无任何记录。《史记·秦始皇本纪》说:"燕人卢生使入海还,以鬼神事,因奏录图书,曰'亡秦者胡也'。"司马迁认为这个"胡",指的就是匈奴。

或许,这个说法为正要出师的始皇帝提供了借口。于是秦始皇使蒙恬将十万之众北击胡,悉收河南地。《史记·秦始皇本纪》记载:"秦已并天下,乃使蒙恬将三十万众北逐戎狄,收河南。筑长城,因地形,用制险塞,起临洮,至辽东,延袤万余里。"

秦始皇北伐匈奴这年已经四十四岁,据有研究者统计,秦时男子平均寿命三十五岁,不知道是否准确。秦始皇从没有放弃过追求长生不死的梦想,他觉得自己必须活着,万世江山也需要他活着。

我的家乡秦皇岛,因为秦始皇而得名,是燕人卢生出海求仙的地方。也有人考证,徐福出海求仙也是从秦皇岛出的海。记得我小时候,海边还有一块明代立的写着"秦皇求仙入海处"的石碑。上世纪六十年代,被当作"四旧"给砸毁了。

长城：追问与共鸣

从根本上讲，秦始皇求仙想要长生不死，首先是他相信自己会死，其次才是他不想死。说秦始皇相信人都是会死的，还有一个重要的证据，就是秦始皇陵和兵马俑。这是他为自己死后做的安排，因为他知道自己会和别人一样，该老了就会老，该死了就会死，所以才会做如此安排。

蒙恬北击匈奴之后，屯兵上郡，秦始皇以太子扶苏为监军，修筑长城，暴师于外十余年。关于这一点《史记·秦始皇本纪》说："（三十三年）西北斥逐匈奴，自榆中并河以东，属之阴山，以为（三）〔四〕十四县，城河上为塞。又使蒙恬渡河，取高阙、（陶）〔阳〕山、北假中，筑亭障以逐戎人。徙谪，实之初县。"

秦始皇三十三年（前214），是秦朝大规模增筑长城的开始。榆中在今甘肃兰州市一带。这里的"河"应指黄河，河南岸为阴，北岸为阳，所以"阳山"应指黄河北岸之山，这就是指横贯黄河河套北部地区的狼山山脉。《史记正义》引郦道元《水经注》："黄河迳河目县故城西，县在北假中。"云："北假，地名也。按：河目县属胜州，今名河北。""河北"即黄河之北，也就是今乌加河之北。

匈奴民族男女老少皆善骑射，骑兵部队攻击力和野战机动力都很强。秦朝以大军出击，匈奴则远走他遁；大军一撤，袭扰如故，"利则进，不利则退，不羞遁走"（《史记·匈奴列传》）。

秦朝的北部边陲地区受地理环境条件影响，不太适宜于农业耕作，军队筹措粮食并不容易。因此，在秦朝与匈奴作战的过程中，需要解决的有两大问题：第一是保证后方和侧翼的安全，第二是完成军粮筹措。总之，秦朝与匈奴作战，具有两大困难：作战行动的困难和后勤保障的困难。而后者的难度，有时甚至要大于前者。

秦朝对匈奴作战，蒙恬共出动了三十万人，所需粮草数量惊人。张连松在《长城、后勤与秦击匈奴之战》文中说："北部边疆又无法

第四章 始皇长城：第一道万里长城

就地筹措，必须依靠外部调运。当时，秦朝在关中、中原、西南和东部沿海设立了战略储备粮仓。由于中原为重点控制地区，关中为秦根本，这两地虽距北部较近，但秦朝未予动用，而是从东部沿海的琅琊仓、黄仓、腄仓调运粮食保障作战。"

秦始皇三十二年（前215）东巡时，特地巡北边，从上郡入。他一路视察了右北平、渔阳、上谷、代郡（郡治代，今河北蔚县东北）、雁门（郡治善无，今山西右玉县南）、云中（郡治云中，今内蒙古托克托东北）、上郡等北部边防的主要防线以及蒙恬的部队，然后作出"略取河南地"的战略决策。

这一决策表明，秦始皇意识到匈奴势力的强大及游牧民族的特点，既不可能把他们全部消灭或降服，也不可能全线出击，而只能是集中优势兵力，把夺取河南地作为战略目标，以利于确保关中地区的安全；再把匈奴驱逐到阴山以北，恢复赵武灵王所开辟的边地的控制权。

秦朝在长期准备的基础上，于秦始皇三十二年发起对匈奴的猛烈进攻。作战的全部过程分为两个阶段：第一阶段夺取河南地，控制了黄河中游大转弯处的黄河南岸，即今内蒙古鄂尔多斯高原地区；第二阶段驱逐匈奴到阴山以北更远的荒漠地区。

第一阶段的作战进行得很顺利。双方力量对比，优势在秦军一方：秦军预先有充分的准备和周密的部署，匈奴方面则几乎没有任何准备。秦军集中主力和精锐部队，发挥了步、骑、车等多兵种大兵团协同作战的优势。匈奴在河南地区多为分散游牧部落，缺少大规模集中的骑兵。

蒙恬率主力由上郡经今榆林北上，迅速攻占河套北部地区，几乎没有遭到有效的抵抗。同时，驻守北地、陇西两郡的秦军也向河套的南部和西部地区发起进攻。秦军东西并进、南北夹击，很快便

75

收复河南地，并向北推进到北河（今乌加河，当时为黄河的主流道）南岸。秦军完成了北征匈奴第一阶段的作战任务，实现了既定的主要战略目标。

秦军夺取河南地后，于第二年发起新的攻势，展开第二阶段作战任务。第二阶段的战略目标是把匈奴全部驱逐到阴山以北。蒙恬率主力渡河，首先攻占高阙（今内蒙古杭锦后旗东北），然后北上攻占阳山，东下攻占北假，将匈奴主力击败。同时，以一部分兵力渡河西进，攻占贺兰山高地，策应主力部队的进攻。

秦朝对匈奴的作战并取得胜利有其历史原因。从秦朝方面来看，已经建立了强大、集权的政权，拥有一支数量众多、兵种齐全、组织严密、装备精良、适应各种地形条件下作战的强大军队，并有巩固的边防作屏障；秦国还有雄厚的人力、物力作保障。从匈奴方面来看，当时匈奴还没有真正建立起强大的政权，也没有真正建立起作战实力可以与秦军相抗衡的军队，其作战方式还没有摆脱原始部落的散兵游勇式传统作战习惯，一旦同有组织的强大秦军相遇，匈奴只能失败后撤。

秦对匈奴的作战，并没有费太大的力。秦朝北部边疆的大多数地区，虽处于匈奴的直接威胁之下，处于"你不打他，他也会打你"的局面，不过这个时期的匈奴，规模和力量还没有发展到后来冒顿单于时期那么大，对秦的威胁相对于汉朝也要小得多。

双方一旦正面作战，匈奴军队虽不是不堪一击，但也抵挡不住秦军的金戈铁马。所以，多采取向草原深处躲避的做法，以减少战争损失。

三　秦朝长城的修建

秦朝根据战略需要在长城地区修建长城,以秦军北征匈奴取得胜利前后分为两个时期,总共历时十二年之久。这两个时期的军事态势有很大的变化,主要表现为第一阶段是被动防御,第二阶段是主动进攻并取得胜利之后的主动防御。

第一个时期,从秦始皇二十六年(前221)开始,连接和维修复原燕、赵、秦三国的长城。《史记·秦始皇本纪》说,秦始皇二十六年"地东至海暨朝鲜,西至临洮、羌中,南至北向户,北据河为塞,并阴山至辽东"。文献所记既指出了秦初的边界,也指出秦朝初年开始修建长城的时间及长城的大体走向。《史记正义》云,"并阴山至辽东"是指"从河(黄河)傍阴山,东至辽东,筑长城为北界"。

这也就是说,秦灭六国的当年即开始维修和新筑长城。这时维修的主要是战国时期的秦长城,还有赵国北长城和燕国北长城,并新筑二者之间的某些段落,以便相互连成一体。

"北据河为塞",指的是原秦国边地长城的东端和原赵国阴山南长城西端之间的一段黄河,这一段地方此前从没有修筑过长城,到秦始皇时才开始筑城立塞,把原来战国秦长城和赵长城连接起来。

"西至临洮、羌中",指的是利用原秦国长城的同时,进一步把新修筑的长城延伸到羌中。羌中是指羌人居住的地方,即今青海湖以东各处,大致指今甘肃省永靖、兰州一带,也就是秦新筑从狄道沿洮河向西北与黄河相连的一段长城。

"东至海暨朝鲜",是指秦朝的边界东临大海,沿东北边境将原燕国长城加以修缮利用,直到秦朝辽东郡的东南端。这一段长城到

77

底在哪里，至今也没有调查太清楚。这次国家文物局组织的全国长城资源调查，也仅是在辽东地区找到了一些秦汉时期的烽燧。

《史记·蒙恬列传》记载："始皇二十六年，蒙恬因家世得为秦将，攻齐，大破之，拜为内史。秦已并天下，乃使蒙恬将三十万众北逐戎狄，收河南。筑长城，因地形，用制险塞，起临洮，至辽东，延袤万余里。于是渡河，据阳山，逶蛇而北。暴师于外十余年，居上郡。"上述记载表明，秦始皇时期负责修建长城的是蒙恬。

第二个时期，从秦始皇三十三年（前214）到秦始皇三十七年（前210）。仅四年的时间，让后人研究了两千多年。《史记》记载，这个阶段修建长城的任务主要有两点：一是"自榆中（笔者按：今甘肃榆中）并河以东，属之阴山，以为三十四县（笔者按：《匈奴列传》作'四十四县'），城河上为塞"。二是在高阙、阳山、北假一带"筑亭障以逐戎人"。

这两项任务都以新筑长城为主，时间紧，任务急，蒙恬一定面对很多棘手的问题。据《秦代军事史》的作者统计，当时投入修建长城的军队大约有五十万人，从内地征发的民夫也大约有五十万人，总计投入修筑长城的直接人力不少于一百万。要知道这个时候，全国总人口老人孩子都算上，也只有两千万左右。

秦长城并不全是黄土夯筑和石砌的城墙，有的地方只是种上树，以示疆界的标志。《汉书·韩安国传》说："蒙恬为秦侵胡，辟数千里，以河为竟，累石为城，树榆为塞。"这条文献所记载的"树榆为塞"的防线，讲的就是蒙恬在秦昭襄王长城之外新辟的疆域。

辛德勇对此进行过考证，他在《张家山汉简所示汉初西北隅边境解析——附论秦昭襄王长城北端走向与九原云中两郡战略地位》一文中认为，"蒙恬开拓'河南地'，辟地千里，在从榆中到阴山西端这一漫长河段内，'以河为境'，并在河畔栽种榆树，作为疆界的标志。这是先秦时期植树于界沟以标识疆界这种制度在秦代的延续"。

"树榆为塞"的防线，今天已经什么也找不到了。只有石砌城墙，在一些段落还能有墙体遗址。后世，乃至到了明代在长城之外种植榆林，通过增加敌军通行的困难，以加强防御能力的做法还经常使用。

国家文物局《关于内蒙古自治区长城认定的批复》《关于宁夏回族自治区长城认定的批复》认定，现存秦长城遗迹主要在内蒙古和宁夏两自治区境内。内蒙古自治区内秦长城东起奈曼旗，经敖汉旗、赤峰市松山区、多伦县，西至正蓝旗。宁夏回族自治区内秦长城分布于固原市原州区和彭阳县。

另外需要说明，国家文物局认定了定西市境内通渭县、陇西县、渭原县、临洮县境内长城为战国秦长城。秦始皇长城利用了战国秦长城，但秦始皇长城的最西端是在今天的临洮县境内还是在今天的岷县境内，则有不同的文献记载。《括地志》记载："秦陇西郡临洮县，即今岷州城，本秦长城首，起州西十二里。"今天岷县文物工作者，也在岷县境内发现有秦时烽燧等军事防御建筑，发现大量秦时的陶、瓦等文化遗存。

四　秦修建通长城的直道

长城的修建始终和道路的建设同步进行，没有道路长城防御体系难以发挥作用。秦直道是与长城配套道路建设的代表，也包括部分驰道，同样服务于长城区域的防御需要。秦直道是从都城直接通往北部长城的一条大道，是主要用于军事用途的道路，驰道则大部用于联结全国各地。

有人说秦始皇在北方建造了两项伟大的工程，一个是长城，另一个是秦直道。我更愿意将这两项工程合并为一项，向长城沿线运兵和粮草等军需用品，都需要有这样一条通畅的大道。秦直道和其他长城沿线的道路一样，都是长城防御体系的重要组成部分。

这条道路之所以被称为直道，或许是因为直通长城的缘故。秦直道于始皇三十五年（前212）开始修建，从云阳通往九原郡。考古调查资料显示，秦直道全长700余公里，穿越了14个县。路面最宽的地方约60余米，最窄约20余米。

建造秦直道也和修建秦长城一样，由蒙恬负责设计和指挥施工。实际上直到蒙恬于始皇三十七年（前210）被赵高和胡亥赐死，秦直道也还没有完全修通。历史文献并未记载秦直道的详细情况，甚至连秦直道的具体路线也并不清楚。

历史地理学家史念海曾经通过查阅文献和实地调研，深入地研究过秦直道的线路问题。他在《秦始皇直道遗迹的探索》中指出："直道全线的路线：由陕西淳化县北梁武帝村秦林光宫遗址北行，至子午岭上，循它的主脉北行，直到定边县南，再由此东北行，进入鄂尔多斯草原，过乌审旗北，经东胜县（今鄂尔多斯市东胜区）西南，在昭君坟附近渡过黄河，到达包头市西南秦九原郡治所。一半路程修筑在山头岭上，一半路程修筑在平原草地。"

1974年7月，内蒙古自治区考古工作者在伊克昭盟（今鄂尔多斯市）发现了秦直道遗存。经过对秦直道遗存的考古调查，初步确认了秦直道的最北端终止于今天包头市境内的麻池古城。

1979年，考古人员调查了秦直道的南段起点为汉代甘泉宫遗址。因为遗址的北门直接与秦直道遗迹相连接。1991年至1994年，文物部门对秦直道遗迹进行了考古调查，沿线发现了大量秦直道遗迹。

2006年，陕西考古工作者在陕西富县发现了秦直道的路面和排水沟。2009年3月陕西省考古研究院对陕西富县境内的秦直道进行考古发掘。除出土部分古钱币之外,还在秦直道旁挖出大量秦汉时期建筑基址。文物考古专家认为,这些建筑应该是兵站的遗址。

我去陕西富县考察过秦直道遗址,富县境的秦直道遗址长约125公里,很多的段落保存尚较为完好。这次秦直道遗址的考古发掘,是对秦直道的第一次大规模发掘,入选了"2009年度全国十大考古新发现"。

2006年,陕西省秦直道遗址旬邑县段和秦直道遗址内蒙古鄂尔多斯市段,以"秦直道遗址"一并列入全国重点文物保护单位。2013年,秦直道起点遗址、秦直道遗址庆阳段、秦直道遗址延安段则分别被列入全国重点文物保护单位。

秦直道之所以还能保留如此之多的遗址,是因为这条道路的一些地段,在两千多年来的很长时间里一直在使用。秦朝之后,历汉、唐、宋、明、清各代,这条路都是军事、商贸及民间交往的大通道,直到清代晚期才废弃不用。

五　北伐与修建长城对秦国的影响

谈秦北伐匈奴、修建长城的影响,需要分为两个层次:一方面是讲对秦朝的影响,另一个方面是讲对中国社会的影响。这一部分的内容,重点讨论北伐匈奴、修建长城对秦朝的影响。

秦始皇一统天下之后,迫切的任务是将国家从战争转换到发展经济上来,秦始皇并没有这样做。《史记·平津侯主父列传》说,如果"秦缓其刑罚,薄赋敛,省徭役,贵仁义,贱权利,上笃厚,下智巧,变风易俗,化于海内,则世世必安矣"。

然而,秦始皇"任战胜之威""伐能矜功",这是《盐铁论》中对秦始皇的评价。一切都以武力和恐吓为手段并急于求成,使原本对于国家具有积极意义的北击匈奴,成为给老百姓带来沉重负担的军事行动。

秦国统一后的繁荣及强权维护下的社会稳定,其实并不是真实的社会情形。英勇善战的军队,一时成了秦朝的包袱。忽视王朝稳定表象下的不稳定因素,使王朝为此付出了二世而亡的沉重代价。

秦始皇"独治海内"所做的一切,以秦朝的统治万世永存为首要目的。独擅天下之利,打破了秦国一直实行的臣民共利的事功传统。《六韬》有一段关于此问题的议论,太公曰:"天下非一人之天下,乃天下之天下也。同天下之利者,则得天下;擅天下之利者,则失天下。"

《汉书·晁错传》关于这个问题,说得也很中肯,秦的旧制是激励民众"战胜守固则有拜爵之赏,攻城屠邑则得其财卤以富家室,故能使其众蒙矢石,赴汤火,视死如生"。统一之后的集权专制的秦朝,不再顾及这些对民众而言十分重要的奖赏,"秦之发卒也,有万死之害,而亡铢两之报,死事之后不得一算之复"。

当所有的民众只有义务,而缺少权利的时候,民众的精神面貌就会发生根本的转变。人们会觉得自己是被伤害者,朝廷要做的事与他们无关。君主追求"好大喜功"的事功精神,丧失了制度支撑和民众基础。随着强势的秦始皇突然死亡,高压的统治已经到了极限,秦朝很快出现了《汉书》所描写的"上下瓦解,各自为制"的局面。

秦始皇雄才大略是历史的公正评价,好大喜功也是历史事实。功与过是不可分割的两个方面,这就是矛盾的对立统一。秦的徭役、兵役负担沉重,修骊山皇陵、北击匈奴、筑长城都需要大量人力。再加上修建驰道、建筑宫殿以及为保障各类工程进行的后勤劳动,秦朝长年在外服役的劳动力有数百万人之众。

统一六国的战争,已经对中原经济造成很大的损害,社会亟待休养生息。在这样的社会背景下北击匈奴修建长城,造成了更大的经济压力,加剧了社会矛盾。战国时各诸侯国修建北部长城,参与修筑的以本地区的人居多。他们饱受游牧民族抢掠之苦,修筑长城与他们的切身利益有直接的关系;再加上他们属于本地人,受环境等因素影响小,当时修筑长城所遇阻力较小。

秦修建长城要动用大量的劳力,耗费大量的钱谷。为解决劳动力不足的问题,秦朝征发了许多内地人。修建长城与这些长城建造者的利益没有密切关系,而且工程艰苦,路途遥远,对很多人来说甚至是有去无回。所以当时中原没人愿意参与长城的修建,这应该是很正常的现象。为解决上述问题,秦朝出台了很多残酷的刑罚。

此外,为解决经费的问题,秦朝采取了加征赋税的措施。秦朝的赋税很重,农民要将收获物的 2/3 以上交给国家。农田劳动力被抽调了不少,需要上交的赋税量还要增加,农民的生产、生活负担自然加重。再加上需要在短期内完成长城修筑任务,就更加重了单位时间内的工程量。

秦二世即位后,没有秦始皇时期的统治力度,但政治的残暴程度比秦始皇时有增无减。当社会矛盾激化到一定程度,导致陈胜、吴广发起了反秦农民起义战争。这场中国历史上第一次由平民起义引起的大规模战争,引爆了对残酷统治的怨声载道。持续发展的反秦战争,推翻了刚建立起来不久的秦朝。

秦在立足未稳的情况下,北伐匈奴虽获得成功,但也有失策之处。站在秦的立场来看,向北扩张及制止匈奴的侵扰固然必要,但如何扩张,选择什么时机向北发展,都须视当时的条件而定。动用大军北伐并修建长城以对付匈奴的做法,存在两个严重的问题:一是操之过急，二是后果不堪设想。

一说秦始皇北伐匈奴的过错在于操之过急，是因为这一行动超越了当时的客观条件。春秋战国的几百年，"诸侯力政，强侵弱，众暴寡，兵革不休，士民罢敝"（贾谊《过秦论》）。当时，战国时的兼并战争给社会带来的损伤已经太大，人们不愿忍受战争的负担，这才是秦能统一全国的内在根源。秦始皇忽略了长期战争给社会造成的经济凋敝局面，兴师北伐匈奴，想一举解决数百年来的边患问题。从客观上来看，确实有些操之过急。

秦北筑长城，西起临洮，东至辽东。如此巨大的长城工程，即使役使广大民力，也非一时所能完成，其艰难困苦可想而知。司马迁在《史记·蒙恬列传》中评论蒙恬时说："吾适北边，自直道归，行观蒙恬所为秦筑长城亭障，堑山堙谷，通直道，固轻百姓力矣。"

司马迁接着评论说："夫秦之初灭诸侯，天下之心未定，痍伤者未瘳，而恬为名将，不以此时强谏，振百姓之急，养老存孤，务修众庶之和，而阿意兴功，此其兄弟遇诛，不亦宜乎！"客观地说，司马迁的这个评价是有其道理的。

郦道元在《水经注》中引杨泉《物理论》曰："秦始皇使蒙恬筑长城，死者相属，民歌曰：'生男慎勿举，生女哺用铺，不见长城下，尸骸相支拄。'"秦朝法律苛严，犯罪的人不可胜数。比如打击赘婿，就为修建长城等大型工程提供了大量的廉价劳动力。

张维华在《中国长城建置考（上编）》中认为："且秦兴土木之工，往往役使罪人，如阿房宫之役，即用隐宫徒刑者七十余万人，如此，则修筑长城时所役罪人之多，可想见矣。总在伍士兵及戍卒与罪谪计之，当不下数百万人，此诚吾国历史上所罕见者。然犹不止此也，《淮南子·人间训》云：'秦之时，……发谪戍，入刍藁。……丁壮丈夫，西至临洮狄道，……北至飞狐、阳原，道路死者以沟量。'此言修筑

第四章 始皇长城：第一道万里长城

长城所需挽输饷糈刍藁之士，为数亦不为少，而其劳瘁穷困之情形，亦至可悯。"

秦始皇修筑长城前后十二年之久，不知有多少人死在筑长城的工地上，耗费的钱财物资，更是难以统计。秦北伐匈奴操之过急，给秦朝社会带来了很大的负面影响。后世的很多政治家认为，北伐匈奴并修建长城也是造成强大的秦朝很快崩溃的主要原因。他们认为秦的北伐匈奴，给秦朝带来的负面影响甚至多于其正面效果。

对此，也有持相反观点者。

贾谊在《过秦论·事势》中对于秦始皇的统治多有指责，对北伐匈奴一事却给予了赞许。他说："却匈奴七百余里，胡人不敢南下而牧马，士不敢弯弓而报怨。"面对三十万秦兵，匈奴躲避秦军的锋芒或北去或西往，对于进退无常、迁徙不定的游牧民族说来这是常事。

在蒙恬的军事行动下，秦朝除了占领匈奴部分的住牧地外，并没有其他更多的收获。为什么要这样说？《汉书》中讲得很明白。秦朝从匈奴手里收回了河南地，"终不能逾河而北"（《汉书·主父偃传》），即便过了黄河向北继续征伐，最后依然是无获而归。道理很简单，"匈奴地形、技艺与中国异"（《汉书·晁错传》），秦兵无法在草原深处立足，只好"宿兵于无用之地，进而不得退"（《史记·平津侯主父列传》）。

为了保护既得利益，秦朝又采取了构筑长城防线的具体防御措施。司马迁在《史记·平津侯主父列传》中认为，由于长城沿线地段"地固泽卤，不生五谷"，几十万驻军、筑城人的粮食供应无法就地解决，全要仰仗于内地的输送，"使天下蜚刍挽粟，起于黄、腄、琅邪负海之郡，转输北河"。

秦朝从位于山东境内的黄、腄、琅邪三大仓向北河一带运粮草，转输距离至少有1000公里。运粮草的队伍需穿越华北平原，翻越太行山或秦岭,经黄土高原,进入内蒙古高原抵达北河。途中至少两次横渡黄河,在运输条件落后的秦朝,其艰难程度可想而知。

秦朝建立统一王朝后,社会矛盾仅十来年就激化到顶点。其中,招致社会矛盾迅速激化的最突出的因素是徭役和刑法。徭役之所以繁重,很大程度上是因为背上了北伐匈奴和后期大兴土木的沉重包袱。

秦为了保护从匈奴手里夺回的河南地,不得不动员数十万人修筑长城,不得不派大军戍守北河。上百万丁壮被征发去对付匈奴,使秦朝在全国范围内动摇了生产,破坏了生活的安宁,激起了民众的反抗。《盐铁论》中直接指出:"秦所以亡者,以外备胡、越而内亡其政也。夫用军于外,政败于内。"

秦朝对内残暴统治,对外大举兴兵,违背了久战之后民众休养生息的愿望,也超越了当时经济、军事条件之可能,导致秦的二世而亡,脆弱的新生政权很快走向毁灭。

可以想象,经过战国时期长期战乱的秦帝国,依然是危机四伏。秦始皇若能稳住阵脚,让经济能持续发展,民众的生活得到较大的改善,再对匈奴采取行动,情况将会大不一样。

这些都是我们的想当然,历史没有如果。

第五章　汉代长城：中国最长的长城

2014年11月14日至28日，我专程赴新疆维吾尔自治区考察汉代长城。行程从孔雀河流域，一直到南疆的塔里木河流域。新疆文物局的殷弘承主任、住建部的郑书民所长等全程陪同我们考察。大家一路走，一路看，都兴致很高。

新疆不管是饮食、作息时间，还是气候环境，都与内地有非常大的差异。那段时间我身体不好，女儿董瑾陪同我去了新疆，她感受最大的是一个城市与另一个城市的距离非常远，坐十来个小时去看一处遗址是很正常的事。

站在新疆汉代烽燧之旁，望着夕阳下一望无际的大地，我突然想这里如此空旷，不知道汉代修建长城、戍守长城的人是怎么生活的。中国历史上修筑过长城的王朝中，汉朝修建长城最长，东起辽东，经阴山、河西走廊，向西至渠犁（今新疆库尔勒）。汉长城除南北的防御作用之外，在中华文明发展历程中也起着联系东西的作用。

首先不断地把北部和西部的草原文化渐次输入内地，接着沿着丝绸之路，佛教、基督教等宗教从亚欧大陆的中西部传向东方。中华农耕文化的文明，也是经由汉长城地区向欧亚大陆的中部和西部输出。

汉朝是当时世界上最大的帝国之一，人口约 5000 万。同时期欧洲的罗马帝国，人口约有 3000 万。

汉朝吸收秦朝的教训，实行了郡县制和分封制并存的制度。地方上继承秦朝的郡县制负责治理社会。同时又分封王室子弟为诸侯王国，称为"同姓王"。"郡国并行制"的王国和郡县虽有所间隔，诸侯王还是拥有较大的权力。其中包括军权、财权、治权等王权，给皇帝造成的困境日趋严峻。随着经济的恢复，人口的增加，实力强大的诸侯王国联合起来，开始威胁到王朝的统治。

汉景帝三年（前 154）以吴王刘濞为中心的七个刘姓宗室诸侯，因不满朝廷削减他们的权力，兴兵造反的"七国之乱"就是证明。为了解决问题，汉武帝实行了"推恩令"，限制和削弱了日益膨胀的诸侯王势力，强化了中央集权制。

汉朝修建的长城防御对象是匈奴。汉朝疆域辽阔，与周边各族的关系有友好往来，也有兵戎相见。在两汉 400 多年的历史上，不少政治家、军事家都提出或运用长城防御体系，加强边防。匈奴的骑兵大都是利用秋高马肥的季节，抢掠汉朝边境地区后就立即退走。

除了汉朝建立之初实力尚未恢复的时期，汉匈之间还有较大战争，如刘邦被匈奴军队围困的"白登之围"。到了汉朝逐渐强大起来，匈奴对汉朝边地的进攻大都是为"盗边""寇边"。遇汉军主力一般会立即撤回本土，不在汉朝的地域恋战，更较少有主动与汉军主力在中原或边境地区打仗的情况发生。到了汉武帝时期，汉朝征伐匈奴则不分季节，多乘匈奴内乱或自然灾害时对其发起进攻。

汉朝北方需要进行防御的地域太大，虽然汉朝民众远多于匈奴，但仅依靠兵力无法对过长的农牧交错地带进行有效的防御。况且，在秦朝大乱的时候，还有不少的秦人为躲避战乱而跑到草原地区投靠了匈奴，使匈奴的人口和实力都有很大的增加。

第五章 汉代长城：中国最长的长城

但是，如同每一个人身上都有很多长处，也不可避免地存在一些短处一样，任何军事体都有其长处和短处。游牧政权军队的优势和局限性并存，这个特点表现得尤为鲜明。游牧军队的武器装备和战略战术，呈现出与长城之内农耕军队完全不同的特点。

军事优点是机动性强，缺点是不能打阵地战。所以，以静制动、以逸待劳成为防御游牧军队的有效手段。长城区域十分开阔，游牧军队机动性又非常强，这决定了王朝军队需要在开阔的区域，面对机动性强的敌方，需要面对几千里甚至上万里的区域，随时都可能发生的局部战争。因此，对王朝政权来说，区域控制能力的强弱十分重要。

游牧政权发起的局部战争往往规模不大，也不以颠覆王朝政权为目的。所以，王朝修建长城，建立长城防御体系，要与长城区域实际需要进行的防御相适应。

汉朝时，一些政治家和军事家，对匈奴在军事方面的优劣认识得很清楚。汉文帝时，晁错对汉军与匈奴作战的优劣势作过分析。

《汉书·晁错传》记载，晁错认为匈奴具有三大优势：

一是"上下山阪，出入溪涧"；

二是"险道倾仄，且驰且射"；

三是"风雨罢劳，饥渴不困"。

在艰苦环境下练就的吃苦耐劳精神和骑射作战的速度与灵活性，确实是匈奴军队的优势。

晁错同时指出了匈奴军队的五大不足：

一是"平原易地，轻车突骑，则匈奴之众易挠乱也"；

二是"劲弩长戟，射疏及远，则匈奴之弓弗能格也"；

三是"坚甲利刃，长短相杂，游弩往来，什伍俱前，则匈奴之兵弗能当也"；

四是"材官驺发，矢道同的，则匈奴之革笥木荐弗能支也"；

五是"下马地斗，剑戟相接，去就相薄，则匈奴之足弗能给也"。

这些匈奴军队的不足之处，正是农耕民族政权的军事优势。只要能扬长避短，化解匈奴的优势，逼其以劣势来对抗农耕民族的优势，问题就容易解决。

《汉书·韩安国传》记载，汉武帝时，御史大夫韩安国曾说："匈奴负戎马足，怀鸟兽心，迁徙鸟集，难得而制。""匈奴，轻疾悍亟之兵也，至如猋风，去如收电。"

《汉书·主父偃传》记载，主父偃说得更形象："夫匈奴，兽聚而鸟散，从之如搏景。"这些观点，都强调了匈奴机动性强这一特点。

匈奴军队的机动性强，已经成为农耕政权的痛苦记忆，一种无法忘记的记忆。他打你时，如天兵天将突然出现在你的面前。你打他时，他早已经消失得无影无踪，让你根本就无法找到他决战。

昭帝时很多人就处理匈奴问题提出了不同的对策，进行过不少论辩。《盐铁论·论功》中对此有翔实的记录。大夫曰："匈奴无城郭之守，沟池之固，修戟强弩之用，仓廪府库之积，……织柳为室，旃席为盖。素弧骨镞，马不粟食。"文学曰：匈奴"虽无修戟强弩，戎马良弓；家有其备，人有其用，一旦有急，贯弓上马而已。资粮不见案首，而支数十日之食，因山谷为城郭，因水草为仓廪"。

经过反复论辩，朝廷上下对匈奴军队的认识更明确，修建长城还是有效可行的防御手段。匈奴对汉朝的进攻并不是想推翻汉朝政权，而是掠夺汉边疆地区的财富和民众。匈奴视战争为生活常态，生存就要战斗，狩猎是同野兽搏斗，与各类动物的战争。

匈奴各部族之间争夺生存空间，也经常打仗。对农耕民族以武力抢掠财富，也是其生存的必需行为。匈奴骑兵的抢掠，并非只是针对中原，对其周边的其他游牧民族也是不断掠扰。

第五章 汉代长城：中国最长的长城

不过，那些游牧部族都很小，可供匈奴抢掠的资源有限，匈奴为获得更多的收获，便将抢掠对象确定为汉朝的边地。这样可以用最小的代价，换取最大的利益。

汉朝修建长城，对抗匈奴这种经常性的抢掠事件，成为汉朝管理边疆的措施。汉朝边疆政策的制定和完善，对后世起到了较大的影响作用。治边政策有三项主要内容：

一是利用不同民族原有的统治机构和首领，减少管理的对抗性，维持长城地区的稳定。

二是给予长城之外民族自治的权利，朝廷在行政甚至军事上都不干预其内部事务。

三是在经济上给予边疆民族地区一定程度的照顾，除免除赋税徭役外，还要给予一定数量的经济资助。

汉北征匈奴并修建长城，给游牧民族造成了极大的伤害。《史记·匈奴列传》载，汉武帝元鼎六年（前111）"遣故太仆贺将万五千骑出九原二千余里，至浮苴井而还，不见匈奴一人。汉又遣故从骠侯赵破奴万余骑出令居数千里，至匈河水而还，亦不见匈奴一人"。这场战争对匈奴的打击很大，班固在《汉书·匈奴传》中就曾说过："边长老言匈奴失阴山之后，过之未尝不哭也。"

汉长城形成的整个过程，大体可分三个阶段：一是发生在汉武帝修筑长城以前；二是发生在汉武帝远征匈奴之后；三是发生在东汉时期。

汉长城除借助自然天险构筑起坚固而连绵的墙垣外，还特别注重障、坞、燧、关等各种设施与墙体的互相配合。从战略和战术上来看，汉长城是按照汉朝的既定战略修建的。具体来看，汉朝因袭秦朝修建长城的指导思想，用司马迁的话进行总结就是"因地形，用制险塞"。

国家文物局关于辽宁、内蒙古、河北、山西、宁夏、甘肃、新

91

长城：追问与共鸣

疆等省及自治区长城的认定批复，现存汉长城遗迹主要分布在辽宁、内蒙古、河北、山西、宁夏、甘肃、新疆等省和自治区。新疆维吾尔自治区的长城资源主要是烽燧亭障及屯兵城堡，基本上没有延绵的墙体。

辽宁省内汉长城分布于丹东市振安区、凤城市、新宾满族自治县、抚顺县，抚顺市东洲区、顺城区、新抚区，沈阳市东陵区、皇姑区、沈北新区，黑山县、北镇市、凌海市、义县、建平县。

内蒙古自治区内汉长城主线东起喀喇沁旗，经宁城县、兴和县、察哈尔右翼前旗、丰镇市、凉城县、卓资县、察哈尔右翼中旗，呼和浩特市赛罕区、新城区，武川县、固阳县、乌拉特前旗、乌拉特中旗、乌拉特后旗、磴口县、阿拉善左旗、阿拉善右旗，西迄额济纳旗；汉长城达拉特旗段分布于鄂尔多斯市达拉特旗；汉长城鄂托克旗—乌海段东起鄂托克旗，经乌海市海南区，西迄海勃湾区；汉代当路塞分布于呼和浩特市新城区、武川县、土默特左旗、固阳县，包头市石拐区、昆都仑区；汉外长城东起武川县，经固阳县、达尔罕茂明安联合旗、乌拉特中旗，西迄乌拉特后旗。

河北省内汉长城东起平泉市，经承德县、承德市双桥区、鹰手营子矿区、兴隆县、双滦县、隆化县、围场满族蒙古族自治县、滦平县、丰宁满族自治县、沽源县、赤城县、张家口市崇礼区，西迄张北县。

山西省内汉长城东起天镇县，经左云县，西迄右玉县。

宁夏回族自治区内汉长城分布于固原市原州区和彭阳县。

甘肃省内汉长城东起永登县，经天祝藏族自治县、古浪县、威武市凉州区、民勤县、金昌市金川区、永昌县、山丹县、张掖市甘州区、林泽县、高台县、金塔县、玉门市、瓜州县，西迄敦煌市。

新疆维吾尔自治区内有两条汉代烽燧线。南线分布于若羌县和且末县。北线东起若羌县，经尉犁县、轮台县、和硕县，西迄库车县。

第五章　汉代长城：中国最长的长城

一　西汉初年修缮秦长城

西汉建立至武帝即位（前206—前141）共六十五年的时间，为汉朝修筑长城的第一阶段。这个时期，长城区域防御建设的重点是北边诸郡。其控制力，并未达到秦始皇时期最北部的阴山地区。

汉高祖刘邦建立政权之初，便开始着手局部修缮并利用秦长城，但工程量极小，因为汉初为了医治战争创伤、恢复社会经济，实行了与民休养生息的政策。

当时，汉政权刚建立，统治未稳，社会经济凋敝，劳动力不足，财政匮乏，尚无足够的力量抗拒匈奴。刘邦采取非常明智的策略，韬光养晦，埋头发展经济。

汉朝认识到这个问题，也有一个过程。刘邦起初，也曾想用武力压住匈奴的气势。在平城白登山（今山西大同东北）被冒顿四十万骑包围，不得不遣使贿赂单于之妻以求脱围，险些被匈奴大军围歼。

刘邦冷静下来，不再对匈奴作战。这个决策很英明，从这个意义上说匈奴或许真不是他的敌人。如果决策失败，他的敌人就是他自己。随后的六十余年中，汉朝在边防上奉行南抚北守、以防为主的战略思想。在加强防御的同时，对匈奴采取和亲政策，通过和亲每年向匈奴赠送巨额的钱粮物资，但匈奴仍时常冲入原来的秦长城，进行抢掠。

汉高祖元年（前206），刘邦掌握了中原地区的控制权后，为巩固他的后方，补筑陇西郡的"河上塞"——秦长城。

长城：追问与共鸣

第二年，高祖下令修缮了秦昭王时所筑的长城。对汉初修建长城一事，《史记·高祖本纪》记载比较简单："于是置陇西、北地、上郡、渭南、河上、中地郡；关外置河南郡。更立韩太尉信为韩王。诸将以万人若以一郡降者，封万户。缮治河上塞。"

在这段时间里，汉高祖还修筑了辽东故塞。《史记·朝鲜列传》上说："汉兴，为其远难守，复修辽东故塞，至浿水为界，属燕。"浿水即今朝鲜半岛上的大同江，是辽东郡的东南界。秦长城的终止点碣石就在今大同江入海口北面的滨海之地。

汉朝建立之后，因为东北部地区离中央区域远，难以防守，于是重新修复辽东的秦长城，一直到浿水为界。修复后的辽东故塞归燕国管辖。

汉朝的燕国，为汉高祖刘邦在统一天下后所封。燕国的初封者是异姓诸侯臧荼，继封者是卢绾，二人都不同程度地对秦长城进行过重新缮修。汉初封了八位异姓诸侯王，之后又将异姓诸侯王逐一消灭掉，从而大封其宗室王。

刘邦之后，汉朝依然要不断地向匈奴示弱。《汉书·匈奴传》记载，刘邦死后冒顿单于给吕后写了一封信：

孤偾之君，生于沮泽之中，长于平野牛马之域，数至边境，愿游中国。陛下独立，孤偾独居。两主不乐，无以自虞，愿以所有，易其所无。

冒顿单于以居高临下的姿态给吕后写信，致使吕后大怒，要立斩来使，文武朝臣也深感震惊和愤怒。最后考虑力量的不足，吕后还是强忍下了这口气，尽最大的努力放低了姿态，回书：

94

第五章　汉代长城：中国最长的长城

单于不忘敝邑，赐之以书，敝邑恐惧。退而自图，年老气衰，发齿堕落，行步失度，单于过听，不足以自污。敝邑无罪，宜在见赦。窃有御车二乘，马二驷，以奉常驾。

《史记·匈奴列传》记载，汉文帝登基之后，为了缓和与匈奴的冲突，遣使给匈奴书："先帝制：长城以北，引弓之国，受命单于；长城之内，冠带之室，朕亦制之，使万民耕织，射猎衣食，父子毋离，臣主相安，俱无暴虐。"

文帝希望汉和匈奴双方能够继续在和亲的条件下，维持正常的交往。匈奴单于虽然同意了汉文帝的主张，但南下扰掠中原的事情仍然时有发生。如文帝三年（前177），匈奴右贤王入居河南地，侵上郡。文帝六年（前174），冒顿死，子稽粥立，号老上单于，汉又遣宗室女为单于阏氏。

老上单于时期，匈奴对汉长城地区的抢掠有所升级。到了文帝十四年（前166），老上单于甚至亲自率领十四万骑攻入长城。

匈奴骑兵在朝那（今宁夏固原东南）、萧关（今宁夏固原东南）等地抢掠，杀了北地都尉，烧了回中宫（今陕西陇县西北）。汉朝在当时的情况下，还是进行了几次防御战争。但以当时的经济和军事力量，还没有实力对匈奴宣战。《汉书·文帝纪》记载，只是"令边备守，不发兵深入"。此时，汉军的作战以将单于逐出长城外为目的。

此后，匈奴不断入边，主要集中在云中、上郡、辽东一带。

汉文帝立即做好了防御准备。以周舍、张武为将军，率战车千乘、骑兵十万，部署在长安附近，防备匈奴进攻长安。封卢卿为上郡将军，魏遫为北地将军，周灶为陇西将军，分别率军驻守三郡。以张相如为大将军，董赤、栾布为将军，率军迎击匈奴。文帝亲自慰劳军队，训练约束队伍，赏赐吏卒，并准备亲征，为皇太后阻止。匈奴入塞侵掠月余，退走。

汉军追至长城边塞，一无所获。以后数年，匈奴连年攻扰汉边境地区，杀掠人畜，云中（治今内蒙古托克托东北）、辽东（治今辽宁辽阳）两郡受害很深，数年之间每郡被掠杀的民众有万余人。

汉朝被逼无奈，在文帝后元二年（前162）再次与匈奴和亲，以此维系汉匈关系。文帝后元六年（前158），匈奴老上单于已死，继位的军臣单于以三万骑兵攻入上郡（治今陕西榆林东南），另以三万骑兵侵入云中，大肆杀掠。

警报传到长安后，汉文帝紧急任命了一批将领戍守长城地区。

汉景帝三年（前154），吴王刘濞发动"七国之乱"。赵王刘遂在起兵反叛之前，曾秘密派人到匈奴，与军臣单于商定，待七国起兵之时，匈奴出兵进攻汉朝。吴、楚起兵后，胶着于梁地，未能挺进关中。匈奴犹豫观望，没有轻易出兵。三个月后，叛军主力吴、楚联军被消灭。

七个月后，越王也在邯郸兵败自杀，"七国之乱"彻底平定，匈奴也因此放弃了乘机入侵的企图。

匈奴虽未乘"七国之乱"南下，但对西汉的威胁仍然存在。汉景帝在实力不及的情况下，不得不继续与匈奴实行和亲政策。

景帝时期，匈奴几次侵扰汉地：景帝中元二年（前148）二月，匈奴侵入燕地（今北京市）。中元六年（前144），匈奴侵入雁门郡（治今山西右玉南），到达武泉（今内蒙古呼和浩特东北）。同时，匈奴攻掠上郡，抢劫苑马，汉军吏卒两千人战死。就在这一次攻掠中，上郡太守李广率百余骑兵远离大军数十里，遭遇匈奴千余骑兵。李广令从人解鞍下马，匈奴以为是诱兵之计，不敢进击。此外，李广还射杀匈奴一白马将，相持一日一夜，匈奴骑兵终于退走。景帝后元二年（前142）三月，匈奴再次入侵雁门，太守冯敬战死，景帝增发车骑、材官屯驻雁门，加强守备。

汉初至文景之治期间的和亲，虽没有杜绝匈奴入侵，却没有发生大规模的征战，为汉朝争取了时间蓄养马匹、发展骑兵、增强边防实力。

汉初的做法可以被认为是"韬光养晦，有所作为"的方针，也可以被看成是低成本维护边疆地区稳定。虽然这一历史时期早已成为过去，历史学家对这一问题的看法依然不同。

"韬光养晦"最精妙之处，在于尽量避开主要进攻力量的利剑，避免成为各种矛盾的焦点。一旦成为矛盾的中心，就要付出更大的代价来维持基本的平衡。

汉朝经过长时期的积累，到汉武帝时与匈奴力量的对比，已经发生了根本变化。经过一番经营，汉朝国力强盛，平定诸王割据势力后，中央统治空前巩固。

汉匈关系随着汉朝实力强大，而开始逐步恶化。有了实力之后，汉武帝和他的群臣已经不满足"韬光养晦，有所作为"，他们要更加有所作为，要使用武力彻底征服匈奴。

于是，在战争与和亲的政策选择上，朝廷中主战派逐渐占了上风。但是真的打起仗来，局势可能瞬息万变，对此汉武帝不可能不采取审慎的态度。

二 武帝征战匈奴建长城

有一种人，只要他认为自己的选择是正确的就下决心去做，永远不在乎别人怎么说。汉武帝，无疑就是这样的人。

汉武帝时期，汉朝经过几十年的休养生息，已经是很富庶了。

长城：追问与共鸣

《汉书·食货志》记载，此时"国家亡事，非遇水旱，则民人给家足，都鄙廪庾尽满，而府库余财。京师之钱累百巨万，贯朽而不可校。太仓之粟陈陈相因，充溢露积于外，腐败不可食"。

国内的形势稳定了下来，中央集权统治得到了进一步稳固，也就有实力考虑调整对匈奴的战略。汉朝对匈奴由消极防御转入主动进攻，就是在这个背景下进行的。

元光二年（前133），武帝首次召集公卿开会，要研究的问题只有一个，他要改变对匈奴的政策，要对匈奴用兵。《汉书·韩安国传》记载，他说："朕饰子女以配单于，币帛文锦，赂之甚厚，单于待命加嫚，侵盗无已。边境数惊，朕甚悯之。今欲举兵攻之，如何？"

这样的问题，汉武帝多次向大臣们提出过。他也进一步阐述过自己的意见："夷狄无义，所从来久。间者匈奴数寇边境，故遣将抚师。""今中国一统，北地未安，朕甚悼之。"（《汉书·武帝纪》）他还曾坚定地说："汉家庶事草创，加四夷侵陵中国，朕不变更制度，后世无法；不出师征伐，天下不安。"

汉武帝的做法，说明了他要对匈奴实行战略反攻想法持慎重的态度。据《汉书·韩安国传》，在讨论的时候，朝廷中也出现了"主战"与"言和"两种意见。

大行（汉朝，大行是古代负责对外接待宾客的官吏）王恢是坚决支持汉武帝，力主反击匈奴的代表人物。他说："汉与匈奴和亲，率不过数岁即背约，不如勿许，举兵击之。"他认为，在已经到了有条件解决这个问题的时候，就要下决心采取行动。

接下来是王恢最慷慨激昂的一段话，他说："今以陛下之威，海内为一，天下同任，又遣子弟乘边守塞，转粟挽输，以为之备，然匈奴侵盗不已者，无它，以不恐之故耳。臣窃以为击之便。"又说："夫匈奴独可以威服，不可以仁畜也。今以中国之盛，万倍之资，遣百分之一以攻匈奴，譬犹以强弩射且溃之痈也，必不留行矣。"说这话时，王恢仿佛已经听闻到来自边关震天的战鼓之声。

御史大夫韩安国属于不同意用兵，主张继续以和亲的方式，维持和匈奴的关系的代表人物。他的理由也很充分，他说："千里而战，即兵不获利。今匈奴负戎马足，怀鸟兽心，迁徙鸟集，难得而制。得其地不足为广，有其众不足为强，自上古弗属。汉数千里争利，则人马罢，虏以全制其敝，势必危殆。臣故以为不如和亲。"

韩安国还以汉高祖开辟和亲之路获得和平，汉文帝对匈奴用兵却毫无所获，最后又回到和亲的路上来为例，劝说汉武帝对匈奴采取军事行动一定要慎重。

韩安国最后语重心长地说："臣闻高皇帝尝围于平城，匈奴至者投鞍高如城者数所。平城之饥，七日不食……故乃遣刘敬奉金千斤，以结和亲，至今为五世利。孝文皇帝又尝一拥天下之精兵聚之广武常溪，然终无尺寸之功，而天下黔首无不忧者。孝文寤于兵之不可宿，故复合和亲之约。此二圣之迹，足以为效矣。臣窃以为勿击便。"

韩安国所反复强调的不应该对匈奴用兵的理由，也确实有其客观性。韩安国说：匈奴"轻疾悍亟之兵也，至如飙风，去如收电，畜牧为业，弧弓射猎，逐兽随草，居处无常，难得而制。""今将卷甲轻举，深入长驱，难以为功；从行则迫胁，衡行则中绝，疾则粮乏，徐则后利，不至千里，人马乏食。"

主战派从维护汉朝的长久利益出发，充分肯定对匈战争，一片喊打之声。言和派则持否定的态度，认为战争劳民伤财，不会有好结果。

双方的争论一时难分高下。关于战与和的争论，《史记·酷吏列传》记载了一个故事：匈奴来请和亲，武帝问询群臣怎么办好。这其中，博士狄山是主和派，认为应该和亲。御史大夫、行丞相事的张汤是主战派，认为不要再与匈奴和亲。

武帝问为什么主张和亲，狄山说："兵者凶器，未易数动。"接着狄山从高帝欲伐匈奴，被困平城，遂与匈奴结成和亲讲起。最后得出结论"由此观之，不如和亲"。

武帝问张汤，对狄山的意见怎么看。张汤毫不客气，非常蔑视地说："此愚儒，无知。"

狄山为此有点恼羞成怒，他气急败坏地说："臣固愚忠，若御史大夫汤乃诈忠。若汤之治淮南、江都，以深文痛诋诸侯，别疏骨肉，使蕃臣不自安。臣固知汤之为诈忠。"

狄山说了一大堆别的事，攻击张汤，让武帝很不高兴。他不动声色地问狄山："吾使生居一郡，能无使虏入盗乎？"意思是派你掌管一郡，你能不让匈奴进犯吗？山回答："不能。"

武帝眼神严厉起来，又问："居一县？"狄山瞬间感到头皮发麻，回答仍是"不能"。

"居一障间？"再问时，武帝脸上露出一抹杀气。汉武帝所说的障，便是边疆地区一座驻军的小城。

狄山答"能"。他知道，已经不能再以否定的方式回答汉武帝。如果再这样与汉武帝对付下去，离掉脑袋就不远了，只好硬着头皮说行。回到家之后眉头紧锁，唉声叹气。

狄山真被派去长城地区戍守障塞了。一个多月之后，"匈奴斩山头而去"。狄山被匈奴斩去了项上人头，文武百官震恐，没有人再敢反对征战匈奴。事实上官员们和汉武帝保持了一致，至少在形式上如此。

汉武帝采纳、支持了主战派的建议，确定了伐胡、拓疆的战略决策。对匈奴用兵的目标非常明确，解除外部威胁只是一方面，拓展其北方疆域版图才是目的。此时的匈奴单于并未意识到，即将要面对汉朝前所未有的挑战,更谈不上做好了准备。

汉武帝发起的对匈奴的全面战争,连续在东从辽东的右北平,西至天山的车师的广泛区域内打击匈奴。在取得一定的胜利之后,更是向北发展到从河套越过阴山,直抵大漠以北匈奴的王庭的军事打击。

从元光六年(前129)至征和三年(前90),汉朝前后用了近四十年的时间,投入总兵力累计超过了百万。汉匈战争是惨烈的,在前后有影响的十多次重大战役中,起决定性作用的战役有三次,每次大战役之后都在新的控制地域修建了长城。

第一次北击匈奴并修建长城是在元朔二年(前127)。匈奴进攻上谷、渔阳,汉武帝为了争取主动,采取胡骑东进、汉骑西击的方针,派卫青等率领的主力部队,由云中(今内蒙古呼和浩特西南)出发,沿黄河河套北岸西进,至高阙后折而向南,大破匈奴军,尽收河南之地。《汉书·武帝纪》记载元光五年(前130)夏,在第一次北击匈奴前三年,汉武帝"发卒万人治雁门阻险"。

颜师古注《汉书》时分析:"所以为固,用止匈奴之寇。"这是汉朝对北击匈奴所做的准备工作。真正较大规模地修筑长城当在元朔二年,据《史记·匈奴列传》记载:"卫青复出云中以西至陇西,击胡之楼烦、白羊王于河南,得胡首虏数千,牛羊百余万。于是汉遂取河南地,筑朔方,复缮故秦时蒙恬所为塞,因河为固。"

汉武帝第二次北征匈奴并修建长城是在元狩二年(前121)。骠骑将军霍去病率军打败了匈奴右贤王主力之后,匈奴在河西的势力瓦解,河西一带遂全为汉朝所据。这一仗很关键,河西走廊以西的广阔地区得以纳入华夏版图缘于此役之胜利。

霍去病是一位军事天才,从十八岁带兵北征匈奴,打到二十四岁病故。短短的六年时间,他的军队令匈奴闻风丧胆。史载汉武帝要给他盖将军府邸，霍去病说的一句话"匈奴未灭，何以家为"，成为两千多年来被后世铭记的名言。

取得这次胜利之后，为巩固河西走廊边陲的安全，汉武帝修筑了由令居（今甘肃省永登县）至酒泉的长城。关于这次修长城，《汉书·张骞传》载："而汉始筑令居以西，初置酒泉郡，以通西北国。"臣瓒在注释时强调："筑塞西至酒泉也。"这也是汉武帝第二次较大规模修筑长城。

第三次北征匈奴是在元狩四年（前119）。卫青、霍去病各率五万骑兵，长驱直入，分别深入到漠北，有效打击了匈奴。这次卫青、霍去病率部远出长城两千余里大破匈奴，凯旋的军队精神抖擞，每一个士兵的披甲上都血迹斑斑。《汉书·匈奴传上》说，此后"匈奴远遁，而幕南无王庭"。至此，作为匈奴南进中原主要战略基地的阴山山脉完全被汉朝控制。

汉朝通过三次北征匈奴的战争基本解决了匈奴的威胁。汉武帝夺取河南地之后，随即设郡实边。《汉书·武帝纪》记载这次"募民徙朔方十万口"，只有移民在长城地区扎下根，这个地区才能长期稳定下来。

汉武帝第三次较大规模地修筑长城，是元鼎六年（前111）至元封元年（前110）间所筑由酒泉西至玉门关段的长城。这段长城大体沿疏勒河畔修筑，遇到湖泽、碱滩等天险地段或有间断。这些地方的塞墙或以双重的粗石板垒起，填以砾石，或用沙砾与石子牢牢压实，与芦苇枝、红柳枝条黏结在一起。

汉武帝第四次较大规模地修筑长城是在李广利伐大宛之后。《史记·大宛列传》载："于是天子以故遣从骠侯破奴将属国骑及郡兵数万，至匈河水，欲以击胡，胡皆去。其明年，击姑师，破奴与轻骑七百余先至，虏楼兰王，遂破姑师。……王恢数使，为楼兰所苦，言天子，天子发兵令恢佐破奴击破之，封恢为浩侯。于是酒泉列亭障至玉门矣。"

从太初元年（前104）至太初四年（前101）间，修筑由玉门至新疆罗布泊的长城。《史记·大宛列传》记载为"而敦煌置酒泉都尉；西至盐水，往往有亭"。

《汉书·西域传上》中载："自贰师将军伐大宛之后，西域震惧，多遣使来贡献，汉使西域者益得职。于是自敦煌西至盐泽，往往起亭，而轮台、渠犁皆有田卒数百人，置使者校尉领护，以给使外国者。"

根据《史记·大宛列传》的记载，汉贰师将军李广利伐大宛之役始于太初元年，终于太初四年。这段长城亦当建于这段时间或稍后。汉朝在这一地区主要是修建了一系列烽燧，基本上未见烽燧之间有墙体相连。

汉长城的防御重点，主要是在北部和西部地区。匈奴控制的中心区域，原来是河套地区，后来移向西北地带。汉武帝对匈奴作战之后，匈奴远退到漠北。

《汉书·匈奴传下》记载汉元帝时期，呼韩邪单于曾上书朝廷，提出愿意在长城地区为汉朝"保塞上谷以西至敦煌"。汉元帝征询大臣们的意见，郎中侯应提出不可罢边的理由时，曾提到"北边塞至辽东"的情况。《汉书·赵充国传》还明确记载了赵充国奉命考察北方后的奏章内容："窃见北边自敦煌至辽东万一千五百余里，乘塞列隧有吏卒数千人，虏数大众攻之而不能害。"

在汉武帝大规模反击匈奴的战争中，粗略统计匈奴被斩被俘加降汉内附之众，多达二十万人。匈奴被迫退出河套地区、河西走廊等草木茂盛、宜于畜牧的地区后，畜牧业受到严重影响。宋代李昉在《太平御览》卷五十《地部十五·祁连山》中说，匈奴人哀叹："亡我祁连山，使我六畜不蕃息；失我焉支山，使我妇女无颜色。"

长城：追问与共鸣

汉朝在阴山南修建长城关塞，屯兵并移民屯田。匈奴被阻挡在阴山以北环境更加恶劣的大沙漠地带。2009年，由俄罗斯和蒙古国考古学家组成的"中央亚细亚"联合科考队，在领队A.A.科瓦列夫和D.额尔敦巴特尔的带领下，对位于蒙古国南戈壁省瑙木冈苏木的巴彦布拉格的西汉要塞遗址进行了考古发掘。

此次发掘，发现有大量中国古代士兵的遗骸；对墙体及土窑洞进行解剖，发现有夯土墙体和利用土坯砖垒砌而成的内廊墙体以及土窑洞；还有一处覆盖有瓦砾的废墟。俄蒙两国的考古工作者，通过对这一城址进行考古研究，认为此城址属于西汉时期，应是汉代的受降城，约建于西汉元封六年（前105）前后。

匈奴从此之后，基本上无力对汉发动进攻，只好选择对汉朝妥协，表示愿意恢复和亲政策。汉武帝拒绝了处于劣势地位的匈奴和亲的要求，他要乘胜继续打击匈奴。不过，此后双方虽然继续处于敌对状态，但因实力悬殊没有发生大规模的军事冲突。

由汉武帝元狩二年至武帝太初四年历经二十年，打通了两千里的河西走廊，并沿路筑起烽燧亭障，以保障这条被后世称为"丝绸之路"的交通大道畅通无阻。

汉长城的修建也非常困难，修建在盐泽、居延及阴山以北高原戈壁中的汉长城，其海拔高度均在一千五百米左右。这里并没有充足的山石，施工时多以沙土夯筑。由于内蒙古西部、甘肃北部和新疆东部正是气候干旱区域，筑城所需水源亦很缺乏。

白音查干在《长城与汉匈关系》一文中说："从盐泽和居延段的土坯芦苇而建造的烽火台中可以看出，由于水的限制，事先在有水之处加工好土坯，然后再运来垒砌而成。所以，在缺水或无水的荒漠上修筑长城，其工程量要比一般夯筑长城更为巨大。从汉长城的地理位置和总长度,可以联想到它所耗费的人力财力。"经过长年的对匈奴作战,西汉朝国力耗损也非常大,此后,汉武帝不得不停止了对匈奴的用兵。

三　西汉北伐和修长城的影响

汉武帝征伐匈奴、修建长城的策略虽然获得了成功,却也付出了沉重的代价,对社会发展产生了一些负面影响。

汉武帝本人很清楚他所推行的征战和修建长城等一系列军事行动,耗费了巨大的国力,造成了民生凋敝。于是,他发布了"罢轮台屯田诏"(见《汉书·西域传》),即史家常说的"轮台诏"或"轮台罪己诏",检讨这方面的过失。

认错,对于一言九鼎的中国皇帝来说,可不是一件小事。

由于汉长城距离农耕生活中心区域很远,线路长,工程量巨大,加之当时生产力水平相对较低,交通不畅,施工过程中不得不动用庞大的人力和其他资源。

到底花了多少钱,用了多少工,谁也说不清。《汉书·匈奴传下》记载"卒徒筑治,功费久远,不可胜计"。"筑治"讲的不仅是修建长城,也包括戍守长城。

汉朝在文景时期所积存的国库储备,基本上被汉武帝用尽,而且还不够,又任用桑弘羊实行盐铁垄断专卖,出卖爵位,允许以钱赎罪等方式筹款。汉武帝通过一系列与民争利的措施,通过出卖聚拢资源,应对征讨匈奴和修筑长城而出现的财政空虚。

长城的修筑和戍守,都需要大量人力。这些地方原来是游牧部族居住地,没有人怎么办?汉武帝下令从中原地区徙百万之众到长城沿线从事农业生产。

中原民众从非常熟悉的生活环境,被强迫迁移到苦寒之地,不仅生活很不习惯,还要负担筑守长城的劳役。当时大规模的人口迁徙政策,扰乱了中原地区民众的生产、生活秩序,无疑也加剧了社会矛盾。

在汉武帝时期,征伐匈奴和修筑长城使用了全国之力,造成了国库空虚,民生困苦,这与秦始皇时期有很大的相似之处。晚年的汉武帝意识到了危机的严重性,下达"罪己诏"检讨过失,并且调整了政策,抚慰了人心,一定程度上挽回了局面。

如果汉武帝未能及时调整战略,其北征和修建长城的负面影响,势必将不可避免地进一步扩大。司马光在《资治通鉴》中说到这一点时强调,汉武帝及时做出的战略调整,是其"有亡秦之失,而免亡秦之祸"的主要原因。

征和四年(前89)颁布的"罢轮台屯田诏"减轻了部分民众的负担,使其不必背井离乡从事劳役。昭帝及宣帝时期,继续推行汉武帝后期的做法,以赈贷农民、减免田租等手段,休养生息。通过整顿吏治,安定民生,汉朝社会生产获得恢复发展。

综合来看,长城抵御了匈奴武装的进攻,保护了中原地区社会生活。不过征讨匈奴和筑守长城,给中原民众带来的负担,以及对中原地区经济造成的破坏也是巨大的。

汉武帝在他的"轮台诏"中阐述了修筑长城和屯戍给民众带来的沉重负担:"前有司奏,欲益民赋三十助边用,是重困老弱孤独也。而今又请遣卒田轮台。"而"轮台西于车师千余里",这样的工程显然不能轻易发动。汉武帝进而叙述了此前汉军征战西域时遭遇的困难:"前开陵侯击车师时,危须、尉犁、楼兰六国子弟在京师者皆先归,发畜食迎汉军,又自发兵,凡数万人,王各自将,共围车师,降其王。

诸国兵便罢，力不能复至道上食汉军。汉军破城，食至多，然士自载不足以竟师，强者尽食畜产，羸者道死数千人。朕发酒泉驴、橐驼负食，出玉门迎军。"

作为皇帝，他非常清楚，光艰难的军事供应问题，就已经令汉军难以应对了。每次看到这些内容时，我常想那个把真实情况告诉汉武帝的人是谁？这个人也很了不起，很多的时候说真话是要付出惨痛代价的，更何况在皇上最得意的政绩上泼冷水。

这并不是"众人皆醉惟他独醒"，而是别人都在装糊涂而已。这个时候，不忽悠皇上继续在错误的路上大踏步地前进，就已经是好人了。能站出来冒着被杀头的危险，需要何等的勇气和情怀！当然，更值得赞扬的还是汉武帝。

他为自己轻启战事自责，他说："吏卒起张掖，不甚远，然尚厮留其众。曩者，朕之不明，以军候弘上书言：匈奴缚马前后足，置城下，驰言'秦人，我丐若马'。又汉使者久留不还，故兴遣贰师将军，欲以为使者威重也。"长期生活在荒漠草原上的匈奴人，也拥有自己的优势，匈奴常言："汉极大，然不能饥渴，失一狼，走千羊"，即便匈奴被汉军击败，也会令汉军付出非常大的代价。

贰师将军李广利兵败，将士们或是战死，或是被俘，四散逃亡，这都使汉武帝悲痛难忘。他说："今请远田轮台，欲起亭隧，是扰劳天下，非所以忧民也。今朕不忍闻。"在这样的情况下"大鸿胪等又议，欲募囚徒送匈奴使者，明封侯之赏以报忿，五伯所弗能为也"。汉武帝没有批准这项建议。

汉武帝非常清楚地表示，他已经不愿意为了出击匈奴，而再轻启战端了。其实，从军事的角度来说，这个时候并不是停止使用武力的最好时机。因为长城边塞的防务还存在着很多问题。"今边塞未正，阑出不禁，障候长吏使卒猎兽，以皮肉为利，卒苦而烽火乏，失亦上集不得,后降者来,若捕生口虏,乃知之。当今务在禁苛暴,止擅赋,力本农,修马复令,以补缺,毋乏武备而已。郡国二千石各上进畜马方略补边状,与计对。由是不复出军。而封丞相车千秋为富民侯,以明休息,思富养民也。"

虽然,按照原来的战略还需要继续对匈奴作战,但是对匈奴的继续作战,将使中原经济社会矛盾更加激化,使民生更加艰难,汉武帝坚决放弃了强势出击的做法。

汉武帝很了不起,他做到了自信而不自大,自豪而不自负。如果他对那些与他观点不一样的人,表现出居高临下的不屑、轻视,也属于理所当然。不砍他们的头,就已经是开明皇帝了。他不但没有这样做,反而认真检讨自己,这在中国的帝王中实属非常少见。

汉武帝的北征,为后世打下了安宁。到汉元帝时,汉与匈奴呼韩邪单于立盟,《汉书·匈奴传》对盟约有简单的记载:"自今以来,汉与匈奴合为一家,世世毋得相诈相攻。有窃盗者,相报,行其诛,偿其物;有寇,发兵相助。汉与匈奴敢先背约者,受天不祥。令其世世子孙尽如盟。"

四　东汉建长城及灭匈奴

2017年7月27日至8月1日,内蒙古大学发布消息称:内蒙古大学蒙古学研究中心与蒙古国成吉思汗大学合作实地踏察,解读东汉永元元年(89)窦宪率大军大破北匈奴后所立摩崖石刻。

发现刻有《燕然山铭》的石壁,位于蒙古国的杭爱山。经过认真辨识,初步确认此刻石即著名的班固所书《燕然山铭》。这是中蒙合作所获的重大考古发现,详细的经过、内容以及资料整理和解读正在进行中。

这个地方在汉朝及之后一直属于我国的疆域,当时这里被人们叫作燕然。直到1911年12月29日外蒙古宣布"独立",1946年1月5日国民政府正式承认外蒙古从中华民国独立出去。

汉和帝永元元年(89),大将军窦宪奉旨远征北匈奴,班固被任为中护军随行。窦宪打败了北单于,登上燕然山(今蒙古境内的杭爱山),班固为纪念此胜利,撰写了著名的《燕然山铭》,以彰显大汉王朝的威武。

东汉初期,也还是利用了汉武帝时期修建的北部长城。当时政治、经济、军事形势,都不允许对匈奴大规模用兵。虽然匈奴经常侵扰汉朝的北边诸郡,光武帝刘秀出于社会安定的需要,决定对匈奴采取守势,并尽可能地利用秦朝和西汉修筑的长城。《后汉书》记载了这一时期东汉和匈奴的关系,双方既有冲突也有交流。

建武元年(25),匈奴将数千骑迎立标榜自己是汉室正宗的卢芳为"汉帝",匈奴骑兵很快进入安定(郡治高平)。光武帝拜苏竟为代郡太守,"使固塞以拒匈奴"。

建武五年(29),时匈奴数次进入长城,抢掠渔阳郡等地。《后汉书·郭伋传》说,渔阳太守郭伋"整勒士马,设攻守之略,匈奴畏惮远迹,不敢复入塞"。这个时期,东汉对匈奴基本上是采取较为被动的应付。

建武六年(30),匈奴遣使洛阳朝献,汉光武帝则派中郎将韩统"报命,赂遗金币,以通旧好。而单于骄踞,自比冒顿,对使者辞语悖慢,帝待之如初"(《后汉书·南匈奴传》)。朝野上下都不知道形势将如何发展。

东汉时,防御设施沿用西汉所建的长城,只是东汉初期为防匈奴修筑亭障、烽燧之事甚多,但多属局部的补充。如建武十二年

（36）卢芳与匈奴、乌桓连合侵扰汉朝边民，东汉又"遣骠骑大将军杜茂将众郡施刑屯北边，筑亭候，修烽燧"（《后汉书·光武帝纪》）。十三年（37）杜茂修筑飞狐口至大同之间的城障列亭。

建武十四年（38），汉遣扬武将军马成代骠骑大将军杜茂"缮治障塞，自西河（今山西西边一段黄河地的称谓）至渭桥（今陕西咸阳东），河上（今陕西高陵）至安邑（今山西安邑），太原至井陉（今山西太原至河北井陉西），中山（今河北定县）至邺（今河北临漳）皆筑堡壁，起烽燧，十里一候"（《后汉书·马成传》）。

建武二十一年（45）秋，东汉派伏波将军马援"将三千骑出高柳，行雁门、代郡、上谷障塞"（《后汉书·马援传》），至此，东汉将高柳、雁门、代郡、上谷西北的居延、胪朐（今蒙古国境内克鲁伦河）等地的烽堠、障塞连接起来。

建武二十二年（46），乌达鞮侯继父位后不久即死，其弟蒲奴继立为单于，《后汉书》称之为北单于。呼韩邪单于之孙日逐王比，因未被立为单于"既怀愤恨"（《后汉书·南匈奴传》），建武二十四年（48），日逐王比被其所管辖的匈奴八部大人，拥立为单于，《后汉书》称之为南单于。匈奴自此分为南、北两个政权，东汉政权利用这个机会支持一方打击另一方，彻底削弱了匈奴的实力。

蒲奴单于即位初，境内旱灾、蝗灾连年，"赤地数千里，草木尽枯，人畜饥疫，死耗太半"。而日逐王比与汉秘谈"内附"，并将匈奴地图献于汉廷，被立为单于。日逐王比"以其大父尝依汉得安，故欲袭其号。于是款五原塞，愿永为藩蔽，捍御北虏"。为缓和内忧外患的局面，蒲奴单于遣使汉廷请求和亲。

建武二十五年（49），东汉经济、军事实力得以恢复，遂出击北匈奴，获得全胜。"北单于震怖，却地千里"，而南单于在这段时间始终与东汉保持较好的关系，"遣使诣阙，奉藩称臣，献国珍宝，求使者监护,遣侍子,修旧约"。

建武二十六年(50),东汉中郎将出使南匈奴,南单于"伏拜受诏"后,令译者转告汉使说:"单于新立,诚惭于左右,愿使者众中无相屈折也。"南匈奴内附,分置缘边西河、北地、朔方、五原、云中、定襄、雁门、代八郡,置使匈奴中郎将于西河美稷,以为护卫镇服。

乌桓内徙,分置上谷以东近边各地,置乌桓校尉于上谷宁城。游牧民族纷纷内迁,西汉时用于军事防御的长城,在很多地方已经失去其作用,便没像西汉时期那样大规模修建长城等防御工程。

南匈奴单于迁居长城地区"列置诸部王,助为捍戍"后,北匈奴面临着东汉更为严重的威胁。自光武帝末至明帝初,北匈奴"比年贡献",屡次寻求与汉朝和亲。

对此,东汉王朝认为:"南单于新附,北虏惧于见伐,故倾耳而听,争欲归义耳。"永平十六年(73),明帝派兵出击北匈奴,北匈奴在无力抵抗汉军的情况下,"闻汉兵来,悉度漠去"。

北匈奴在南匈奴、鲜卑与西域的夹击下,加上恰遇严重饥荒、蝗灾,北匈奴政权在长城外的控制力越来越弱。北匈奴先后有数十

甘肃敦煌玉门关汉代长城

批大臣率部降于东汉，由此可以看到，此时的北匈奴上层和中、下层普遍笼罩在一种几乎绝望的情绪之中。在接二连三的打击下，降于东汉成为最好的选择。

汉章帝建初八年（83），北匈奴三木楼訾大人稽留斯等率领三万八千人至五原塞，请降于汉。此时的北匈奴"衰耗，党众离畔，南部攻其前，丁零寇其后，鲜卑击其左，西域侵其右，不复自立，乃远引而去"。

在东汉的持续保护下，南匈奴才避免受北匈奴的威胁，故和汉朝保持着较好的关系。如章和二年（88）七月，休兰尸逐侯鞮单于上书窦太后即说："臣等生长汉地，开口仰食，岁时赏赐，动辄亿万，虽垂拱安枕，惭无报效之地。"为此，他还主动请求参与东汉对北匈奴的军事行动。

汉和帝永元元年（89）之后，还继续北击过匈奴。永元三年（91），汉将耿夔、任尚于金微山（今阿尔泰山）击败北匈奴。《后汉书·窦融传》记载，这一仗之后"北单于逃走，不知所在"。

此后的几十年，东汉依然有加强防御的需要。顺帝时的大将军梁商，也对匈奴军事的优劣作了精辟的分析。《后汉书·南匈奴传》中记载了他的观点，他认为："良骑野合，交锋接矢，决胜当时，戎狄之所长，而中国之所短也。强弩乘城，坚营固守，以待其衰，中国之所长，而戎狄之所短也。"

经过分析戎狄与中原地区各自的优劣，梁商明确指出了筑城防御对付匈奴的具体措施。因为筑城防御，可以化敌之长而伸己之长。在对游牧民族的优势和劣势有较为明确认识的基础上，农耕民族避其锋芒，修建长城来进行防御。

光武之后，由于南匈奴内附、北匈奴西徙，汉朝的北境相对安宁，就没有再修筑长城了。

第五章 汉代长城：中国最长的长城

东汉在对北匈奴的战争中获得全胜，北匈奴在漠北无法立足，被迫西迁。从此，掀起了世界范围内的一个大迁徙。大量匈奴人进入欧洲之后，经过一段时间的调整，凭借其军事实力，迅速建立起军事强国，并得以一时称霸欧洲。

对这些进入欧洲的匈奴人的来历，国外学者认为与中国北境的匈奴人遭遇灭顶之灾、被迫离开蒙古草原有关。而中国学者通常认为，统治欧洲百年的匈奴人是被汉将窦宪击败后西迁至中亚西部的北匈奴后裔。由于这些匈奴人的情况在中亚各国文献中均无明确的记载，而中亚考古资料中尚未发现匈奴西迁至里海和咸海地区的证据。

北匈奴西迁后发展强大起来的阿提拉帝国，无疑对欧洲历史发展及社会变革产生了影响。魏蕴华、张汉伟的《匈奴的西迁及其在欧洲历史上的作用》指出：匈奴在西迁进入欧洲后，不仅推动了欧洲的民族大迁徙，而且加速了欧洲古典奴隶制的瓦解，也促进了欧亚文化的融合。

第六章　北朝长城：非汉民族修建的长城

魏晋南北朝多被史家称为中国历史上的"乱世"。乱到什么程度？短短的一百多年，战火连绵不绝，有军阀混战也有地方割据。

不同族群间侵扰是常态，新旧政权的倾覆也是瞬间的事。战争造成人口的频繁迁徙，人民生活灾难重重。其间，也只有西晋短短三十六年，勉强算是"统一"的时期。

西晋之后，北方进入五胡十六国时期。其政权有少数民族所建立，也有汉族所建立，长城地区被分隔成不同的势力范围。南北朝时期，秦汉长城地区属于北朝控制地区。北方鲜卑民族的南进，建立了以少数民族为统治者的北方政权。

中国历史上民族大融合，在南北朝至元代发展到高潮，这样评价这个历史时期更为客观。

中国人以炎黄子孙自称，就是始于南北朝时期，这是中原华夏与北族融合的结果。战国之前，中原以"五帝"为共同祖先，黄帝仅为众多祖先之一。战国末期到汉代，黄帝逐渐成为唯一的华夏始祖。这种状况，到南北朝时期又发生了变化。北朝的鲜卑政权，虽深受中原文化的影响，却在祖先源流上不愿攀附黄帝，自称为炎帝子孙。

随着北族逐渐融入华夏之后，也就形成了"炎黄子孙"的共识。

第六章　北朝长城：非汉民族修建的长城

南北朝到元这一时期，北朝政权基本都修建过长城。南朝历经宋、齐、梁、陈四朝，均为汉人建立的政权，由于已经远离了农牧交错地区，故都不曾修建过长城。

北朝包括北魏、东魏、西魏、北齐和北周五朝，为鲜卑人或鲜卑化汉人建立的政权。其统治区包括农牧交错的长城区域，所以或多或少都修建过长城。他们为什么要修建长城呢？

建立北魏王朝的拓跋鲜卑，发祥于内蒙古的大兴安岭。1980年7月30日呼盟文物工作站米文平站长与同事，在位于鄂伦春自治旗大兴安岭北段甘河北岸噶珊山的嘎仙洞，发现了北魏太平真君四年（443）太武帝派使者祝祭后所刻祝文的摩崖石刻。石刻祝文与《魏书》所载基本一致，证明嘎仙洞就是《魏书》所记的鲜卑祖庙石室。

拓跋鲜卑建立北魏前后，中国古代政权的分裂情形，与罗马帝国崩溃后的情况非常相似。中国与欧洲不同的地方是，欧洲从此走向分裂，中国则在这个时期实现了各民族大融合。当这种融合发展到高潮时期，中国再次由隋唐王朝完成了统一。

在中国历史上不乏游牧政权进入长城，成为中原农耕地区的统治者，这些游牧政权同样有控制草原的需求。除了蒙古族建立的元朝之外，其他游牧政权进入到农耕地区之后，很快就失去了对大草原的控制。

在这种背景下，已经成为农耕地区统治者的原游牧政权，同样需要面对来自北方后起游牧民族的侵扰。如果这个问题处理不好，甚至有被其取代的危险。

对鲜卑人来说，这是一个新问题。相继统治北方的北魏、东魏、北齐和北周等几个鲜卑或鲜卑化汉人所建的政权，因为受到草原地区柔然、突厥等政权的威胁，也不断地修筑长城，构筑战略防御线。

特别是北齐，朝代存续时间虽短，但修筑长城的规模比较大，次数也比较多。这是一个特殊的现象，理论上说，任何决策都是建立在强大需求之上的，北齐应该也不例外。

南北朝到元这一时期的长城与秦汉长城相比较，有三个较大的特点：

一是长城多数都是少数民族统治的王朝所修筑。北魏、北齐和金代修筑长城的规模都还很大。

二是因为不同的政权所辖区域变化很大，所以长城修建的位置变化也很大。

三是因为几个政权存在的时间都较短，长城的修建也就较为简单。

北朝诸国修筑的长城，在中国长城史上占有极其重要的地位。这一点是由北朝在中国历史上的地位所决定的。复杂的政治和军事形势，决定了北魏、东魏、北齐、北周等北方政权一直有修建长城防御体系的需要。从4世纪末至6世纪末的近200年间，北方诸国不断地修筑长城。

汉代之后，先秦至两汉修建长城的区域多数成为少数民族的统治范围，长城失去其作为北部边防线保卫中原农耕经济的政治和军事意义。大规模的长城修筑活动由此停止，只有少数政权进入长城之内，成为定居的农耕民族统治政权，出于军事防御的需要，对长城进行了部分的重建和修缮。

北魏太武帝于太延五年（439）结束了北方长期分裂的局面。北魏虽然完成了黄河流域的统一，面临的边疆形势依然相当严峻。从北魏开始，南北朝时期的部分政权又修筑了一些长城来防御来自更北方的威胁。

北魏永熙三年（534），北魏政权发生了分裂，形成东魏和西魏。此时，北方的突厥与契丹等先后崛起。《北史·突厥传》记载"突厥者，

第六章　北朝长城：非汉民族修建的长城

其先居西海之右，独为部落，盖匈奴之别种也"。中国古代北方游牧民族，长期经历战争和兼并，不断地在发展中相互融合。

为了应对军事威胁，东魏政权在武定元年（543）于"肆州北山"构筑长城，"西自马陵戍，东至土隥，四十日罢"。这是《北史·齐本纪上》的记载，古肆州在今山西忻州北。东魏构建此长城的目的，是强化对西北重镇晋阳（今山西太原西南）的防御。

北齐文宣帝高洋也组织构筑了长城。《北齐书》记载了这一系列修建长城的行为：

在天保六年（555）"发夫一百八十万人筑长城"。自天保三年（552）到天保七年（556）间，"前后所筑，东西凡三千余里，率十里一戍，其要害置州镇，凡二十五所"（《北齐书·文宣帝纪》）。这条工程量巨大的长城防线，与北魏相比向南有所收缩，位于今山西北部到河北北部，西端起自黄河，东端抵海。

北齐天保八年（557），文宣帝再下令"于长城内筑重城，自库洛拔而东至坞纥戍，凡四百余里"。此复线长城大致在晋阳西北。用以支持这种猜测的是：东魏与北齐时期均把晋阳作为西北部防御重点，晋阳同时还是高氏一族的根据地。

所以，当北周灭掉北齐以后，由于突厥攻击并州（治晋阳），就在大象元年（579）"发山东诸州民，修长城"（《周书·宣帝纪》）。《周书》记载了北周对北齐时期所建长城的修缮利用。

一　北魏长城的修建

东汉末年，军阀割据，混战不休，当时各种势力都把主要力量放到对中原和江南区域的角逐中，很难抽出足够的精力顾及

117

北部长城地区的防御。

汉末北方游牧民族并未大举进攻长城以内地区，因为正统汉室虽衰微，各路军阀却实力强大。特别是北方的曹魏，曾对乌桓等游牧势力进行过大举征伐。曹操的《观沧海》便是其北征乌桓班师回朝途中，在我的家乡秦皇岛所作。"东临碣石，以观沧海"是我们从小就背诵的诗句。伟岸的碣石，一望无际的大海，诗人的胸怀给我留下了深刻印象，俨然成为一种乡愁。

十六国时期，诸侯纷争的形势越发严峻。在这种情况下游牧势力逐渐向南迁移，越过长城进入农耕地区驻牧。东北区域由契丹和高句丽部族占据，漠北区域为柔然部族据有，西域部分区域受吐谷浑控制。

鲜卑拓跋部成立北魏政权并统一北方，混乱状况才得以改变。北魏政权建立于公元386年，太延五年（439）魏灭北凉，完成了北方的统一。这一年也被认为是西晋末年以来经历一百余年的十六国分裂局面的结束，南北朝时期的开始年代。

（一）北魏防御柔然长城的修建

北魏是中国历史上第一个入主中原并建立正统王朝的北方少数民族政权。鲜卑族拓跋部进入中原地区建立北魏政权之前，也是农耕民族修长城进行防御的对象之一。当他们成为农耕地区统治者，其经济类型也转化成以农耕为主体时，逐渐强大起来的北方游牧势力柔然族的南下攻扰，成为其必须面对的新问题。

柔然民族为南北朝时期活动在蒙古草原上的少数民族，中原文献称柔然为蠕蠕。《魏书·蠕蠕列传》记载：势力强盛时其疆域"西则焉耆之地，东则朝鲜之地，北则渡沙漠、穷瀚海，南则临大碛"。柔然部族雄踞漠北地区，崛起后成了北魏进取中原的后顾之忧。

为此，北魏政权就依照先前中原王朝的做法，在其北境以构筑

第六章　北朝长城：非汉民族修建的长城

长城的形式，提高防御能力。同时，积极采取军事行动对柔然实施军事打击。

《魏书·太宗纪》记载，泰常八年（423）正月丙辰"蠕蠕犯塞。二月戊辰，筑长城于长川之南，起自赤城，西至五原，延袤二千余里，备置戍卫"。此长城起自今河北省的赤城，向西至内蒙古自治区五原县境，限制了柔然的南进，也切断了柔然地区同中原的经济往来。

北魏始光元年（424），柔然六万骑兵攻破长城，攻陷今内蒙古和林格尔县北部的盛乐。北魏时期的盛乐，可以说是北魏的发祥之地。北魏建国称帝，将都城迁到平城（今山西大同东北）前，这里是他们的都城。2001年北魏盛乐故城遗址被国务院公布为全国重点文物保护单位。

柔然敢于攻打北魏的盛乐城，并且能攻打下来驻有重兵的盛乐城，说明其实力已经比较强大了。为了较好地解决柔然南下的问题，北魏连续两年大举北伐，试图将柔然驱赶到漠北。

始光三年（426），拓跋焘在西巡五原阴山后，又东巡长川，并在此建马射台，亲自登台观看兵马演练。神麚二年（429），北魏再度北伐，据文献记载是大破柔然，并将投附的部族安置在大漠以南、长城以北的大草原上。《魏书·世祖纪上》说"列置新民于漠南，东至濡源，西暨五原阴山，竟三千里"。

北魏利用大规模地修筑长城和连续的武力征伐，实现了对北部边疆的有效防御和控制。文成帝兴安二年（453）七月也曾在都城南郊建造马射台。清《山西通志·关隘七》中记录了这座马射台。

北魏政权的前期，把都城建在平城。出于建设和保卫都城及加强北部区域（今内蒙古中部）发展的需要，鲜卑政权将战争过程中掳掠来的人口大多安置在今内蒙古中部，使这片地广人稀的区域人口急剧增多。

119

长城：追问与共鸣

长城建起来之后，并没有彻底解决来自柔然的威胁。游牧在北方草原的柔然部族需要通过南下抢掠，解决生产生活必需的物资问题。据《魏书·高祖纪上》记载，延兴二年（472）二月"蠕蠕犯塞。太上皇帝次于北郊，诏诸将讨之。虏遁走"。延兴二年"十月，蠕蠕犯塞，及于五原。十有一月，太上皇帝亲讨之，将度漠袭击。蠕蠕闻军至，大惧，北走数千里。以穷寇远遁，不可追，乃止"。这些史料说明，北魏泰常八年修筑长城以后，柔然仍然不断侵扰北魏长城地区。

北魏太武帝时，为了防御柔然的侵扰，在长城以北设置了六个军镇，分兵据守，以期确保都城平城的安全。《北史·高闾传》记载，太和八年（484）高闾向孝文帝奏报："今宜依故于六镇之北筑长城，以御北虏。虽有暂劳之勤，乃有永逸之益。即于要害，往往开门，造小城于其侧，因地却敌，多置弓弩。狄来有城可守，有兵可捍。既不攻城，野掠无获，草尽则走，终必惩艾。"

高闾接下来列举了修筑长城之利有五："罢游防之苦，其利一也；北部放牧，无抄掠之患，其利二也；登城观敌，以逸待劳，其利三也；省境防之虞，息无时之备，其利四也；岁常递运，永得不匮，其利五也。"孝文帝批准了这个建议，"边境获其利"。高闾的分析确实很有说服力，孝文帝支持了高闾的意见。

六镇在北魏的军事、政治生活中享有突出的地位，朝廷很重视这六个军事重镇的建设，其高级将领均由皇帝亲信或贵族担任，配属的镇兵也大多为拓跋鲜卑族人，有较强的战斗力。六镇军队也拥有较高的待遇，如来自朝廷的褒奖和免除赋税徭役的特殊优待。

毫无疑问，北魏六镇不仅在控制北部区域和防止柔然族的入侵方面起到了作用，也为北魏政权向南方进攻解除了后顾之忧。但是，另一方面，强大的六镇又成为朝廷的忧患。在北魏政权还没有意识到问题的严重性时，问题已经爆发了。

北魏正光五年（524）北方六镇将领发起动乱，史称"六镇之乱"或"六镇起义"。这场动乱的起因是北魏迁都洛阳后，驻扎在六镇的鲜卑贵族感觉待遇及升迁机会都不如洛阳鲜卑贵族，所以心里很不平衡。发生六镇之变后，北魏政权开始走向衰落，于永熙三年（534）分裂成东魏和西魏。

国家文物局网2012年6月5日《关于内蒙古自治区长城认定的批复》认定，现存北魏长城遗迹主要分布在内蒙古、河北、山西三省和自治区境内。

内蒙古自治区内的北魏长城分为多段，通辽段分布于库伦旗；六镇长城南线段东起商都县，经察哈尔右翼后旗、察哈尔右翼中旗、四子王旗，西迄达尔罕茂明安联合旗；六镇长城北线段东起四子王旗，经达尔罕茂明安联合旗，西迄武川县；乌拉特前旗段分布于乌拉特前旗。河北省内的北魏长城分布于张家口市万全区境内。山西省内的北魏长城分布于天镇县。

（二）北魏畿上塞围的修建

北魏政权于太武帝拓跋焘太平真君七年（446）六月修筑了畿上塞围。《魏书·世祖本纪下》记载，六月"丙戌，发司、幽、定、冀四州十万人，筑畿上塞围。起上谷，西至于河，广袤皆千里"。

北魏构筑畿上塞围，是为了守卫其都城平城。畿上塞围处于平城的南方，泰常八年修筑的长城处于平城的北方，一南一北两道长城屏护着平城。畿上塞围的建筑形式和功能，都与长城相同。

北魏建国之后，面临的最急迫的问题是如何处理同汉族、汉族士大夫的关系。除此之外，也面临着如何处理分布于北方各地的其他胡族的关系。拓跋鲜卑过去与这些胡族的关系很浅，基本不怎么熟悉这些胡族。

长城：追问与共鸣

随着北魏统一步伐的迈进，疆域不断扩大，臣服的陌生胡族越多，处理与这些胡族的关系就显得越来越棘手。北魏修筑畿上塞围，与防御卢水胡、吐京胡相关。卢水胡活动在今陕西北部，吐京胡活动在今山西南部，属于匈奴族，也称山胡。

北魏太平真君六年（445）九月，已经降服的卢水胡盖吴在杏城（今陕西延安黄陵）宣布起义。《资治通鉴·宋纪六》记载"诸种胡争应之，有众十余万"，自称天台王、秦地王，《北史·魏本纪》中记载吐京胡也同时起事。北魏政权出于防卢水胡与吐京胡向北威胁平城的考虑，因而组织修筑了"畿上塞围"。

太平真君七年太武帝亲征至长安，取得了平叛胜利。《魏书·世祖纪下》记载，北魏军队在归途中于三月"分军诛李润叛羌"。这次战争是专门镇压卢水胡人的战争，以卢水胡遭到杀戮，沮渠氏遭受灭族而告结束。

修建畿上塞围的工程，当时并未按计划完成，在第二年（447）的二月，就停止了畿上塞围的修建工作，《魏书·世祖纪下》只记"罢塞围作"四字。太平真君七年太武帝亲征的大胜，或许也是北魏停止建畿上塞围工程的原因之一。

但此后，间或还有胡族反叛，只是规模和影响都不大。据《资治通鉴·宋纪七》记载，太平真君八年（447）北魏吐京胡和山胡酋长曹仆浑等起来反叛。二月，北魏征东将军武昌王拓跋提等人前去讨伐。打胜了这一仗，皇帝赐给拓跋提马一百匹，羊一千只。

畿上塞围行经之处，大多为险峻山岭，很多地段可以利用山险，减少修筑长城的工程量。这也是古人修筑长城时，择取行经线路的通常做法。山西省境内部分地段的北魏长城，在明朝时曾被加以改造沿用，成为明边墙的一部分。这也是当前很难找到畿上塞围遗迹的一个因素。另一个原因是这项工程没有修完，建完的部分也很简单，所存遗址遗迹很少。

有观点认为畿上塞围环绕都城平城而修建，存在南北两条线。其北线经居庸关向西北，过河北张家口、山西晋北、内蒙古乌兰察布市南部及呼和浩特市所属和林格尔县、清水河县，抵达黄河东岸。但是，平城的北部事先已存在泰常年间所建长城作为防御屏障，似乎没有再次修筑北线塞围的必要了。

二　东魏长城的修建

东魏政权建立之后，修建长城的主要防御对象，依然是被称为蠕蠕的柔然，后来也包括奚人，还包括西魏。此时经过深度汉化之后的东魏和西魏，已经差不多完全不算是游牧民族了。

这个时期的奚族是游牧民族，他们是中国北方的古民族，为东部鲜卑宇文部的一支。根据《魏书·库莫奚传》记载："库莫奚国之先，东部宇文之别种也。初为慕容元真所破，遗落窜匿松漠之间。其民不洁净，而善射猎，好为寇钞。"

《魏书·孝静纪》记载，东魏武定元年（543）八月"齐献武王召夫五万于肆州北山筑城，西自马陵戍，东至土隥。四十日罢"。齐献武王就是高欢，东魏时期的肆州治九原。唐《元和郡县图志·河东道三》记"后魏宣武帝又于今州西北十八里故州城移肆州理此，因肆卢川为名也。隋开皇十八年改置忻州，因州界忻川口为名也"。东魏的肆州就是隋唐的忻州。

这段长城的走向，大致为从西南到东北，防御的目标是西魏。东魏和西魏之间常发生战争冲突，为在战争中获得防御优势，东魏在两国交界处营建起长城。

长城：追问与共鸣

《北齐书·神武帝纪下》记载，武定三年（545）十月"幽、安、定三州北接奚、蠕蠕，请于险要修立城戍以防之，躬自临履，莫不严固"。高欢对这段长城的修筑很重视，亲临实地检查工程质量。不知道皇帝的视察对这条长城质量的提高，能起到多大的作用。

东魏初，幽、定二州已经直接面对奚和蠕蠕等，三州北境大抵在太行山、军都山一线。武定三年所筑防御奚、柔然的城戍，散布在太行、军都山脉。武定六年（548），担任相国的高欢长子高澄，从晋阳出发巡视这道防线时，曾对戍守军官给予赏赐。城池修建得坚固很重要，而驻守于此的军队是否有战斗力，才是能否赢得胜利的关键。

山西省文物局长城考察组对东魏长城进行过实地勘察，《中国文物地图集：山西分册（上）》中提到"东魏肆州长城位于宁武、原平两地，后为北齐天保七年之前所筑长城利用"。该段长城大体呈东西走向，现存遗迹的长度为60余公里。

北京门头沟区王平镇河北村有东魏武定三年（545）的摩崖刻石，上面的字迹很清楚，共有四行，49个字，内容为："大魏武定三年十月十五日，平远将军、海安太守筑城都使元勒，又用夫一千五百五人，夫十人，乡豪都督三十一人，十日讫功。"这块摩崖刻石很重要，刻石处已立北京市文物保护碑。

这块摩崖石刻，记载了平远将军在此处驻军修筑长城之事，刻石所在的山坡地上，还可依稀见到夯土墙基的痕迹。刻石文中的"城"与"斩山筑城"的"城"，均指长城。这里是门头沟境内迄今为止发现修筑长城文字记录最早的实物遗存。国家文物局《关于山西省长城认定的批复》认定，山西省宁武县境内有东魏长城遗迹。

三　北齐长城的修建

高洋在东魏武定八年（550）五月即帝位，建立了北齐政权，史称文宣帝。《北史·北齐书》等文献，都记载了高洋建立北齐之后，多次组织修建长城的史实。

北齐从建国到灭亡，虽然只有短短的二十八年时间，却非常重视修筑长城，为什么会这样呢？细分析其主要原因，不外乎"需要"两个字。

需要来自两个方面：一是北方有来自突厥、契丹等游牧民族的威胁；二是西面防御北周政权东进。这些威胁都需要得到有效控制。

北齐长城经过多次修建，基本上完成两条主防御线：北方的外边，即由今山西西北至河北山海关；其二为内边的重城，西起山西偏关，东至北京昌平。

高洋在北齐天保七年之前所构筑的长城，西自河西总秦戍，东到大海，长度达三千多里。其规模之大，可以说是南北朝时期所建长城之最。

这道长城对后世的影响也比较大，明代早期所建的北京以东的长城，很多地方利用了北齐长城的旧址，所以，北齐长城保留下来的遗址很少。只是明长城修建时没有与北齐长城重叠的地方，还有遗存。

《北史·齐本纪下》记载，天保三年（552）十月"次黄栌岭。仍起长城，北至社于戍，四百余里，立三十六戍"。黄栌岭即今山西省汾阳西北的黄芦岭，社于戍即今山西省五寨县，这道南北长四百余里的长城，是北齐政权第一次修筑的长城。

长城：追问与共鸣

据《北史·齐本纪下》记载，高洋又在天保六年"诏发夫一百八十万人筑长城，自幽州北夏口，西至恒州，九百余里"。幽州北夏口即今北京昌平北，恒州在今山西大同。《北齐书·赵郡王琛传》记载，赵郡王高琛养子高睿于天保二年（551）"出为定州刺史，加抚军将军、六州大都督，时年十七。……六年，诏领山东兵数万监筑长城"。

《北史·齐本纪下》中还记载这次修长城的另一件事："天保六年三月，发寡妇以配军士，筑长城。"哪里会有如此多的寡妇？有很多是将有夫之妇以寡妇的名义征去配给军士。这一点《北齐书·帝纪四》记载得很清楚，天保七年（556）高洋"发山东寡妇二千六百人以配军士，有夫而滥夺者五"。

魏晋时期开始实行的"士家寡妇配嫁制"，带有很强的游牧民族"转婚制"的色彩。当时实行军户世袭制度，老婆孩子随军一起生活。军人战死之后，朝廷做主将寡妇配给无妻士兵一起生活。

天保七年北齐修建长城，据《北史·齐本纪下》记载，"先是，自西河总秦戍筑长城东至海，前后所筑，东西凡三千余里，六十里一戍，其要害置州镇，凡二十五所"（《北齐书》"六"作"率"）。《北齐书·文宣帝纪》中记载，天保八年（557）"于长城内筑重城，自库洛拔而东至于坞纥戍，凡四百余里"。

文宣帝天保年间大修长城之后，武成帝河清年间还修筑了太行山长城。后主温公高纬天统年间，修筑了由大同东至于海的长城。《北齐书·斛律光传》中记载，斛律光在河清二年（563）四月，"率步骑二万筑勋掌城于轵关西，仍筑长城二百里，置十三戍"；斛律羡在天统二年（566）筑城，"自库堆戍东拒于海，随山屈曲二千余里，其间二百里中凡有险要，或斩山筑城，或断谷起障，并置立戍逻五十余所"。

第六章 北朝长城：非汉民族修建的长城

唐晓峰、陈品祥主编的《北京北部山区古长城遗址地理踏查报告》，对北京市境内的部分北齐长城考察后作出了详尽报告。他们查阅了大量有关历史文献，找到了多处北齐长城遗址和相关的文化遗存。特别是在门头沟大村古城堡遗址，采集到了具有典型特征的北朝时期指捏纹瓦，证明了此处长城及城堡为北齐长城无疑。

依据国家文物局关于辽宁、北京、河北、山西长城认定的批复，可知现存北齐长城遗址，主要分布在辽宁、北京、河北、山西：辽宁省内分布于绥中县。北京市内东起平谷区，经密云区、怀柔区、延庆区、昌平区，西迄门头沟区。河北省内东起秦皇岛市山海关区，经秦皇岛市抚宁区、青龙满族自治县、迁安市、承德市承德县、张家口市赤城县、崇礼区，西至蔚县。山西省内北齐长城分为两条线，第一条线东起广灵县，经浑源县、应县、山阴县、代县、原平市、宁武县、神池县、五寨县、岢岚县，西迄兴县；第二条线东起左云县、经朔州市平鲁区，西迄偏关县。泽州县也有分布。

四　北周长城的修建

北周、北齐时期，是突厥的第一个强盛时期。北周长城依然主要防御突厥、契丹等北方游牧势力。

《周书·突厥传》记载："自俟斤以来，其国富强，有凌轹中夏志。"北周与北齐两个互相敌对的政权对峙或交战时，都希望能联合突厥，借突厥的力量来打击对方。

突厥与北周实现了和亲，所以关系更为亲近。突厥曾两次出兵配合北周伐齐。建德六年（577）北周灭掉北齐之后，突厥改变态度，大力帮助北齐复国。《周书·突厥传》载，"齐定州刺史、范阳

127

王高绍义自马邑奔之。他钵立绍义为齐帝，召集所部，云为之复仇。宣政元年四月，他钵遂入寇幽州，杀略居民","是冬，他钵复寇边，围酒泉，大掠而去"。

突厥先支持北周打击北齐，然后又扶植北齐抗击北周，都是为了维持中原的分裂状态，从而获取自身利益的最大化。他钵可汗曾骄傲地说："但使我在南两个儿孝顺，何忧无物邪？"这里的"两个儿"，所指的就是北周和北齐皇帝。

北周静帝宇文阐于大象年间修建了长城，主要为防御突厥，同时也防御北齐的残余势力。《北史·周本纪下》记载，大象元年（579）五月发生"突厥寇并州"事件，六月北周就"征山东诸州人修长城"。由此可见，朝廷已经深切地感受到了修建长城的迫切性。

并州治晋阳，后来隋于大业三年（607）在这里设太原郡，位于今山西太原市南郊。以突厥攻扰并州一事看，北周政权于大象元年修建的这条长城，可能位于太原以北一带。《周书·于翼传》中有关于这次修长城的另一条记载："大象初，征拜大司徒。诏翼巡长城，立亭障。西自雁门，东至碣石，创新改旧，咸得其要害云。"

这条史料中"创新改旧"的"改旧"是指的什么？元胡三省对《资治通鉴》作校勘、考证时，认为是《资治通鉴·陈纪七》中所记载的"修齐所筑长城"，这里的齐指的是北齐。这说明北周修建长城时，对原北齐长城进行了一次大规模修缮和改造。

周武帝诏命大司徒于翼监修，《周书·于翼传》云:修建长城之后，北周与突厥的关系有了明显变化。"先是，突厥屡为寇掠，居民失业。翼素有威武，兼明斥候，自是不敢犯塞，百姓安之。"可见，长城起到了提升守军的士气，鼓舞军民信心的作用。

第七章　隋唐长城：重新统一之后的长城

隋唐两朝是中国古代继西晋灭亡后，经过二百七十年的分裂，又重新统一起来的王朝。特别是唐朝鼎盛时期，经济、政治、军事、文化等方面，都发展到空前繁荣的程度，对东亚、东南亚、北亚等周边地区有很大的影响力，农业生产和科技水平也多处于世界领先水平。

从 5 世纪至 15 世纪，是欧洲的封建社会时期，欧洲史称中世纪。这样的历史分期是依据罗马帝国（前 27—476）的灭亡时间来划分的。欧洲自从 5 世纪罗马帝国灭亡，再也没有统一过。而中国经过了同样的分裂之后，在 6 世纪就由隋朝完成了统一。

强盛的隋唐王朝的形成，是南北文化碰撞和融汇交流的结果。隋唐时期（581—907），中国社会高度繁荣发展，开启了盛世局面。隋唐王朝的向北发展，扩大了王朝对农牧交错带的控制范围，同时也加强了中原的政治、经济、文化与边疆地区的联系。《旧唐书·玄宗本纪下》中提到的"华戎同轨""冠带百蛮，车书万里"，便是对这个历史时期强盛王朝的准确概括。

隋朝国祚虽短，仅有三十七年，但在中国历史上继往开来的地位，却不容忽视。隋朝承前启后，结束了分裂割据状态，遏制住了周边各族越过长城挺进中原的局面,开启了隋唐大一统的时代。

没有隋朝为统一和发展做出的建设,也就没有唐朝的繁盛。唐承隋制,继续巩固中央集权,开疆拓土,恢复了秦汉时期建立起来的长城农牧控制线,继而完成了长城内外的统一,使中国社会政治、经济发展到一个新的高峰。

《资治通鉴·陈纪九》记载"隋主既立,待突厥礼薄,突厥大怨。……乃与故齐营州刺史高宝宁合兵为寇。隋主患之,敕缘边修保障,峻长城"。北周大象三年(581)二月,相国杨坚自立为皇帝。《隋书·周摇传》记载,隋开皇二年(582),周摇"拜为幽州总管六州五十镇诸军事。摇修障塞,谨斥堠,边民以安"。由此可见,北周后期修长城的措施,在隋朝初建之时还一直在延续。

隋唐两朝在北部长城地区面临的问题相同,各自采取的政策和措施有同有异。相同的是,隋唐时期的北疆防御都为维护统一的局面采取一些行之有效的措施。不同的是,隋朝较大规模地修建了长城,而唐朝基本上没有修建长城。

为了防御漠北的突厥南下袭扰和抢掠,隋文帝杨坚建国伊始,就巩固边防修筑长城。对此,有一段时间我也多有不理解,曾在从前写的书中作出过隋朝皇帝好大喜功的判断。现在回想起来,这种认识过于简单了。

一 隋唐北疆对突厥的防御

突厥是隋唐两个王朝北部边疆的主要防御对象,隋唐两朝更替之际,发展到鼎盛时期的突厥成为亚洲内陆最强盛的政权之一。

陇右和西北再次崛起的吐谷浑汗国,对隋唐两朝威胁也很大。

第七章　隋唐长城：重新统一之后的长城

他们占领了今青海全部和新疆南部，切断了汉朝打通的丝绸之路，使汉朝建立在西域交通线上的长城，完全丧失了军事防御功能。

崛起于青藏高原的吐蕃，也在长达两个世纪的时间里严重地威胁着唐朝的西部安全。

不同时期威胁隋唐王朝长城地区安全，影响王朝北部边疆稳定的对象不一样。唐朝平定了突厥之后，突厥余部车鼻部不久又崛起于漠北；原来曾与唐朝结成同盟一起对付东突厥的薛延陀部，也利用北部地区短暂的地区势力真空称雄漠北，与唐朝争夺西域等战略要地。

6世纪中叶，突厥建立汗国，称雄漠北地区。北齐、北周时，突厥领有漠南、漠北及渤海沿岸，盛兵四十余万，称雄大漠，时常骚扰齐、周边境。

隋朝建立初期，突厥势力正是强盛时期，时常南下扰掠。针对边疆地区的严峻局势，隋文帝采取行之有效的备边对策，加强军事部署，抗击突厥。文帝前期，对北疆诸州设置进行调整，或沿袭，或增置，逐渐形成了军事、行政密切结合的防务体系。经过调整，隋朝刺史兼掌军事，负责军政的总管区域得到强化；近边诸州如幽、朔、并、云等建立总管府，率兵防守。开皇二年，为加强对北疆防御的控制，隋置河北道行台尚书省于并州，以晋王杨广为尚书令。

突厥沙钵略可汗的妻子是北周赵王宇文招之女，沙钵略以为其妻报亡国之仇为名，与故营州刺史高宝宁合兵攻打刚建立的隋。《隋书·突厥列传》记载，沙钵略等以"控弦之士四十万"，从西线越过长城分两路攻入武威、天水、安定、金城、上郡、弘化、延安等地。所掠之地，"六畜咸尽"。

隋文帝经过周密部署，对突厥予以全面反击。开皇三年（583），隋军八道出兵，于白道（今内蒙古呼和浩特北）大败突厥主力。次年，

长城：追问与共鸣

隋文帝任命名将贺娄子干为榆关总管，防御突厥、吐谷浑。又采用长孙晟的反间计，使得突厥内讧不已，势力随之转衰。矛盾重重的突厥各部冲突不断，各可汗纷纷遣使归顺隋朝。

开皇末年，东突厥沙钵略之子都蓝、突利为争夺权势，内战不止。开皇十九年（599）突利战败来归，文帝封其为启民可汗。不久，都蓝为部下所杀，启民可汗控制东突厥故地，与隋和好。沙钵略势力日趋没落，主动与隋讲和。突厥势力暂衰，北疆战事渐息。隋炀帝时，西突厥臣服于隋，西北边疆趋于稳定。

隋与突厥冲突的形势虽有缓解，但问题远没有得到解决，以致到大业十一年（615），隋炀帝巡视北边时还曾遭遇突厥始毕可汗率数十万军队包围，险些命丧雁门关。

唐初边防形势十分严峻，突厥再次雄踞长城以北地区，控制了从西域直到里海以东的中亚诸国。此后，东突厥时常掠夺唐朝边境的人口和财物，使唐朝边疆处于极不安宁的状态。

东突厥对于唐朝的持续侵扰，对初建的唐朝之存亡构成了严重的威胁。为此，唐高祖甚至曾打算迁都内地。武德五年（622），颉利可汗率军十五万攻克并州，进扰汾、潞诸州，大掠而去。

这个时期，甘肃、陕西、山西、河北等沿边地区屡受其害。

唐太宗即位初，颉利可汗即率十万铁骑耀兵于渭水北岸，致使唐朝群臣建议迁都襄阳。唐太宗力排众议，亲率群臣来到渭水岸边，对颉利可汗展开心理攻势，并向其展现自己军队的强大。

颉利可汗因孤军深入，担心唐朝切断退路，加之唐太宗许以金帛财物，表示愿意与之结盟，才领兵而还，这就是历史上的"渭水之盟"。为削弱强大的突厥势力，唐太宗充分利用突厥内部矛盾，分化对方。在突厥内耗的同时，唐朝积极整肃内政，增强军队的战斗力，为反击突厥进行周密的准备。

第七章 隋唐长城：重新统一之后的长城

突厥汗国对臣服各族进行残酷压迫，引起薛延陀、回纥诸部的反抗，这些部族为了生存，逐渐摆脱了东突厥的统治。而颉利可汗重用西域粟特商人的政策，也引起了突厥贵族的严重不满。加之这一段时间突厥所领区域内大雪连年，牲畜大量冻死。天灾人乱，给突厥汗国造成很大的麻烦，东突厥汗国实力也遭受到严重削弱。

唐贞观三年（629），李世民乘东突厥衰弱之际大举北伐。唐朝出动十万大军，分成六路对东突厥发起攻击。经过激烈的战斗，颉利可汗被唐军俘获，东突厥灭亡。

唐朝从而管控了漠南的广阔区域，刚刚独立的薛延陀、回纥、仆固等民族均归附唐朝。唐朝采取怀柔政策，对来归附者平等对待，给其首领都任命了相应的官职。

唐太宗李世民也受到当时各民族政权的认可，《旧唐书·太宗本纪下》记载，各部族都尊称其为"天可汗"。可汗是游牧民族最高首领，"天可汗"就是拥戴唐太宗为他们共同的君主。

贞观二十一年（647），唐朝于漠北置羁縻府州，以铁勒部族首领为都督、刺史，同时设立燕然都护府管控漠北的六府七州，由此大漠南北都隶属于唐朝的统辖之下。边疆地区战火消融，一派和平景象。

二 隋文帝时期长城的修建

隋文帝较大规模地修建了长城。隋文帝即位初年，北部边疆即面临着突厥人入侵的巨大威胁。《隋书·长孙晟传》记载："高祖新立，由是大惧，修筑长城，发兵屯北境，命阴寿镇幽州，虞庆则镇并州，屯兵数万人，以为之备。"

长城：追问与共鸣

《隋书·韦世冲传》中对于隋文帝营建长城有较多记载。开皇元年（581）四月，"发稽胡修筑长城，二旬而罢"。稽胡是古族名，匈奴的另一别种。《周书·异域传上·稽胡》明确记载为"稽胡一曰步落稽，盖匈奴别种"。

关于征胡人修长城，《隋书·韦世冲传》还记载："高祖践阼，征为兼散骑常侍，进位开府，赐爵安固县侯。岁余，发南汾州胡千余人北筑长城，在途皆亡……因命冲绥怀叛者。月余皆至，并赴长城，上下书劳勉之，寻拜石州刺史。"

隋开皇元年所修建的长城，由韦世冲负责督建，其位置在石州之北。隋大业年间，石州改为离石郡，即今山西省吕梁市离石区。石州以北区域当时常受突厥武装袭扰，所以需要修筑长城进行防御。

《隋书·卫玄传》记载："及高祖受禅，迁淮州总管……拜岚州刺史。会起长城之役，诏玄监督之。"岚州之名出自岢岚山，即今山西省岢岚县，位于石州之北。卫玄的身份是岚州刺史。由其负责督造长城的记载，可作为该长城经过岚州境的一个佐证。

在修筑西部长城的同时，隋文帝又在东部地区大修障塞。开皇三年二月，"突厥寇边"；《隋书·高祖纪》提到，三月癸亥，"城榆关"。周摇在开皇初年受命为幽州总管六州五十镇诸军事，防范突厥，隋文帝为了防御边患，以其信任的将领周摇治理东部边地，并采取各种军事措施强化隋朝的东部边防体系。

《资治通鉴·陈纪十》记载，开皇五年（585）"隋主使司农少卿崔仲方发丁三万，于朔方、灵武筑长城，东距河，西至绥州，绵历七百里，以遏胡寇"。其中的"东距河，西至绥州"应为"西距河，东至绥州"之误。

这一段长城西端起自灵武（今宁夏灵武）黄河东岸，向东到达绥州（今陕西绥德），行经路线大概与今陕西定边和靖边一带明长城

第七章 隋唐长城：重新统一之后的长城

的走向相同。宁夏回族自治区文物局原局长许成，曾于上世纪九十年代对盐池境内明长城北侧长城遗址进行过考古调查，他认为这段长城为隋长城。

《隋书·高祖纪》记载，开皇六年（586）二月丁亥，隋文帝"发丁男十一万修筑长城，二旬而罢"。《资治通鉴·陈纪十》中提到，陈至德四年（即隋开皇六年）二月"丁亥，隋复令崔仲方发丁十五万，于朔方以东，缘边险要，筑数十城"。

隋朝的朔方郡，治今内蒙古乌审旗南白城子。此次营建的军事防御设施，应该是据险防御、彼此呼应的系列城堡。这次建的数十座城堡，大致位于今陕西神木、榆林及横山一带。

《隋书·高祖纪》载，开皇七年（587）二月"发丁男十万余修筑长城，二旬而罢"。这次修建的起点和终点，今天都不能明确具体位置。或许此次长城修建，仅是把之前所筑城障联结起来的工程。

《元和郡县图志》在岚州合河县条目下记载：合河县（今山西兴县西北）在隋开皇三年时归石州辖属，"隋长城，起县北四十里，东经幽州，延袤千余里，开皇十六年因古迹修筑"。

隋开皇十六年（596）修建的长城与隋开皇元年修建的长城，似乎是同一条长城。《元和郡县图志》中的"古迹"条目下，说明隋文帝时期修建的长城，是在前朝长城遗存的基础上增修补建的。这个前朝的长城是指什么时期所修建的长城？或许就是指隋开皇元年修建的长城。

在山西省岢岚县曾发现一方隋朝筑长城的刻石。该刻石保存较完好，长41厘米，宽21厘米，厚9厘米，《山西（苛）[岢]岚县发现隋朝筑长城刻石》记载，上刻："开皇十九年七月一日栾州元氏县王□黎长□领丁卅人筑长城卅步一尺西至□□□□□。"这方刻石是2007年岢岚县农民犁地时所发现的，现收藏在岢岚县博物馆。

135

发现碑刻的耕地里无长城遗迹，而山上有石砌长城遗迹。山顶部的长城为石筑，现已塌为石堆状。山腰部长城为土筑，地表残高约1.5米，夯土层13厘米。从西山上看发现刻石的地点，上方即有长城遗址向东山延伸。这说明刻石出土的地方，正在土筑长城经过之处，只是常年的农业耕种使长城遗址早就没有了。

三 隋炀帝时期长城的修建

隋炀帝时期，除北方突厥的袭扰之外，西北吐谷浑的侵袭也对隋朝边疆防御构成巨大压力。

为加强边疆防御，隋炀帝继隋文帝后大修长城。

大业三年（607）七月，隋炀帝调发百余万人修筑长城，西起榆林（治今内蒙古托克托西南），东达紫河（今内蒙古和林格尔境内），东西"绵亘千余里"。《隋书·炀帝纪》载："秋七月……发丁男百余万筑长城，西距榆林，东至紫河，一旬而罢，死者十五六。"同一史实，《北史》记载的修筑时间为二旬。

大业四年（608）三月，炀帝"车驾幸五原，因出塞巡长城"。炀帝大业三年所修长城，西起榆林，东到紫河。《元和郡县图志·关内道四》在"胜州榆林县"条载："隋开皇七年置榆林县,地北近榆林，即汉之榆溪塞，因名，属云州，二十年改属胜州。"据此可知，隋朝榆林县故址为鄂尔多斯市准格尔旗十二连城。

上文中所说的紫河，又称红河（蒙语作乌兰木伦）。起源在今山西省右玉县杀虎口一带，其上游为苍头河，经由内蒙古和林格尔县和清水河县，流入黄河。由于紫河在东部，榆林在西部，所以隋大业三年七月营建的长城，走向是由西至东，其中有一部分长城是顺

第七章 隋唐长城：重新统一之后的长城

紫河而建。

《隋书·炀帝纪》记载大业四年"秋七月辛巳，发丁男二十余万筑长城，自榆谷而东"。其中所言"榆谷"的位置，《资治通鉴·隋纪五》注"当在榆林西"，顾祖禹《读史方舆纪要》则认为位于今青海贵德黄河岸侧。据此，这段长城是为防御吐谷浑而建，位于今青海、甘肃交界地区，东部可能与前朝长城相连。

《隋书·五行志上》亦有相关记载："大业四年，燕、代缘边诸郡旱。时发卒百余万筑长城，帝亲巡塞表，百姓失业，道殣相望。"从中也可见修建长城工程量之大，以及役使百姓之残酷。

隋炀帝在中国历史上名声不太好，亡国之君差不多都没有好名声。他在位的十四年里，隋朝还是很有作为的。修运河，建长城，这都是利在当代、功在千秋的大事业。有人说隋炀帝修建长城时，突厥已经并不构成威胁，只是隋炀帝好大喜功而已。我过去也认同此类观点，也在自己的书中这样写过。

其实，突厥对隋朝的威胁，一直到隋末还很严重。《隋书·杨子崇传》记载，大业十一年（615）"炀帝巡太原，被突厥始毕可汗率数十万骑围于雁门，雁门四十一城，突厥克其三十九，唯雁门、崞未下……敌退，子崇出为离石郡太守。自是突厥屡寇边塞，子崇上表请兵镇遏，帝复大怒，下书令子崇巡行长城，子崇出百余里，四面路绝，不得进而归。时百姓饥馑，相聚为盗，子崇前后捕斩数千人"。

这段文字，让我们看到了杨子崇的坐卧不安。他所巡行的长城，应为隋炀帝所修的长城。由于突厥当时实力强劲，杨子崇在巡视长城时，遭遇四面都行不通的困境。所谓的"路绝"主要是此地由突厥所控制，隋朝的军队都无法通过。

《旧唐书·李密传》记载，隋大业十三年（617），瓦岗军首领李密历数隋炀帝之罪，其中就有"长城之役，战国所为，乃是狙诈之

137

风，非关稽古之法。而追踪秦代，板筑更兴，袭其基墟，延袤万里，尸骸蔽野，血流成河，积怨满于山川，号哭动于天地。其罪六也"。一个造朝廷反的首领，为了树立自己造反的合理性而做的造势宣传，水分应该是小不了，但也绝不至于是捕风捉影。

明《宣府镇志·亭障考》载："炀帝大业三年，发丁男百余万筑长城，一旬罢役，死者过半。"这条文献可信度就差得多了，明代人这样议论相隔九百多年的隋朝事，不知道依据是什么。不管怎么说，我还是觉得隋朝只有短命的三十七年，与国富民穷有一定的关系。

隋朝的灭亡，一定是多种原因综合作用的结果。其中，以增加国家财政收入为核心的经济政策也是一个方面。大型的国家战略工程，如造新都、修运河、建长城都需要花大钱。再加上贵族阶层奢靡的生活，也需要财富支持。朝廷为此重征赋役，不顾经济运行的客观规律和民众的死活，势必使各种社会矛盾迅速激化。

这就是隋朝末期农民起义风起云涌的根本原因。隋炀帝建设这些大工程，要征调很多的劳役，要花很多的钱，势必要给社会造成沉重的负担。但是如不修建长城，边疆社会的不稳定同样要付出重大社会成本。

国家文物局关于内蒙古自治区、山西省、陕西省长城认定的批复，认定现存隋长城主要分布在内蒙古、山西和陕西境内。其中内蒙古自治区分布于鄂托克前旗，山西省分布于岢岚县，陕西省分布于神木市、靖边县、定边县。

四　唐受降城防御体系建设

唐朝为了防御突厥，在秦汉长城地区设置了朔方军。突厥与唐

第七章 隋唐长城：重新统一之后的长城

朝以黄河为界，这条军事防御线与秦汉长城防御区重叠，但唐朝并没有如秦汉一样大规模地修建长城，而是在秦汉长城沿线建了三座受降城，并以此为中心构建北方防御。

受降城的建设，从汉代开始。汉代受降城，建在秦汉长城外的漠北草原地带。元封六年（前105）此城接受了匈奴左大都尉降汉，这是汉以来所有的受降城中，唯一受过降的受降城。此城位于今蒙古国南戈壁省巴彦布拉格市瑙木冈县，名为巴音布拉格古城址。

唐代受降城为张仁愿所建。景龙元年（707），突厥入河套地区，朔方军总管沙吒忠义被撤，唐中宗任命张仁愿接替。张仁愿又名张仁亶，后来于晚年曾出任唐朝宰相。

第二年，张仁愿上奏唐中宗，请求利用突厥全军西击突骑施之机，夺取漠南地区（今内蒙古鄂尔多斯），并在黄河以北修筑东、中、西三座受降城，形成一道相互联系的防御线，以便断绝突厥的南侵道路。

这个建议遭受到一些人的反对，唐休璟是一个有代表性的人物。《资治通鉴·唐纪二十五》记载，唐休璟就认为"两汉以来皆北阻大河，今筑城寇境，恐劳人费功，终为虏有"。张仁愿坚持自己的意见，最后他还真说动了唐中宗。

朝廷批准了他的计划后，张仁愿督军急筑三城，"六旬而成"。古代以天干纪日，每十日为一旬，周而复始。六十天建成三座如此大的城池，真是够快的。

唐代的三座受降城，均建在黄河北岸阴山以南地带，割断了突厥南下的通道。东、中、西三座军事要塞，各城相距四百多里，互为依托。三座受降城建好之后，又置烽候一千八百所，使东西呼应。自此，向北拓地三百余里，突厥不再敢渡河放牧。

《全唐文·三受降城碑铭》中，对三座受降城筑成后的功能有过很清楚的描绘："跨大河以北向，制胡马之南牧。……东极于海，西

139

穷于天，纳阴山于寸眸，拳大漠于一掌。惊尘飞而烽火耀，孤雁起而刁斗鸣。"

白居易在其诗中也写过："吾闻高宗中宗世，北虏猖狂最难制。韩公创筑受降城，三城鼎峙屯汉兵。东西亘绝数千里，耳冷不闻胡马声。"突厥不能越过阴山放牧，减少了对唐朝边疆地区的威胁，朔方军裁减数万人，节省了大量的军费开支。

三座受降城不但是军事防御工程，还是贸易交流的基地。边疆地区的军镇，已经成为军事、经济中心。

突厥和唐朝关系和好后，唐朝从开元十五年（727）开始购买突厥的马匹，《旧唐书·突厥列传上》载"许于朔方军西受降城为互市之所"。《唐会要·马》记载，回纥、黠戛斯、室韦等族向唐朝献马，也是"令于西受降城使纳之"。

张仁亶建筑三座受降城，并不是出于消极防御的考虑。按照他的设计，三座受降城都不设壅门（一说悬门），和阻拦进攻之敌的木栅栏。《旧唐书·张仁愿传》记载，"此边城御贼之所，不为守备，何也？""兵贵在攻取，不宜退守。寇若至此，即当并力出战，回顾望城，犹须斩之，何用守备，生其退恶之心也？"

尽管利用三受降城来实现对突厥的防御，但张仁亶并未将此三城单纯作为城池防守阵地。这与依托长城作为防守阵地的做法，有着较大的不同。

唐朝很重视北方三座受降城的军事价值，但随着边疆地区的安宁，这种重视也曾有过动摇。元和八年（813），黄河改道而致西受降城损毁，宰相李吉甫认为已经与突厥很少冲突，建议放弃受降城，将驻军移戍于东南面的天德军故城（今内蒙古乌拉特前旗东北）。

户部侍郎卢坦提出了反对意见，《旧唐书·卢坦传》记载："西城张仁愿所筑，制匈奴上策。城当碛口，居虏要冲，美水丰草，边防所利。今河流之决，不过退就二三里，奈何舍万代永安之策，徇一时省费之谋？况天德故城僻处确瘠，其北枕山，与河远绝，烽候警备，不相统接。虏之唐突，势无由知，是无故而蹙国二百里，非所利也。"

宰相李绛和东受降城使周怀义也上奏，他们二位的意见和卢坦一致。唐宪宗决定采纳卢坦等人的意见，保留了受降城的驻军。

宝历元年（825），驻扎在东受降城的振武节度使张维上奏，《唐会要·三受降城》记载，以为"东受降城滨于河，岁久雉堞摧坏，请移于绥远烽南"。唐敬宗拨给一百万铜钱的经费进行修缮，历时五月而完工。

据《资治通鉴·唐纪六十二》记载，会昌二年（842），宰相李德裕奏请再次"修东、中二受降城，以壮天德形势"。唐武宗批准了此议。会昌六年（846），回纥被黠戛斯所灭。几支残部中的一支数万人南迁至唐朝天德军塞下，向唐朝提出借天德城和索取粮食牲畜的要求，对唐朝的边疆地区构成威胁。三受降城建立起来的严密防线，在成功收服回纥残部时发挥了作用。

中受降城，位于今内蒙古包头市之间的敖陶窑子村。城址平面呈方形，周长约1500米，残高约1.5米。城内文化堆积，有辽代至元代遗迹，说明此城在辽、元时期仍在继续使用。

东受降城，在今内蒙古托克托县双河镇哈拉板申村。当地俗称"大皇城"或"大荒城"，城址中多有唐代建筑遗址、遗物的发现，亦有辽、元两代文化堆积层。

西受降城，在今内蒙古乌拉特中旗乌加河乡库伦补隆村。城址东西宽280米，南北长420米。城墙大部分坍塌，城中出土文物有"开元通宝"和"乾元重宝"等古币。

五　唐朝西域烽燧防御工程修建

2004—2016年，我曾两次到新疆维吾尔自治区考察汉唐烽燧。每天都要跑很远的路，越野车里带着烤羊腿或烤羊排，当然了还有馕。

这两样东西，真是百吃不厌。白居易曾写过《寄胡麻饼与杨万州》：

> 胡麻饼样学京都，面脆油香新出炉。
> 寄与饥馋杨大使，尝看得似辅兴无。

这种胡饼，也称为"炉饼"，就是今天新疆的馕。一种在馕坑烤制的面制食品，好吃，好带，还可以存放较长的时间。

越野车时而在沙漠中行进，时而穿越戈壁滩，土地荒芜，很少有绿色。有时为了找一座烽燧，要跑一整天的路。汉代的烽燧保存得更差一些，有些唐代的烽燧还挺坚固。

唐朝打败东突厥后，设置单于、安北两大都护府，控制了包括东突厥故地在内的北方广大地区。此后，唐朝的边疆经略主要是致力于打通丝绸之路，恢复对西域的统治。

唐朝经营西域，首先要重建内地与西域的联系，这就要恢复同西域诸部传统的藩属关系。公元630年，唐朝招抚伊吾（哈密）、疏勒、于阗等国相继归附，为唐朝向西域发展创造了条件。

征服吐谷浑与西突厥势力是唐朝经略西域的关键。吐谷浑占据着通往西域必经之地——青海、新疆南部地区，西突厥则控制着整个西域地区。二者对唐朝西部构成严重威胁。

唐朝决定首先平定吐谷浑，控制河西走廊。在唐贞观九年（635），

第七章 隋唐长城：重新统一之后的长城

唐太宗委任李靖为西海道行军大总管，率军出征吐谷浑。吐谷浑王伏允兵败自杀后，其子慕容顺归降，唐朝控制了吐谷浑故地。

征服吐谷浑后，唐朝打通了西域的通道——河西走廊，展开了对高昌、焉耆、龟兹等西域诸国的经略。陆续征服了高昌、焉耆和龟兹政权后，在西域地区引发了巨大震动。该区域各部族的首领断绝了同西突厥的往来，转而归附唐朝。

唐朝经过十多年的时间，辖治了自巴尔喀什湖以东及以南的辽阔地域。出于强化对西域的管控需要，唐朝把安西都护府挪到龟兹，管理着龟兹、于阗、碎叶和疏勒四镇。唐朝对西域的治理削弱了西突厥势力，重新打通了中国通往中亚的道路。

控制天山南路后，唐朝集中兵力进攻北疆西突厥。西突厥雄踞中亚、西域，控制着东起今新疆巴里坤湖，西至里海，南达巴基斯坦北部，东北至阿尔泰山的广大地区。公元651年，阿史那贺鲁控制西突厥各部，开始骚扰唐朝边境，控制丝绸之路的西部通道，对唐朝西部边疆的安全构成严重威胁。经过与西突厥多年力战，至高宗时，在苏定方、任雅相等人经略下，唐军大败突厥军，贺鲁可汗被俘。此后，西突厥势力日益削弱，终为唐高宗所灭。

唐灭西突厥后，置北庭都护府，统辖昆陵、蒙池两都护府及二十三个都督府，管辖天山以北地区。唐朝对西域统治的恢复，消除了西突厥的威胁，对于巩固西部边防，保障丝绸之路的畅通，发展西域的社会经济，起到了积极的作用。

唐朝统一西域后，在汉代设置的列燧制度基础上，于西域修建新的烽燧、守捉、馆驿等，以保障当代丝绸之路南、中、北三条主干线，以及天山南北的多条支线的畅通。唐朝的丝绸之路，实现了前所未有的繁盛景象。《资治通鉴·唐纪三十二》称"是时中国盛强，自安远门西尽唐境万二千里，闾阎相望，桑麻翳野"。

（一）唐中路烽燧等军事设置

新疆境内烽燧保存最好的是克孜尔尕哈烽燧，位于新疆维吾尔自治区库车县依西哈拉乡境内，坐落在却勒塔格山南麓盐水沟沟口的冲击台地上。这座黄土夯筑的烽燧，高约13米，东西长6米，南北宽约4米。现为全国重点文物保护单位。

又高又大的克孜尔尕哈烽燧，名字的来源有不同的说法。比较通行的解释，"克孜尔尕哈"是古突厥语"红色的哨卡"的意思。也有的解释为维吾尔语的"姑娘居所"。当地传说，龟兹国王的女儿居住过此台上，故名。

克孜尔尕哈烽燧为汉代初建，唐代再建。位于唐丝绸之路中道，也就是汉代丝绸之路的北道，为唐丝绸之路的主路。

因自然环境的恶化，罗布泊、楼兰地区等汉代丝绸之路中道到唐代已经废弃。唐朝丝绸之路转向有人烟、水草的伊吾、吐鲁番盆地。

唐击败东、西突厥和曲氏高昌后，基本控制了南、北疆地区，并开通了经过伊州（治今新疆哈密）、西州（治今新疆吐鲁番东南），前往南北疆各地的交通路线，即丝绸之路中道。

研究唐代丝绸之路，常常会用到《西州图经》。《西州图经》乃敦煌藏经洞文书，被伯希和带到法国，现藏于法国国立图书馆。《西州图经》记载，在吐鲁番境内有"花谷道、移摩道、萨捍道、突波道、大海道、乌骨道、他地道、白水涧道、银山道"等道。"道十一达"条还比较完整地记录了每条道路的名字及路况。

如"大海道。右道出柳中县界，东南向沙州一千三百六十里，常流沙，人行迷误。有泉咸苦，无草，行旅负水担粮，履践沙石，往来困弊"。"银山道。右道出天山县界，西南向焉耆国七百里，多沙碛卤，唯近峰足水草，通车马行"。

根据文物部门对吐鲁番境内唐代烽火台的调查得知，其分布线路基本与这些交通路线重合。道路沿途还设有密集的馆驿、烽铺，负责对交通要道相关的管理和往来官员的接待。

考古调查还发现，在唐安西都护府周边或其向西延伸的丝路上也有几条烽火台线路。如，在龟兹古国境内，安西都护府和龟兹镇治所和下辖机构之间也修建有烽火台。但具体线路及信息传递的运行等尚不清楚，有待进一步研究。

古龟兹建国于公元前176年，西汉最强盛时，曾有东西千余里，南北六百余里的控制范围。拥有近700户，8万多人口。龟兹被回鹘毁灭于公元1001年，当时，回鹘改信伊斯兰教，对信仰佛教的西域诸国发动了战争。存在了1000多年的古龟兹国，到现在也已经消失了1000年。

国家文物局《关于新疆维吾尔自治区长城资源认定的批复》认定：中线东起新疆哈密市，经鄯善县、吐鲁番市、托克逊县、乌鲁木齐市达坂城区、乌鲁木齐县、和静县、焉耆回族自治县、轮台县、库车县、沙雅县、拜城县、新和县、温宿县、阿瓦提县、乌什县、柯坪县、图木舒克市、阿图什市、巴楚县、伽师县，西迄疏附县。

（二）唐南路烽燧等军事设置

唐代南道在汉代南道的基础上继续使用，大方向为从南疆到今印度和巴基斯坦等南亚国家。

根据《新唐书·地理志七下》记载："又一路自沙州寿昌县西十里至阳关故城，又西至蒲昌海南岸千里。自蒲昌海南岸，西经七屯城，汉伊修城也。又西八十里至石城镇，汉楼兰国也，亦名鄯善，在蒲昌海南三百里，康艳典为镇使以通西域者。又西二百里至新城，亦谓之弩支城，艳典所筑。又西经特勒井，渡且末河，五百里至播仙镇，故且末城也，高宗上元中更名。又西经悉利支井、袄井、勿遮水，五百里至于阗东兰城守捉。又西经移杜堡、彭怀堡、坎城守捉，

145

三百里至于阗。"

唐在南道沿途有镇、城、堡、守捉等军事机构来管辖其辖境事宜。在唐代中后期，西藏高原的吐蕃势力开始强盛，不断与唐在西域地区发生冲突，争夺对西域丝绸之路的控制，这样靠近吐蕃的丝绸之路南道首当其冲地被吐蕃占领，唐朝在这里的势力范围逐渐不存。

现在南道遗留下的米兰戍堡、麻札塔格戍堡、烽火台等唐代军事设施，都曾被吐蕃占领使用。米兰古戍堡，位于今新疆巴音郭楞蒙古自治州若羌县。1959年和1973年考古部门曾在此做过两次发掘工作，出土了古藏文木简300余件。

国家文物局《关于新疆维吾尔自治区长城资源认定的批复》认定：南线东起新疆若羌县，经墨玉县、和田县、皮山县、叶城县、莎车县、英吉沙县，西迄塔什库尔干县。

（三）唐北路烽燧等军事设置

北道由于位于天山北麓山前地带，故名。北线大方向为，从北疆经乌兹别克斯坦、哈萨克斯坦西南部到巴格达。

这条路线，在隋代就已经叫北道了。据《隋书·裴矩传》记载："北道从伊吾，经蒲类海铁勒部，突厥可汗庭，度北流河水，至拂菻国，达于西海。"

《新唐书·地理志四》对这条路及守捉设置，都有很清楚的记载："自庭州西延城西六十里有沙钵城守捉，又有冯洛守捉，又八十里有耶勒城守捉，又八十里有俱六城守捉，又百里至轮台县，又百五十里有张堡城守捉，又渡里移得建河，七十里有乌宰守捉，又渡白杨河，七十里有清镇军城，又渡叶叶河，七十里有叶河守捉，又渡黑水，七十里有黑水守捉，又七十里有东林守捉，又七十里有西林守捉。又经黄草泊、大漠、小碛，渡石漆河，逾车岭，至弓月城。"从这条文献记载来看，该线经过哈密、巴里坤、木垒、奇台、吉木萨尔、阜康、呼图壁、玛纳斯而至伊犁河流域。

守捉是唐朝边地的驻军机构，只分布在陇右道和西域。每一守捉，驻兵三百多人或更多一些，将领为守捉使。守捉根据人数设相应的屯田，由驻军兵卒耕种。

国家文物局《关于新疆维吾尔自治区长城资源认定的批复》认定：北线东起新疆伊吾县，经哈密市、巴里坤哈萨克自治县、奇台县、吉木萨尔县、阜康市、呼图壁县、玛纳斯县。

六　唐朝时期长城的修建

唐朝在局部地区小规模修建长城的情况，历史文献记载也很少，目前的研究和遗址调查成果也很有限。对于长城修建的历史而言，唐朝完全可以列为基本上没有修建过长城的朝代。

历史文献中记载唐朝修建长城的只有这样一条内容。《新唐书·地理志三》记载："怀戎。上。天宝中析置妫川县，寻省。妫水贯中。北九十里有长城，开元中张说筑。东南五十里有居庸塞，东连卢龙、碣石，西属太行、常山，实天下之险。有铁门关。西有宁武军。又北有广边军，故白云城也。"

有部分学者认为，此长城修筑在武则天时期。

周圣历元年（698），突厥可汗默啜发兵攻击妫（今河北怀来东北）、檀（今北京密云）一带，并且放言要攻取河北，袭夺定州、赵州。

为了防御突厥军队的进攻，朝廷命张说于妫州以北督造新长城，并修缮旧有长城。开元四年（716）张说先任荆州长史，很快又改任右羽林将军兼检校幽州都督，在此任上修建此处长城是可能的。开元七年（719）张说已经改任检校并州大都督长史，在幽州地界修建长城的可能性基本就没有了。所以,"开元中张说筑"当在开元四年至开元七年。

《通典·川郡八》记载妫川郡"北至张说新筑长城九十里","西北到新长城为界,三百八十里","东北到长城界,九十八里"。这段材料中同时提到"长城"与"新长城",则"新长城"可能为唐朝所筑。

中华人民共和国国家文物局关于河北省长城认定的批复认定:河北省境内赤城县分布了一些唐长城遗址。也有长城研究的专家学者,对这里的长城遗址为唐代提出了质疑。

虽然在唐朝时期,基本上没有修建长城,但却有两条长城类的军事防御体:一条是渤海国所建,一条是高句丽所建。渤海国(698—926)是一个靺鞨族政权,其范围相当于今中国东北地区、朝鲜半岛东北及俄罗斯远东地区的一部分。713年,唐玄宗册封大祚荣为"渤海郡王"并加授忽汗州都督,始以"渤海"为号。762年,唐朝诏令将渤海升格为国。

渤海国修建的边墙,在黑龙江省牡丹江市爱民区和宁安市境内,现存的三段古代边墙,即牡丹江段边墙、江东段边墙和镜泊湖段边墙,统称"牡丹江边墙"。渤海国这道边墙,应该是为防御来自北方黑水靺鞨族的攻击而修建。其长度约66公里,并筑有相关城堡三座。

历史文献中没有找到对此边墙的记载,文物部门依据边墙的形制、修筑方法、附属设施和出土文物,以及边墙的地理位置,确定其为唐朝渤海国早期修筑,后为金末东夏国所沿用。

牡丹江边墙同渤海国早期的山城类似,是依山势就地取土堆筑,或就地取石垒筑而成。中部边墙以石筑墙居多。这里山势险峻,沟谷纵横,墙体用自然石块和人工开凿的石块,用干插法修砌。两边的边墙则以土筑成。

宁安市的渤海镇曾经是唐朝渤海国的都城。这道长城的任务是保护都城，有助于牡丹江边墙的研究，也为研究唐朝时期东北区域民族与军事发展提供了实物证据。

唐朝初年，东北地区的高句丽政权也曾经修筑长城，抵御唐朝军队的攻伐。此事史籍中多有记载，《旧唐书·东夷列传》载，贞观五年（631）"诏遣广州都督府司马长孙师往收瘗隋时战亡骸骨，毁高丽所立京观。建武惧伐其国，乃筑长城，东北自扶余城，西南至海，千有余里"。《新唐书·东夷列传》中对高句丽修长城的记载与之大致相同："帝诏广州司马长孙师临瘗隋士战骼，毁高丽所立京观。建武惧，乃筑长城千余里，东北首扶余，西南属之海。"

高丽史书《三国史记》中，对荣留王修长城也有记载："（十四年）春二月，王动众筑长城，东北自扶余城，东南至海千余里，凡一十六年毕功。"文中的荣留王便是高句丽国王高建武。唐太宗贞观十六年（642），荣留王曾经"命西部大人盖苏文监长城之役"。这些材料说明，高句丽政权在荣留王时期，历时十六年营建了千里长城。

现在，高句丽长城的起止和行经路线我们并不清楚。在怀德还发现有一段25公里左右的土墙，尚无证据表明其为高句丽长城的一段。有学者认为这一长城可能是由一些山城、平原城和土墙共同构成的防御体系，用以控制辽河平原通往高句丽的战略要冲。

对于高句丽长城的起点，大致有两种观点。部分学者认为扶余城在吉林农安县，可农安县却没有发现高句丽古城遗存。另一部分学者提出扶余府应在吉林市龙潭山山城。

冯永谦的《高句丽千里长城建置辨》认为，龙潭山山城虽然为高句丽古城，但这里没有长城的遗址，同怀德地区的土墙以及"边""边岗"地名之间的距离也过远。另有学者认为位于辽宁西丰县凉泉乡城子山的高句丽山城，即是高句丽政权西北重镇扶余城故址，这个认识似乎把握更大一些。

149

史料所言高句丽长城西南至海，应该是渤海的辽东湾。根据"老边村""老边站"地名判断，其地址应该在营口一带。另有人因辽宁金县大黑山山城是高句丽山城，所以推论终点在金县。时至今日，高句丽长城的具体位置仍然属于推测，没有考古报告发布。目前尚未在这个地区找到高句丽长城遗址。

七　唐朝长城地区的藩镇割据

唐朝虽没有大规模地修筑长城，但也很重视边疆地区的军事防御。屯兵城堡、烽燧戍守和预警制度都很完备。从边塞直达长安，每三十里设置一座烽燧，遇有敌情烽火信号昼夜可传两千里。烽燧除瞭望报警的功能之外，还有勘查过所、公验等职责。唐律规定，公务人员有专门使用的度关公文，一般到达边塞的行人也都要持有过所才能通过关津。《唐律疏议·卫禁》载："水陆等关，两处各有门禁，行人来往皆有公文，谓驿使验符券，传送据递牒，军防、丁夫有总历，自余各请过所而度。若无公文，私从关门过，合徒一年。"

《大唐大慈恩寺三藏法师传》记载，玄奘西行取经过玉门关时，刚过了第一座烽燧，就被戍守的士兵发现并抓了回来。由于环境的恶化，唐朝的玉门关与汉长城的玉门关相比，向东迁移至了瓜州。戍守边疆的军人，验明了玄奘等公文之后方放行。这一记载说明，唐朝时烽燧负有检查过往行人的职责。

唐朝没有大规模修建长城，而是采取藩镇制度保障边疆地区的安全。常有人认为这是唐朝的高明之处，其实唐朝的藩镇制度是造成中唐及之后不断内乱、战争频发的最主要原因。藩镇节度使父死子继，军权和财政都很独立，发展成为中央之外的独立王国。唐朝由强转衰始于藩镇割据，唐朝灭亡也是因为藩镇割据。

或许可以这么说，唐朝之后混乱的五代十国，长达七十多年的大分裂时期，也是源于藩镇割据。而从此之后，长城重要地域的燕云十六州始终没有回到中原王朝的怀抱，直到元朝建立了蒙古人的统治政权。

从这个意义上说，唐的不修长城并没有形成多好的历史结果。之所以出现这么动荡的局面，应该说与唐朝的制度由府兵改募兵有关。藩镇的产生使府兵的战斗力下降，而边疆地区又外有强敌，所以需要边镇的节度使自主招募兵勇。

有兵就要有养兵的钱，结果财政赋税也就相应地落入了地方军阀的手中。加之唐初的国策是内重外轻，后来的政策调整为外重内轻，致使屯兵于边疆地区的藩镇形成了尾大不掉的局面。

唐玄宗时期，大量扩充军镇，增设节度使。这些军事统领被朝廷赋予了财政支配及监察管内州县的权力。特别是北方长城地区军事统领的权力，更大更集中。甚至一人兼任两三镇节度使，都属于很正常的现象。这样一来，便给王朝统治埋下了很大的隐患。

安禄山就是典型的地方军阀，他凭借身兼范阳、平卢、河东三镇节度的权力而发动了反唐的叛乱。在唐朝最鼎盛的时期，朝廷对这些叛乱的军阀已经处于有心无力的状态。更不要说到了唐朝的中晚期，对藩镇割据的问题毫无办法。

151

第八章　金长城：被历史遗忘的长城

最近史学界关于"辽金"的话题突然又热了一下，讨论的核心问题并不是长城，而是清所继承的是辽金元一脉的政治道统，这些王朝究竟是否"中国"正统？这个正统与汉唐宋明这类汉族王朝正统是什么关系？

这是一个老问题，在辽、金时期就有此争论。辽、金两朝接受华夏文明之后，都认为自己是正统。持辽承晋统观点的人认为：辽自唐末保有北方，又非篡夺，复承晋统，加之世数、名位远兼五季，与前宋相次。

持金承宋统观点的人认为：金太祖破辽克宋，帝有中原百余年。辽、金两朝是中国历史不可割裂的连续性政权，宋辽金时期完全可以并列，就如南北朝时期的并列一样，不一定非要搞出一个正朔。

说金长城是被历史遗忘的长城，是因为直到前些年，也发生过关于金长城的争论。焦点是金界壕是不是长城。

这个问题早就引起过关注，只是没有认真讨论过。2004年年初《中国文物报》发表了景爱的《走出长城的误区》，由此掀起了这场讨论。景爱认为，将边壕当作长城是误区，金为防御北方蒙古人以及其他游牧民族的侵扰，在北方草原上挖掘了好多条壕堑，《金史》明确称为壕、壕堑，不应是长城。他的理由是草原地区多沙土，无法夯筑城墙。接着他又发表了《再说金边壕不是长城》，他认为由于金代边壕没有烽燧，与其他长城结构不同，所以金边壕不是长城。

很多学者持反对观点。吉人《是不同认识还是走入误区——兼论金界壕不是长城》认为，金界壕就是长城，理由有两个：一是金长城是战略性的永备防御工程；二是金长城不仅有壕而且有墙，墙上有各种战斗设施，如敌台、马面、女墙，还有报警的烽火台，也有屯兵的城堡。

冯永谦《如何认识长城——关于走出长城的误区的几点不同意见》认为，长城并不都是地面上筑高墙，不能机械地理解为凡是长城就必须是地上筑墙。很多时候长城是挖土筑壕，这样做不仅省时间和减少修筑的难度，而且在实效上等于加高城墙，增强了防守能力。

李文龙《金边壕不是长城吗？》也认为，金代边壕继承了中国古代长城墙壕结合的特点，并在许多方面进行了创新，金代边壕的防御体系较前代长城有了发展。

我是坚决认为，金边壕就是长城的。2009年7月金长城学术研讨会在齐齐哈尔召开，我在讲话中强调，完全没有必要再争论金界壕是不是长城，也没有必要再争论称谓的问题。我向与会者介绍了国务院法制办长城保护立法论证和国家文物局长城保护调查方案论证会的情况。我作为专家参与了上述两项研究工作，在国家制定《长城保护条例》的专家会议和制定《长城资源调查工作总体方案》的专家论证会上，都已经把金界壕列为长城保护和调查范畴。

有学者提出，辽、金两朝都修建过长城。但辽长城体量很小。《辽史·太祖本纪》载：太祖二年（908）冬十月己亥朔，"筑长城于镇东海口"。这条记载说明，辽在建国后的第二年，在镇东海口建了一座长城。

宋朝长城体量更小，可以忽略不计。个别地方即便有一点，也是对其他朝代长城的修缮利用，比如山西岢岚。特别是南宋时期，农牧交错地带早已经非宋所有，谈不上修建长城了。宋朝曾开凿一条西起今河北徐北县东北，连接白洋淀等水淀、湖洼，一直到渤海400余公里的水道。期间修建了屯兵城堡，以利用河道构建阻挡骑兵的防线。这道防线今天被人们称为"水长城"，实际上没有起到多大作用。

南宋诗人陆游的《书愤》五首之其一有写到长城：

> 早岁那知世事艰，中原北望气如山。
> 楼船夜雪瓜洲渡，铁马秋风大散关。
> 塞上长城空自许，镜中衰鬓已先斑。
> 出师一表真名世，千载谁堪伯仲间！

诗中的"长城"，已经是特指精神层面的长城。陆游全诗淋漓尽致地表达了心中的"愤"，想当年要做"万里长城"保家卫国的抱负，随着鬓发如霜已成空谈。

一　金修建长城的背景

金朝是中国历史上由女真族建立的王朝，共传十帝，历一百二十年。金也是入主中原的非农耕民族政权，是修建的长城最多的王朝。

金长城的修筑方式，也较其他朝代有所不同。其他朝代修长城只是在局部地区使用以壕代墙的建筑形式，于整体之中总是占不大的比例。而金界壕则是全线采用掘地为壕来修筑。把挖出的土筑成城墙，在重要的地方建设城堡以屯重兵，城堡之间用烽火台或壕堑相连。

金朝所修的长城防御体，史多称之为界壕或边堡。研究金朝修建的长城，首先就要了解金朝的主要敌人是谁，还要了解金朝当时的军政情况。认识清楚这些背景，才能明白金朝修建长城防御的是谁，是如何进行防御的。

金长城的修筑，史载较早的是婆卢火所浚的泰州界壕。这个时期的金长城，主要用于防御依然很强大的契丹遗部及奚。金的崛起很迅速。推翻了辽政权之后，与契丹遗部的对立几乎没有缓解的空间，只能先加强防御。

泰州在今吉林省白城市东南。据载，婆卢火于金熙宗年间（1135—1148）任职于泰州，修长城也在此时间段内。

契丹遗部及奚在金朝早期是金朝边疆地区较大的威胁。从《元史·石抹也先传》中，可以看到契丹残部对金朝还是有威胁的：

> 石抹也先者，辽人也。……辽亡，改述律氏为石抹氏。其祖库烈儿，誓不食金禄，率部落远徙。……父脱罗（毕）[华]察儿，亦不仕。有五子，也先其仲子也。年十岁，从其父问宗国之所以亡，即大愤曰："儿能复之。"及长，勇力过人，善骑射，多智略，豪服诸部。金人闻其名，征为奚部长，即让其兄赡德纳曰："兄姑受之，为保宗族计。"遂深自藏匿，居北野山，射狐鼠而食。闻太祖起朔方，匹马来归。首言："东京为金开基之地，荡其根本，中原可传檄而定也。"

元太祖十年（1215），石抹率北京等路民一千二百余户归蒙古。

155

史载，他"私养敢死之士万二千人"，皆猛士，衣黑为号，故曰黑军。契丹及奚人有坚强组织的部落，对金朝的边疆地区安全构成较大威胁。

金朝在东北边疆大修长城，目的之一是保卫上京地区。金太祖完颜阿骨打于收国元年（1115）建国时，并没有修建都城。《大金国志·燕京制度》记载："国初无城郭，星散而居，呼曰'皇帝寨''国相寨''太子庄'，后升'皇帝寨'曰会宁府，建为上京。"

上京位于今黑龙江省哈尔滨市阿城区南，始建于金太宗时期，负责营建的是辽降臣卢彦伦。上京到金熙宗天眷元年（1138）八月才正式命名，府名会宁，此前的上京改为北京（今内蒙古巴林左旗）。

金朝的北疆地区，大致包括上京路、北京路和东京路等地区，今行政区划分属于东北三省和内蒙古地区的东北部。而以上京路为中心的所谓"金源内地"，是女真族的发祥地。在"金源内地"，金朝注重发展城镇建设、农牧业生产以及文化，同时修建长城保护其开发与建设的成果。

从上面的介绍可知，早期的金长城应为防御契丹、奚遗部所建，以后的长城皆为防御蒙古所建。金在蒙古族还较为弱小时，对蒙古人的欺压极重，这种近似于疯狂的压迫，在蒙古部族中引起的反抗便越来越激烈。

金朝大规模地修建长城是在12世纪末13世纪初，此时蒙古族在成吉思汗的领导下，已经在大漠南北强大起来。金章宗泰和六年（1206）成吉思汗建立蒙古汗国，逐渐成为金朝北方的威胁力量。为防御蒙古，金朝开始大规模地修筑长城。

辽朝末年，草原上的蒙古部落已经发展起来。完颜阿骨打推翻辽朝，确立了金朝的统治。辽朝宗室耶律大石率残部，先与阴山北部的汪古部联合，之后又与漠北的蒙古诸部联合。耶律大石欲东山

第八章 金长城：被历史遗忘的长城

再起，无奈此时的金朝日益强盛，耶律大石见复辽无望，于是西迁至中亚地区，建立了哈喇契丹国，史称西辽。哈喇契丹政权后来被蒙古军打败。

金朝灭辽后，占据了辽朝的土地，也面临来自蒙古部族的边患。金太宗天会末年，草原部落之一的"萌古斯"首先向金朝发难。此后，边疆地区的形势越来越严重。

熙宗天眷初年，金朝为防止北边游牧部落对边境的骚扰，派都元帅完颜宗弼率兵北伐。此时，蒙古还没有真正发展起来，所以战争规模不大。皇统年间，海陵朝北部边疆也发生过局部战争。世宗初年，连续派遣数位大员北上经略长城地区，局势一度有所好转。但这个时期，局部的小规模战役仍时有发生。

到金章宗时，边疆形势开始恶化，虽然金章宗连续发动三次北伐战争，依然没能解决问题。金章宗晚期，随着蒙古诸部的逐渐统一，金朝与蒙古部落的力量对比逐渐转为弱势，金朝的边疆地区也成为蒙古部族进攻的主要目标。

这个时期成吉思汗的蒙古各部以及乃蛮、汪古、克烈等部，都是金朝的属国，金以宗主国的名分与蒙古各部维系着宗藩关系并进行边境贸易。蒙古各部与辽朝有着很深的关系，经常有部落同契丹等族一起反金，随着其力量日益强大，蒙古反金的活动越来越多。

金朝修建的岭北长城，在这一时期对蒙古骑兵骚扰发挥了屏障作用。明昌四年（1193），蒙古塔塔儿部扰掠金长城地区，金丞相完颜襄在成吉思汗等蒙古部族的支持下，灭掉了塔塔儿部。蒙古塔塔儿部居住在呼伦贝尔草原一带，客观上起到了阻隔蒙古各部与金直接发生冲突的作用。

塔塔儿部灭亡之后，金岭北长城的守军便要直接面对蒙古，在蒙古诸部相继攻进金长城地区的情况下，金的东北部边疆形势变得非常严峻。如果不能采取有效措施进行干预,事态发展将会不可控制。

据《金史·宗浩传》记载,留守北京的宗浩,奉命率上京等路军驻泰州戍守。宗浩军集中讨击广吉剌部,接着宗浩率军"北进",被连续击败的山只昆、合底忻等部向金军"皆乞降"。

明昌六年至承安三年(1195—1198),金朝军队先后三次讨伐了犯边的蒙古。左丞相夹谷清臣率领的大军,连续攻入栲栳泺(今呼伦湖)、斡里札河(今乌勒吉河)、移米河(今伊敏河)和龙驹河(今克鲁伦河)等地区,《金史·完颜安国传》记载为"杀获甚众",但没有记载具体战况。这次军事行动,虽然打击和阻止了蒙古对金境的侵扰,但并没有解决其对金长城地区的威胁。

金大军主要住在东北路招讨司治所泰州,距金与蒙古的边界至少有两百多里。蒙古各部越界侵扰时,泰州守军"出兵追袭,敌已遁去"。章宗泰和(1201—1207)间,增设副招司分驻金山(属临潢府),军队临近长城边地进行防御,取得了较好的效果。《金史·宗浩传》云"由是敌不敢犯"。

此后十年里,金朝的北部长城地区保持相对稳定的局势。直到卫绍王大安三年(1211),蒙古对金朝发动全面进攻,长城边堡的防御作用才逐渐削弱。

金界壕的修建,也有抗击西夏的作用。金朝时,西夏为其属国。在双方关系和缓的时候,彼此为维护宗藩关系,不断有使节往来,并积极开展边境贸易。在双方关系紧张的时候,也会有军事冲突。

西夏扰掠金朝的边境时,金朝的守军也曾多次给西夏兵以还击,但也多是以驱赶为主。如宣宗贞祐元年(1213)十一月,西夏兵攻会州(亦称新会州,属临洮路),都统徒单丑儿率军"击走之"。《金史·西夏列传》记载,贞祐三年(1215)正月,西夏兵攻积石州(属临洮路),都统姜伯通率军"败之"。

第八章　金长城：被历史遗忘的长城

宋与金同时期，基本上没有修建长城。山西有一些，记载很少，遗址也很少。元灭金后，也基本没有修建长城。宋元时期是中国古代又一个民族大融合的高峰时期，其中元朝更为突出。元朝统治者将全国人分为四个等级。最高的自然是蒙古人；第二等人是色目人，包括中亚的突厥人、粟特人、吐蕃人、党项人等；第三等人才是汉人，主要指北方汉人；第五是南人，主要是指南方汉人。元朝虽然实行民族分化政策，但客观上元朝的统一却使民族融合进一步加强了。

二　金长城初建于何时

金界壕的修建初议于熙宗、世宗时期。金世宗大定年间，来自北边的威胁越来越大，负责边疆事务的官员和将领不断地提出修建边堡壕堑，提高防御能力。一些边堡壕堑便修建于这个时期，只是规模还不够大，形式也更为简单。

《金史·地理志》称："金之攘地封疆，东极吉里迷兀的改诸野人之境，北自蒲与路之北三千余里，火鲁火疃谋克地为边，右旋入泰州婆卢火所浚界壕而西，经临潢、金山，跨庆、桓、抚、昌、净州之北，出天山外，包东胜，接西夏。"《金史》给婆卢火作传时没有记载浚界壕之事，但详细记载了他屯田泰州的事。天眷元年（1138），驻乌古迪烈地。考乌古迪烈地在泰州之北，大定、明昌间之边堡界壕，在东北路者，实起于乌古迪烈地，而达泰州边界。

泰州的地理位置对认识金界壕也很重要。《金史·地理志》记载："泰州，德昌德军节度使。本契丹二十部族牧地，海陵正隆间，置德昌军，隶上京，大定二十五年罢之。"《金史·兵志》中也提及泰州是军事要路的建置地："东北路者，初置乌古迪烈部，后置于泰州。

泰和间,以去边尚三百里,宗浩乃命分司于金山。"

《金史·婆卢火传》记载:"天辅五年,摘取诸路猛安中万余家,屯田于泰州,婆卢火为都统,赐耕牛五十","泰州婆卢火守边屡有功,太宗赐衣一袭,并赐其子剖叔","天会八年,以甲赐婆卢火部诸谋克","天会十三年,加同中书门下平章事","天眷元年,驻马骨迪烈地,薨"。

婆卢火从天辅五年(1121)屯田于泰州,到金太宗天会八年(1130)以前,屡因守边有功受到皇帝的赏赐。金东北路界壕的开筑时间,应该是天辅五年之后。

《金史·地理志》记载:"右旋入泰州婆卢火所浚界壕而西,经临潢、金山。"泰州、临潢西北境的金山,就是今大兴安岭。《金史·地理志》还记载:"东北路,自达里带石堡子至鹤五河地分。临潢路自鹤五河堡子至撒里乃,皆取直列置堡戍。"

《蒙兀儿史记》中解释达里带石堡子时说:"达里带,满洲语,有石也。堡在嫩江西岸,布特哈旧总管衙门之北伊倭齐之地。"而且进一步分析说:"张穆《蒙古游牧记》记科尔沁右翼中旗北一百里有鹤午河,源出伊克呼巴海山东南,流入左翼前旗界,会榆河,入归喇里河,堡在河上。"

婆卢火驻在乌古迪烈部的驻牧地之时,负责组织修建和戍守壕堑边堡。《金史·移剌按答传》记载移剌按答"摄咸平路屯军都统"后,"入为兵部侍郎,徙西北、西南两路。旧设堡戍迫近内地者于极边安置,仍与泰州、临潢边堡相接"。

《金史·世宗本纪上》记载:大定五年(1165)正月,"诏泰州、临潢接境设边堡七十,驻兵万三千"。"设边堡七十",《金史·阿勒根彦忠传》作"置堡戍七十",未几而有开壕之议。朝廷对于修不修沿边壕堑,在当时也有争议。

纥石烈良弼是金朝以精通汉文化著名的大臣,他曾上疏建议开権场市马。同时，他还建议任地方官的女真等族人必须知晓汉文。这位后来曾做过金朝的左丞相的人，反对修建沿边壕堑。认为这不能有效抵御敌国的进攻，《金史·纥石烈良弼传》记载："参知政事宗叙请置沿边壕堑。良弼曰：'敌国果来伐，此岂可御哉？'"

《金史·李石传》中也记载了纥石烈良弼的反对，并记载了这次讨论的结果："北鄙岁警，朝廷欲发民穿深堑以御之。石与丞相纥石烈良弼皆曰：'不可。古筑长城备北，徒耗民力，无益于事。北俗无定居，出没不常，惟当以德柔之。若徒深堑，必当置戍，而塞北多风沙，曾未期年，堑已平矣。不可疲中国有用之力，为此无益。'议遂寝。"

关于修沿边壕堑有用还是没用的争议，由"参知政事宗叙请置沿边壕堑"而引发。宗叙是大定十年（1170）召至京师，拜参政事的。大定十一年（1171）奉诏巡边。六月到军中，不久就因病而返。七月，病情加重，遗表朝政得失及边防利害，年底病故。所以修筑沿边壕堑之议，理应是大定十年至大定十一年之间。

《金史·宗叙传》记载：大定十七年（1177），世宗思宗叙言，诏"以两路招讨司、乌古里石垒部族、临潢、泰州等路，分置堡戍，详定以闻"。争论归争论，最后的结果是防御工程该建还是要建。

大定二十一年（1181），金朝增筑了泰州、临潢府等路边堡及戍所。这一年，世宗以东北路招讨司在泰州境及临潢路旧设二十四堡障，不足以保障防御需要，派官员前往视察处置。"于是东北自达里带石堡子至鹤五河地分，临潢路自鹤五河堡子至撒里乃，皆取直列置堡戍。"

《金史·地理志上》记载，评事移剌敏言："'东北及临潢所置，土瘠樵绝，当令所徙之民，姑逐水草以居，分遣丁壮营毕，开壕堑以备边。'案世宗欲取直置堡戍者，盖为防敌人侵轶计，而土瘠樵绝，于戍兵不便，故移剌敏建议令戍兵姑逐水草别开壕堑以备边。盖以壕堑取直线，堡戍仍旧参差，以互相剂。四月，遣吏部郎中奚胡失海经画壕堑，旋为沙雪堙塞，不足为御。乃言：'可筑二百五十堡，堡日用工三百，计一月可毕，粮亦足备，可为边防久计。泰州九堡、临潢五堡之地斥卤，官可为屋外，自撒里乃以西十九堡，旧戍军舍少，可令大盐泺官木三万余，与直东堡近岭求木，每家官为构室一椽以处之。'"

大定二十一年，大规模修整金界壕，"皆取直列置堡戍"。长城修建工程的主力是奴隶和庶民，这在金朝东北路界壕及边堡的考古发掘中可以得到考证。

民间传说《孟姜女哭长城》中有这样的情节，她丈夫范喜良死后被筑在了长城墙里，孟姜女哭倒长城才找到丈夫尸体。目前尚无发现秦始皇长城中有尸骨，但在金长城中确实有所发现。夯在长城中的尸骨肢姿各异，无任何的殉葬品。有的尸骨甚至是无头骨的残骸，这些应该是没有人身自由的部曲、奴婢的尸骸。

沿金界壕还发现大量的经过火化、用陶瓷器具盛殓、葬在石板墓中的尸骨，很可能是庶民。有墓有室有棺、有殉葬品、选择风水地形而葬的是有官者。中国自古以来官与民的关系就是管理者与被管理者的关系，所以生前和死后的待遇不一样也很正常。

三　金长城大规模修建时期

金长城大规模修建于金章宗时期，这个时期既是金朝发展的极盛阶段，也是金朝由盛而衰的转折时期。章宗时期金朝边患日益严重，所以才有了修建边壕军事防御工程的需要。较早对金界壕修建历史进行研究的王国维认为："金之界壕，萌芽于天眷，讨论于大定，复开于明昌，落成于承安。"承安三年（1198）修建完成的壕堑，应该是金朝修建得较为完整的长城防御线。

明昌初年，北部边疆形势越来越紧张，修建壕堑边堡的提议再次被提及。《金史·独吉思忠传》记载："初，大定间修筑西北屯戍，西自坦舌，东至胡烈么，几六百里。中间堡障，工役促迫，虽有墙隍，无女墙副堤。思忠增缮，用工七十五万，止用屯戍军卒，役不及民。"独吉思忠是章宗承安三年出任西北路招讨使的，修西北路防御工程之举当在其上任后。

《金史·章宗本纪一》记载：明昌三年（1192）三月，金章宗"诏集百官议北边开壕事"，五月"罢北边开壕之役"。《金史·张万公传》记载："初，明昌间，有司建议，自西南、西北路，沿临潢达泰州，开筑壕堑以备大兵，役者三万人，连年未就。御史台言：'所开旋为风沙所平，无益于御侮，而徒劳民。'上因旱灾，问万公所由致。万公对以'劳民之久，恐伤和气，宜从御史台所言，罢之为便'。后丞相襄师还，卒为开筑，民甚苦之。"

负责风闻奏事的御史台，质疑朝廷"开筑壕堑"是否真有军事上的价值。他们认为做这些事"无益于御侮，而徒劳民"。可是事实证明，不构建防御工程还真不行。《金史·完颜安国传》记载：完颜安国以功迁西北路招讨使。"承安二年（1197），以营边堡功，召签枢密院事。"在西北路建边堡的第二年，临潢路又接着"穿壕筑障"。

《金史·完颜襄传》记载：承安三年，丞相完颜襄出兵临潢，"因请就用步卒穿壕筑障，起临潢左界北京路以为阻塞。言者多异同，诏问方略。襄曰：'今兹之费虽百万贯，然功一成则边防固而戍兵可减半，岁省三百万贯，且宽民转输之力，实为永利。'诏可。襄亲督视之，军民并役，又募饥民以佣即事，五旬而毕。于是西北、西南路亦治塞如所请。"

丞相完颜襄军民并役所修建的壕堑，就是临潢路的界壕。在临潢路大修壕堑的同时，西南路也在修建边堡壕堑，工程量也不小。在西南路，这一工作由仆散揆负责。《金史·仆散揆传》云："揆沿缴筑垒穿堑，连亘九百里，营栅相望，烽候相应，人得恣田牧，北边遂宁。……拜参知政事。"承安四年（1199）二月，仆散揆以西南招讨使为参知政事。所以其率军沿边筑垒挖堑数百里，以防漠北各部之事，也是在承安三年。

金朝临潢、西北、西南三路界壕的修筑时间和负责修筑的官员，史书都有记载。东北路界壕的修筑时间和修筑负责人史书少有记载，长期以来多为史学界争论。

《金史·宗浩传》云：宗浩"进拜尚书右丞相，超授崇进。时惩北边不宁，议筑壕堑以备守戍，廷臣多异同。平章政事张万公力言其不可，宗浩独谓便，乃命宗浩行省事，以督其役。"宗浩拜右丞相是在泰和三年（1203）正月，张万公也是在这年的三月致仕。

又据《金史·张万公传》，张万公反对修筑壕堑，是因为旱灾。旱灾在承安元年，可见"命宗浩行省事，以督开壕之役"及"北边有警，命宗浩佩金虎符驻泰州便宜从事"，应该是说的一件事，约在承安元年和承安二年间。王国维也认为，金朝"北部入寇，泰州、临潢首当其冲，诸路界壕皆于承安三年竣工，不应最冲要之东北路，独迟至泰和三年始开筑也"。

国家文物局关于内蒙古自治区和河北、黑龙江等省长城认定的批复，认定金界壕（边堡）遗址主要分布在内蒙古、河北、黑龙江三省（自治区）境内。

内蒙古金界壕主线东起莫力达瓦达斡尔族自治旗，经扎兰屯市、扎赉特旗、科尔沁右翼前旗、突泉县、科尔沁右翼中旗、霍林郭勒市、扎鲁特旗、阿鲁科尔沁旗、巴林左旗、巴林右旗、林西县、克什克腾旗、翁牛特旗、赤峰市松山区、东乌珠穆沁旗、锡林浩特市、正蓝旗、正镶白旗、镶黄旗、多伦县、太仆寺旗、苏尼特右旗、化德县、商都县、察哈尔右翼后旗、四子王旗、达尔罕茂明安联合旗、西迄武川县；岭北线东起额尔古纳市，经陈巴尔虎旗、满洲里市，西迄新巴尔虎右旗；漠南线东起扎赉特旗，经科尔沁右翼前旗、东乌珠穆沁旗、阿巴嘎旗、苏尼特左旗、苏尼特右旗，西迄四子王旗。河北省金界壕东起丰宁满族自治县，经沽源县，西迄康保县。黑龙江省金界壕的遗址，在甘南县、碾子山区和龙江县。

四　猛安谋克的退化及女真汉化

　　了解金长城，不能不了解一下金朝特有的一种政权组织形式——猛安谋克。猛安谋克既是军事管理单位，又是地方行政机构。这种军政合一的体制，由氏族围猎组织发展而成。三百户为一谋克，十谋克为一猛安，其首领称为"勃极烈"。

　　猛安谋克起于长城区域，又主要驻扎在长城内外，与长城有着密不可分的联系。对于金朝来说，猛安谋克完全是其统治的基础。刘浦江《金代猛安谋克人口状况研究》一文认为，金章宗泰和七年（1207）长城以南各路的猛安谋克人口为三百万左右。

　　这个数量已经不小了，猛安谋克管理的松散化对金朝历史的发展走向影响很大。几百万人的生活方式和生存需求，随着社会发展而发生本质变化之后，结局可能与统治者的初衷南辕北辙。

　　女真人的传统居住区域，被金人称为"金源内地"，金朝初年女真人主要分布于上京、东京和咸平府三路。随着金朝控制区域的扩大，女真以军事屯田的方式逐步向已占据的辽朝旧地迁徙。金太宗灭掉北宋，对中原汉地进行直接统治之后，猛安谋克更大规模地迁徙到长城以南地区。

猛安谋克的大批南迁，从战略上来说是稳定统治的需要，客观上却促使了女真人汉化。汉化和反汉化成为金朝很大的一个内部问题，一度成为朝廷必须予以关注、全力解决的重心之所在。

据《建炎以来系年要录》记载：天会十一年（1133）"金左副元帅宗维（即宗翰）悉起女真土人散居汉地"。熙宗皇统初，当金朝从宋手中夺取河南、陕西之后，将大批猛安谋克迁入中原屯田，更促进了女真人与汉地文化的接触与融合，"凡屯田之所，自燕之南、淮陇之北俱有之"。女真人本来就有农业耕种传统，所以很容易适应农耕地区的生活。

《金史·世宗本纪下》记载：海陵王正隆年间，为了加强朝廷对女真贵族的控制力，朝廷"不问疏近，并徙之南"。至此，除少数女真贵族被安置在长城以北的北京路之外，绝大部分女真贵族受命迁入中原地区。

大量的女真人进入长城以南地区，给女真族的汉化提供了条件。金朝取消猛安谋克制度之后，这些迁居中原的猛安谋克女真人划归州府县管辖。女真人在汉地站住了脚，彻底融入了汉族为主的社会。

从迁徙中原的女真人名字的改变，也可以看到其适应和融入中原的变化程度。女真人有以其所居之山川或地名给自己的后代取名的习俗，入居中原之后，很多的人名加上了中原地名或山川、河流，如蒲察燕京、完颜绛山、徒单渭河等。说明这个时候女真人在汉地已经有了新的乡土观念，他们已经视移居地为其家庭世代居住地，并承认出生地为自己的家乡。

金朝初期曾一度仿效辽朝的北南二元政治体制，在加速汉化的过程中，逐渐放弃了女真旧制，到最后彻底实行汉化的一元政治体制。女真人之所以汉化比较彻底，金朝没有在长城内外分别实行二元政体，也是一个非常重要的原因。

辽金两个王朝的地域中心有很大的差异，也是其快速汉化的原因之一。《金史·梁襄传》云："本朝与辽室异，辽之基业根本在山北之临潢……本朝皇业根本在山南之燕。""山北之临潢"指的是辽朝始终坚持以秦汉长城之外草原为本位。"山南之燕"指的是秦汉长城之内的农耕地区。建立金朝的女真人是以渔猎和农耕为生产类型，其以秦汉长城之内为本位的政策，在海陵王时就已经确立。

完颜亮称帝后不久，于天德二年（1150）十二月废罢行台尚书省。据《金史·海陵本纪》记载，次年四月，"诏迁都燕京"。贞元元年（1153）三月，正式迁都燕京，并改燕京为中都。海陵王的迁都决策，还是遭到了部分女真旧贵族的抵制，甚至反对的程度还很严重，双方的斗争也很激烈。面对保守势力的阻挠，完颜亮果断采取措施："命会宁府毁旧宫殿、诸大族第宅及储庆寺，仍夷其址而耕种之。"

金朝皇帝的这个命令太狠了，迁也得迁，不迁也得迁。拆了你的府宅做耕地，看你走不走。完颜亮的决心是够大，但中国文化讲"过犹不及，事缓则圆"，这一点他没学到。结果物极必反，他的命令遭到了抵制，最后连自己也丢了性命。

正隆六年（1161），东京辽阳府留守完颜雍利用完颜亮发兵南征宋朝时，拥兵自立，称帝于辽阳，是为金世宗。完颜亮在前线被乱箭射死，又被吊起来挂在一棵大树上。一代英勇善战的皇帝，就这样做了异乡的鬼。世宗完颜雍登基后，降封完颜亮为海陵王。

围绕着国都的选择问题，差一点发生反复。有不少的贵族主张还都于上京，世宗也曾有过犹豫。《金史·李石传》记载："阿琐杀同知中都留守蒲察沙离只，遣使奉表东京，而群臣多劝世宗幸上京者。"最后在李石等人的力主之下,世宗决定进据中都。

金朝实行以农耕为主的经济模式,大量移居长城以内,改用汉朝政治体制并迁都中都之后,以汉地为本位的政策,使女真人迅速汉化。后来,同样是女真人的清朝统治者,在总结金朝亡国的经验教训时,指责熙宗和海陵王"循汉人之俗","效汉人之陋习","尽失其淳朴素风"。(《清太宗实录》《清高宗实录》)

长城区域的屯田,从金初就已经开始。婆卢火的泰州屯田与在泰州修建界壕是同时采取的军事举措。他在泰州辖境的屯田,包括金朝东北路界壕辖下各猛安谋克都属于"军民并役"的自给自足式的屯田。只是这个时期屯田规模并不大,耕具也较为落后。

金朝东北路界壕的始修时间,正是金朝灭辽破宋的时期。这一时期金朝的农业、手工业迅速发展,连年征战致使粮食及制作兵器和生产工具的铁都极为短缺,这是要发展屯田的客观原因。《金史·食货志一》记载:"天辅五年(1121),以境土既拓……遂摘诸猛安谋克中民户万余,使宗人婆卢火统之,屯种于泰州。"

解决长城线上戍边士卒的给养补充,是历代王朝都很头疼的事。《金史·太宗本纪》云:金朝"委官劝督田作","分遣使者诸路劝农"。从各猛安谋克部落中抽调民户或整谋克、整部落携家属带耕具的迁徙,说明这一时期金界壕沿线的农业、垦耕地人力不足、耕力不足,使用的农业耕具也不足。

金朝长城沿线的猛安谋克组织,有的由辽朝的熟女真人组编起来,也有的是由生女真故地上京路一带和其他地区迁徙而来。猛安谋克所领的户既有女真人,也有契丹人和奚人。

猛安谋克组织在金建立之前,就已经初步形成。《金史·桓赧传》记载:金世祖时,肃宗攻桓赧、散达兄弟,世祖"使欢都、冶诃以本部七谋克助之"。女真人的围猎活动,以同氏族成员为单位。

随着女真人发展壮大,在氏族围猎组织的基础上,发展成为猛安谋克的军事组织。猛安谋克的副兵称阿里喜,《金史·金国语解》解释:"阿里喜,围猎也。"这些都很好地证明猛安谋克与围猎活动有关。

金初猛安谋克无定数,只是将女真人编入猛安谋克。随着对辽作战的胜利,降金的辽人及一部分降金的奚人也被编入猛安谋克。《金史·兵志》记载:"继而诸部来降,率用猛安、谋克之名以授其首领而部伍其人。"

金于收国二年(1116)破高永昌,占领辽东京之后,也将汉人和渤海人编入猛安谋克。据《金史·太祖本纪》记载,这年的五月"斡鲁等败永昌,挞不野擒永昌以献,戮之于军。东京州县及南路系辽女直皆降。诏除辽法,省税赋,置猛安谋克一如本朝之制"。辰州渤海人高彪之父高六哥,金初授为榆河州千户;辽阳渤海人张玄素,授铜州猛安;辰州熊岳人政,授卢州渤海军谋克;独吉义之父秘刺,亦以迎降金兵而授谋克。

另外,据《金史·王伯龙传》记载,沈州双城人王伯龙,天辅二年(1118)降金,授世袭猛安。天辅七年(1123),又把猛安谋克制度向更大的范围推广,特别是在金"其后抚定奚部,及分南部边界,表请设官镇守"。《金史·挞懒传》载,上曰:"依东京渤海列置千户、谋克。"

金朝在其他民族聚居地推行猛安谋克制度时,也曾遭到过强烈抵制。天会元年(1123),在平州实行猛安谋克制度,遭平州汉民的反对,以致不得不于次年停止了这一制度的执行。对汉人、渤海人推行的猛安谋克制,到熙宗时也被迫停止执行。此后,金朝恢复了一些地区的州县制,来管理地方行政事务。

金朝在守御长城的同时,为发展长城地区经济也采取了相应的措施。朝廷通过大规模的移民，把大批女真族猛安谋克迁到中原和河北、山东等地区。迁徙他们到内地，目的是利用女真人来监视汉人，强化对中原汉人的统治。同时又将大批汉族农户迁到长城地区，这些由内地迁来从事农业生产的人口，将汉人先进的耕作技术，传授给偏远的边疆地区，促进了长城地区的农业发展。

黑龙江甘南县一座小型戍边古城，曾出土一枚金朝铜制官印，这是一枚富山屯田军民部落长兼戍军百户长的官印。《金代长城遗址出土三方官印考》记录的印文为"拜因阿邻谋克之印"，这枚金朝官印的出土，说明戍边小古城为金朝长城卫戍中的基层单位。

离长城近的小型城堡是谋克级别的城，离长城较远的大型戍边屯军城是猛安城。大型戍边屯军城，地势多选择在进可攻退可守，随时可驰援所辖每座戍边小古城的地方。

文物部门的调查证明，每座大型屯军城管辖临近的六到八座戍边古城，按长城防御长度估计是七十余公里。金朝东北路界壕就目前普查的结果，有大型屯军城九座，也就是有九个猛安城，可见东北路界壕军事力量还是较为强大的。

五　新发现的西夏长城

按理说，将西夏长城的内容放在金朝长城的部分是不合适的。西夏、金和宋为同一时期的不同政权，按照正朔来说，金长城和西夏长城都应该放在宋朝下。但是宋朝基本上没有修建长城，所以本书没有为宋专设章节，西夏长城也就只能放在金朝时期。

中国古代文献，没有关于西夏修建长城的记载。西夏长城引起长城研究界的关注是在20世纪70年代，当时苏联和蒙古国的考古工作者在蒙古国南戈壁省的长城做考古发掘，经过碳十四测年认定，这道我们一直以为是汉代长城的遗址，为西夏时期所建造。

2005年和2007年，俄罗斯圣彼得堡大学和蒙古国乌兰巴托大学组成的中亚国际考古团，在А.А.科瓦列夫和Д.额尔德涅巴特尔的领导下，再次对蒙古国南戈壁省被称为"成吉思汗边墙"的长城进行了实地调查。

此后，国内的考古工作者也开始对西夏长城进行科学的考古调查。在国家文物局长城资源调查工作中，认定了西夏长城还是一项重要收获。内蒙古西夏长城遗址被国务院公布为第七批内蒙古重点文物保护单位，内蒙古文物局等单位已组织专家开展了长城文物保护工作。至此，西夏长城的存在成为一种定论。

内蒙古自治区的西夏长城遗址，于2010年至2012年才被内蒙古考古学界认定。经内蒙古自治区文物局于2010年至2012年组织长城调查队开展调查与考证，确认内蒙古西夏长城遗址分布在巴彦淖尔市与阿拉善盟地区，为依托于西夏时期的几大军司而建，其主要功能是防御北方的蒙古和东方金国的进攻。

内蒙古自治区考古工作者，对内蒙古境内的西夏长城遗址内的部分红柳木橛、梭梭标本，也进行了碳十四年代测定，结论是此长城修建时间约为公元10—13世纪，这对于判定西夏长城的建筑和沿用年代提供了科学的数据。

国家文物局关于内蒙古自治区长城认定的批复，认定西夏长城包头段分布于包头市东河区；阴山北部草原段东起武川县，经达尔罕茂明安联合旗、乌拉特中旗、乌拉特后旗、阿拉善左旗、阿拉善右旗，西迄额济纳旗。

第九章　明长城走向鼎盛的背景

　　我研究长城历史,从明长城开始。徒步走明长城是我长城事业的起步,一路走得很艰难,也很痛快。长城徒步考察开阔了我的眼界,丰富了我的精神。

　　在路上不知为什么,很多次想到朱元璋建立大明帝国登基时的情形。朱元璋是一位豪放型的人物,这位大明王朝的缔造者,占领元大都后改大都为北平,寓意"北方太平"。

　　今天讲长城内外是一家,在朱元璋的眼里不是这样。他即位诏书的第一句话,开宗明义:"朕惟中国之君,自宋运既终,天命真人于沙漠,入中国为天下主,传及子孙,百有余年,今运亦终。"所以在很多讲长城的场合,我都会讲我们不是朱元璋的代表,也不是秦始皇的代表。当然,在这一点上不能强求于古人。

　　继续回到长城的话题上来。介绍明代不同阶段修建长城的历史背景之前,有必要想一下明朝为何称长城为边墙,而不叫长城。一般的说法是明朝"讳称"长城,忌讳的理由是秦始皇修长城在后世留下了恶名。明朝虽然称"边墙",实际上却是修建了历代体量最大的长城,也是使用时间最长的长城。

　　中国古代王朝的开国君王大多雄才大略。开拓和奠基阶段轰轰烈烈，然后会是一个阶段的沉默。接着出现一个或两个中兴之主，发展到强盛的顶峰阶段之后，就会走下坡路直至灭亡。明朝是长城修建和使用的鼎盛阶段，其王朝命运依然没有摆脱这个轨迹。认识了明朝由强转衰的过程，也就认识了明长城的修建背景。

明长城早期和中期防御对象是蒙古诸部，陆续将长城防御体系设为九镇（亦称为九边），后来又有一些分设。中叶以后，女真崛起于白山黑水之间，开始不断威胁明朝边地的安全，长城再次担当起军事防御的重任。这个时期明长城的防御重心东移，长城修建的重点是蓟镇和辽东镇长城的重建和改造工程。

随着辽东失守，明朝几乎将国家全部力量倾注到山海关以外，在山海关外构成一道城堡相连、烽火相望、点线面结合、有纵深以屏蔽京师为重点的坚固防线。最后，明朝的腐败加剧、民族矛盾激化，长城失去了其军事防御作用。

明朝是中国历史上修建长城较长，利用长城的时间最长的朝代。明朝修建的长城也是长城史上工程最大，防御体系和建筑结构最完善的建筑工程。明朝吸取了此前历代修筑长城的经验，充分体现了长城工程建筑成就。

一　明初修建长城防北元卷土重来

元至正二十八年（1368）正月初四，草根出身的朱元璋，在其不惑之年建立了大明朝，开创了二百七十余年之基业。大明以应天府（今江苏南京）为京师，朱元璋年号为洪武。

这时候元顺帝还在和群臣一起谋划，如何剿灭这支造反的叛军。大家还都没意识到，留给元朝统治者的时间已经不多了，元帝国已经濒临灭亡。半年之后,即这年的闰七月,元顺帝在明军大兵压境的情形之下,选择退回大草原。

元朝虽然不足百年就被推翻了,但与辽、金、西夏等少数民族政权的被推翻并不同,元朝被推翻后,元顺帝率领王室贵族和主力军队退回漠北。不论是政权,还是蒙古诸部,其军事实力仍然很强,随时都会卷土重来。这是令刚建立起来的明朝感到很棘手的问题。

从这样的角度来看,元朝虽败犹荣。他们有能力重新开始军事行动。这是中国历史上游牧政权创造的一个奇迹。此前,从没有来自草原的少数民族政权,入主中原之后还能全身而退。

《明史·兵志三》说"元人北归,屡谋兴复"。明朝建立之初,便面临着来自北方的强大压力,长城一直被明朝当作防止蒙古各部南下的军事屏障。为了巩固北部边防,朱元璋在当政之初就开始建设北方防御体系。

终明一朝,几乎没有停止过对长城的修筑,这也是蒙古势力强大的证明。明朝前后较大规模地修建长城五十余次,峻垣深壕,筑垒建隘,历时二百余年,役夫不计其数。农牧交错地区防御的需要,使长城防御体系日趋完善。

明初,就确定了以"不征"为特征的对外交往模式。万明《明代外交模式及其特征考论——兼论外交特征形成与北方游牧民族的关系》一文提到,"在洪武朝奠定的,以'不征'为特征的明代对外关系,在中国历史上史无前例,实际上标志着古代中外关系出现了新的模式和特征,更成为古代中外关系的一个引人注目的转折点"。

朱元璋"不征"的战略,并不是简单的"不征",更不是消极的"不征"。他明确提出:"有为患于中国者,不可不讨。"朱元璋推崇"地广非久安之计,民劳乃易乱之源"的古训,一方面是希望能有一段时间休养生息来恢复战后经济,一方面也是因为明初无力对退居草原的北元进行大规模的军事行动。

明初采取守势,利用长城地区的防御体系来加强对蒙古等民族的防御。这一点在明军攻打元大都之前朱元璋与徐达的对话中,已经表达得很清楚。《明太祖宝训》对此有清楚的记载。

洪武元年(1368)六月初一,徐达到开封见朱元璋。朱元璋问徐达:"今取元都,计将安出?"徐达回答:"臣自平齐鲁,下河洛,王保保逡巡太原,徒为观望,今潼关又为我有,张思道、李思齐失势西窜,元之声援已绝。臣等乘势捣其孤城,必然克之。"

朱元璋充分肯定了徐达的意见,接着嘱咐了一番:"北土平旷,利于骑战,不可无备",大军只要"直捣元都,彼外援不及,内自惊溃,可不战而下"。

徐达回答:"臣虑进师之日,恐其北奔,将贻患于后,必发师追之。"朱元璋却说:"元起朔方,世祖始有中夏,乘气运之盛,理自当兴。彼气运既去,理固当衰。其成其败,俱系于天。若纵其北归,天命厌绝,彼自澌尽,不必穷兵追之。但出塞之后,即固守疆圉,防其侵扰耳。"

他的态度很明确,如果元顺帝北遁沙漠,明军不需要继续追杀,但要固守住长城边塞,防止元军向南侵扰。这个时候的朱元璋,好像已经准备接受一个身处草原的蒙古政权,只是希望蒙古臣服于大明。

洪武三年(1370)四月,回到北方草原两年的元顺帝病死在应昌,庙号为惠宗。顺帝之号,为明太祖朱元璋所加,他认为妥欢帖睦尔在明军兵临元大都时,能够"顺天命"而撤回草原,故特意加号"顺帝",后世也就称其为元顺帝。这一点显示了朱元璋在这个时期对北元的态度。

明代早期的长城相对简单,工程主要是在北齐长城的基础上增建烟墩、戍堡、关塞和壕堑,局部地段将土垣改成石墙。朱元璋命

长城：追问与共鸣

徐达修建了居庸关、山海关等关隘，命冯胜修建了嘉峪关及西北的部分关隘。

农耕文明与游牧文明的关系在明代进入一个新的阶段。整个明朝，长城地区展开的碰撞与融合都是围绕着与蒙古部族的关系而进行的。明代晚期，才有了与女真政权的冲突。

明长城的历史，就是明蒙关系的缩影。在明朝二百七十多年的历史中，明蒙关系多有变化，大致可以按时间、战与和的形势，分为三个时期。

明初为第一个时期，洪武到宣德年间。这个时期，政治和军事力量逐渐走向强势，基本压制住了北方蒙古势力。此阶段虽然也增修居庸关、山海关、嘉峪关等关隘，但还未形成完整的长城防御体系。

特别是永乐年间，朝廷执行的主要是征伐立威的军事战略，对蒙古采取强势的进攻。明成祖朱棣五次亲征漠北，虽然并没有取得歼灭性的胜利，但还是在一定程度上削弱了蒙古势力。同时，明朝利用瓦剌和鞑靼都想借助其力量打击对方的需求，采取支持一拨、压制一拨的做法，分化瓦解双方。

明成祖另一个重要措施是迁都北京，后世称此举为"天子守边"。北京距离长城很近，定都北京后可以更便捷地管理和调动戍守在长城区域的军队。其实，朱元璋晚年就曾经有过迁都北方的考虑，曾派太子考察过。明朝于永乐十九年（1421），正式将都城从南京迁至北京，从此之后北京成为明清两代的都城，今天的故宫也成为先后有二十四位皇帝居住和执掌天下的皇宫。

永乐帝在位二十二年，六十四岁结束了威武的一生。他选中的继承人长子朱高炽，为永乐帝和徐达的女儿所生。新皇帝在位仅十个月，还没来得及有所作为就离开了这个世界。永乐帝的孙子继位为宣德帝，那一年他二十八岁。

第九章　明长城走向鼎盛的背景

宣宗时期对明成祖的边疆政策作了大调整，减缓了对蒙古各部的军事压力。经过六十多年的调整，明蒙之间朝代更替中新旧王朝的政治仇恨，逐渐转变成为农耕王朝与游牧政权的长期对峙关系。《明史纪事本末·仁宣致治》记载，明宣宗认为对蒙古诸部的做法是"驭夷之道，毋令扰边"，从而采取了节制用兵、防御为主的策略。

这个时期加强了长城地区的防御建设，北方边境比较平静。在永乐帝的征讨下，蒙古部落之间造成的严重对立，使得长城地区相对较为稳定。阿鲁台领导东蒙古人，脱欢领导西面的瓦剌诸部落，东西蒙古部落之间连年发生战争。此时，阿鲁台还受到东部的朵颜诸卫蒙古人的挑战，无暇顾及中原。

在北征胜利的局面下，永乐帝为何要建设长城防御体系，布局长城地区的军镇建设？

战争不仅是一场战斗，即便是进攻性的战争，即便在军事打赢了的情况下，也必须考虑战争之后长城区域的整体控制问题。否则，很可能发生防御失控的局面。

二　明中期防蒙古诸部南下抢掠

明中期是明蒙关系的第二个时期，即正统年间到隆庆和议阶段。蒙古各部族经过几十年的整合，军事力量有了很大的恢复，甚至在一些时候接近统一的蒙古各部，对明朝构成了极大的威胁。而明朝却越来越外强中干，战斗实力早已经没有了明初的强悍。

《明经世文编》记载，宣宗之后明长城地区"老将宿兵消亡过半，武备渐不如初"。正统年间皇帝年少，宦官揽权，贪赃枉法，滥杀无辜，一些官吏逢迎权势，夺占良田，朝政日趋混乱和黑暗。《明

177

会要·职官十》记载，与之相应，体现在国家边防上为"正统以后，边备渐弛"，"天下无事，民不知兵，而武备尤废，所以十四年有土木之厄"。

"土木之变"是明英宗朱祁镇被蒙古瓦剌部所俘，使明朝几近于崩溃的历史事件。英宗皇帝被俘的土木堡，在今河北省怀来县城东南的官厅水库北岸。

宣德十年（1435）正月，太子朱祁镇继位时年仅七周岁，由张太皇太后垂帘听政。内阁杨士奇、杨溥、杨荣辅政，史称"三杨"。到正统七年（1442），张太皇太后去世，三杨也因病老，先后淡出政治舞台。英宗年幼，缺乏主见，开始依赖他的老师、心腹太监王振。

"土木堡之变"发生于明朝正统十四年（1449）。蒙古瓦剌部太师也先，以明朝减少赏赐为借口，兵分四路，大举南下进攻明朝。王振不顾朝臣反对，鼓励年少又不懂军事的英宗朱祁镇御驾亲征。七月，英宗命弟弟郕王朱祁钰留守京城监国，自己则率三十万大军御驾亲征，北出居庸关，随征的还有英国公张辅、兵部尚书邝野、户部尚书王佐及内阁大学士曹鼐、张益等文武官员。

大军浩浩荡荡出居庸关，经过怀来到达宣府。时逢阴雨连绵天气，将士在大雨中行军很是艰难。加之仓促出征造成后勤补给问题严重，军队还未抵达前线，军中已经开始缺粮。这个时候明朝君臣都还没有意识到，此次军事行动可能要铸成大错。

八月初一，大军抵达大同，王振踌躇满志，还想继续北上，遭到了众臣的抵制。前方不利的战报接连不断，根本不懂军事的王振手足无措，不知如何是好。连续数日，明军一再败退。王振害怕了，决定撤兵。

初十日，大军抵宣府。十三日下午，英宗车驾行至土木堡。十四日，也先的先头部队赶到了，土木堡被包围起来。土木堡地势较高，附近没有水源，又正当敌人进军的要冲之路。附近的河流被也先的部队控制了，明军的人马饥渴难耐。对英宗来说，更悲痛的事情是瓦剌军发起攻击时，明军的将士们争先奔逃，即刻溃不成军。

大臣和侍卫等数百人战死于乱阵之中，王振本人也被愤怒的明军将领杀死。几十万大军全军覆灭，大量的器械、粮草等辎重，全部落入敌手。最后，惊惧惶惶中的明英宗也被瓦剌军俘获。从英宗御驾出征到惨败，乃至被瓦剌军俘获，仅发生在一个月的时间里。

"土木之变"使明蒙之间形势虽发生很大变化，但明朝仍属于较强的一方。至宪宗继位，明朝已经积弊日深。宪宗朱见深，严格地说是一位好皇帝。他不满两岁，就被立为太子。"土木之变"后叔父朱祁钰即帝位，于景泰三年（1452）将其废为沂王。景泰八年（1457），英宗发动"夺门之变"成功复辟，清洗了一批景泰朝的大臣，包括"土木之变"时主持北京保卫战，后来加强长城防御建设的有功之臣于谦。

"夺门之变"最受益的是朱见深，他的太子地位得到恢复。天顺八年（1464）正月明英宗病重，皇太子朱见深在文华殿摄政。二月二十三日明英宗驾崩，皇太子继位，改年号为成化。

朱见深即位之初，平反于谦等人的冤案，并任用贤明的大臣治国理政，使社会经济有所复苏。中后期却设置西厂，太监汪直担任提督，出现了奸佞当道的局面。

成化年间，首先在陕西开始大规模修建连绵的长城墙体，弘治年间继承了这一做法。弘治年间孝宗朱祐樘是一位宽厚仁和的明君，通过惩治奸邪而涤荡污浊，使成化朝的腐败情形得以改观。打击贪腐是能实现"弘治中兴"的关键所在，若民心尽失别的也就都无从谈起。

这个时期最大的军事成就是击败吐鲁番，收复嘉峪关以西的土地。就整个长城区域的军事形势而言，明蒙关系日趋紧张，军队战斗力却没有得到加强，只好以"守为长策"作为朝廷的国防战略。成化、弘治时期，对蒙古各部的大规模征战基本没有过，"捣巢"行动算是一种最积极的进攻。

明朝为了应对北部边疆严峻的军事形势，采取了一系列措施。其中有被动行动，也有主动举措。捣巢则是其中一项重要内容，亦是明朝在边地采取的积极的军事行动之一。

捣巢行动是利用骑兵的机动性，乘敌后方空虚之时对其驻牧地进行快速精准的打击行动。《皇明经世文编》有云："虏于一边入，每远徙各边畜牧帐房以防我之贼牵于东，则西兵侦探虏帐之远近虚实，而遣死士以捣其巢穴。贼牵于西，则东人侦探虏帐之远近虚实，而遣死士以焚荡其种孳产蕃。"

进入嘉靖年间，连捣巢这类的袭击都少了。自此以后，长城越修越多，发生在长城各镇的战争也越多。在蒙古族的力量有了较大的发展时，明朝针对国势日衰的形势，为遏阻剽悍、勇猛的蒙古骑兵南下，投入了更大的力量来修缮和加固长城，使原先不相连接的关隘和长城连接起来。

明朝全线连接的长城防御体系，基本上就是在成化至嘉靖年间形成的。这个时期，对明朝威胁最大的是达延汗，他统治蒙古各部四十多年，《明史》称达延汗为小王子。

达延汗是蒙古部族退居草原之后的"中兴之主"，借助成吉思汗黄金家族的威望和军事实力，基本做到了重新统一蒙古各部。数十年间，达延汗意欲重振蒙古，多次率军或派兵攻掠明宣府、大同、固原、宁夏、榆林等镇。

达延汗生于天顺八年（1464），这一点在史学界基本没争议，但其卒年却争议很大。《蒙古黄金史》记载其"四十四岁崩"，据此其卒年应为明正德三年（1507）。这显然不对，嘉靖初年还有很多关于达延汗活动的记载，另外这与达延汗最小的几位子女的生年也不符合。

《蒙古源流》记载达延汗卒于嘉靖二十二年（1543），享年八十岁，这个说法也不对。在明朝和朝鲜李朝的历史文献中，从明嘉靖六年（1527）起基本上就没有达延汗确切的活动记载，所以有研究者推断《蒙古黄金史》所说的达延汗"四十四岁崩"，可能为"在位四十四年"之误。这样算来，达延汗的卒年应在明嘉靖四年（1525）左右。

达延汗死后，蒙古重新陷入了分裂割据的状态。达延汗的长孙卜赤虽继蒙古可汗位，但实际上只能统治他自己的割据范围——蒙古左翼地区。达延汗的第三个儿子阿勒坦汗势力日盛，成为蒙古族中有影响的人物，中原史书上多称其为俺答汗。

俺答汗是长城史上一个极重要的人物。他主政的前期是明蒙战争最激烈的时期，后期则是明蒙走向休战的时期。战争多次震动京师，战与和主要都是围绕着明朝的开市与闭市而展开。

俺答为明蒙危机焦虑，为草原牧民生活的困苦忧心。他认识到只有走通贡互市之路，才能稳定而大量地获取中原的农业及手工业物资，保证稳固的畜产品销售市场，进而巩固并壮大自己的势力。

《万历武功录·俺答列传上》记载，嘉靖十三年（1534）四月，"俺答挟众欲入贡"。《明世宗实录》记载，嘉靖二十年（1541），俺答汗派石天爵等人至大同阳和要塞，请求通贡互市：

> 北虏俺答阿不孩遣夷使石天爵、肯切款大同阳和塞求贡，言其父諲阿郎在先朝常入贡，蒙赏赉，且许市易，汉达两利。近以贡道不通，每岁入掠。因人畜多灾疾，卜之神官，谓入贡吉。天爵原中国人，掠居房中者，肯切系真夷，遣之同来。果许贡，

当趣令一人归报，伊即约束其下，令边民垦田塞中，夷众牧马塞外，永不相犯，当饮血为盟誓。否，即徙帐北鄙，而纵精骑南掠去。

巡抚大同都御史史道也认为通贡是一件双赢的事，他将俺答汗的求贡之请上奏朝廷，并说道："虏自弘治后不入贡且四十年，而我边岁苦侵暴。今果诚心归款，其为中国利殆不可言。第虏势方炽，戎心叵测，防御机宜，臣等未敢少懈。乞亟下廷臣议所以待之者。"但嘉靖皇帝和严嵩武断地以"寇情多诈"为由，拒绝了俺答汗通贡互市的合理要求。

更为荒唐的是，大同巡抚竟然捕杀了俺答汗的使节。朝廷对蒙古部族进攻的解决之道是给出极高的赏额，悬购俺答汗的首级，而这是为了报复俺答汗一年之内多次攻入长城，掠杀长城内边民二十多万的行为。结果问题非但没有得到解决，冲突反而更加地剧烈。

在俺答求贡而不得获准、双方军事冲突日趋严重的情况下，《明史·兵志三》记载，翁万达向朝廷提出加强防务、修缮长城的请求，得到嘉靖皇帝的批准。翁万达于嘉靖二十五年（1546）至二十八年（1549）这四年间，重新修筑了大同镇、宣府镇长城的主要部分。

长城是修了，北边却并未因此安定。俺答汗的领地原在河套以北大青山一带，后来占据了河套地区作为放牧之地。河套地区东面紧邻大同镇，南面为榆林镇和固原镇，西面为宁夏镇。俺答汗占据河套后，严重地威胁着明朝长城防御线的安全。明廷拒绝与俺答汗的互市，除了想从经济上控制蒙古族俺答部的发展外，与俺答部给明朝造成的军事压力也有一定的关系。

到了嘉靖二十九年（1550）夏，明蒙战争发展到了极点。俺答集合十余万蒙古骑兵，准备再大举南下。这时靠贿赂严嵩而官居大

第九章 明长城走向鼎盛的背景

同总兵官的仇鸾，恐惧万分，竟派人送重金贿赂俺答，求他不要进攻大同镇，俺答收受了重贿，便移兵进攻宣府镇、蓟镇。

嘉靖二十九年八月十四日，俺答率部顺潮河南下，攻打古北口。古北口正面城防坚固，俺答派出数千骑兵从正面诱战古北口守兵，另遣一支精兵由黄渝沟拆长城绕至古北口后，明军腹背受敌，不战自溃。

十六日攻进长城，当天俺答乘势南下经密云打到怀柔和顺义境内。八月二十日，俺答军经通州直接打到京城门口。京城守军号称有十四万之众，其实因各级将领冒领饷额，虚报兵员，实有兵数不过五六万人。

俺答仅七百余骑前锋，就在京郊横冲直撞，大肆杀掠。百姓逃涌京城避难，而京城却九门紧闭，不许城外的溃军和老百姓进城。兵临城下的蒙古骑兵，大掠居民，焚烧庐舍，大火日夜不绝，百姓号哭之声震天。

嘉靖皇帝催促诸将出城作战，而严嵩等投降派却执行"饱将自去，惟坚壁为上"的失败主义方针，听任俺答兵在城四周滥肆掳掠，不敢出战。俺答兵围京城三天，在城外抢掠大量财物、牲畜及人口。

面对俺答汗大军束手无策，躲在宫殿里的皇帝只好先答应开放互市。俺答仅得到口头承诺，就撤走了包围京城的大军。二十三日俺答从古北口原路出长城，满载而归地退回到草原。历史上把这次发生在庚戌年俺答南下掳掠的事件称作"庚戌之变"。

俺答退回河套地区的第二年，又派其子投书明廷请求通贡互市。俺答在军事上占有优势的情况下，仍主动提出罢兵，请求通贡互市，其意真诚可见，这次嘉靖皇帝批准了俺答的请求。

当年春明廷派兵部侍郎史道赴大同主持其事，先在大同镇，然后又在延绥镇开放一年两次的马市。明朝若能利用此契机调整明蒙

183

长城：追问与共鸣

关系，创造和平环境，恢复和发展经济，应该是一件好事。

可惜不是这样，这件事好景不长。俺答又向明廷提出，蒙古族富人能以马易帛，而穷人没有马，希望能以牛羊交换粮食。这本来是一个很合理的要求，史道个人也同意这么办。但上报后未获得朝廷的批准，俺答兵又开始骚扰诸边。

嘉靖皇帝又听从严嵩的主意，全面叫停了马市贸易。这样一来，俺答与明朝再次陷入长期的武装冲突之中，此后二十年，俺答连年南下掳掠，使长城沿线地区的百姓深受其害。明朝军费开支激增，财政入不敷出。虽不断地修筑长城，但长城防线并未起到有效的防御作用。

"隆庆和议"是明蒙关系的转折点，战与和由此而分。嘉靖四十五年（1566）十二月，嘉靖帝驾崩，裕王朱载垕即位，改元隆庆。隆庆帝登基后立即纠正嘉靖朝的弊政，为以言获罪的诸臣平反，健在的重新召用，死去的抚恤家属并录用其后人，同时免除了次年的一半田赋及嘉靖四十三年以前的所有欠赋。

隆庆帝不是一个雄才大略的皇帝，但却能从善如流。隆庆和议就是在这样的背景下发生的，事件由把汉那吉于隆庆四年（1570）冬降明所引起。一场大规模的血战似乎已经不可避免，形势到了一触即发的地步。

把汉那吉是俺答汗的孙子。《明史·鞑靼传》记载："俺答有孙曰把汉那吉者，俺答第三子铁背台吉子也，幼孤，育于俺答妻所。既长，娶妇比吉。把汉复聘袄儿都司女，即俺答外孙女，貌美，俺答夺之。把汉恚，遂率其属阿力哥等十人来降。"现在蒙文文献《阿勒坦汗传》中的记载，已经证明《明史·鞑靼传》的三娘子是俺答汗外孙女之说是错误的。

而且，那个导致把汉那吉降明的也不是三娘子。在把汉那吉因婚姻挫折而离家出走的前两年，即隆庆二年（1568）"戊辰年，俺答汗携贤惠之钟金哈屯往征卫拉特之民"，蒙文《阿勒坦汗传》的这条记载说明，导致把汉那吉降明的或许是另外一个女人。

宣大总督王崇古和大同巡抚方逢时对把汉那吉以礼相待，并迅速上报朝廷。在给皇帝的奏疏中，他们提出：把汉那吉归附明朝，应该封官晋爵。如俺答汗来要还孙子，则以投靠俺答汗的汉人赵全等作为交换条件。在内阁大学士高拱、张居正的积极支持下，隆庆皇帝批准了王崇古等人的建议，授予把汉那吉指挥使的官职。

明蒙敌对关系，终因俺答汗之孙把汉那吉投奔明朝事件得到妥善解决，同时促成了明朝同俺答汗的议和。在这件事上，刚入阁不久的张居正立有首功。

张居正是明史上非常重要的人物，有必要多说几句。他二十三岁考中进士，四十二岁那年任吏部左侍郎兼东阁大学士，进入内阁，参与朝政。几个月后又改任礼部尚书、武英殿大学士，后迁任内阁次辅，为吏部尚书、建极殿大学士。四十七岁那年，万历皇帝登基后，张居正成为首辅。

张居正是改革派，力挽明蒙危机狂澜，化干戈为玉帛于长城内外。他的改革还一举扭转了积重难返的财政危机，为万历朝经济发展打下了良好的基础。

历史上很多人认为张居正道德上有严重缺陷，奸臣严嵩当政时很赏识张居正，徐阶当政时也很看重张居正，高拱成首辅后和张居正关系也很不错。张居正是一个典型的左右逢源的政客，最终在李太后与司礼监太监冯保的支持下，用不正当手段整掉高拱，攀登上权力的最高峰。

有些人对张居正的批评过于偏激。奸臣严嵩当道之时，张居正没有为虎作伥，更没有助纣为虐。从这一点来说，他就是一个好人。

长城：追问与共鸣

张居正以踏踏实实的工作，赢得赏识，不是坏事。不管谁当政，他若不收敛锋芒，韬光养晦，早被整死了。若真如此，还怎么会有后来的文治武功？

坏人当道，也需要能干的人做事。只是各人做事不一样，好比下棋，有人走一步看一步，有人却走一步看五步，甚至看的步数更多，这或许就是运筹帷幄。不能用政治正确的思维去理解一个政治家，这也正是人生和社会的复杂性。

把汉那吉回到草原，俺答汗派人缚送赵全等叛人首领赴京，同时又一次提出互市的要求。隆庆五年（1571）三月二十八日，隆庆皇帝下诏封俺答汗为顺义王，三娘子为忠顺夫人，其子弟亦各封官职。此外，明朝还批准了双方的通贡互市，史称此事为"隆庆和议"。

隆庆和议之后，在俺答汗和三娘子的主持下，蒙古各部很少再对长城以内进行较大规模的扰掠。明蒙矛盾虽有所缓解，但对明朝来说有备无患，加强北部边地的防御依然十分必要。

明朝在隆庆和议前，为加强长城防御线的防务，已经调原两广总督谭纶和福建总兵戚继光先后到北方，通过练兵提高了长城防御军队的作战能力，在长城骑墙上建筑大量空心敌楼，加强了长城防御体系的稳定性。

蒙文《阿勒坦汗传》所站角度立场虽然都不同，但也认为停止战争是一件双赢的事。"可汗为首三万户诺延提其所好时，给与多种奇异的封赏不可计数，年年月月不断贡我所需，令人满足称心如意"，"此次会盟中为消弭对和局的疑虑，蒙汉两大国一再聚会，洒酒祭祀共同说誓于长生天，从此和局确立之情如此这般"。

另外，也要讲一讲三娘子这位蒙古巾帼英雄。《明经世文编》收录的涂宗俊《料理驭虏琉》中评价三娘子"聪慧善谋，兵权在手，上佐虏王，下抚诸部，令无不行，禁无不止"。

第九章　明长城走向鼎盛的背景

　　明朝嘉靖二十九年，三娘子出生于土尔扈特部落首领之家，为黄金家族嫡系后裔。父亲给这个女儿取名为"钟金"，意为高贵显赫。三娘子嫁给俺答汗后，被称为"钟金哈屯"，哈屯是大汗的夫人。她之所以被称为三娘子，因为其为俺答的第三位夫人。三娘子嫁给俺答汗后，正值明蒙关系最紧张的时期。她经历了明蒙双方从战争到和平的发展过程，在其中也发挥了重要的作用。

　　万历十年（1582）春，俺答汗逝世后其长子黄台吉继承

明代三娘子壁画

汗位。依照蒙古族转婚制习俗，他可娶三娘子为妻。手握兵权的三娘子，不喜欢丈夫的这个大儿子，她率领一万精骑出走，明确表明拒绝嫁给新可汗的态度。

　　朝廷深知三娘子对明蒙关系的重要性，速派大臣郑洛去劝说三娘子要顾全大局。三娘子出于对朝廷的尊重和利益的权衡，最终同意与黄台吉成婚。黄台吉被朝廷册封为第二代顺义王，三娘子也再次被封为忠顺夫人。

　　明万历十三年（1585）黄台吉病逝，其长子扯力克继任可汗，三十七岁的三娘子将王印传与扯力克，以年岁渐老为由筑城别居，而扯力克也不想娶三娘子。朝廷为稳定长城地区，派人规劝扯力克说："夫人三世归顺，汝能与之匹则王，不然封别属也。"

187

于是，扯力克只好选择与三娘子合帐成婚。两年后，扯力克正式继承顺义王位，三娘子也第三次被诏封为忠顺夫人。这时三娘子的地位更高了，朝廷明确规定，凡顺义王报给朝廷的公文，都要有忠顺夫人的共同签署才有效。

万历四十一年（1613）四月，六十四岁的三娘子因病去世，被安葬在美岱召内，蒙古语"美岱"意为弥勒。美岱召是俺答汗和三娘子的"皇城"，又是一座"城寺结合，人佛共居"的喇嘛庙。三娘子墓为太后庙，位于大雄宝殿东北方。太后庙内有明代绘制的俺答汗及三娘子的画像。

明人对三娘子的评价非常高。赵士吉在《北虏三娘子传》中形容三娘子："勒精骑，拥胡姬，貂帽锦裘，翱翔塞下"。《万历武功录·三娘子列传》说"始封事成，实出三娘子意"。《罪惟录·三娘子传》也评价说"得三娘子主市，可以宁边"。

《明神宗实录》记载巡按直隶御史黄应坤巡边，向朝廷奏报，隆庆和议之后"朝廷无此后顾之忧，戎马无南牧之徼，边氓无杀戮之残，师旅无调遣之劳"。明蒙双方和议之后，和平的形势越来越明朗。

不打仗符合长城内外双方的利益，在《玄览堂丛书》中收录的《北狄顺义王俺答谢表》中，俺答说："各边不许开市，衣用全无，毡裘不奈夏热，缎布难得，入边作歹，虽常抢掠些须，人马常被杀伤。爨无釜，衣无帛。"由此可见，双方和平贸易是农牧民过好日子的基础。

明蒙关系的第三个时期，是隆庆和议之后到明末为止。这一时期，明朝和蒙古方面达成和解。在经济方面互市交流，在军事上保持相对和平。万历年间修建的长城最多也最好，但基本上都是万历前期张居正主政前后所建。明蒙关系一直较为和谐，消耗国库很大的"万历三大征"，只有宁夏之役属于长城地区的战争。

"万历三大征"的价值和意义,史学界多有不同意见,但不管怎么说明军还是胜利了。万历四十七年(1619)的萨尔浒之战,却是以明军的大失败而告终。这场战争的失败,使强盛的王朝开始走上了灭亡之路。《明史·神宗本纪》说"故论考谓:明之亡实亡于神宗"。其实这只是看到了表面现象。

清乾隆帝题明长陵神功圣德碑,才真正说到了点上。乾隆认为"明之亡非亡于流寇,而亡于神宗之荒唐,及天启时阉宦之专横,大臣志在禄位金钱,百官专务钻营阿谀。及思宗即位,逆阉虽诛,而天下之势,已如河决不可复塞,鱼烂不可复收矣。而又苛察太甚,人怀自免之心。小民疾苦而无告,故相聚为盗,闯贼乘之,而明社遂屋。呜呼!有天下者,可不知所戒惧哉?"可惜的是,乾隆所说的这个问题,到了清末再次成为社会的顽疾。

萨尔浒之战后,长城防御对象也发生了根本性的变化,迅速转移到防御女真人建立的政权后金及后来的清。防御蒙古和女真,在方式上似乎一样,形势上则迥然不同,甚至截然相反。

三　明末长城防御后金战略进攻

明十三陵中最小的一座皇陵是明思陵,葬着明朝最后一位皇帝——崇祯帝朱由检,还有皇后周氏、皇贵妃田氏。毫无疑问,这位皇帝是一位悲剧性的人物。他的一生是痛苦的和苦难的一生。

思陵只有享殿三楹,三间配殿,这样的规模与其他任何陵墓相比,不是小而是非常简陋。为什么会这样?因为这本不是崇祯皇帝的墓地,而是为贵妃田氏所建。勤政的崇祯帝在位十七年,并没给自己建造陵寝。

长城：追问与共鸣

崇祯十七年（1644）三月十八日的晚上，几天前攻进长城的李自成起义军攻进了京城。三月十九日，崇祯帝带着几个誓死相从的太监，在煤山一棵歪脖树上自缢而亡。临死之前，他在衣襟上写下遗嘱："朕死，无面目见祖宗，自去冠冕，以发覆面，任贼分裂，无伤百姓一人。"

崇祯帝是一个勤政的皇帝，史载其"鸡鸣而起，夜分不寐，往往焦劳成疾，宫中从无宴乐之事"。他在位的十七年，一方面表现出志向远大、励精图治，另一方面又显得治国无谋、任人无术。

《明史》对崇祯帝的评价是："性多疑而任察，好刚而尚气。任察则苛刻寡恩，尚气则急遽失措。"在位十七年间，说不清他换了多少大臣、将军，据有人统计仅内阁大学士就换了五十个之多。崇祯帝本来期盼着明朝能在他手里再次"中兴"，结果却是以一败涂地而落幕。

李自成在出发去攻打驻守在山海关长城的吴三桂之前，令昌平州官吏打开田贵妃的墓穴，安葬了崇祯皇帝和周皇后。《清世祖实录》记载，顺治元年（1644）五月，清廷将葬有崇祯帝后的田贵妃墓更名为"思陵"，下令以礼改葬崇祯帝后，营建思陵建筑。

从万历四十六年（1618）四月努尔哈赤起兵反明，到清顺治元年五月清廷礼葬明朝最后一个皇帝，短短的二十六年时间发生了翻天覆地的变化。在这二十六年里，明代长城的防御对象就是崛起于东北的女真政权。

居住在东北的女真有建州、海西、东海三大部。建州女真分布在抚顺以东的浑河、苏子河流域，海西女真分布于今松花江流域，东海女真居黑龙江流域。女真人政权不是游牧政权，因为女真人是以渔猎经济为其生产主体类型，兼有农耕、游牧。

明朝从初年开始，对于居住在东北的女真族的统治，通过设置地方军事行政机构即卫所来实现。直到万历十年（1582）之前，辽东一直处于基本稳定的局面。这一年，辽东镇总兵官李成梁出兵支持图伦城主尼堪外兰所在的古埒城。李成梁的部下为邀功，把帮助明朝进城劝降的努尔哈赤的祖父觉昌安、父亲塔克二人一起杀掉了。

建州初设于永乐元年，后逐渐分为建州卫、建州左卫和建州右卫，史称建州三卫。努尔哈赤的祖父、父亲二人，先后任明朝的建州左卫都指挥使等职，是为明朝出过力、立过功的女真族首领。他们被明军误杀后，明朝以努尔哈赤袭父职为建州左卫指挥，以此安慰建州女真人。

二十五岁的努尔哈赤从心里并不买朝廷的账，却也没有任何别的办法。万历十一年（1583）努尔哈赤为报父、祖之仇，以"遗甲十三副"起兵，借助明朝力量，以讨伐图伦城主为名，从而开始征伐女真各部的活动。《清太祖实录》记载，他的策略是"恩威并用，顺者以德服，逆者以兵临"。

万历十六年（1588），努尔哈赤靠武力确定了建州本部的统领地位。这个时期的努尔哈赤，很机智地和朝廷保持着不远不近的距离。不管是建州老营费阿拉城，还是新城赫图阿拉城，都在明辽东镇长城之外不远的地方，可以说是近在咫尺。

努尔哈赤于万历二十一年（1593）统一建州各部，四十四年（1616）完成了包括建州女真、海西女真和野人（东海）女真在内的女真各部的统一，推动了女真社会的发展。

就在这一年，努尔哈赤以赫图阿拉（今辽宁省新宾县西）为中心，建立起来地方割据的大金政权。史称其为"后金"。这一年努尔哈赤改元为天命。此前朝廷一直被蒙在鼓里没觉察，否则努尔哈赤的壮大之路，也不会走得如此从容。

万历四十六年（1618）四月，努尔哈赤以"七大恨"为名誓师，

191

向明朝正式宣战。随之的抚顺之战,打响了后金进攻明长城的第一炮。事已至此,明廷还没有引起高度重视,以为努尔哈赤不堪一击,问题很容易解决。

万历四十七年(1619),明朝派辽东经略杨镐率军东征。杨镐统率十一万大军,分四路向赫图阿拉进发,打算一举消灭后金政权。努尔哈赤倾全部八旗兵六万之众,集中优势兵力,各个击破,在萨尔浒大败明军。

努尔哈赤以少胜多、以弱胜强的萨尔浒之战,第一次改变了明与后金的力量对比。后金从防御转入战略进攻,连陷开原、铁岭诸城。至此,沈阳已经危在旦夕。

为了反明,努尔哈赤除积极修备战事外,对于蒙古各部族,则实行团结的政策,用以壮大自己的力量,巩固后方。努尔哈赤下定了决心,要等待时机对明朝辽东长城防线,发起规模更大,更具有毁灭性打击的进攻。

如何对待汉族民众的问题,特别是居住在辽东境内的汉族知识分子和民众,很考验努尔哈赤的智慧。简单说,努尔哈赤对汉人的政策是"拒敌者杀之,不与敌者勿妄杀"。对不降的汉人,实行野蛮屠杀可以起到威慑作用;对归降的汉人实行"恩养"政策,对更多的人可以起到诱惑作用。

罗振玉在《天聪朝臣工奏议》总结历史经验时曾说:金朝、元朝时,一个少数民族之所以能入主中原,与他们"皆能用汉人"大有关系。努尔哈赤将归降的汉人知识分子和地方官吏,吸纳到后金的政权各机构中,承担起地方管理的责任。

后金向辽沈进军时,又招抚明朝抚顺游击李永芳,两人相见恨晚,"结为心腹"。有军政大事努尔哈赤都请其参与谋划。当时有相当数量断绝功名之路、不满明朝腐败统治的汉族知识分子投奔后金,情愿辅佐努尔哈赤,共谋大业。

努尔哈赤这种对汉人的养民政策和对汉官、汉族知识分子的笼络政策,极大程度地化解了民族矛盾,大大削弱了来自汉族方面的敌对力量,从而使他在反明的战争中减少了不少阻力。

努尔哈赤死后,皇太极即位,改国号为大清。皇太极(1592—1643)是后金第二代君主,清朝第一位皇帝。年轻时便是随父兄从征的骁将,参与后金的各项重大决策,是努尔哈赤开创基业的得力助手。

皇太极即位以后,反思努尔哈赤晚年在辽东实行的屠杀汉人反抗者的政策,承认屠杀汉人是一种错误。皇太极的"良用自悔",改正对汉人的政策,是后金民族政策的重大转变,也为清朝发展成为全国统治政权奠定了政策基础。历史学家对他的这一转变评价颇高。

皇太极登基不久,率领十五万大军再次攻打锦州城,遭到明军的坚决抵抗。此后,皇太极又率军攻宁远,取得对明军的作战胜利后,才开始进入与明朝的议和阶段,议和对巩固后金政权有积极意义。

这个时期,皇太极尚无成为全国统治者的雄心。在与明朝的多次议和及书函来往中,皇太极政治上要求封一王位,经济上要求礼尚往来。关于明朝与后金的分界,皇太极提出:以宁远、双树堡中间土岭为明界,以塔山为后金界,以连山为适中之地,双方俱于此互市。

明朝上下也没有做好接受另一个政权的精神准备,对皇太极的建议表现得不知所措。明廷处于打又打不赢,和又不甘心的摇摆之中。皇太极提出的"议和"及条件,始终未得到明廷的积极回应,致使议和毫无结果。

皇太极与明军在短短几年里交战频繁,战场多在辽东长城之内。此时,辽东长城防线已经为清军所据。在清军军事压力下,明朝的防御只能退守山海关长城一线。皇太极于是制定战略,把摧毁明朝的宁锦防线、占领山海关、进取中原作为军事行动的主要政治目标。

明末,许多名臣良将、封疆大吏被朝廷派往山海关督师、经略,调动重兵,加强防务。兵部尚书熊廷弼、孙承宗都曾先后两次出任辽东督师、经略。天启元年(1621),孙承宗在山海关城东墙之上建"新楼",以加强东部防线。天启二年(1622),孙承宗在南海口城设立龙武营,加强海上防御力量。

为了向辽东、辽西转运大量的军需物资,孙承宗重新修复利用山海关的码头,疏浚海口河道。孙承宗在职四年,练兵屯田,修筑宁远等大城九座,堡四十九座,练兵十一万。

天启七年(1627),后金皇太极率军攻打宁远、锦州,结果兵败而还。皇太极于是改变战法,决定采取扰关内蔽关外、迂回攻明的方略。避开防御严密的宁远至山海关防线,从其他防御相对薄弱的地方进攻长城。

后金第一次进入长城,明称"己巳之变"。崇祯二年(1629)十月,皇太极亲率大军五万向西进发,取道蒙古草原,分兵三路,进攻明长城。左路攻龙井关,右路攻大安口,皇太极自率主力中路军攻洪山口。二十六日,左右两路军相继突破龙井关、大安口。

《明纪·庄烈纪一》载:崇祯二年冬十月"戊寅,大清兵数十万分道入龙井关、大安口。十一月壬午朔,京师戒严,大清兵临遵化"。

后金军攻进长城,直趋遵化,右路军进攻大安口时虽遭明军迎击,最后仍在后金军强攻下失守。在后金军分进合击下,马关营、马兰口、大安营三城也相继失守。山海关总兵赵率教领兵四千驰援,在路途中与后金军相遇,竟也全军覆没。

各路后金军会师遵化后,一路势如破竹,兵临北京城下。十一月十八日,攻德胜门,崇祯帝急调袁崇焕增援。崇祯三年(1630)

正月，皇太极挥师东撤，从冷口（今河北迁安东北）安全返回沈阳。

崇祯九年（1636）也就是后金天聪十年的四月十一日，这一天在中国历史上很重要。沈阳皇宫大政殿举行了皇帝登基大典，皇太极改国号"大金"为"大清"，改年号"天聪"为"崇德"。一个充满豪情的王朝，在一片灰暗的明王朝的凄然挣扎中诞生了。

清军第二次攻入长城，明称"丙子虏变"。崇祯九年（1636）五月，皇太极命贝勒阿济格率八旗兵十万人，攻入长城独石口，进逼京畿。七月，清军抵延庆，入居庸关，直奔昌平。七月初三日，京师宣布戒严，兵部紧急征调各路勤王兵入援京师。八月，清军猛攻昌平，明守军力不能支，昌平城被焚。随后清兵连续攻陷良乡、清河、顺义、怀柔、宝坻、房山、涿州、文安、永清、雄县等城。

清兵这次突破长城关隘直逼京师，造成明朝举朝震惊，君臣陷入一片慌乱之中。自从"己巳之变"以后，东北边防相对较为平静。崇祯没有想到，清兵竟以迅雷不及掩耳之势，再次打到京城附近。

还好，满朝文武虚惊一场，清军这次没有围攻京城。九月一日，清军携带所虏大批财物由冷口出长城。清军此次攻入长城，历时四个多月。在京畿地区，打了大小五十余仗全部告捷，俘掠大批人畜及各种物资。

清军第三次攻进长城，明称"戊寅虏变"。至此，一而再，再而三，长城已经不是阻挡清兵的关键所在。崇祯十一年（1638）八月，皇太极采用声东击西的战法，命令多尔衮、岳托率师分道出征。岳托率右路军先抵长城关口墙子岭，从长城豁口处突入。墙子岭守将吴国俊率部仓促迎战，战败逃往密云。蓟辽兵部右侍郎吴阿衡率骑兵相援，战败被杀。

多尔衮率左路军由董家口和青山口之间毁长城而入，由于青山口明军已增援墙子岭，多尔衮得以乘虚攻入青山口，一路如入无人

195

之境，直抵通州。十月，京师再次实行戒严。

明朝急调各处兵马勤王，入卫京师。此时，崇祯皇帝只剩下这种没有办法的办法了。崇祯帝意欲与清议和，却又顾虑重重。他内心的感觉是怎么做都不对，打的时候留着和的后手，和的时候留着打的后手。

崇祯帝命令宣大总督卢象昇统帅各路军抵抗清军的同时，又密令大臣杨嗣昌、宦官高起潜暗中牵制卢象昇。结果卢象昇战败阵亡，高起潜不但坐视不救，反而在得知卢军兵败的消息后仓皇逃跑。

清军长趋深入，连下畿辅州县城四十三座。清军绕过明军德州防线，直指山东，攻陷济南，俘虏了德王朱由枢。崇祯帝急调在河南、陕西镇压农民军的洪承畴、孙传庭各率五万兵入援山东。

皇太极为牵制明军，策应关内作战，亲自率清军进攻锦州、松山。崇祯十三年（1640）三月，清军才经长城青山口返回沈阳。清军入关历时八个月，深入内地二千余里，攻掠河北、山东城邑七十余座，明军始终处于被动挨打的地位。

同年三月，皇太极命令多尔衮、济尔哈朗围困锦州。次年三月，加强锦州攻势，并占领外城。明朝派洪承畴率十三万大军救援锦州。清军在松山、杏山之间歼灭明军五万余人。崇祯十五年二月，清军攻下松山，俘虏总督洪承畴，锦州陷落。

清军第四次入关，明称"壬午之变"。崇祯十五年十月，皇太极命阿巴泰为将，率师十万再次攻明关内，进一步削弱明朝国力。清军分兵两路攻破长城后，很快会师蓟州（今天津蓟州区），然后再次杀向山东，沿途城堡相继失守。清军大掠山东后，又返回直隶。第二年五月，清军攻破明朝八十八座城邑之后，从墙子岭出长城，返回关外。

清军前后四次攻入长城，长驱直入河北、山东、山西等地，几次进逼京郊。终因山海关长城防线控扼其间,内可断其归路,使清军内外声势不接,不得不在骚扰掳掠之后退出长城。

皇太极先后多次派大军攻进长城,甚至深入到中原地区,造成巨大的破坏。李治亭的《努尔哈赤与皇太极亡明辨》写道:"计五次所掠,人口达百余万,牲畜无数,掠黄金、白银更以千万两计,致使京师以南地区'民亡十之九',行程千里,'一望荆榛'"。

清军发动的是以破坏和掠夺为目的的战争,极大地消耗了明朝的经济实力和有生力量。皇太极将这一战略比喻成"伐大树"。《清太宗实录》记载:"取燕京如伐大树,须先从两旁斫削,则大树自仆。"

从神宗后期至崇祯朝,明朝为加强辽东长城的防御,阻止后金的进攻,筑城堡,修工事,运粮饷,派重兵,几乎耗尽了国家的财政。为支付辽东巨额军费开支,明朝屡次向全国额外加派税额,名曰"辽饷"。

"辽饷""剿饷"与"练饷"合称"三饷",对社会经济破坏极大。在这三座大山的压迫之下,农业生产急剧下降,百姓的生活苦至极点。明与清的战争及与农民军的战争加速了明朝社会经济的崩溃。

清军在长城沿线的对明作战,对李自成农民军可以说生死攸关。明军分内外两线作战,

长城的沧桑美

长城：追问与共鸣

内线是对李自成等农民军，外线是对清军。特别是当李自成的农民军溃败之时，皇太极发动的几次对明进攻，都不同程度地缓解了农民军的压力。

崇祯十七年（1644）三月十九日，李自成统率农民军攻占北京，结束了明朝二百七十六年的统治。清朝摄政王多尔衮在明朝宁远总兵吴三桂的请求下，以"除暴救民，灭贼以安天下"（《清史稿·多尔衮传》）为号召，四月二十二日与李自成的十余万农民军在山海关附近激战。五月二日，多尔衮率领清军进入北京城。

崇祯帝以令人悲哀的方式，结束了自己痛苦的一生。李自成则一步失误全盘皆输，死无葬身之地。明朝末年的失败与明廷内部的"党争"及宦官专权有很大的关系。李自成的失败，在于胜利来得太容易，以致从思想到组织根本没有做好执政的准备。

时光流逝，一个旧王朝结束的同时，一个新王朝诞生了。在这场博弈中，皇太极是最大的赢家。他笑了，并且一直笑到最后。这一年的十月初一，清顺治帝穿越长城，浩浩荡荡地从盛京迁都北京，建立了统治全国的政权。

第十章　明长城的修建与戍防

没有到过长城的人，想象长城就是照片中的样子。你真的走进长城才会发现真实的长城与照片中的不同，就如同照片中的人和活生生的人，给你的感受肯定是不同的。

如果去过长城，你就会发现，不同地方的长城，不同季节的长城，甚至是一个地方不同角度的长城，给人的感受也都不尽相同。对于这一点，喜欢摄影的朋友，感受是最强烈的。

世界文化遗产长城作为旅游胜地，每年吸引着大量的国内外游人。特别是旅游旺季的时候，长城上游人如织。国外的朋友来到中国，一定会来长城。他们感受长城文化，主要是参观明代的长城。山海关、八达岭、嘉峪关等著名的长城景区，都是明代长城。

在历代长城中最雄伟的建筑是明代的长城，如果没有明代长城，中国古老的长城，虽然仍会是人类的奇迹，但对游人的吸引力恐怕达不到今天的这种程度。

我们需要了解，明代九边长城的修建是一个发展的过程。九边各镇的长城在不同的年代，其军事防御的需要不一样。所以，不同年代长城修建的重点地区也就不同。

一　加强京师防御的蓟辽保定镇长城

蓟、辽、保定长城，指的是蓟镇、辽东镇、保定镇长城。嘉靖二十九年（1550），因明蒙关系急剧恶化，明朝为加强京师周边的长城防御，设置蓟州总督，次年改为蓟辽总督。

蓟辽总督的全衔为：总督蓟辽保定等处军务，兼理粮饷。总督负责节制顺天、保定、辽东三个巡抚，指挥蓟州、昌平、辽东、保定长城四镇的总兵。也就是说，总督全权管理蓟州、保定、辽东军务，镇巡以下官员，悉听节制。

（一）辽东镇长城修建

"辽东"最初只是一个地域概念，以示九州之东那片土地的方位。辽，远也。战国以前，中原人认为东北为"九州"最远的地方，"辽东"意为辽远的东方。

燕国设置辽东郡，首次将"辽东"之概念用于行政区划名称。辽东郡统辖范围为医巫闾山以东，燕北长城以南，朝鲜半岛以西，南到黄海、渤海。这个地区，自古就是用兵打仗较多的地区。

明朝于洪武时期设立辽东都司，朱棣于洪武三十五年（1402）派遣左都督刘贞镇守辽东，《明太宗实录》记载"其都司属卫军马听其节制"。这一年实际上是建文四年，靖难之变结束，朱棣登基后废掉了建文帝的年号。

明《九边图说》议论辽东镇地理形势时写道："辽东全镇，延袤千有余里，北拒诸胡，南扼朝鲜，东控福余真番之境，实为神京左臂。"这段文字中只"神京左臂"四个字，足可以说明此地之重要。

明辽东镇长城，大致可分为辽河西长城、辽河套长城、辽河东长城三大部分。辽东镇长城始建年代，历史文献所载多有不同，其顺序为先辽河西而后辽河套，最后辽河东部分。

1. 辽河西长城

辽河西长城是明辽东镇长城中最早建筑的一段。《明宪宗实录》记载："自永乐中罢海运后，筑边墙于辽河之内，自广宁东抵开原七百余里。"关于这段长城始修于永乐年间，还有其他的文献有记载。

《读史方舆纪要》亦云："永乐筑边墙于辽河内，东西旷绝。自广宁至辽阳，以辽河为津要，秋冬冰结，人马可以通行，易于应援。冰开时为敌所据，则两城势孤，虽有渡船，不能猝济。天顺十一年边臣马文升请复浮桥以联声援，从之。自是常加修治。"

永乐之后，再筑辽河西部长城，为正统七年（1442）之事。说到这次修建长城，有两个人不能不提：一个是提督辽东军务的都御史王翱，一个是辽东都指挥佥事毕恭。

正统七年冬，都御史王翱提督辽东军务，走马上任后发现一个叫毕恭的百户，"有文武才略"，遂向朝廷举荐，提升毕恭为辽东都指挥佥事。在多少人都焦虑地等待提拔之时，毕恭无疑是幸运的。

毕恭就是土生土长的辽东前屯卫（今辽宁绥中县前卫）人，一个普通百户升任正三品的都指挥佥事，可谓是一步登天了，可见王翱用人的魄力之大。

毕恭也不负王翱的赏识，上任后提出安抚士卒，革除奸弊，广开屯田，营建边墙。通过墙、壕将分散的城堡、烽燧连为一体，很好地解决了"守军城堡散落，不相呼应"的问题。

《全辽志·宦业志》在"毕恭"条载："巡抚王公翱荐恭有文武才，由百户举升流官指挥佥事。图上方略，开设迤西边堡墙壕，增置烽堠。兵威大振，虏人畏服。进署都指挥佥事。"

王翱"七年冬，提督辽东军务。翱以军令久弛，寇至，将士不力战，因诸将庭谒,责以失律罪,命左右曳出斩之。皆惶恐叩头,愿效死赎。翱乃躬行边,起山海关抵开原,缮城垣,浚沟堑。五里为堡,十里为屯,使烽燧相接"(《明史·王翱传》)。

毕恭在都指挥佥事的任上,取得了很好的政绩。大约在五年后升任为辽东都指挥使,成为正二品的辽东都指挥使司最高负责人,管理所辖区内卫所及与军事有关的事务。

毕恭还做了一件大事,即编纂印制《辽东志》。这部书是长城研究的重要文献,也是今天可以看到的第一部记述东北地区史的综合性文献。可见其人有着比较深厚的人文修养。

2. 辽河套长城

辽河套长城于明正统二年(1437)始筑。《明孝宗实录》记载:"辽东边墙,正统二年始立。自后,三卫夷人……假以放牧,潜入河套。且边墙阻辽河为固,濒河之地,延袤八百余里。"又载:"辽东边墙自山海关抵开原,延亘二千余里,河西一带随山起筑,多用石砌。"这里的"延亘二千余里",显然已经包括了明长城辽河套部分。

有学者认为,辽河套长城也始建于正统七年。依据是《全辽志·边防志》的有关记载:"国初,毕恭守辽东,始践山因河,编木为垣。久之,乃易以版筑,而墩台城堡稍稍添置。"同书所载,弘治年间巡抚御史李善在奏疏中亦说:"宣德年间,本镇初无边墙时,唯严瞭望,远烽堠。……自毕恭立边后,置之境外,迩来三卫夷人肆意南侵,渐入猪儿山、老虎林、辽河套等处,假牧潜行,伺隙入寇,方为害甚于昔时。……臣虑及此,不能不为之寒心也。计今开复旧路墩、空城堡,瞭守官军往来道里,可减三之二。"

辽河西长城及辽河套长城,弘治、正德、嘉靖年间都曾规模或大或小地修筑过。张鼐于弘治十五年(1502)进按察使,是年秋擢右佥都御史,巡抚辽东,《明史·张鼐传》记载:"筑边墙自山海关迄开原瑷阳堡凡千余里。"

李承勋是明朝的一个廉吏，《明史·李承勋传》评价其"为人有操行，理政不苛刻扰人"。他以右副都御史巡抚辽东时，辽东边备松弛，开原兵马才有名额的十分之二，长城城墙、堡寨、墩台坍塌严重。李承勋上书朝廷，请求修筑长城。世宗批给他国库银四十余万两，完成了长城防御工程的修缮。

李承勋巡抚辽东时，"边垣圮废，夷虏猖獗。题请修筑边墙，自辽阳三汊河北直抵开原，延亘五百余里。崇墉深壕，虏莫敢犯"（《全辽志·宦业志》）。

《开原县志》记载："嘉靖二十八年（1549），巡抚蒋应奎自山海直抵开原，每五里设台一座。历任巡抚吉澄、王之诰于险要处增设加密。每台上盖更楼一座，黄旗一面，器械俱全。台下有圈，设军夫五名，常川瞭望，以便趋避。"

3. 辽河东长城

韩斌，辽河东长城修建的主持者。辽河东长城于成化三年（1467）开始筹划，成化四年（1468）始筑。筹划这件事时，韩斌还是都指挥佥事，充任游击将军。修建长城时，他已经改任为辽东副总兵。这期间他领右哨兵马，出清河，斩敌首二百余级，俘男妇一百七十余口。

《辽东志·艺文志·经略·韩斌辽东防守规画》记载："自抚顺而南四十里，设东州堡；东州之南三十里，设马根单堡；马根之南九十里，设清河堡；清河之南七十里，设碱场堡；碱场之南一百二十里，设瑷阳堡。烽堠相望，远近应援，拓地千里焉。"

宽甸县灌水乡柏林川村，立有两米多高的一块石板，当地称其为"老人名"，石上有记事刻文，虽大部分文字因石面风化而不可辨，但尚有"钦差镇守辽东……"字样残存，落款年号"成化五年二月五日",字迹十分清楚。

这与开始修建辽河东长城的文献记载一致,这时韩斌仍然是副总兵,在这个任上一干就是十多年。成化十五年(1479),韩斌升都指挥佥事,还京。他走这年,辽东发生了几起战事,第二年韩斌再次回到辽东,复任辽东副总兵官。

明万历元年(1573),巡抚张学颜、总兵李成梁又一次大规模地修建辽东长城。这次修筑长城是辽河西、辽河套、辽河东三大部分同时进行,工程量之大,远远超过此前的任何一次辽东长城修建工程。

关于万历初年所筑长城,《明神宗实录》载,万历元年兵部批复了阅视侍郎汪道昆移建孤上等六堡和修筑墙台"自锦州迤东抵三岔河,又自三岔直抵旧辽阳"的建议,拨银"四千一百二十两"。万历二年(1574),兵部又答应了蓟辽总督刘应节继续修筑辽东长城的请求,"先举台工,计地百丈建台一座,如昌平镇之制,空心实下,庶可经久。两台之间,止用砖与乱石为墙"。

辽东镇长城最后一次较大规模的修缮,是在万历四十七年(1619)。熊廷弼以兵部右侍郎兼右佥都御史经略辽东的时候,一直认为防边以守土为上。《明史·熊廷弼传》记载,早在万历三十六年(1608)巡按辽东后,熊廷弼就曾为防边事宜写了缮垣建堡十五利,上奏皇帝。经略辽东之后,他继续贯彻执行着守土防边策略。

国家文物局《关于辽宁省长城认定的批复》认定:辽东镇长城主要分布在辽宁省丹东市振安区、宽甸满族自治县、凤城市、本溪满族自治县、本溪市明山区、南芬区、平山区、溪湖区、新宾满族自治县、抚顺县、抚顺市东洲区、望花区、顺城区、开原市、铁岭市清河区、西丰县、昌图县、铁岭县、法库县、沈阳市沈北新区、东陵区、苏家屯区、于洪区、辽中县(今沈阳市辽中区)、灯塔市、辽阳县、辽阳市辖区、太子河区、海城市、鞍山市千山区、台安县、岫岩满族自治县、盘山县、盘锦市兴隆台区、大洼县（今盘锦市大洼区）、阜新蒙古族自治县、阜新市清河门区、彰武县、黑山县、北镇市、义县、锦州市古塔区、凌河区、凌海市、锦州市太和区、北票市、葫芦岛市连山区、兴城市、绥中县。

（二）蓟镇长城修建

蓟镇长城的东端起点在山海关老龙头，长城直接修到了大海里，矗立于波涛之中。我们徒步考察明长城的时候，这段早已塌毁的石砌长城，只剩下一堆石头。今天的老龙头长城是在上世纪八十年代"爱我中华，修我长城"活动感召下重新修建的。

我出生在美丽的滨海城市秦皇岛，从小就与大海为伴。但只有经历了徒步考察长城五百多天后，才知道生活在海边有多么幸福，才知道自己有多么喜欢大海。小时候夏天放学就泡在海里，并没有这样的感觉。

徒步考察长城，走到嘉峪关之后回到秦皇岛，虽然十月的天已经很凉了，我和吴德玉依然在第二天就跑到海边，痛痛快快地畅游了一个上午。在汹涌的波涛中一直游到精疲力竭，爬上岸站起身来感觉腿都在打晃。

我相信明代驻防在这里的士兵，也一定会喜欢

遵化罗文峪长城

在大海中游泳。我相信没有战火的岁月中，他们的生活也是有着美好的内容。蓟镇长城的修建，应该是远远早于蓟镇的设立。

《明史·兵志三》记载，洪武六年（1373）"命大将军徐达等备山西、北平边，谕令各上方略。从淮安侯华云龙言，自永平、蓟州、密云迤西二千余里，关隘百二十有九，皆置戍守"。

《永平府志》记载："洪武十四年，徐达发燕石等卫屯兵万五千一百人修永宁、界岭等三十二关。"这个时候，只是修缮了这条防御线关隘，没有修建连绵的墙体。蓟镇设立后，长城关隘的修建成为常态。

永乐二十一年（1423）"镇守蓟州、山海等处都指挥佥事陈景先言：近山水泛涨，冲激城垣，山海义院等关口九百五十余丈，遵化喜峰、口水关并潘家等关口四百八十余丈，蓟州马兰等关口三百八十余丈，俱系边境要冲，宜令附近官军并力修筑。皇太子令隆平侯张信等督修"（《明太宗实录》）。

张信是明成祖朱棣的宠臣，靖难之变时建文皇帝朱允炆命其抓捕朱棣，他却将此事密告朱棣。朱棣称帝后十分感激张信，对他很是器重，但他表现始终很低调。《明史·张信传》记载，"欲纳信女为妃，信固辞"。皇上想娶他的女儿，竟然遭到坚决的拒绝，这在中国古代简直是件不可思议的事。这也说明，张信与永乐帝的关系不一般。

《明宣宗实录》记载，宣德元年（1426）"癸丑，命都督山云、都御史王彰自山海、永平、蓟州，抵居庸关，凡诸关隘有未完固者，督总兵官遂安伯陈英、都督陈景先及诸镇守官，并在近军卫有司修理，务悉坚完。遇有军民利病，亦具实以闻"。

自英宗正统之后，北部蒙古族的势力得到较大的恢复，蒙古骑兵南下抢掠的次数越来越多，范围越来越大，所以修筑长城的事屡被提出,并越来越为朝廷所重视。

正统十四年(1449)八月"土木之变"后,蓟镇长城亦遭到瓦剌也先部的破坏,景帝即位后下令修复长城。《明史·景帝本纪》载正统十四年"十一月癸未,修沿边关隘"。《抚宁县志》亦有相应的记载:"景帝景泰元年,提督京东军务、右佥提督御史邹来学修喜峰迤东至一片石各关城池。"英宗于景泰八年(1457)发动"夺门之变",重登皇位后于天顺年间多次命蓟、辽、宣、大总兵修筑城堡、边垣、台堑。

弘治十一年(1498),洪钟"擢右副都御史,巡抚顺天。整饬蓟州边备,建议增筑塞垣。自山海关西北至密云古北口、黄花镇直抵居庸,延亘千余里,缮复城堡二百七十所"(《明史·洪钟传》)。

长城修建好之后,洪钟上奏要求减派防秋兵六千人,这是很少见的事。仅这一项,每年就省挽输犒赉费数万。由此可见,长城防御建筑的作用还是很大的。

洪钟修建长城还发生过严重事故,造成数百人死亡。古北口潮河川,居两山间,广百余丈,水涨成一片汪洋,水退则坦然平陆,敌人可以长驱直入。洪钟提出"关以东三里许,其山外高内庳,约余二丈,可凿为两渠,分杀水势,而于口外斜筑石堰以束水。置关堰内,守以百人,使寇不得驰突,可免京师北顾忧,且得屯种河堧地"(《明史·洪钟传》)。

朝廷批准了这个计划,没想到施工时山石崩塌,压死施工者数百人。其他官员见事情闹大了,提出收工罢役。洪钟不听,坚持要将工程干完。洪钟为此遭到弹劾,好在弘治帝"以钟为国缮边,不当罪,停俸三月"(《明史·洪钟传》)而将此事平息。

到了明嘉靖年间,蓟镇的地位越来越突出。《明经世文编》收录的时任兵部尚书杨博的奏疏中就称"今之九边,大率以蓟镇为第一,盖腹心既安,四肢自无可虑,以故广调各镇之兵,为之戍守"。

长城：追问与共鸣

嘉靖十八年（1539），巡抚都御史戴金在巡蓟州边时认为，"南边诸山险处亦多，但山外攀援易上，山空水道处所，每年虽修垒二次，皆碎石干砌，遇水则冲，雨过即平"。因此建议，"应将山外可攀援之处堑崖凿壁，山顶以内严令禁长树木，仍补砌山口水道，使连亘如城，亦如陕西各边之制，更添墩堡以备防守"。

由此可知，那时的蓟镇长城大都过于简单。蓟镇长城较大规模的修筑，特别是在长城上砌筑砖石和修建空心敌台，多是从隆庆至万历初由戚继光完成的。

讲到长城，戚继光永远是一个绕不过去的人物。他驻守长城十六年，可以说是厥功至伟。我数不清有多少次站在高高的长城上，仿佛看到戚继光挺拔的身躯和碧蓝的天空融为一体。他是长城的一部分，他就是长城。

戚继光于隆庆二年（1568）被命以都督同知总理蓟州、昌平、保定三镇练兵事务。次年为了更好地推动练兵，他开始兼任蓟镇总兵。戚继光驻守长城十六年间，主要做了两件事：练兵和修建长城。

为了练兵，戚继光向朝廷申请调南兵北上。这个时候，长城守军十分涣散，毫无燕赵慷慨悲歌之遗风。《明经世文编》说："夫燕赵之人，素号矫健。昔人用之，北拒强胡，西当秦晋，南却楚，东威齐，所向有成。今古天下，同一人也，何独今日之不然耶？燕赵之士，虽多慷慨，然近者锐气尽矣。"

修建长城，最大的贡献是建空心敌楼。《明史》记载："自嘉靖以来，边墙虽修，墩台未建。继光巡行塞上，议建敌台。略言：'蓟镇边垣，延袤二千里，一瑕则百坚皆瑕。比来岁修岁圮，徒费无益。请跨墙为台，睥睨四达。台高五丈，虚中为三层，台宿百人，铠仗粮糗具备。令戍卒画地受工，先建千二百座。……'督抚上其议，许之。……五年秋，台功成。精坚雄壮，二千里声势联接。"《天下郡国利病书》

所载的空心敌台，全部标注为隆庆三年（1569）至万历元年（1573）所建。

"先天下之忧而忧，后天下之乐而乐"的道德境界，解决不了人生的所有问题。随着张居正的死和被清算，戚继光也遭到了贬黜。万历十年（1582）戚继光被调往广东，万历十三年（1585年）遭到罢免。

回家的第二年，他在孤单寂寥中永远闭上了疲倦的眼睛。之所以出现这样避之不及的情景，不是因为戚继光为人不好，而是官员们害

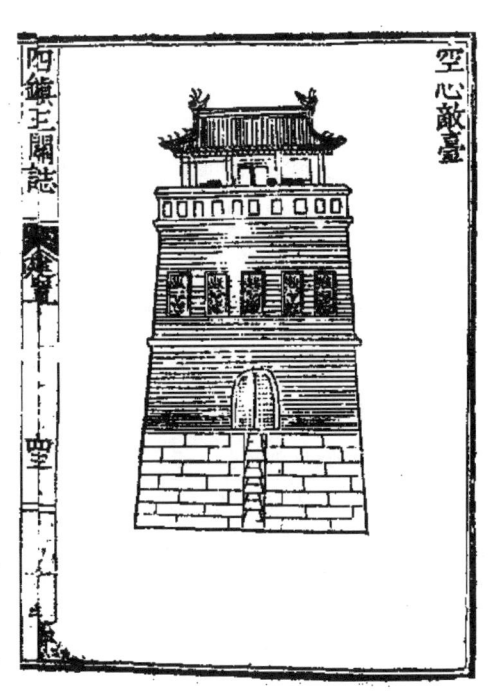

《四镇三关志》中的空心敌台

怕被牵连。将眼光放长一点来看，历史又是公平的体现。可以这样说，只要万里长城在，戚继光就活着。

国家文物局《关于北京市长城认定的批复》认定：蓟镇长城主要分布在河北、北京、天津。东起河北秦皇岛市山海关区，经抚宁区、青龙满族自治县、卢龙县、迁安市、迁西县、遵化市，进入天津市蓟州区。继续向西经北京市的平谷区、密云区、怀柔区至延庆区。

昌镇长城经北京怀柔区、昌平区进入河北的怀来县，出怀来县经北京市门头沟区至河北唐县、涞水县、易县、涞源县、涿鹿县。

（三）真保镇长城修建

真保镇，也称保定镇，真保镇长城是明代内长城。军镇辖区的

长城：追问与共鸣

长城主要段落位于今河北保定市，向东连接北京门头沟区，向西连接石家庄、邢台、邯郸等市，其中部分段落为河北与山西交界。

永乐年间将设在大宁的北平行都司迁回保定，后改称保定镇。

真保镇长城与山西镇长城，因分别居于宣府镇、大同镇长城之内，故为明长城的内边墙。本镇虽不临边，却是京畿西部的最后屏障，真保镇长城一旦被攻克，敌军便可长驱直入包围京城。

"土木之变"中瓦剌军就是押着明英宗，拿下真保镇长城所辖的紫荆关后兵临京城。真保镇所辖紫荆关、倒马关与蓟镇所辖居庸关合称"内三关"。昌平镇分设后，居庸关属昌平镇管辖。

真保镇长城与宣、大、蓟、辽等镇长城相比，因处于内地，战火相对较少。本镇多数时间属于蓟辽总督管辖，只是在嘉靖年间曾归属过宣大山西总督辖制。弘治十八年（1505），初设副总兵，到嘉靖三十年（1553），改设镇守总兵官。

真保镇长城的主要关隘和少数城堡，自明初就已经开始修建。延绵的长城墙体和众多城堡，则修建于"土木之变"前后，主要是修建于明嘉靖至万历年间。

洪武五年（1372）正月至十一月，对北元进行第二次征伐时，居庸关和雁门关等内长城仅为明军北上的通道。《明太祖实录》记载："今兵出三道，大将军由中路出雁门，扬言趋和林，而实迟重致其来，击之必可破也。左副将军由东路自居庸出应昌，以掩其不备，必有所获。征西将军由西路出金兰取甘肃，以疑其兵，令虏不知所为，乃善计也。"

《明史·范鏓传》记载："又议紫荆、倒马、龙泉等关及山海关、古北口经略事宜，请于紫荆之桑谷、倒马之中窑关峪、龙泉之陡石岭诸要害创筑城垣，增设敌楼营舍。"

万历初年，对真保镇长城进行修缮增补，《明经世文编》中所录汪道昆在万历元年奏报的《经略京西诸关疏》，详细地记载了真保镇修建的墩台和墙体。同时，该奏疏还提到修筑一座墩台花费银两为二百二十两至二百三十两。

真保镇长城的长度，据《明史·翁万达传》所记为"又转南而东，为保定界，历龙泉、倒马、紫荆、吴王口、插箭岭、浮图峪至沿河口，约一千七十余里"，但根据《四镇三关志·建制沿革》记载，是"东自紫荆关沿河口连昌镇边城界，西抵故关鹿路口，接山西平定州界，延袤七百八十里"。

史籍中关于真保镇长城的修建多有记载。

《明史·兵志三》记载："先是翁万达之总督宣、大也，筹边事甚悉。其言曰：'……老营堡转南而东，历宁武、雁门、北楼至平型关尽境，约八百里。又转南而东，为保定界，历龙泉、倒马、紫荆、吴王口、插箭岭、浮图峪至沿河口，约一千七十余里。又东北为顺天界，历高崖、白羊，抵居庸关，约一百八十余里。皆峻岭层冈，险在内者，所谓次边也。敌犯山西必自大同，入紫荆必自宣府，未有不经外边能入内边者。'乃请修筑宣、大边墙千余里，烽堠三百六十三所。"

《倒马关志》记载："东北至倒马关三百二十里。外口紧要。"明弘治十年（1497）建正城二道，水门一空。明弘治十三年（1500）又在此设常守管总指挥一员、军六十一名防守。今关口建筑设施已荡然无存。

《大清一统志》记载："明正统十年修筑关城，分兵防戍。正德九年设管官通判，嘉靖二十二年营新城，增设兵备副使，二十三年设参将。"这部文献是清朝官修的地理总志，其中有很多关于明长城的记述。

国家文物局《关于河北省长城认定的批复》认定：真保镇长城多处于河北山西两省交界处。经河北阜平县、灵寿县、平山县、鹿泉市、井陉县、赞皇县、内丘县、邢台县、沙河市、武安市，西迄涉县。涉及山西省的灵丘县，经五台县、盂县、阳泉市郊区、平定县、昔阳县、和顺县、左权县、黎城县。

二 长城前沿阵地宣大、山西镇长城

宣大、山西镇长城，指的是宣府、大同、山西三镇长城。总督宣大全衔为总督宣大、山西等处军务兼理粮饷，简称宣大总督。明景泰中置总理宣大军务，嘉靖初总督兼辖偏关、保德。嘉靖二十九年（1550）始设总督宣大、山西等处军务兼理粮饷。辖宣府、大同、山西三巡抚和三镇总兵官。

（一）宣府镇长城修建

据内蒙古社会科学院历史研究所翟禹、内蒙古文物考古研究所张文平报告，2007年内蒙古长城资源调查队在调查明长城乌兰察布—呼和浩特段大边时，于丰镇市隆盛庄镇兰家沟村东北一千四百米处双台山西北坡上，发现一块大明洪武二十九年（1396）摩崖石刻。

此处石刻，共有五十六个字。自右向左分八行竖排，每行七个字。内容为：大明洪武二十九年，岁次丙子，四月甲寅吉日，山西行都指挥使司修筑隘口，东山坡至西山坡长二千八十八丈，□□一十一里六，□烟墩三座。

明洪武年间，宣府并不是驻兵防守、设置卫所防御体系的建设重点。宣府之北有大宁、开平、东胜诸卫。永乐元年（1403）之后，内徙大宁都司及阴山诸卫至内地，北边防线全面南撤，宣府才成为迎敌前线。这就是《皇明九边考》分析明朝长城沿线形势时所说的"后多失利，退而守河，又退而守边墙"的过程。

第十章 明长城的修建与戍防

靖难之变之后，中原经过几年的战乱，边地防务松弛，蒙古族势力得以增长。而明成祖刚刚登基，又无力像后来那样出塞北征。所以只好在对蒙古贵族采取怀柔政策的同时，加强边地防务。

明成祖的爱将、靖难功臣次序名列第五的武安侯郑亨，曾两次镇守大同并于宣德九年（1434）病逝于任上。永乐帝五次亲征漠北，郑亨都作为主将随征，并立有战功。

《明史·兵志三》记载，明成祖"于边备甚谨。自宣府迤西迄山西，缘边皆峻垣深濠，烽堠相接。隘口通车骑者百户守之，通樵牧者甲士十人守之。武安侯郑亨充总兵官，其敕书云：'各处烟墩，务增筑高厚，上贮五月粮及柴薪药弩，墩傍开井，井外围墙与墩平，外望如一。'"

关于明成祖修筑长城，《明史·成祖本纪二》载永乐十年"敕边将自长安岭迤西迄洗马林筑石垣，深濠堑"。到正统年间，蒙古族瓦剌部兴起，明朝边地形势越发紧张，修筑长城之策屡被提出，并引起朝廷的高度重视。《明史·兵志三》记载："正统元年，给事中朱纯请修塞垣。总兵官谭广言：'自龙门至独石及黑峪口五百五十余里，工作甚难，不若益墩台瞭守。'乃增赤城等堡烟墩二十二。"

正统十四年（1449）八月发生"土木之变"，景帝即位后收复了所失边关，并开始加强长城关隘修筑。《明史·景帝本纪》记载，正统十四年"十一月癸未，修沿边关隘"。

宣府镇长城较大规模的修筑，主要是在嘉靖年间，特别是翁万达任宣大总督之时。翁万达出身寒门，为嘉靖五年（1526）进士，他四十四岁至五十一岁的七年间大部分时间都在长城地区。

嘉靖二十一年（1542）翁万达任陕西左、右布政使，陕西巡抚，不久又升为兵部右侍郎，兼右佥都御史，总督宣、大、偏、保军务。这个时期，正是长城沿线战火纷飞的时期。

213

长城：追问与共鸣

翁万达在三边总督之任，修建长城功不可没。《明史》本传称赞翁万达修建长城"精心计，善钩校，墙堞近远，濠堑深广，曲尽其宜。寇乃不敢轻犯。墙内戍者得以暇耕牧，边费亦日省。初，客兵防秋，岁帑金一百五十余万，添发且数十万，其后减省几半"。

最后，他被升为兵部尚书。这样的一员干将，也曾数次被罢官、起复。嘉靖三十一年（1552），五十五岁的翁万达第三次被起复任兵部尚书，死于赴任路上。

《宣化府志》引《宣镇志》的记载道："嘉靖二十三年，都御史王仪请筑宣府北路之龙门、许家冲，中路之大小白阳，西路之膳房、新开、新河口、洗马林诸要冲垣墩，配兵乘守，从之。"

同书还引《两镇三关志》的记载道："嘉靖二十五年，总督侍郎翁万达以王仪所筑塞垣半已溃圮，诸要冲垣墙亦多未备。请先于西路急冲张家口、洗马林、西洋河为垣七十五里有奇，削垣崖二十二里有奇，堑如之。次冲渡口柴沟，中路葛岭、青边、羊房、赵川，东路永宁、四海冶为垣九十二里有奇，堑十之二，敌台月城九十一。""嘉靖二十六年，万达又请自西阳河镇西界台起，东至龙门所灭狐墩止，为垣七百一十九里，堑如之，敌台七百一十九，铺屋如之，暗门六十，水口九。""嘉靖二十八年，万达又请自东路新宁墩北历雕鹗、长安岭、龙门卫至六台子，别为内垣一百六十九里有奇，堑如之，敌台三百有八，铺屋如之，暗门一十有九，以重卫京师，控带北路。又请补筑东路，镇南墩与火焰山中空，而镇南而北而西历永宁至新宁墩，塞垣以成全险，俱从之。"

嘉靖以后，隆庆和万历年间皆对宣府镇长城进行过修复。《宣化府志》引《宣镇志》的记载："明穆宗隆庆元年，兵部请浚边壕，从之。隆庆二年，总督方逢时请筑北路龙门所外边，起龙门所之盘道墩，迄靖虏堡之大衙口，俾北路之兵由此以入援南山、东路之兵由此以出援独石。从之。"又载:"神宗万历元年,从宣大督抚所请,修南山及中北二路诸边墩营寨。"

直到明思宗崇祯年间,朝廷仍十分重视宣府镇长城的修筑。据崇祯十年(1637)卢象昇给皇帝的《确议修筑宣边疏》中记载,崇祯帝在蓟辽督臣张福臻的奏疏中钦批:"宣边修墙事宜,该督监抚详画速奏。"

卢象昇经过认真的实地考察,在奏疏中写道:"勿论宣府一镇一千三百里之边,即就宣镇陵后一带而言,东至火焰山,西至合河口,凡二百二十余里,若迂回曲折,因高就险以议兴工,几于三百里。筹其经费,每筑边墙一丈,虽甚省,约需工料食米等银五十两。其中或有旧墙并乱石土垣可因,通融计算,每丈必需银三十两。通计三百里,总该银一百六十二万两。加以三里一墩,五里一台,计墩一百,计台六十。墩以土为之,每座约二百金;台以砖石为之,每座约六百金,并墩台守御等具,壕堑等类,又约该十余万两。"

他提出的建议很不错,但费用如此之高,明朝已无力承担。况且明末战争此起彼伏,增兵边塞更不可能,全修宣府镇长城之议只好作罢。卢象昇在《南山修筑墩台疏》中说:"微臣前疏请发三万金,以二万济宣,以一万济云,已经兵部先发其半,抚道诸臣得以措手,大有造于严疆矣。"依靠兵部拨款,卢象昇对宣府镇长城的个别地段做了一些修补。

关于宣府镇长城分守情况,据《宣化府志》引《续宣镇志》的记载,又可分为六路,分别为:

东路:东起四海冶,北至靖安堡,边垣一百二十三里,边墩一百五十二座,冲口二十处。

下北路:北起牧马堡东际大边,西抵样田,南至长安岭,边垣二百一十三里,边墩一百九十座,冲口二十一处。

上北路：东至镇安堡边，北至大边，西至金家庄，边垣二百六十一里。边墩三百六十三座，冲口四十七处。

中路：东起赤城，西至张家口，边垣一百七十九里，边墩二百二十九座，冲口一十三处。

上西路：东起羊房堡，西至洗马林，边垣二百一十四里，边墩一百五十三座，冲口七十四处。

下西路：东起新河口，西至山西大同府平远堡止，边垣一百一十六里，边墩一百八十七座，冲口一十七处。

《察哈尔宣化府志·塞垣》记载，宣府镇合计，边垣一千一百零六里，边墩一千二百七十四座，冲口一百九十二处。

国家文物局《关于河北省长城认定的批复》认定：宣府镇长城主要分布在河北省的北部，与今内蒙古自治区交界，经河北省赤城县、宣化县（今张家口市宣化区）、桥东区、桥西区、沽源县、崇礼县（今崇礼区）、万全县（今万全区），涉及内蒙古自治区的兴和县、丰镇市、凉城县、和林格尔县、清水河县、准格尔旗等。

（二）大同镇长城修建

大同人宣传大同，称之为"三代古都，两朝重镇"。这就是北魏的京都，辽、金的陪都，还有明、清长城地区的重镇。

大同地区为明朝长城军事重镇，其地位在整个明代从始至终都没有降低过。对于长城文化的爱好者，大同以其独特的魅力，吸引大家来此寻幽探奇。

《明史·太祖本纪三》记载，洪武二十八年（1395）正月，命"周王橚、晋王棡率河南、山西诸卫军出塞，筑城屯田"。这里所说的"筑城屯田"，并非指修长城，而是修驻兵的城堡。由此时起，明朝即开始经营大同边地防务。

成化二十一年（1485）余子俊以户部尚书兼左副部御史，总督

第十章　明长城的修建与戍防

山西大同长城

大同、宣府军务时，修建长城的施工最多。余子俊二十三岁考中进士，做总督并负责大同、宣府军务时已经五十七岁。修建宣大长城是他生命最后四年的成就和贡献。此前，他曾大张旗鼓地修建延绥镇长城。

《明经世文编》载余子俊《议军务事疏》，其中云："大同中路起，西至偏头关接界去处止，东西地远六百余里，地势平坦，无可据。……除调集中、西二路，征操马步官军并屯种官军舍余人等做与墩样。其地阔远，不宜筑墙，止可立墩。从中路起，随小边故址，每二里筑立墩台一座，每座四面，根脚各阔三丈，高三丈，对角做悬楼二座，长阔各六尺。空内挑壕堑，阔一丈五尺，深一丈许"。

《大同县志·武事》说成化二十一年"总督军务余子俊请筑长城。五月，都指挥顾纲以京营兵六千助役。"成化二十一年筑墩台，并挑壕堑，筑城墙，将墩台连成一线。但文中所谈"随小边故址"，其"小边"应该是成化二十一年以前所筑长城。

217

长城：追问与共鸣

《明史·余子俊传》中记载，余子俊在向朝廷请修宣大边墙时说："东起四海冶，西抵黄河，延袤千三百余里，旧有墩百七十，应增筑四百四十。"也同样说明这个问题。但这条"小边故址"具体为哪年所建呢？既有明洪武至成化年间所建的可能，亦有沿袭明以前所遗存旧长城的可能。

明嘉靖年间是大同镇长城修筑的主要时期。据《大同县志》记载："嘉靖二十一年壬寅七月，廷推（翟鹏）总督宣、大、偏、保并节制山东、河南。公乃挑修大同壕墙一道，深广各二丈，且垒土为墙，高复倍之，延袤三百九十余里，添筑新墩二百九十二座，护墩堡一十四座。"

《明史·詹荣传》载："詹荣，字仁甫，山海卫人。嘉靖五年进士，授户部主事，历郎中。"嘉靖二十五年詹荣为兵部左侍郎，巡抚大同。他协同总督翁万达修建长城及御敌有功，多次受到朝廷的称赞。

据《宣化府志》载"嘉靖二十三年（1544），巡抚詹荣以大同无险，乃筑东路边墙百三十八里，堡七，墩台百五十四"。

《大同县志·关隘》记载："嘉靖二十五年，总督翁万达及都御史詹荣、总兵周文议曰：'堑可填渡，且不利拒守，故必成长城。长城必有台，利于旁击；台必置屋，以处戍卒；近城必筑堡，以休伏兵；城下留数暗门，以便出哨。'又曰：'自阳和至宣府李信屯旧无城，自了角山至阳和旧有堑或城而不固，三月令通筑长城，补故创新，凡三百余里。敌台暗门称是增筑，保安堡设兵戍守，又多筑土堡于内，以屯伏兵。'"

《明史·兵志三》还记载："翁万达之总督宣、大也，筹边事甚悉。……乃请修筑宣、大边墙千余里，烽堠三百六十三所。后以通市故，不复防，遂半为敌毁。至是，兵部请敕边将修补。"

218

隆庆和议之后，大同镇为主要互市区，修建长城的需求越来越小。此后虽有修建长城的工役，但较嘉靖年间要少。这一点不仅在大同地区，在整个长城沿边皆如此。

关于大同镇分路管理问题，有三路、八路之分。《明会典》提到"国初，镇城外分东、中、西三路"。《皇明九边考》亦言"初，设大同府分封代王，外分东、中、西三路"。

实际上这个时期的东、中、西三路，并非一个管理层级，仅是按地理方位对相关卫所进行分区，无固定的管理机构和管理人员。较大的城虽也设有参将，但其职责是协助总兵管理全镇军务，并不是负责分守一路。

嘉靖十八年，毛伯温修建宏赐、镇房、镇河、镇边、镇川内五堡之后，开始设置具有分守一段长城功能的路，逐渐形成了八路镇守的建制。

《三云筹俎考》载，大同镇长城又分为八路镇守，由东到西依次为：

新坪路，边墙沿长四十九里；

东路，边墙沿长九十六里；

北东路，边墙沿长九十六里；

北西路，边墙沿长七十七里；

中路，边墙沿长一百二十四里；

威远路，边墙沿长二十九里九分；

西路，边墙沿长四十七里六分；

井坪路，边墙沿长三十一里；

国家文物局《关于山西省长城认定的批复》认定：明外长城大同镇东起于山西省天镇县，经阳高县、大同县，大同市新荣区、城区、南郊区、左云县、右玉县、朔州市平鲁区，西迄河曲县。

(三) 山西镇长城修建

山西镇长城与昌镇、真保镇长城合称内长城。主要由雁门、宁武、偏关及所辖长城构成。山西镇长城之地的军事防御，从明初洪武年间就已经开始经营。

《明太祖实录》记载，洪武六年（1373）五月"戊申，诏山西都卫于雁门关、太和岭并武、朔等州县山谷冲要之处，凡七十有三，俱设戍兵，以防胡寇"。同年的十一月"上谕工部臣曰：山西岢岚苦寒之地，筑城军士劳苦，可遣人诣山西行省，以皮鞋万緉给之"。

洪武八年（1375）五月，命曹国公李文忠为征虏左副将军，济宁侯顾时为左副副将军，往山西、北平整率军马。临行前朱元璋嘱咐李文忠："以朕料彼，今年得种羊马颇牧，岂不为苟延之计，设若驱其残兵来寇边境，尔等当督三军，一鼓而俘之。彼若不来，亦当坚垒壁，谨斥候，以备不虞。"（《明太祖实录》）此后，在山西地区，这样的军事防御工程建设，基本上始终没有停止。

山西镇的偏关、宁武、雁门三关长城，同宣、大二镇一样，在明嘉靖年间修筑的工程量最大。《宁武府志》载："嘉靖十三年都御史任洛自雕窝梁至达达墩，筑边八里二十八步，砌以石。"又载：嘉靖"十八年都御史陈讲乃寻王野梁废迹修复之。东起阳方口，经温岭大、小水口，神池、荞麦川至八角堡，悉筑长城，凡百八十里，且筑且斩，因山为险，土石相半，外为壕堑。二十三年，都御史曾铣以边墙高厚，勿称雁门，乃复增筑之。三关中路之备，于是始壮焉"。

《山西通志》载："嘉靖十九年都御史刘臬请城雁门隘塞三百里，高阔以一丈五尺为式。"

接下来修建山西镇长城的是翟鹏，他时任兵部右侍郎出任宣大总督。翟鹏这个人有必要多说两句,他也属于研究长城绕不过去的人。他也是我的老乡，我们都是河北抚宁人。翟鹏出生后466年，我出生了。

翟鹏生性耿介刚直，为官清廉。因此，既得罪官僚，又得罪朝廷。嘉靖七年（1528），升右佥都御史，巡抚宁夏。是年，俺答大举入侵，边塞缺粮少草，翟鹏据实陈请，求朝廷赈济不成，反被停俸。俺答大举入犯，总兵官赵瑛抵抗不力，翟鹏秉公劾奏，反被赵瑛诬告。翟鹏被撤职。

嘉靖二十年（1541）八月，俺答再犯长城，翟鹏临危受命，整饬畿辅、山西、河南军务，兼督粮饷。敌退兵后，翟鹏被召还朝。嘉靖二十一年（1542）三月，升为兵部右侍郎出任宣大总督。这次复官仅百日，又因正直而被革职。

同年七月，俺答又大举入犯山西，翟鹏再次复官。翟鹏大规模修建长城，就是在这次复职之后。他对长城防御提出了"战中有守，守中有战"的战术原则，以期解决单纯防御的弊病。

嘉靖二十三年（1544）正月，帝命翟鹏采取有力措施彻底根除边患，翟鹏明知不可为而为之。十月俺答犯膳房堡，又于万全破外长城而入，经蔚州再破内长城浮图峪，致使京师戒严。仗越打形势越严峻，嘉靖帝为此大发雷霆。

此时，翟鹏的反对派乘机发动弹劾，翟鹏遭逮捕入狱。不能说翟鹏这段时间没有错误，但对他的指责多是不实之词。严嵩也力主置之于死地。嘉靖二十四年（1545）六月七日辰时，翟鹏冤死狱中。越干事越有作为的人，招致冤祸的风险就越大。在他死后的第二十四年，朝廷为翟鹏昭雪。

翟鹏是有功的，据《明史·翟鹏传》载：嘉靖二十一年翟鹏接樊继祖任宣、大总督。这正是俺答汗大犯明边的时期，翟鹏向皇帝奏请"调陕西、蓟、辽客兵八支，及宣、大三关主兵，兼募土著，选骁锐者十万，统以良将，列四营，分布塞上，每营当一面。寇入境，游兵挑之，诱其追，诸营夹攻"。

嘉靖帝批准了他的奏请，"鹏乃浚壕筑垣，修边墙三百九十余里，增新墩二百九十二，护墩堡一十四，建营舍一千五百间……疏请东自平型，西至偏关，画地分守。增游兵三支，分驻雁门、宁武、偏关。寇攻墙，戍兵拒，游兵出关夹攻"。

山西镇各府、州、关、县志中有关曾铣加筑边墙的记载很多。《偏关志》载："嘉靖二十三年，巡抚曾铣自丫角而南，历老营、野猪沟、利民一带，增筑旧边一百四十里，望台一百二十又八。"

嘉靖二十五年（1546），翁万达代翟鹏职，总督宣、大、保定军务。他认为：宣、大两镇长城，皆逼巨寇，险在外，是极边；而内外三关长城皆峻山层岗，险在内，是次边。他又将内长城和外长城各自作了划分：外边，大同最难守，次宣府，次山西之偏关；内边，紫荆、宁武、雁门为要，次居庸、倒马、龙泉、平型。基于这样的分析，在他任职期间应该是主要修筑了大同西路及宣府东路的长城，同时也修筑了山西镇宁武、雁门一带的长城。

《山西通志》及山西各镇、府、州、关、县志中，对翁万达修长城之事均有很多记载。如《山西通志》载："翁万达疏，自水峪鸦儿崖起，东至马兰口霍家坡止，为垣五十三里有奇，增添敌台九十六，铺屋二百八十八，品窖五万四千八百。"又载："翁万达疏，自凌云口菜树沟起，至大安口阎家岭止，为垣四十五里有奇，石堑三十之一，增添敌台一十八，铺屋五十四。自凌云口黄沙坡起，东至大安岭尽境及葫芦头横墙地止，为垣二十丈五尺，削崖垣二里有奇，增添敌台五十四座，铺屋一百二十六，品窖六千九百二十四。"

《代州志》载："（万历）三十三年，巡抚李景重筑雁门关边墙，绵亘十五里。"李景重筑的这段长城，便是雁门关外白草口至新广武段长城。这段长城是山西镇长城之精华。今天也是山西境内保存最

山西山阴新广武长城,已经于 2016 年 10 月倒塌的"月亮门"

好的一段砖砌长城。

国家文物局《关于山西省长城认定的批复》认定:明内长城山西镇东起山西省灵丘县,经广灵县、浑源县、怀仁县、应县、山阴县、繁峙县、代县、原平市、朔州市朔城区、宁武县、神池县,西迄偏关县。

三 西北边陲陕西三边四镇长城

明代与秦汉不同,将都城设在了北京,所以相比较而言,围绕京师的长城就显得更重要。中国古代文献中记载长城的走向,不论是战国时期还是秦汉,都是从西向东说起。

比如《史记·匈奴列传》记载燕长城:"燕亦筑长城,自造阳至襄平"。《史记·蒙恬列传》记载秦始皇万里长城:"筑长城,因地形,用制险塞,起临洮,至辽东,延袤万余里"。只有明代长城是从东向西，东起鸭绿江，西迄嘉峪关。这是因为秦汉时期的政治中心在长安，位于西边，而明代永乐之后，都城已经东移到北京了。

当然，这并不是说陕西三边四镇长城不重要。陕西三边四镇长城，指的是延绥（榆林）、宁夏、甘肃三边，加上固原镇长城。陕西三边总督，全衔为总督陕西三边军务，明弘治十年（1497）始置，后经多次置罢，嘉靖四年（1525）始定置。最初是称提督军务，后来改称总制，嘉靖十五年（1536）始改称总督。辖陕西、延绥、宁夏、甘肃四巡抚，及延绥（榆林）、宁夏、甘肃三边和固原镇长城总兵，故称"陕西三边四镇"。

（一）榆林镇长城修建

明长城榆林镇位于陕西地区，长城的北边就是毛乌素沙漠。上世纪末，榆林市政协的领导推动成立榆林市长城学会，曾陪我们进入沙漠地区考察长城烽燧。

人在沙漠中，时间长了会有一种绝望感。望着东西南北四面全是沙漠的时候，死的恐怖似乎离你越来越近。如果不是有接应的安排，临近天黑时除了祈祷老天之外，似乎没有任何办法来解脱自己。

明朝洪武、永乐年间，因在黄河南北设防，沙漠的北边依然为明军所控制，榆林地区还不是首冲之地，朝廷对这一地区的防御着力较小。

明宣德年间，开始加强陕北防御。英宗正统年间，榆林地区边备的经营越来越加强。

《榆林府志》载："正统二年，守将都督王祯始请榆林城堡往北三十里之外，沙漠平地则筑瞭望墩台，虏窥境即举烟示警。往南三十里之外则埋军民种田界石，多于硬土山沟立焉。界石外开创榆林一带营堡，累增至二十四所，岁调延安、绥德、庆阳三卫官军分戍。"

第十章　明长城的修建与戍防

从正统末年失东胜后，北部防线渐废。但是这些草原地区依然为明朝所控制，据《皇明九边考》载："至成化七年，虏遂入套抢掠，然犹不敢住牧。八年，榆林修筑东、西、中三路墙堑，宁夏修筑河东边墙，遂弃河守墙。"

成化初年，《明史·王复传》云："毛里孩扰边，命（王）复出视陕西边备。自延绥抵甘肃，相度形势，上言：'延绥东起黄河岸，西至定边营，接宁夏花马池，萦纡二千余里。险隘俱在内地，而境外乃无屏障，止凭墩堡以守。'"

由此可见，榆林镇长城沿线的墩堡在成化以前即已修建，但明朝第一次大规模地修建榆林镇长城，则为宪宗成化七年（1471）以后。《明史·兵志三》记载：成化"七年，延绥巡抚都御史余子俊大筑边城"。又载："子俊乃徙治榆林。由黄甫川西至定边营千二百余里，墩堡相望，横截套口，内复堑山堙谷，曰夹道，东抵偏头，西终宁、固。"

《榆林府志》载："成化十年闰六月，余子俊奏修筑边墙之数，东自清水营紫城寨，西至宁夏花马池营界牌止……修边墙东西长一千七百七十里一百二十三步，守护壕墙崖寨八百一十九座，守护壕墙小墩七十八座，边墩一十五座。"

榆林镇第二次较大规模地修边是在世宗嘉靖年间，主要的两个人物是王琼和曾铣。

王琼可谓是四朝元老，他明朝成化二十年（1484）登进士，历事成化、弘治、正德和嘉靖四个皇帝。从六品的工部主事做起，一步一步升到尚书。他先后做过户部、兵部和吏部尚书，分别管过钱粮人口、军队、官吏，都是朝廷的命脉。

《榆林府志》载："世宗嘉靖十年闰六月，王琼奏：计度榆林东、中二路大边六百五十六里，当修者三百十里，二边六百五十七里，当修者二百四十八里。因言二边乃成化中余子俊所修，因山为险，屯田多在其外；大边弘治中文贵所修，防护屯田，中间率多平地，筑墙高厚不过一丈，可坏而入。今当先修大边，必使崖堑深险，墙垣高厚。计用丁卒万八千人，乞发帑金十万，从之。"

王琼修建榆林长城十四年之后，曾铣再次修建榆林长城。《榆林府志》载："嘉靖二十四年，总督曾铣言，自定边营至黄甫川，连年虏入，率由是道，当亟为修缮，分地定工，次第修举。西自定边营，东至龙城堡，计长四百四十余里，为西段，所当先筑；自龙城堡东至双山堡，计长四百九十余里，为中段；自双山堡东至黄甫川，计长五百九十余里，为东段。岁修一段，期以三年竣事。"

曾铣嘉靖八年（1529）成为进士，曾任兵部侍郎，总督陕西军务。他比王琼小五十岁，王琼卒年七十三岁，曾铣死时才三十九岁。

曾铣驻守边疆有功，却遭奸臣严嵩陷害，含冤而死。战争是真刀真枪地对着干，政治斗争是暗地捅刀子。明枪易躲，暗箭难防，一代名将成为权臣严嵩与时任首辅夏言政治斗争的牺牲品。

这以后，嘉靖四十三年（1564）和隆庆三年（1569），榆林镇长城都曾有所修筑，但第三次较大规模地修筑榆林镇长城是在明神宗万历年间。

《榆林府志》载："万历二年题准，延绥墩台。一墩台止军十名，不能固守边内险阻，可建墩院者，仍行增筑。又于十里之间，酌量缓急以为城寨。又题准修建延绥一镇三段边墙六百七十一里，墩台七十五座，墩院八座，寨城七座，石砌大川河口一处，土筑大川河口四处，石砌河口水洞连台一座，石券关门一座，石砌并土筑沟口一十七处，砖石券砌小大水洞暗门八十三处，水口四十五处，水眼五十一处，水道四百二十五处。"

道光《榆林府志·兵志·边防》记载：万历"三年，题准延绥榆林、神木、定边、靖边四道筑空心敌台,见存城垣六十二座,民寨堡城一百四十九座,寨城五十五座,空心敌台二百三十九座,敌台一百一十六座,墩台一千三百一十六座"。

国家文物局《关于陕西省长城认定的批复》认定:榆林镇长城主要分布在今陕西省,东起府谷县,经神木县(今神木市)、榆林市榆阳区、横山县(今横山区)、靖边县、吴起县,西迄定边县。

(二)宁夏镇长城修建

接触长城多了的朋友,都会经常看到"河套"这个概念。俗话说"黄河百害,唯富一套"。黄河为何会有河套之说?河套又是指的哪里呢?

先来看一下,对这个问题古人怎么说。《明史纪事本末》载:"河套三面阻河,土肥饶,可耕桑。密迩陕西榆林堡,东至山西偏头关,西至宁夏镇,东西可二千里;南至边墙,北至黄河,远者八九百里,近者二三百里。"

黄河在宁夏、内蒙古、陕西一段呈"几"字形流域,形似套状,故称河套。这段黄河的流向,经今宁夏北流至内蒙古巴彦淖尔市,再流经包头、托克托县,南折到陕西府谷。

明初,即开始经营宁夏。《宁夏志·沿革》载:"洪武九年,复命长兴侯耿炳文弟耿忠为宁夏卫指挥,率谪戍之人及延安、庆阳骑士立宁夏卫,缮城郭以守之。"

不过,那时此地的战略地位尚不如后来突出。明朝放弃内蒙古河套平原,退守宁夏之后,失去地利后军事形势不断恶化,宁夏地区才逐渐成为明朝的战略重地。

宁夏镇特别是黄河以东地势较为开阔的今盐池、灵武一带就首当其冲,成为蒙古族南下的突破口。

《明史·史昭传》记载:"正统初,昭以宁夏孤悬河外,东抵绥德二千里,旷远难守,请于花马池筑哨马营,增设烽堠,直接哈剌兀速之境。边备大固。"

宁夏境内长城按史载大致可分为东长城、北长城、西长城三部分。长城的修建情况大体如下：

东长城由陕西定边进入盐池县，向西抵黄河边横城。《北虏事迹》记载："成化十年，巡抚宁夏都御史徐廷璋、镇守都督范瑾奏筑河东边墙，自黄沙嘴起，至花马池止，长三百八十七里。"嘉靖《宁夏新志》亦载："自黄沙嘴起至花马池止，长三百八十七里。成化十年，都御史余子俊奏筑，巡抚都御史徐廷璋、总兵官范瑾力举而成之者。"

《北虏事迹》又载："正德元年，总制陕西边务左副都御史杨一清建议大发丁夫，宁夏并西安等二十四卫所四万名，西安等七府五万名，共九万人，帮筑先年都御史徐廷璋等所修旧墙，高厚各二丈，墙上修盖暖铺九百间，用军四千五百人守之。挑浚旧堑，亦深阔各二丈。"这次修筑长城于正德二年（1507）四月开始施工。但自东而西只筑了三十里长城，九万丁夫因聚集"汲爨艰难，又皆露宿，风雨无所避，多生疾病，至有死者，人心怨怼，遂折竿悬旗，呼噪欲溃散。管工官会骑兵，周而射之，乃止"。结果九万丁夫只修了花马池城，便各回各处了。

嘉靖十年（1531），三边总制王琼认为，宁夏河东长城因年久失修，圮塌严重，又离军营较远，于作战不利，所以将兴武营以东的长城南移，并在墙外挖挑壕堑，称之为"深沟高垒"。嘉靖《宁夏新志·所属各地》记载：这次施工完成于嘉靖十四年（1535）。后来王琼将"深沟高垒"的修筑办法，上疏奏请继续向东推广至榆林镇。

北长城有两道，由灵武横城沿黄河向北至内蒙古巴音陶亥农场北，过黄河抵石嘴山境东北贺兰山脚下，为旧北长城；北长城在旧北长城南，宁夏平罗县境。《皇明九边考》记载："宁夏北，贺兰山、黄河之间，外有旧边墙一道。嘉靖十年，总制王琼于内复筑边墙一道，官军遂弃外边不守，以致边内田地荒芜。"这条旧边的修筑年代应是明初至弘治年间。

另外，在北长城与东长城之间，沿黄河东岸修有一道较为简易的防御工程，当时称为长堤，其实也是宁夏长城的一个组成部分。《皇明九边考·宁夏镇·保障考》记载，嘉靖十五年（1536）"与外边对岸处筑长堤一道，顺河直抵横城大边墙，为截套虏自东过河以入宁夏之路"。

西长城起于石嘴山市境，沿贺兰山由北向南进入中卫县（今中卫市沙坡头区）后，改沿黄河西行进入甘肃靖远县。由石嘴山市东北扁沟循贺兰山麓向南至青铜峡市广武乡芨芨沟一带，大部分记载都是嘉靖至万历年间所修筑。这中间只打硙口、赤木口，旧有防御工程遗址的记载。

嘉靖《宁夏新志·宁夏总镇》记载：贺兰山"沿山诸口，虽通虏骑，尚有险可凭；北则惟打硙，南则惟赤木，旷衍无碍。打硙旧有三关，自正德五年以来，渐至颓圮"。嘉靖十九年（1540），都御史杨守礼镇守宁夏之时，在给朝廷的一封奏疏中亦道：打硙口"旧设有石砌关墙三道"。这道长城，该是嘉靖年间所修边墙。

关于赤木口，嘉靖《宁夏新志》记载"嘉靖丙申，大司马刘公总督三边军务，深以宁夏失险为忧，命修贺兰山上边墙时。乃著《安夏录》示前巡抚吴公，二载渐复其旧。其不能修者，赤木关也。盖山势到此散缓，蹊口可容百弓，其南低峰仄径通虏窟者，不可胜塞。山麓有古墙，可蹴而倾也"。青铜峡广武乡芨芨沟一带至中卫与甘肃靖远县交界处的天关墩，为成化至隆庆年间所筑。

《读史方舆纪要》记载："成化十三年镇臣请修宁夏西路永安墩至西沙嘴一带边墙"。《明会要》记载："成化十五年十一月，筑宁夏沿河边墙。"《边政考·宁夏卫》记载，宁夏中卫在弘治年间所管辖

229

的长城在今中卫县城以北,从"镇关墩起至天关墩止,长二百一十里"。

国家文物局《关于宁夏回族自治区长城认定的批复》认定:宁夏镇长城主要分布在今宁夏回族自治区,东起盐池县,经吴忠市利通区、红寺堡区、青铜峡市、同心县、石嘴山市惠农区、平罗县、石嘴山市大武口区、贺兰县、灵武市、银川市兴庆区、永宁县、银川市西夏区、西迄中卫市沙坡头区。

(三)固原镇长城修建

固原镇由榆林镇定边向南至甘肃环县境内的长城,设固原镇之前于成化初年便有所修筑。

成化初,兵部尚书王复出视陕西边备及经略宁夏边备时,给皇帝的奏疏中道:"自安边营接庆阳,自定边营接环州,每二十里筑墩台一,计凡三十有四。随形势为沟墙,庶息响相闻,易于守御。""中路灵州以南,本无亭燧。东西二路,营堡辽绝,声闻不属,致敌每深入。亦请建置墩台如延绥,计为台五十有八。"(《明史·王复传》)

明固原镇长城为弘治十四年(1501)设镇之后,户部尚书兼右副都御史秦纮总制三边军务时始建。《皇明九边考》记载:"弘治间,总制秦纮筑内边一条,自饶阳界起西至徐斌水三百余里,系固原地界;自徐斌水起,西至靖虏花儿岔止,长六百余里。"

秦纮为景泰二年(1451)进士,官至三边总制、户部尚书、太子少保。《明史·秦纮传》赞其为"文武兼资,伟哉一代之能臣矣"。

成化年间,秦纮遭诬陷下狱,宪宗令抄其家。结果只抄到敝衣数件,宪宗十分感慨,对大臣们说:一个官至巡抚之人,贫穷成这样,哪会是贪暴之官?

皇帝也被感动了,秦纮被当朝释放。宪宗还赐钞万贯,以表彰其廉洁清明。

正德元年(1506),杨一清被任命为延绥、宁夏、甘肃总制三边军务前后，亦修筑过固原镇长城。《明史·杨一清传》记载有杨一清所奏修边建议，他认为："总制尚书秦纮仅修四五小堡及靖虏至环庆沿堑七百里，谓可无患。不一二年，寇复深入。是纮所修不足捍敌。"

杨一清提出防边之策："修浚墙堑，以固边防；增设卫所，以壮边兵；经理灵、夏，以安内附；整饬韦州，以遏外侵。"其中，前两条最重要。朝廷批准了他的修边建议，发帑金数十万筑长城，其中就包括固原镇石涝池至定边营的一百六十三里长城。这段长城，平衍宜墙者一百三十一里，险崖峻阜可铲削者三十二里。

杨一清为官五十余年，官至大学士、内阁首辅，被称为"四朝元老，三边总制，出将入相，文德武功"（《明史·杨一清传》）。正德年间，杨一清任三边总制时，本来是要认真地做好长城防御的建设，但因其不愿加入武宗宠信宦官刘瑾的私党而遭排斥，被诬以"冒破边费"逮下锦衣狱，其修长城的计划并未得到全部实施。

关于杨一清修长城，《固原州志》记载："弘治十八年（1505），总制杨公一清修四十余里。""嘉靖四年，总制杨公一清，筑修东北堑山，增筑关城；峝然山巅崖堞，称天险焉。"

固原镇由环县北境向西的长城，虽然弘治年间便有修建，但主要为嘉靖年间修筑。嘉靖年间固原镇长城的修建是第二次较大规模地修筑固原镇长城。

嘉靖九年（1530）王琼任三边总制时，《北虏事迹》记载："自环县萌城西响石沟至靖虏卫地名花儿岔，长六百三十六里，系陕西固原镇该管边界。弘治十五年，总制尚书秦纮修理墙堑低浅，日久坍坏填塞，套虏节年过花马池，分道深入，不能阻隔。是年八月，王琼令镇守固原署都督佥事刘文统领官兵八千四百余员名，巡行响石沟等处，防御套贼。挑挖响石沟至下马房旧堑长三十里，俱深二丈、阔二丈五尺，南面堑上筑墙；连沟共高三丈。又修理下马房西接平房、镇戎，经古城、海剌都、西安州，五堡坍塌边墙一百二十五里，随山就崖，铲削陡峻，至九月初三日次第修完。又于干盐池，地名青沙岘，铲崖挑沟长四十里，深险壮固以绝胡虏西入临、固之路，及干盐池以西栅塞崖堑二十九里，令靖虏守备都指挥赵昶修理完备。"

第三次较大规模地修筑固原镇长城是在嘉靖十六年（1537），兵部左侍郎刘天和总制三边军务时，固原镇总兵官任杰所筑的徐斌水至鸣沙州新边的长城。

《读史方舆纪要·陕西七》记载，嘉靖十五年（1536），三边总制刘天和在分析固原镇边备形势时说："固原为套部深入之冲，前尚书秦纮修筑边墙，延袤千里，然彼大举入寇，尚不能支。及杨一清筑白马城堡，而后东路之寇不至。王琼筑下马房关，而后中路之患得免。唯西路自徐斌水至黄河岸六百里，地势辽远，终难保障。今红寺堡东南起徐斌水，至鸣沙州河岸可二百二十里。总兵任杰议于此地修筑新边一道，迁红寺堡于边内，撤旧墩军士使守新边。"

朝廷在议此事之时，以弃地扰民为由阻之。万历四十四年（1616）所修《固原州志》又记载："嘉靖十六年，总制刘公天和修干沟干涧六十余里，挑筑壕堤各一道，复自徐斌水迄鸣沙州黄河岸，修一百二十五里，增葺女墙，始险峻。"看来此段长城确实需要，虽然嘉靖十五年上报未准，但于次年还是修了一部分。

国家文物局《关于宁夏回族自治区长城认定的批复》认定：固原镇长城主要分布在今宁夏回族自治区的固原市原州区、西吉县、中宁县、海原县等地。

（四）甘肃镇长城修建

明初，自平定河西后，便开始经营河西防务。这个时期的军事防御建筑较少，主要是一些重要城池。嘉峪关城就是明洪武五年（1372）宋国公、征虏大将军冯胜所建。

第十章 明长城的修建与戍防

洪武五年，十五万明军兵分三路，征伐漠北。徐达和李文忠两路战败，只有冯胜所部连战皆捷。冯胜在班师途中，选址河西走廊中部，东连酒泉、西接玉门的咽喉要地，建嘉峪关城。

洪武二十八年（1395），冯胜因被蓝玉案牵连，奉召还京（今南京），被赐死。《明史》记载为："太祖春秋高，多猜忌。胜功最多，数以细故失帝意。"

朝廷对长城防御的建筑力量，主要集中于榆林以东的六镇。成化后，蒙古鞑靼部屡犯延绥、固原等地。后来，吐蕃也开始进攻明廷边地。明廷才开始加修延绥至甘肃一带的墙、壕、墩、堡。

甘肃镇长城主要是修筑于明嘉靖、隆庆、万历年间。《明史·杨博传》记载：嘉靖二十五年（1546），"超拜右佥都御史，巡抚甘肃。大兴屯利，请募民垦田，永不征租。又以暇修筑肃州榆树泉及甘州平川境外大芦泉诸处墩台"。

《肃镇志》记载："自东乐大口，于迤北人祖山至破山等口十三处，虏骑出没无常，尤为要害，嘉靖二十七年，巡抚都御史杨博，巡历诸险，于诸口各设壕堑、柞垒以扼寇害。"

嘉靖之后，较大工程为都御史廖逢节议题，隆庆六年（1572）修完。关于这次工程，《重修肃州新志》的记载较为具体："东、西、南、北四路，嘉峪关起，镇夷千户所止，边墙、崖榨一万三千六百三十丈，计七十五里二百六十步。"《肃镇志》也有记载："镇城西、北、东、南四路，板桥堡起至明沙堡止，边墙、壕柞二千八百一十二丈，计一十五里二百二十四步。"

另据甘肃各镇、府、州志载，由都御史廖逢节议题，于隆庆六年修完的边墙、壕柞，还有很多地方。

从此以后，甘肃镇长城各段始终在修筑之中。《肃镇志》记载："万历元年，修完东乐、洪水、尾窑、甘峻、梨园、平川、明沙等堡

233

墙壕、崖柞、叠水四百九十五丈，内边墙底阔九尺，顶阔五尺，实台一丈二尺，朵墙三尺，共高一丈五尺。壕口阔深各二丈，底阔一丈，崖柞高、阔、深各三丈，俱不支钱粮。"

《重修肃州新志》亦载："自新城儿东，长城西头起，嘉峪关北边墙新腰墩止，边墙一万九百八十四丈，底阔八尺，顶阔二尺五寸，实台高一丈，垛墙二尺，共高一丈二尺，随墙大、中墩二座，万历元年修完。""自下古城迤北、东长城角墩起，靖虏墩东壕头、临水河北岸止，又自嘉峪关起，镇夷所止，边墙、崖柞二千六百四十六丈。内边墙底阔一丈，顶阔六尺，实台高一丈二尺，垛墙三尺，共高一丈五尺；崖柞高三丈，阔二丈。万历二年修完。"

万历年初，除修筑边墙、崖柞之外，还加宽了以前所筑的夯土长城。《肃镇志》卷三《宦师志·名宦》记载："万历二年修完平川、三坝、孤山儿、平房等墩塘起，帮接边墙长一千一百八十七丈。"新加厚、加高部分边墙"底阔五尺，顶阔三尺，实台高三尺或四尺，垛墙三尺。连旧墙共底阔九尺，顶阔五尺，高一丈七尺"。

《兰州府志》记载："万历二十六年，以松山平定，议筑新边。府同知冯询等踏看，得松山双墩子以东至红水河西四十里，有水可以筑墙。红水河以东三十里俱石，山无土，不堪挑筑，应砌石墙。自碱滩墩至永安堡索桥三十里，川险间断，或筑墙，或挑壕，各相便宜。五边考云，新边自靖虏卫界黄河索桥起至庄浪界土门山，共长四百里，而兰靖、庄浪千四百里之冲边始安。第芦塘、三眼井等处，土疏易圮，时费修筑。若按明初旧址，自镇番直接宁夏中卫。"

这一带长城防御建筑除墙体、城堡、关隘之外，主要建筑组成部分还有墩台。墩台又分为兵墩与田墩两种，田墩又叫屯庄墩。据《甘州府志》记载："凡墩有兵墩，有田墩，兵墩司守望，田墩备清野。"

兵墩多随边墙而建，田墩则在长城之内为保护农业生产而另建。《甘州府志》记载："闻警清野固为守边常法，然零星小寨归入城堡，动辄一二十里，远至四五十里，汗漫奔驰，卒难毕至，敛之不豫，则虏已入境，而仓皇莫及；敛之太早，则虏未必来，而生物困毙。……故议以屯种附近之乡或二三十家，或四五十家，督令共筑一墩，每墩设一总甲提调，如警报一至大城，四路各发柴烽、信炮传示各乡，即敛。"明嘉靖年间，巡抚杨博增置屯庄墩三百六十五，以后廖逢节、石茂华等巡抚都筑过这种田墩。

国家文物局《关于甘肃省长城认定的批复》认定：甘肃镇长城主要分布在今甘肃省，东起环县，经白银市平川区、靖远县、白银市白银区、景泰县、榆中县、皋兰县、兰州市城关区、七里河区、安宁区、西固区、永靖县、永登县、天祝藏族自治县、古浪县、武威市凉州区、民勤县、永昌县、金昌市金川区、山丹县、民乐县、张掖市甘州区、临泽县、肃南裕固族自治县、高台县、金塔县、酒泉市肃州区，西迄嘉峪关市。

四　不隶属长城九边的西宁长城

明西宁卫边墙，现在也称为青海省长城或西宁长城。这是一条不属于明长城九边体系的线性防御工程。以前讲长城，很少涉及此长城。主要原因也是这段防御工程独立于明长城九边之外。

西宁卫边墙虽不隶属于明长城九边管辖，但同样是修建在农牧分界线，防御对象是蒙古势力，主要是西海蒙古部族。西宁长城始建于明代中叶，从明世宗嘉靖二十五年（1546）始建，到明神宗万历二十四年（1596），历时五十余年。主要分布在西宁卫的西部，呈半月形环绕。建筑形式由边墙、边壕、水关、水柞和斩削土、石山崖组成。

西宁卫设于明洪武六年（1373）正月，由西宁州改置。明初分封了西宁十六家土司，令其安土司民。洪武至英宗正统四年（1509）的一百四十年间，这一带相对一直比较安定，故于正德二年（1507）罢西宁兵备官。

裁军简政是好事，明廷没想到省点小钱却引发了这个地区的动荡。正德四年（1509）和正德七年（1512），河套蒙古部族两次西入青海湖地区，并诱发一些藏族部落的反明行动。

为了加强西宁卫的防御，明正德五年（1510）恢复西宁兵备官。嘉靖三十二年（1553）为加强防御，又升格为西宁参将。万历十八年（1590）更是派兵部尚书"经略青海"，分别改碾伯、古鄯操守为游击和守备，增设北川守备和西川游击将军。万历二十三年（1595），将西宁参将升格为西宁副总兵。

西宁卫长城的修建分为三个阶段：

第一个阶段是嘉靖二十五年（1546）修建三段边墙，顺治《西镇志》之《兵防·隘口》记载："嘉靖丙午，兵备副使周安、王继芳偕守备薛卿，缮治城堑，延属五十余里，西宁始就枕席云。撒儿山口，城东北一百五十里，有边一道，延二十里。北石硖口，城北一百里，自靖边墩起，抵草人山，新筑边一道，延二十里。"

西宁兵备副使王继芳倡修的边墙是西宁卫最早的长城，位于今大通东峡地区长五十里的黑松林插把峡边墙。稍后兴修的边墙，可能是撒儿山口和北石峡两段，各长二十里。这三段边墙均位于西宁卫北部，封锁了北边的主要通道。

第二个阶段是从隆庆元年（1567）到万历二年（1574），西宁卫续修北川、南川、西川，近四万七千丈的边墙。

顺治《西镇志》之《兵防·隘口》记载,其中隆庆年间所修建的有:"哈喇只沟边壕一道,长五百丈。……自娘娘山沙儿岭起,札板山下止,边墙、水关、山崖共四千四百三十丈。……又沙塘川西石峡黄草墩起,插把峡山墩止,边墙、山崖共二千九百六十一丈。……又碾伯、冰沟、巴暖三川、南川等地方,峡栅、边壕、沟涧、斩断石路二万二千六百六十九丈。"

第三个阶段是万历二十三年(1595)"海寇"大犯西宁南川、西川,明朝于万历二十四年取得西宁南川、西川大捷后,西宁兵备使刘敏宽等最后兴修西石峡口到娘娘山南麓的边墙,使西宁北部与西南部边墙连成一线。至此,西宁卫边墙防御最终完成。

《西宁府新志》记载:"万历二十四年,兵备按察使刘敏宽、副将达云、同知龙膺、通判高第遍历荒度,增筑广堑,于是大备。"

国家文物局《关于青海省长城认定的批复》将明西宁卫长城称为青海省长城。主线东起乐都县(今海东市乐都区),西经互助土族自治县、大通回族土族自治县,向南经湟中县、西宁市城中区、湟源县,向东经平安县(今海东市平安区),止于民和回族土族自治县。

还有数条各自独立的如同长城墙体或壕堑的防御建筑,分布在西宁市城北区、民和回族土族自治县、化隆回族自治县、乐都县(今海东市乐都区)、互助土族自治县、贵德县、门源回族自治县、湟中县、大通回族土族自治县。

五 明末清初长城功能的延续与转变

明末清初长城功能,既有延续也有转变。明末的长城主要防御对象是清,清初的长城主要作用是对长城内外实行分治,并进行有效的管理。

清是历史上继元朝之后由少数民族统治全中国的朝代。清还是中国最后一个封建王朝，中国现代疆域基本定型于清，其对中国疆域的巩固发挥了至关重要的作用。

清顺治元年即明崇祯十七年（1644），李自成军队攻打进长城，一举推翻了明朝。史学家普遍认为，崇祯皇帝还是很勤政的，只是明朝到了这个时候，已经没有人可以开出一副标本兼治的"药方"。

十四万清军在吴三桂迎降后，进入长城并且在石河大战中打败了李自成的大顺军。五月初二皇太极进入北京。

从后金到清，女真族在与明朝对峙的近三十年的时间里，始终是围绕着长城在进行攻防战。

后金虽然多次突破明长城防线，一直都没能攻下山海关。对山海关之外长城防线发动的每次军事行动，都会受到明军的强烈反击。仅从军事的方面来说，明朝在山海关完全可以再撑一段时间。

明政权后期日益腐朽，军政败坏，在风起云涌的农民起义打击下，对清军的抵御处于艰难的状态。还没按下葫芦已经起来瓢，明朝内外两面作战，完全力不从心。

从表面看，明朝灭亡于李自成起义军攻陷京城和清兵入关。实际上，这只是表现。真正的原因，还是其王朝已经彻底腐烂，这是专制政权的归宿。

统治者的眼里，统治权高于一切的时候，国家和人民的利益就居于次要的位置。这种对统治权的争夺，反映在两个层面：一个是皇权与臣权的斗争，另一个是朝臣之间的党争。

明朝皇帝和朝臣斗争激烈。文官势力过大，皇权受到抑制，皇帝为了加强皇权，设立东厂和锦衣卫。如此广泛的特务活动，使正常的社会政治生态受到了严重破坏。

明朝党争惨烈，贪官污吏横行，政治黑暗昏庸，因此造成民不聊生，造反的队伍此起彼伏。这样斗来斗去，社会就处于越来越动荡的状态，直到走向崩溃。

阻挡长城外面之敌的不是长城建筑本身，而是守卫长城的人。是这些驻守长城的官兵，凭借长城防御建筑进行防御。一个王朝到了腐朽的后期，民怨四起甚至到了官逼民反的程度，不论长城多坚固也没有人愿意为其打仗了，长城自然也就失去了意义。

第十一章　明长城防区设置的发展变化

这部书稿写到这儿，正是 2017 年的中秋。我和家人住在迁西长城脚下，依旧是在长城上陪伴明月。连续两年在腾讯的支持下，长城基金向社会公募修缮的长城就是喜峰口长城潘家口段。这段长城，有一段是宽城县和迁西交界。宽城在长城外，迁西在长城内。

喜峰口、潘家口古地图

明月当空，黑夜寂静，我喜欢明月，喜欢黑夜的寂静。"今人不见古时月，今月曾经照古人"。在长城作为军事防御体存在期间，这轮明月看见过多少长城的人和事。

其实，我更愿意在黑夜，静静地坐在长城上，或仰望星空闪烁，或听松涛阵阵。徒步考察长城时夜宿长城，在伸手不见五指的黑暗里，与长城的修建者和守卫者对话,我的心离他们更近。

长城研究,关注长城建筑本体和长城历史沿革的多,关注古代修建长城和生活在长城区域的人相对较少。说到底长城不应该仅仅是砖石的长城,长城更应该是人的长城,这是长城生命的本真。

明朝的长城东起鸭绿江,西迄嘉峪关,沿线分布着军事聚落,既有纯军事城堡,又有军屯和民屯所居住的营地。二百多年间,说不清有多少人生活在长城之上和长城脚下。

为了进行有效的指挥,明朝将绵亘万里的长城防线划分为若干防区,建立相应的都司卫所机构来加强防御。都司卫所权兼军事和地方行政,明初设立都司卫所的地区,基本上不再设置府州县行政领导机构。

随着军事防御的需要,逐渐建立起长城九镇。九边重镇整体防御体系完善,等级序列分明,后来又分成十一镇,再分成十三镇。实行军镇制度之后,长城地区的很多地方设置府州县,负责地方行政。

明朝长城防御区的发展是一个渐进的过程,不同的阶段面对的事态和形势不一样,长城防御区的设置也不相同。这是一个变化的过程,变化是为了更好地适应长城防御的客观需要。

比如西部长城防御选址于嘉峪关,就是因为明初战争还没有结束,此时冯胜进入河西走廊,所面对的蒙古东察合台汗国,正处于势力强盛的时期。

所以,冯胜、傅友德在占领了瓜州和沙州之后,没有进一步西进,而是安排在嘉峪关修建防御工程,这样做也是为尽量避免与东察合台汗国直接发生战争。

长城：追问与共鸣

一　都司卫所制度兼顾生产和军事

农耕政权占据农牧交错地区的土地之后，在派驻军队驻守的同时，一定要移民去这片土地生活。有人就有家庭，有家庭就有社会，就有安全的需要。长城的任务，就是保障生活在长城地区人的安全。

只是生活在长城地区的人，不是普通民众，而是兼顾生产和军事的军户。明长城沿线卫所制度的建立和实施，就是为了管理这些军户的生产和军事训练等日常军事活动。

就军屯而言，明与汉向边郡的移民屯戍行动如出一辙。

明朝的很多行为借鉴汉朝，赵翼《廿二史札记》云："明祖行事多仿汉高"。《史记·韩长孺列传》记载：汉武帝时期，采纳韩安国"得其地不足以为广，有其众不足以为强"的建议，在对匈奴作战取得了胜利的基础上，再度与匈奴和亲。

《明太祖实录》记载，朱元璋认为进军草原，"得其地不足以供给，得其民不足以使令"。他的这个观点，完全是对汉朝思想的继承。

明朝洪武年间在长城地区建立的卫所，除保卫北部长城地区、防御蒙古部族南下的中心任务外，还有一个同样重要的任务，就是维持本地区的社会治安。《明会典·兵部九·镇戍一·将领上》记载：长城地区卫所，都负有"缉捕盗贼"之责。

明朝在长城地区设置卫所，与在全国设置的卫所，职能并不完全一样。长城地区的卫所都有一定的实土，在卫所管辖地区内实行军民兼管，实际上是军政合一的地方政权组织。

卫所管辖下的军士、徙民、军余及庞大的家属群，生产及生活都要依靠卫所进行管理。所以，每一个卫所都有相应的区域范围，

第十一章　明长城防区设置的发展变化

并成为地方实际的行政管辖机构。

明代实行的都司卫所制度，以都司为地方最高军事领导机构，率领所属卫所隶于中央五军都督府，有关军事行动则并听命于兵部。洪武年间，北方边卫相当密集。以都司计算，就有辽东都司、北平行都司、山西行都司和陕西行都司。北平都司及陕西都司的部分卫所也与边境防务有关。

卫所的士卒有的是征调而来，也有的是由投降的故元将士所组成，他们的驻防调动就是一次大规模的移民活动。移民而来的军户，成为长城这个地区的主要人口，一定程度改变了这一地区的人口构成。

卫所的军士别立户籍称作军户，由国家分给土地，实行屯田自给。军户世袭，一旦为兵，永世不能脱籍。军士退伍或死亡，从家属中勾补，若无家属，则从族亲中勾补。卫所军人家属必须随军，军士子弟除一人继承正军身份之外，其余子弟称为"军余"或"舍丁"，同样归卫所管理。

军人的家属，实际上也和军人一道成为移民。明朝前期，本籍军户一般不在本地卫所从军，有从山西调往京师或西北的，也有从北方调往南方卫所，或由南方调往北方的。

都司是各省必设的军事领导机构，在长城等边防地区为单设的军政领导机构。行都司则是为了辅助都司，只在边疆地区增设的军事领导机构。都司与行都司之间无隶属关系，二者皆隶属于五军都督府并听命于兵部。

明朝在长城沿线和京师外围设置的辽东、北平、大宁、万全、山西、陕西都司和山西、陕西行都司等军事机构，既有各自的防区，又互相衔接，攻守结合，对保卫中央集权的国家安全和百姓的生产生活起了积极作用。

243

明朝在长城沿线实行军镇制度之前,都司卫所承担的主要任务是:

第一,守护长城及关隘、城堡。长城沿线的卫所,都是设在军事要冲之地,除了城墙之外都建有城堡。《明经世文编》载王骥《请陕西兵分班赴京疏》,其中云正统时陕西都司指挥曹敏等奏称:"所属卫所,路当冲要。"由于卫所的屯驻多处险要,所以防边守城和屯种二者是合一的任务。

第二,保卫长城地区的安全。防御蒙古族入边掠扰,是长城卫所的中心任务。《天下郡国利病书·陕西备录下》指出,如固原设有西固城守御千户所,该所"一意备番,他无所防",卫所城设在长城之内,与长城的距离或远或近,但一般都不超过十里。遇有敌情,军队可以迅速登上长城,直接投入战斗。

第三,维持本地的社会治安。长城卫所以一部分士兵守城,并设有专职将校分理防守,《明史·职官志四》记载,同时也有人具体负责"缉捕盗贼"。

第四,从事屯田等生产活动。长城沿线以卫所为单位,立屯堡,开垦屯种,由官方购买农具、耕牛等。如北平都司卫所所置屯田,《明史·食货志一》记载:"三分守城,七分屯种。"《畿辅人物考·宋文恪公讷》云"边军皆屯田,且耕且守"。耕种收获作为军饷,储备卫所官员的薪俸。明朝初期相当长的时期内,卫所的军饷主要来自屯田的收获。

第五,修筑长城的军事设施。明长城工程的修筑,除少数是被征调的民夫所为外,大多数由长城沿线卫所中的军士们承担。这在历史文献中多有记载。

光绪《抚宁县志·前事》记载,明太祖洪武"十四年春正月辛丑,大将军徐达发燕山等卫屯兵一万五千一百修永平、界岭等三十二关"。

《北虏事迹》记载，明嘉靖九年（1530）"八月，王琼令镇守固原署都督佥事刘文，统领官兵八千四百余员名……挑挖响石沟至下马房旧堑长三十里……又修理下马房西接平房、镇戎、红古城、海剌都西安州、五堡坍塌边墙一百二十五里……至九月初三日次第修完"。

这些军士长年生活在边塞险地，为修建长城城墙、墩台和城堡承受着艰巨的劳作。正如《筹辽硕画·恩赉慰劳官兵疏》描述的那样，这些人过着"餐冰雪寝暑雨"的艰苦生活。我相信这样的记载，绝不会是夸大的描述。

二　九边军镇独立的军事防御区

明长城东起鸭绿江、西至嘉峪关设九个独立的军事防御区，即九镇，亦称九边。九镇又分为三大防区，相继设有蓟辽保定、宣大山西、陕西三边总督。明朝长城地区防御由都司卫所制度为主，转向以军镇制度为主，是军事防御制度层面的重大转变。

三大防区、九边重镇建立后，形成以边墙、关塞堡墩相联结又分区防守、各司其职的防御体系。该防御体系分为两道防线，以长城的边墙、关隘、塞堡为首道防线，以长城之内的城镇为第二道防线。

明长城九边并非一次性设置，各边镇的设置时间不但不一样，有的相差时间还很长。各类史书对"九边"设置时间的记载，也有很大的出入。

关于"九边"的设置，《皇明九边考》明确记载为："初设辽东、宣府、大同、延绥四镇，继设宁夏、甘肃、蓟州三镇……又以山西镇巡统驭偏头三关，陕西镇巡统驭固原，亦称二镇，遂为九边。"《明史》与之并没有太大的出入，只山西、陕西二镇情况略有差异："初设辽东、宣府、大同、延绥四镇，继设宁夏、甘肃、蓟州三镇，而太原总兵治偏头，三边制府驻固原，亦称二镇，是为九边。"

九边虽有"初设边镇"和"继设边镇"之分，但因记载过于笼统，研究者认识差异较大。更何况还有人认为山西、陕西二镇既非初设，也非继设。《明史》的记载为："自洪武、永乐至弘治初，沿边止设辽东、宣府、大同、延绥、宁夏、甘肃六镇。"《明经世文编·边防议》中明人丘濬则认为："洪武之初，西北边防重镇，曰宣府，曰大同，曰甘肃，曰辽东，曰大宁。永乐初，革去大宁，惟存四镇。宁夏守镇肇于永乐之初，榆林控制始于正统之世。"

《九边图论》记载："国家驱逐胡元，混一寰宇，东至辽海，西尽酒泉，延袤万里。中间渔阳、上谷、云中、朔、代以至上郡、北地、灵、武、皋、兰、河西，山川联络，列镇屯兵，带甲六十万，据大险以制诸夷，全盛极矣。初设辽东、宣府、大同、延绥四镇，继设宁夏、甘肃、蓟州三镇，专命文武大臣镇守提督之，又以山西镇巡，统驭偏头三关，陕西镇巡，统驭固原，亦称二镇，遂为九边。弘治间设总制于固原，联属陕西诸镇，嘉靖初设总督于偏同，联属山西诸镇，又设总督于蓟州，联属辽东，镇戍益严密焉。"

九边军镇最初只是一种临战体制，后来其职能才包括了对辖区平时的军事及行政管理。但主要的任务依然是战时对军事行动的指挥，其中包含遇警作战的职能。

明朝九边军镇是逐渐形成的，是军事布防体系发展完善的结果。九边军镇的形成由洪武年间开始，初步完成于永乐至宣德年间。

都司及卫所是明早期由军镇组成的防御体系，九边军镇体制是都司卫所制的发展。镇守总兵官的设置，是洪武时期大将镇边体制的发展。九边常驻总兵官的派遣，使明朝长城地区的军事防务职能逐渐发生了分化：都司卫所负责平时军政管理，镇守总兵官着重执行大将统兵镇戍边境及战时军事指挥职能。

明洪武至宣德时期，卫所分驻长城沿线各地，都指挥使分掌一方军政，《明史·兵志一》云："征伐则命将充总兵官，调卫所军领之；既旋则将上所佩印，官军各回卫所。"正统以后长城地区的军事活动越来越频繁，经常处于战备状态，无法再用"征伐"和"既旋"的概念加以区分，总兵官从临时的大将、统帅变为地方镇守将官。

镇戍制是明朝中后期居主导地位的兵制。总兵官成为镇守将官这一转变，在卫所制向镇戍制的转变过程中具有标志性意义。卫所制向镇戍制的转变在永乐初年已经开始，到嘉靖年间完成。

镇戍制下，总督、巡抚、总兵等逐渐地成了固定驻守一方的将领，可以直接指挥军队作战，明朝逐渐没有了明初的"调动"军队的问题。总兵官负责全面指挥，参将负责一个方面的防御指挥，守备则负责战略据点的防御，游击将军负责策应，形成点面结合、周密纵深的防御部署。随着九边军事形势的变化，镇戍体制下军事指挥职能和军队管理的职能越到后来越强化。

三 长城九镇的形成设置时间

雄伟的长城，给后世留下了无限的遐想。遥远的记忆却离我们越来越远，有很多的谜有待破解。明长城九镇的分布及设置的时间，今天的认识依然还不是十分清晰，尚需进一步的深入研究。九镇逐渐发展形成，其设置时间不一样，所辖区域的分布也在不同的时间有变化。

（一）辽东镇

朱棣靖难之变成功后，于建文四年（1402）派员镇守辽东。这个人事安排带有临危受命的性质，故尚不能认为是辽东设镇之始。这个时期主要防御对象是时降时叛的蒙古兀良哈三卫。辽东地区的军事防御，主要是辽东都指挥使司负责。

永乐十二年（1414），明成祖命都督刘江充总兵官，"镇守辽东都司属卫军马"，辽东镇守总兵官之设从此成为定制。由此可知，辽东设镇时间，应该是永乐十二年。洪熙元年（1425），镇守辽东总兵官朱荣获佩征虏前将军印。此后，辽东镇防御蒙古部族之外，也承担着防御女真部族侵扰和戒备高丽的任务。

总兵官初驻广宁卫（今辽宁北镇），隆庆以后移驻东宁卫（今辽宁辽阳）。文献记载，辽东镇所辖长城起自今丹东市宽甸县虎山南麓鸭绿江边，西达山海关北无名口，全长一千九百五十里。

（二）蓟州镇

《明史·兵志三》记载："蓟之称镇，自（嘉靖）二十七年始。"目前学界普遍认为，这一说法是错误的。蓟州镇初设时间，不晚于永乐二十二年（1424），这年的九月命遂安伯陈英充总兵官，往山海、永平巡视关隘，整肃兵备。

总兵官虽然称为"镇守山海永平总兵官""永平总兵官"等，但管辖的防区则与后来的蓟镇相当。宣德九年（1434），改为"镇守蓟州等处总兵官"。

《重修三屯营城记》载蓟镇总兵"初镇桃林口，移于狮子峪，天顺又移三屯营"。移驻三屯营（今河北迁西三屯营镇）的时间为天顺二年（1458）。文献记载，蓟镇在没有分出昌镇和真保镇前，管辖长城东起山海关老龙头，西至黄榆关（今河北邢台市西北太行山岭），全长三千余里。

明中后期，随着战争防御的需要及形势的不断变化，此镇京畿地区的防御任务越来越重。为满足军事防御需要，蓟镇长城又先后

第十一章　明长城防区设置的发展变化

拓出昌平镇、真保镇和山海镇。

嘉靖三十年（1551）在蓟镇所辖长城中分出真保镇，负责镇守紫荆关、倒马关、龙泉关和故关段的长城。文献记载，真保镇长城界自紫荆关沿河口，连昌平镇边界，西抵故关鹿路口，接山西平定州界，共达七百八十里。因镇守总兵府驻保定城（今河北保定市）而得名。主要任务是统领直隶保定、真定、顺德以及河间、广平、大名诸府的军事防御。《明世宗实录》记载，嘉靖三十年二月，"自渤海所起至黄花镇、居庸关及白羊口、长峪城、镇边城、横岭口一带，一切防守事业俱属其经理，参将二员，俱听其调度"。

嘉靖三十八年（1559），正式分设昌平镇，负责居庸路、黄花城路段的内长城防务。文献记载，昌平镇管辖长城东自慕田峪连石塘路蓟州界，西抵居庸关边城，接紫荆关真保镇界，长达四百六十里。主要任务是保卫京师，特别是戍守皇陵。

明初设置大宁都司指挥使，后更名为北平行都指挥使司。负责燕山以北及以东地区的军事防御。洪武二十年（1387）设，治大宁卫（今内蒙古宁城），永乐元年（1403）朱棣决定放弃大宁都司所属卫所，将大宁都司内迁到保定。永乐帝的这一决定，完全是边疆政策的重要失误。此后，并不直接临敌的长城沿线成为迎敌的第一线。明朝北部由此陷入长城防御的被动局面。

昌平镇虽然分设了，但作为明长城九边的防御体系的一部分，仍然属于蓟镇这个大防区。嘉靖四十二年（1563），朝廷将蓟镇东起山海关、西至镇边城的防线划分为十路设防，其中第一路是石门寨路，第二路是燕河营路，第三路是太平寨，第四路是马兰峪路，第五路是墙子岭路，第六路是古北口路，第七路是石塘岭路。以上七路兵马由蓟镇总兵官统领。第八路是黄花镇，第九路是居庸关，第十路是镇边城。这三路兵马则由昌镇总兵官统领。隆庆二年（1568），

249

蓟、昌两镇分为十二路，万历时期蓟、昌两镇又分为十六路，居庸关、黄花镇、横岭口三路均归昌镇总兵官统领。

山海镇设于万历四十六年（1618）闰四月。《明神宗实录》记载："初设山海镇。时奴酋犯顺，议者谓宜简大帅据关扼险。乃割蓟镇东协四路属山海关，为一镇。改募入卫边兵四千并山海路额兵二千，分为左右二营，每营统三千人。左营以原推游击吴自勉充本镇中军兼管山海路事，右营仍驻四路之中，与东协台头营相为掎角。与蓟镇划地分管。操赏等费，亦割蓟三分之一充之。"山海设镇，主要是加强对已经崛起的女真政权的防御。

山海关防御城防图

（三）宣府镇

宣府镇长城重镇，特别是宣德四年（1429）十一月开平卫所领官兵划归宣府镇总兵官谭广节制，开平卫随之内迁至长城独石口之后，宣府镇和大同镇长城成为明朝长城防御体系的重点。

宣府设镇时间有两种说法：一说永乐三年（1405），一说永乐七年（1409）。《殊域周咨录》认为，宣府镇设于永乐三年："三年，置镇守总兵官，佩镇朔将军印。"《宣府镇志》等文献记载"永乐七年，置镇守总兵官，佩镇朔将军印"。

也有研究认为永乐三年宣府总兵官郑亨并未佩镇朔将军印，永乐十一年章安出任宣府总兵官才始佩镇朔将军印。我认为宣府镇设于永乐三年，不论总兵官是否佩印，其成为常设镇守即应视为设镇之始。

总兵驻宣府（今河北宣化）。文献记载，宣府镇管辖长城东起慕田峪渤海所四海冶，西达西阳河（今河北怀安县境）与大同镇接界处，全长一千一百一十六里。宣府镇为明朝在长城沿线最早设置的边镇之一，《皇明九边考》《明史·兵志》对此都有详细的记载。

（四）大同镇

大同镇东与宣府镇相接，西隔着偏关，与榆林镇相邻。因直面北部蒙古，而以长城重镇著称。明长城由东向西一路多居山地，进入大同地区，则地势平坦，易攻难守，成为京师西北防御重中之重。

大同镇设于永乐七年，基本无争议。《三云筹俎考》记载："永乐七年，置镇守总兵官，于是大同称镇。"大同镇依托山西行都司而设置，但山西行都司与大同镇却同时存在，其军政管理权限又多有交叉，这一点在长城九边是一个很特殊的情形。

总兵驻大同府（今山西大同）。文献记载，大同镇管辖长城东起天成卫（今山西天镇）平远堡界，西至丫角山（今内蒙古清水河县），全长六百七十里。

（五）山西镇

山西镇亦称太原镇、太原五卫镇，也称三关镇。所谓三关镇，指的是外三关即雁门、宁武、偏关。

251

《明宣宗实录》记载，明朝宣德元年（1426）"命都督佥事李谦镇守山西"开始设镇守。《殊域周咨录》则记载，宣德"四年，置镇守偏头及雁门、宁武三关总兵官，驻偏头"。

此后，偏头关正式成为山西镇治所。嘉靖二十年（1541），治所移至宁武关城。文献记载，山西镇管辖长城西起河曲（今山西河曲）黄河东岸，东接蓟镇（分设后为真保镇）长城，全长近一千六百里。

山西镇长城，因设在宣、大二镇长城之内，故与昌镇、真保镇的内三关即居庸、紫荆、倒马合称内长城。

（六）榆林镇

明朝的陕西包括今天山西以西的宁夏、陕西、甘肃、青海和内蒙古等省市自治区。位于这个地区的长城，则被称为陕西三边四镇长城。三边指的是延绥、宁夏、甘肃三边，四镇是指在三边之外，加上三边长城，另外加固原镇。

榆林镇初承延绥镇，为延安和绥德两地的合称。其设置时间学界很多人认为是在英宗正统初年。此前的镇守或总兵官，特别是永乐年间的几次任命，都是当年召回，故尚不能为镇。

正统元年（1436）十二月，兵部尚书王骥和右侍郎邝埜，因迟议边情之故被下狱，《明英宗实录》记载："公、侯、伯、五府、六部、太师英国公张辅等上备边议，谓甘肃、延绥、大同、宣府各边俱有镇守、总兵等官。"这说明，早在正统元年就已经将延绥与九边其他军镇视为同一防御体系。

总兵初驻绥德州（今陕西绥德），故又称延绥镇，这个名称直到明中晚期仍有使用。成化九年（1473）以后，总兵移到榆林卫（今陕西榆林），所以又称为榆林镇。

文献记载，榆林镇管辖长城东起黄甫川堡（今陕西府谷县黄甫乡），西至花马池（今宁夏盐池），全长一千七百七十里。在大边长城南侧另有"二边"，东起黄河西岸（今陕西府谷墙头乡），西至宁边营（今陕西定边）与大边墙相接。

（七）宁夏镇

宁夏镇的设置，在长城九镇中属于较早的。主要是因为此地是河套地区，长城之外几乎没有防御设置了。明正统年间"土木之变"之前，此地依托贺兰山和黄河设防，总的来说形势还算稳定。

《皇明九边考》《明史·兵志》认为宁夏镇为"初设"边镇，宁夏总兵官之设应在建文四年（1402）。明成祖即位初，"命右军都督府左都督何福佩征虏前将军印，充总兵官，往镇陕西宁夏等处"（《明太宗实录》）。

宁夏镇长城分为东、西、中三路，总兵驻宁夏卫（今宁夏银川）。文献记载，宁夏镇管辖长城东起花马池（今宁夏盐池）与延绥镇长城接界处，全长一千六百六十里。

（八）固原镇

固原镇长城，北有宁夏镇，东有榆林镇，西有甘肃镇，应该属一条内长城的边镇，设置时间在九边中偏晚。

固原镇设置，有学者认为始于弘治十四年（1501），也有认为是设于弘治十五年（1502），还有学者认为始设于正德四年（1509）。

《边政考》附《固原论》记载："固原，开城县地也。成化以前，套虏未炽，平固安会之间得以休息，所备者靖虏一面耳。自弘治十四年火筛入掠之后，遂为虏冲。于是始改立州卫，以固、靖、甘、兰四卫隶之，设总制参游等官，屹然一巨镇矣。"可见此时固原尚未称镇。

《明史·兵志三》则认为："弘治十四年，设固原镇。先是，固原为内地，所备惟靖虏。及火筛入据河套，遂为敌冲。乃改平凉之开成县为固原州，隶以四卫，设总制府，总陕西三边军务。"

可是《明孝宗实录》又记载，弘治十五年六月丙午，刑科给事中杨某自陕西还，奏边方事宜，其中之一为"弥边患，谓固原旧有备御参将、兵备等官，近又添设副总兵、游击等官，供亿甚费，请令固原自为一镇"。兵部议谓"固原自为一镇，事体重大，请行令镇、巡等官议处奏闻"。孝宗批准了兵部的意见，后续虽未见有设镇的报告和批复，但固原防御却始终有"专备固原"的武将。

直到正德四年曹雄任固原总兵时，才首次佩镇西将军印。总兵驻固原州（今宁夏固原），因总督陕西三边军务开府固原，所以也称陕西镇。固原镇为正德四年所设之说法更为确切些。

（九）甘肃镇

甘肃是甘州和肃州的合称，其实明代甘肃镇长城，不仅管辖甘州、肃州境内的长城防御，西边的凉州和西边的沙州地区长城防御变为甘肃镇统辖。

甘肃镇初设于永乐元年（1403），永乐元年正式派设总兵官镇守，《明太宗实录》记载："命后军左都督宋晟佩平羌将军印，充总兵官，镇甘肃。"

不过对此说，史学界还有异议。艾冲就认为，洪武十二年（1379）设甘肃等地方总兵官，即可视为甘肃镇设立之始。但有一点可以肯定，甘肃镇最迟在永乐元年已经设立。

总兵官驻甘州卫（今甘肃张掖）。文献记载，甘肃镇管辖长城东南起自今兰州黄河北岸，西北抵嘉峪关南祁连山，全长一千六百余里。

这里需要提及，明朝在甘肃镇长城之外，还设立了关西七卫。这些卫属于羁縻性质。其与明廷的远近亲疏关系，常受各种原因的影响而不断地发生变化。

第十二章　明长城指挥系统形成与演变

长城上的军队数量若少或战斗力差，不能起到有效的防御作用。数量如果过大或战斗力过强，将帅万一造反怎么办？这是一件让皇帝两难的事，很难权衡。皇帝要巩固皇权，不能靠运气。不能允许有可能构成威胁的因素存在。

在中国古代历史上，因为皇帝害怕手握军队的将军谋反，最后听信奸佞之臣的诬告，而以谋反罪名杀害某位忠将的故事太多了。这样的故事，大家耳熟能详，千百年来古装戏一直都是这么演。当然，真的篡权夺位，图谋不轨的人和事也不少。

皇帝也很脆弱，最怕军队武将专权，只知有统帅，而不知有皇帝。中国历史上手握兵权造反的故事也太多了，对皇上来说太吓人了。不但会丢掉江山，还是要掉脑袋的。《三国演义》中曹操的那句"宁可我负天下人，不可天下人负我"流传甚广。虽然不是曹操的原话，也是说到很多皇上的心里了。

其实，这与中国古代的兵制有关。募兵体制下，作为职业军人的士兵与将领是一种隶属关系。将领军权过大，哪一天若拥兵自重，皇帝虽贵为天子也束手无策。所以，历朝历代都将防止将领造反看得很重，谋反、谋叛和结党营私差不多都是要判死罪的。

如何在制度层面控制住局面，不让造反的威胁发生，这是朝廷要考虑的首要问题。明朝驻守长城军队的指挥系统设置，在防患于未然这方面做得还比较成功。

长城沿线有那么多的军队，明代二百七十余年军队造反的很少，基本不成气候。有一利就有一弊，明朝军队在很多的时候战斗力不强，也是因为朝廷死死控制军权。朝廷实行宦官监军制度，防范的就是手握重兵的将帅对朝廷的不忠。

明朝长城防御的边政体制经过长期的演变，形成九边总兵镇守制度与都司卫所制度并存的双重体制。都司卫所制度明初即遍行全国，九边镇守制度于明永乐开始，明中期才最终确立。总兵由原来的临时派出，逐渐转为镇守，成为地方化、制度化的军事安排，虽然在一定程度上弱化了都司卫所制度，但都司卫所制度并没有随之废弃。九边总兵镇守制度与都司卫所制度并存的双重体制，一直实行到明末。

长城九镇的设立是基于长城地区的军事防御需要，攻与守是兵学中的两大战略。明朝人虽然也强调要攻守结合，《筹海图编·严城守》云"攻之中有守，守之中有攻。攻而无守，则为无根，守而无攻，则为无干"，但随着长城越修越坚固，实际上明军的进攻能力表现得越来越弱。

一　大将、塞王镇守边关制度

明朝建立之初，在北疆地区以大将充任最高军政长官，负责边地的安全和正常社会秩序的建立。这种军政合一的大将镇守制度，很快改变为由塞王为主的守边制度。永乐之后废塞王，改为以大将

第十二章　明长城指挥系统形成与演变

镇守为主。不过已经不是洪武初期的大将镇守体制，而是实行总兵官负责的军镇制度。

洪武初期的镇守将领，基本上是跟随朱元璋一起打江山的功臣。但是，朱元璋并不让这些将领在地方上长期担任固定职务，朝廷根据军事任务随时对镇守将领进行调遣。这种调遣极为频繁，不让其常驻一地，以免形成自己的势力。

明初在北平、山西与辽东三地实行的大将镇守制度时间较长，人员相对也较为固定，分别由徐达、李文忠、郭英三员大将担任镇守。

大将镇守是明初因防御蒙古之需要而设置的，具有很明显的临时性。任职的将领虽地位较高，权力也较大，但将不专兵，将属于临时派出执行任务的性质。

大将镇守制度的典型人物是徐达，朱元璋建国之初"诏大将军徐达置燕山等六卫以守御北平"。《明太祖实录》有很多徐达往返于南北，执行军事任务的记载。徐达虽位高权重，统率全军，实为北边最高军政长官。但朱元璋并不任命徐达等充任行都督职官。

明初实行大将镇守制，朝廷在赋予大将重权的同时，始终维持其临时派遣执行任务的管理模式。《明史·徐达传》记载，洪武十四年（1381）以后，徐达虽然镇守北平，但"每岁春出，冬暮召还，以为常"。

这个时期遇有战争，由兵部秉承皇帝旨意，委派都督府官，或与侯伯出任总兵官，事后还任。《明史·职官志五》云："凡各省、各镇镇守总兵官、副总兵，并以三等真、署都督及公、侯、伯充之。有大征讨，则挂诸号将军或大将军、前将军、副将军印总兵出，既事，纳之。其各府之掌印及金书，率皆公、侯、伯。"

朝廷对战时军队的调动，有极其严格的限制。据洪武四年（1371）规定，各都司卫所军队的调动，都要凭朝廷所造金符和走马符牌。

257

长城防线用兵较为频繁，采取较为特殊的敕书制，即将领凭皇帝所发的敕书调兵。

洪武中后期，边地防御体制发生了由大将守边向诸王守边的转变。朝廷之所以这样做，只有一个理由，即担心诸将拥兵自重，威胁明朝统治。朱元璋相信只有自己的儿子才会全心全意地维护朱家天下。

朱元璋通过抑制将领、抬高塞王的做法，逐渐将边防大权转移到诸王手里。以诸王守边，拱卫的是朱家皇室的天下，可以确保明朝的长治久安。在塞王镇守制度的框架下，以中级将领充任总兵官，就不会发生统兵将领拥兵自重的危险。

为抵御随时可能南下的蒙古侵扰，明太祖沿长城内外，择险要地区分封了九王，分别为：北平的燕王、大宁的宁王、广宁的辽王、宣府的谷王、大同的代王、太原的晋王、宁夏的庆王、西安的秦王、甘州的肃王。

塞王各负其责，统率军事将领镇守一方。朱元璋时期，以诸塞王守边，有利于加强北部边防，捍御蒙古的南下，稳定王朝统治。但是洪武初对塞王权力还是有较大限制的，特别是兵权。

洪武后期，朱元璋一度试图赋予藩王以地方军队的调兵权，使诸王特别是北边诸王的权力得到进一步的扩大。《明太祖实录》载，洪武二十五年（1392）九月戊申，朱元璋谕右军都督府臣曰："都司乃朝廷方面，凡奉敕调兵，不启王知，不得辄行。有王令旨而无朝命，亦不擅发。如有密旨，不令王知，亦须详审覆而行。此国家体统如此。"

诸塞王除差遣本府护卫外，还可以节制功臣，出兵御敌，全面参与边疆防御指挥。晋、燕二王地位更是要高于其他藩王，一般的事由他们直接处理，只有军中大事才向皇上报告。特别是燕王居中，镇守北平最为重要。整个长城地区基本上都控制在九个塞王之手。

第十二章 明长城指挥系统形成与演变

诸塞王的辖区,既是明军的军事前沿防区,又是明军北上征伐的基地。

令朱元璋始料不及的是,他死之后恰恰是受封于北边的塞王,握有兵权,对朝廷构成严重威胁。建文帝即位后,看到了这种威胁,很快就着手削藩。由于操之过急,引起了"靖难之变",燕王朱棣起兵反叛,最后导致皇帝的易位。

建文削藩与"靖难之变"的先后发生,二元调兵制度宣告破产。明成祖以藩王夺取帝位之后,深知塞王拥兵对朝廷所构成的威胁有多大。把原来拥兵镇抚北方边境的藩王内迁,是明成祖的既定方针。永乐元年(1403),明成祖徙宁王于江西南昌。此后,他相继削弱了代王、辽王等藩王的军事力量。

明成祖登基之后,防御北方的蒙古仍是明朝非常迫切要解决的问题。他对军事领导体制做了调整,陆续向各镇派出军事统帅,担任负责北边防务的镇守总兵官。

《明太宗实录》记载,洪武三十五年(1402)八月,明成祖"命右军都督府左都督何福佩征虏前将军印充总兵官,往镇陕西、宁夏等处,节制陕西都司行都司、山西都司行都司、河南都司官军"。

洪武三十五年八月,明成祖"命左军都督府左都督刘贞镇守辽东,其都司属卫军马听其节制"。江阴侯吴高在永乐元年三月初三受命"镇守山西大同,防御胡寇,节制山西行都司诸卫"。

《明史·吴良传》中介绍吴高的情况说:"子高嗣侯,屡出山西、北平、河南练兵,从北征,帅蕃军讨百夷……永乐初,复召高镇守大同,上言备边方略。"《明太宗实录》记载,洪武三十五年十二月,明成祖命成安侯郭亮镇守永平、山海。

《明太宗实录》为什么会有洪武三十五年呢?这一年本来是建文四年,朱棣登基后为了确认自己的合法性,不给建文帝谥号,并将建文四年改称洪武三十五年,以示自己直接继承太祖高皇帝的帝位。

259

长城：追问与共鸣

明成祖在委任靖难功臣的同时，对原来驻守在长城地区、与"靖难之变"没有任何冲突的将领依然予以重用。甘肃总兵官左都督宋晟，在洪武、建文年间就已经镇守甘肃，《明史·宋晟传》记载"成祖即位，入朝，进后军左都督，拜平羌将军，遣还镇。……晟凡四镇凉州，前后二十余年，威信著绝域。帝以晟旧臣，有大将才，专任以边事，所奏请辄报可"。这一处置稳定了边疆，使整个长城防线并未因"靖难之变"而发生太大的变动。

削藩有利于皇权的巩固，但也容易造成北部边防的空虚。朱棣登基后最初的几年，为稳定全国，长期居住南京，所以在不同程度上仍继续实行洪武时期的塞王守边制度。

永乐前期实行诸王与功臣共同守边的做法，永乐十一年（1413）以后，明成祖以天子守边和总兵镇守正式取代藩王守边。

《明史·成祖本纪二》记载，永乐三年（1405）二月癸未，"赵王高燧居守北京"。《明太宗实录》记载，七月丙申谕赵王："尔即于马军内兼选汉鞑六十人，令的当指挥二人率往西北以观虏情，降者招之。若其入寇，则与边将筹议，相机袭之。所遣官军令昼伏夜行。"永乐四年（1406）二月丙子，谕赵王曰："尔速遣人驰报武安侯郑亨等，令坚壁清野以待……隘口可塞者塞之，不可塞则凿深壕以断其路……尔居守北京，一切边务皆当究心。"这些史料都证明，赵王完全在负责北京一带的边防，并且有职有权。

高燧是永乐二年（1404）四月甲戌被封为赵王的，明成祖即位后第一次回北京是在永乐七年（1409）。期间北京的大事，都是由赵王决断。但并不意味着永乐帝要恢复塞王守边的做法。

永乐七年二月壬午明成祖离开南京，三月到达北京。永乐八年（1410）二月到七月亲征蒙古，也不在北京。这一年七月，明成祖结束北征，十月就返回了南京。《明太宗实录》记载："命皇长孙留守北京，命户部尚书夏原吉等议留守北京事宜。"可见，永乐八年北征期间，北京的行政由皇太孙负责，军事则由赵王负责。在这一阶段，明朝主要靠赵王负责北京防务。

《明会要·兵志三·调发》记载，永乐七年，"上以边戍调遣，止凭敕书，虑或有诈，乃以'勇敢锋锐神奇精壮强毅克胜英雄威猛'十六字，编为勘合。有事调发，比对相合，方准发兵"。

明成祖第二次来北京，就已经是永乐十一年四月了。据《明太宗实录》记载，期间又有两年半的时间，主要靠赵王主持北京防务。永乐十二年（1414）三月到八月明成祖第二次亲征蒙古，皇太孙从征。明成祖命皇太子于南京监国，北京"留守事宜一循永乐八年之制"。到了永乐十二年，皇太孙从征漠北，北京的军事甚至包括行政都由赵王高燧负责。

明成祖用其子封王守边的同时，即位之初也曾谕侄子晋王曰："西北重镇，资尔控驭，尔居国年久令誉，已着抚安藩屏，方有望焉。"无疑晋王在永乐初年承担着至关重要的守边任务。

永乐年间只是在北京等地实行塞王镇守做短暂的过渡，很快就完成了总兵镇守的制度安排。随着塞王镇守制度的瓦解，总兵镇守制度成为日趋完善的边疆军事管理制度。

二　兵制中的总兵、巡抚、总督

军队任何时候都是政权稳固的必要条件，在长城防御区则更是社会安全的决定性因素。军队的管理历朝历代都是大问题，军权太大容易威胁皇权；对军队限制太死，又影响战斗力的发挥。

长城防御体系军事组织的管理层级，是从制度方面确保完成军事作战任务的规定。长城地区驻军的管理层级,从简单到复杂,也有一个逐渐发展完善的过程。

按照官员的品级从高向低排序,依次为总督、巡抚、总兵。如果按照职官出现时间的先后排序,则为总兵、巡抚、总督。这些文官或将领,被皇帝赋予一镇或几镇的军事指挥权。皇帝在给总督、巡抚的敕书中,很多的时候都有"听尔便宜行事"的批示,就是这种授权的体现。

《明经世文编·北虏始末志》记载,嘉靖二十五年(1546)蒙古俺答军队由宣府攻入长城,威胁到隆庆卫,"总督翁万达发大同周尚文兵拒却之"。这样的军事行动说明,地方军政大员有了较大的军事指挥权。

《明神宗实录》记载,万历六年(1578)二月,明神宗也下令:"其防秋、春汛非实在用兵及事体无甚关系,不必渎奏。"这说明,皇帝对督、抚、总兵等"听尔便宜行事"的权力空间虽然有严格的限制,但在春秋例行战备等小规模军事行动上还是可以自行决定的,不必上奏朝廷。

长城军事防区的战略部署,长城每镇及镇内防区的划分、镇戍将领的增置及升降等都要由皇帝决定,就是权力很大的总督也不得擅自做主。较大规模的进攻性军事行动,也要由朝廷决策。

《明神宗实录》记载,万历六年,神宗命令"蓟镇、宣、大诸边各镇守总兵官分统沿边官军出境外四五里烧荒"。烧荒对游牧经济的打击很大,自永乐年间开始执行,本来在隆庆和议之后已经基本中断了。不是皇帝下令,诸将一般不敢擅自行动,否则会以挑起"边衅"而治罪。

明代总兵官,又称镇守或总镇,是最早设置的长城沿线最高指挥官,有的总兵佩印,有的总兵不佩印。明朝第一任总兵官,任命于洪武二年（1369）。

不佩印的总兵官，属于临时派遣执行军事任务的性质。佩印总兵则成为镇守长城的军队统帅，可以开府衙，掌军籍。此后，遇有战事或重要事项，朝廷又派大臣到地方巡抚，事毕回朝复命。需要处理的事情太多，时间长了，巡抚也成为固定的官职，常驻在长城地区。

巡抚多以都御史或佥都御史充任，开始其基本职能是监察地方、考核官吏、督理税粮、抚安百姓等。以后偏重于军事，控扼险要、固守城池、整饬边备、提督关隘、赞理军务等越来越多。

成化八年（1472）巡抚余子俊于榆林镇督修长城约一千七百七十里。巡抚为一省或一镇的文臣，在没有设总督的地方，巡抚就是朝廷任命的最高级别官员。

明朝规定巡抚兼军务者加提督军务，有总兵地方加赞理，管粮饷者加总督兼理等名义。各地巡抚实际上已经掌握一方的民事和军务大权，总兵官，都、布、按三司使同为巡抚的下属，听其指挥。

再后来长城防线局势日趋紧张，战争此起彼伏。当时修筑长城或调兵遣将时常常涉及几个镇，为调节、辖制各镇，以利统一作战，朝廷又添设总督军务或总制或总理，派重臣出任，有的成了常设之官。在设有总督的地方，巡抚听命于总督。

弘治十年（1497）诏令在长城防线设置延绥、甘肃、宁夏三边总制，并总督文武。明确规定自总兵、巡抚而下皆听节制。至此，总督成为一方军政之首，所有行政、军政、司法、监察之权，都要由总督决断。明末，为阻止后金军入关，朝廷又令兵部尚书外出经略，后来又派大学士出来督师，权力又在总督之上。

长城戍守军事管理体制和职级的这种转变，首先是将战时体制转变成为平战结合的体制。平时负责训练军队的将领，就是战时指挥作战的军官。所以操练部队的责任心，比卫所军的管理者相对要强一些。战时这些熟悉所属部队情况的将领，也可以更好地指挥军队作战。

设巡抚、总督之后，文官直接管理军队，加强了朝廷对军队的控制。有明一代，可以说文官的地位始终是高于武官，这一点基本上与宋朝差不多。宋朝之前，从唐的安史之乱到五代十国，皇帝很难当，主要的威胁全都是来自武将。

范中义《论明朝军制的演变》一文认为文官参与军队管理，"一方面使将领地位下降，不能充分发挥将领的才能。将领中并不都是一介武夫，其中也有的既有政治头脑，又有军事才干，但由于他们处处受文官制约，才干受到压抑，甚至导致战争的失败。另一方面，文官管理部队，有利于部队的稳定和贯彻朝廷的意图。由于文官受过较多的文化熏陶，比武官更能忠实地执行朝廷的命令，其中也不乏具有军事才干者。因此，他们参加军事决策，对稳定部队，使部队真正成为统治阶级的工具更有利"。

到明末，明军的指挥系统已经处于较为混乱的局面。崇祯年间，礼部侍郎蒋德璟曾经就此问题奏称："祖制，三协只一督一抚一总兵，今增二总督三巡抚六总兵，又有副总兵数十余人，总兵太多，不相统摄，督师亦提掇不灵，故皆不用命，宜裁之。"他认为，这是造成军事溃败的原因之一，如果不加裁撤，后果非常严重。

在这种情况下，军事行动混乱低效，各级军官各自为政，不遵循统一的指挥。明代李清的《三垣笔记》载："刘辅宇亮自请督兵，至军中，诸将皆不奉约束，无如之何。于是召诸将前，设席拜之，激使力战，然骄愞如故。盖总兵不能令偏裨，偏裨不能令士卒故也。"

在一些军事防御区，还设有兵备。这个职务是巡抚之下负责军事事务的文臣，听命于总督或巡抚。兵备之下还设有府同知、通判等负责一路的军政事务的官员。

三 皇上的耳目宦官监军

中官，指的是宦官。明朝的镇守中官，指的是派到军队直接或间接参与军队指挥的宦官。中官在汉代就已经有了，《汉书·高后纪》："诸中官、宦者令丞，皆赐爵关内侯，食邑。"颜师古对此注释说："诸中官，凡阉人给事于中者皆是也。"

明朝在长城防御区的管理，除文武两大系统之外，各镇还有监军系统。监军分为两类：有实权的为巡按御史和镇守内臣，也就是宦官等监军，特别是镇守内臣，实为皇上的耳目，有着非常大的实权；另一类服务于总督的监军道，只负责随军记功，没有多少实际的权力。

明代宦官监军，代表的是皇帝对军队的控制。他们既是皇帝的耳目，又是皇帝的指挥棒。

宦官、太监是古代被阉割后失去性能力的男人，在后宫用这样的人理由只有一个，避免发生秽乱宫闱之事。先秦和秦汉时期的宦官有阉人，也有正常的男人。从东汉开始，宦官才全部用阉人。《后汉书·宦者列传》记载："宦官悉用阉人，不复杂调它士。"

明代宦官权势很大，宦官也有级别高低之分。低级的有典簿、长随、奉御等，少数优秀的升迁为监丞，再往上升就是少监，少监再提升才是太监。很多大一些的事情，皇上都会委派太监负责，太监是宦官的首领。

内臣监军是皇权膨胀的畸形产物，严重抑制了武将的积极性，但也有益处。明朝的历史上，之所以始终未出现武将专军乱政的局面，

265

宦官监军起到了很重要的作用。

为预防将领背叛朝廷,皇帝派宦官对军队层层监视。遇到战争,皇帝委派总兵官统兵出征的同时,派宦官随军去监军。随军宦官监视总兵官的行动,随时密奏。

总兵官如与监军不和,不仅会事事受制于人,而且会被诬告陷害、被罢官,甚至丧命。如与监军太监搞好关系,融为一体,打胜仗可升官封爵,战败时亦无罪可责。《明会典·兵部九》记载:"其镇守内臣,自永乐初,出镇辽东开原及山西等处,自后各边,以次添设,而镇守之下,又有分守、守备、监枪诸内臣。"《明史·成祖本纪》也记载:"是年,始命内臣出镇及监京营军。"

宦官势力的大发展,起于永乐年间。"靖难之变"后,朱棣建立起功臣集团、文官集团以及宦官集团三足鼎立的政治治理模式。朱棣之所以要这样做,主要是出于稳定的考虑,他登基之后并没有大幅裁换长城地区的军事将领,建文时期任命的地方镇守总兵、镇守武将基本上都留任在原岗位。

朱棣对这些建文帝的旧将并不放心,这是其开始派遣心腹宦官以监军身份直接参与军事行动和军队管理的原因之一。永乐时期明朝开始派遣马靖、王安、王彦之等人负责监察地方军队。

从现有史料来看,宦官协赞军事行动始于永乐八年(1410)。《弇山堂别集》记载:朱棣"敕内官马靖往甘肃巡视,如镇守西宁侯宋琥处事有未到处,密与之商议,务要停当,尔却来回话"。永乐时"出镇"的中官,被派往边镇协助或监督军事将领,一般来说还属临时性差遣的性质,永乐以后中官的出镇现象逐渐由临时性差遣演变为由皇上正式任命的"镇守中官"或称"镇守内臣"。

仁宗时以王安镇守甘肃,由此开了宦官镇守体制的先河,此后宦官便普遍参与到明朝军事的指挥和管理中。宦官成为封疆大吏,或许会有大臣心中不满,却绝对无人敢出言反对。因为你反对皇帝信任的宦官,很容易被视为反对皇帝。

《明英宗实录》记载:宣德十年(1435)正月"敕浙江等处都司、布政司、按察司曰:'比遣内官张达等往彼镇守,特为抚安军民,提防贼寇,近闻军民皆已宁贴,今取达等回京。'"《国榷》记载:"撤各省镇守内臣,仍敕各三司加意抚绥军民。"《御批历代通鉴辑览》也有"罢十三布政司镇守中官。其守备南京、镇守诸边,收粮徐州、临清,巡盐淮浙者如故"的记载。

中官对将领公私事务皆予监督,随时劾奏,某种程度上影响着朝廷对军事将领的生杀予夺。正统初,大同镇守太监郭敬劾奏巡抚李仪、参将石亨败坏边事,使李仪下狱。《国榷·宪宗》记载:成化十八年,宁夏镇守太监王清奏劾总兵李杲不法,致使李杲下狱。汪直奏劾大同副总兵朱鉴,朱鉴下狱。

这样的例子,终明一朝有很多。明朝的京师京营是王朝的主力军队,宦官监军京营始于明英宗,在景泰年间成为定制。《三垣笔记》载,正统中"添设提督坐营监枪太监"。景泰三年(1452),京军除受宦官总节制外,且每三营设一名宦官监军。

"土木之变"造成严重后果的一个原因,就是太监王振的擅权。王振是河北蔚县的读书人,几次科举考试都没有考中。娶妻生子后,才自阉进宫做了宦官。明宣宗很重视宦官学习文化,识文断字的王振被派去侍奉太子朱祁镇读书。

王振与太子朱祁镇朝夕相处,用尽各种手段,深得太子的欢心和信任。朱祁镇继位后,王振被重用为司礼太监。几年后王振控制了锦衣卫,更是权倾四海。

"土木之变"后,裁撤宦官监军的呼声一度很高,最后的结果却是宦官的地位不但没有受到削弱,反而得到了加强。《明英宗实录》

记载，景帝重申："朝廷委任内臣各处镇守备御监军行事，皆是祖宗旧制，不可更改。"之所以是这样的结果，不是宦官有多神奇的能力，而最高统治者有需要。

在皇帝眼里，相比那些叱咤风云的将领，宦官的最大优势就是忠诚。忠诚相比于能力而言，对皇帝来说是生死存亡的问题。只有委派宦官直接参与指挥军队，皇上才能放心地睡觉。

任何事情都是有一利，即有一弊。对此，明朝便有人已深谙其弊。《昭代经济言》收录了成化年间贺钦的《陈言治道疏》，贺钦针对内臣擅权于朝、监军于外、沆瀣一气的弊病指出："各边将官，既有巡按，凡有奸宄，足以关防矣。今乃处处设立内官，果何益乎？徒使蠹坏兵政，残虐军民。将官之贤而知兵者，为其拘制，当进而不得进，当止而不得止，往往有丧败之患；将官之庸愚奸贪者，则以贿赂相交，结成私党，肆为奸恶，愈无忌惮。盖镇守将官，既赂镇守内官，而镇守内官，则常以良马金宝，贿其在朝擅权之党类，一有言将官之不职者，则主上左右前后之人，谁不为其斡旋？"

针对明朝边防体制的弊病，明弘治年间王鏊在《边议八事疏》中指出："其在边将之盛，内臣则有太监，武臣则有总兵，文臣则有都御史。都御史欲调兵，总兵不可而止者有矣；总兵欲出兵，太监不可而止者有矣。大同有急，欲调宣府之兵而不能；延绥有急，欲调大同之兵而不可。权分于多，威夺于位，欲望成功，难矣。"

内臣监军的权力过大，限制了武将的权力，同时也遏制了武将的积极性。《明史·孙磐传》记载，正德年间孙磐指出："今日弊政，莫甚于内臣典兵。……唐、宋季世始置监军，而其国遂以不永。今九边镇守、监枪诸内臣，恃势专恣，侵克百端。有警则拥精卒自卫，克敌则纵部下攘功。武弁借以夤缘，宪司莫敢讦问。所携家人头目，率恶少无赖。吞噬争攫，势同狼虎，致三军丧气，百职灰心。"

第十二章 明长城指挥系统形成与演变

明朝宦官监军甚至宦官直接参与军事指挥虽有一定的弊端,也并非一点积极作用都没有。明末辽东战场监军宦官与主将同舟共济,就是很成功的一个例子。这些为人正派,有作为的宦官,才是真正意义上对皇帝的忠诚。

天启七年(1627)五月,皇太极率军进攻锦州,总兵赵率用与监军太监纪用等同心协力固守锦州。监军太监纪用甚至与赵率用一起身披甲胄,战斗在第一线,力督官兵拼力抵抗。

后金军在攻打锦州无法取胜的情况下,改为攻打宁远,也被袁崇焕及监军太监刘应坤击退。这次战役,前后毙伤后金军数千人,史称"宁锦大捷",是继"宁远大捷"之后的一次胜利,极大鼓舞了明军士气。

《三朝辽事实录》记载,镇守太监纪用在向皇上奏报时称:"初四日,奴贼数万,蜂拥以战。我兵用火炮、火罐与矢石,打死奴贼数千,中伤数千,败回贼营,大放悲声。"

袁崇焕出任督师蓟辽,兼督登莱、天津军务时,提出了三个相结合的防御战略,分别为:战与守相结合、筑城与屯种相结合、坚壁清野与乘虚出击相结合。

执行这个战略时,申请经费修复被战火毁坏的城池是其中一项重要内容,受到有些朝臣的质疑。据《明熹宗实录》记载:监军太监刘应坤在向熹宗所上的密奏中,支持袁崇焕采用筑城的方法,提高防御能力,他说:"今设备更严,城势增高,堡垒更固,著著皆实,毫无粉饰。"我对上述这些太监充满了敬意。他们为将领们解决了后顾之忧,甚至主动创造很多条件,帮助奋战在前线的将领们,真的很值得人们尊敬。

清朝皇帝严令禁止太监参与朝政,《清史稿·世祖纪二》记载,顺治帝说:"祖宗创业,未尝任用中官。且明朝亡国,亦因委用宦寺。"明朝的宦官和太监还是有一些区别的,清代宦官和太监就基本上没有区别了。行走在后宫被阉割了的男人都是太监,不过有大太监、小太监之分而已。

第十三章　清朝对明长城的再利用

人们说起清朝不修长城，常津津乐道于康熙皇帝的那首诗："万里经营到海涯，纷纷调发逐浮夸。当时费心生民力，天下何曾属尔家。"并据此断定清朝不修长城，而明朝修长城是保守封闭的。

一　清朝依然视长城为"汉夷"分界

清朝建国后，并没有废弃长城。一直到清末沿线关隘，都有驻军把守。长城作为"汉夷"民族分界的标志意义，在整个清朝一直都存在。好像除了继续利用明代长城，清朝也没有更好的办法来管理和规范长城内外地区。

清朝统治者作为少数民族，文化上与游牧民族有密切关系，所以更加理解其他的少数民族。康熙帝虽然也曾多次强调"边墙以外，无异腹里"，但另一方面，作为华夏共主的王朝统治者，也继承了中原王朝的很多民族观念。

明朝称长城为边，而不叫长城，清朝同样称长城为"边"。清朝户部所做户口统计，就只是统计内地直省和八旗人口，并不将长城之外藩部的人口计算入内。"边外蒙古"之类的提法，经常出现在清朝的政府文书中。《清朝文献通考》记载："边外蒙古地方种地民人设立牌头、总甲及十家长等，如有偷窃为匪及隐匿内地逃人者责令查报。"

历代长城的作用有个两方面：一是军事防御功能，另一个是管理功能。清朝时长城军事防御的作用弱化了，而对经济贸易等进行管理的功能不但没有弱化，反而有了加强。

康熙乾隆年间曾不断对仍在使用的长城关口和城墙进行修缮，山海关、喜峰口、古北口等关口和长城段落，都有不同程度的修缮。河北张家口的"大境门"，则完全是这一时期修筑的关隘。

康熙时期，依然将长城之外鄂尔多斯蒙古之地视为"界外"，虽然其早已归附清朝。清早期并不允许蒙古各部随意游牧，鄂尔多斯蒙古王爷向朝廷提出要在察罕托灰之地暂行游牧的请求时，朝廷遣尚书穆和伦等往勘查，拟定以黄河西河之间柳墩等四台为界，允许鄂尔多斯蒙古游牧，并设理事官二员稽查游牧蒙古，并严令其"禁止生事"。

宁夏总兵官范时捷对此做法提出不同意见，他在疏言中说："察罕托灰系版图内地，今蒙古游牧，多致越界行走，与宁夏居民，蒙汉混樵采，实属不便。请以黄河为界，停止蒙古游牧，则民生有益，即地方亦易防守。"朝廷批准了范时捷的意见,《清圣祖实录》记载："得旨，从前原以黄河为界，著照后议行。"清廷对鄂尔多斯蒙古辖地的这种区分，说明在清初对长城外的蒙古族还是内外有别。

康熙五十三年（1714）六月十七日,《清圣祖实录》记载，康熙帝谕大学士等曰："朕幸宁夏，过鄂尔多斯地方，谓松阿喇布王云：'尔等祖宗不过欺侮汉人，遂据河套耳。若朕则自横城坐船带粮从鄂尔多斯之后抄出据守，尔等将若之何？'松阿喇布王瞿然奏云：'今

第十三章　清朝对明长城的再利用

内外一家,皇上奈何出此可畏之言?'"从这段对话中,可以看到在清朝皇帝的认识中也并不全是"边墙以外,无异腹里"。

《清世宗实录》记载:"总理事务王大臣议准,大学士仍管川陕总督查郎阿议大通之流移蒙古安插事宜。据称大通虽在口外,然既安营设汛,不便汉夷杂处,请查明分晰安插。"这里讲的"汉夷杂处"是指大量汉族迁徙到长城之外,形成了蒙汉杂居、农牧兼营的局面。

乾隆时期的满汉大臣奏章中,称长城为"边"、以蒙古为"夷"的做法经常出现。皇帝的谕令及清朝的正式公文里,都经常出现这样的称呼。如:乾隆七年(1742)五月,长城外的蒙古人与长城内的汉人发生冲突和矛盾,"吏部议准,山西巡抚喀尔吉善疏请,酌定夷汉章程,以重边围各款"。这里所谓的"夷汉章程",就是规范蒙古人与汉人行为的规定,以避免双方发生冲突。

坚固的山海关长城防线是起兵于长城之外清之长久的痛。努尔哈赤就死于山海关长城之外的战斗。清朝入关后,据有了长城内外,觉得没有继续在山海关布兵设防的必要,就在顺治元年(1644)撤除了山海关的建制。

清很快发现在中原要面对很多的压力,他们决定把山海关以东作为根据地,若无法在中原立足,便退还东北。正是在这样的指导思想下,立即复设山海关防御体系,修复关城及边墙防御设施。

清复原了山海关防御安排的同时,由驻守京畿的八旗军队在宣大到山海关长城一线,利用明长城进行了军事布防。有人说,清利用明长城只是增加对长城内外的管理功能。其实不然,长城关隘和长城城墙,都是由军队驻守。

顺治四年(1647)十二月,据《清世祖实录》记载:"自张家口起,西至黄河止,察得张家口关门迤西,黄河迤东,共一千四十五里。其间险峻处约六七里一台,平坦处约四里一台。共应留台

273

二百四十四座，每台设军丁三名，共军丁七百三十二名。其余台一千三十二座，应不用。"由此可知，清朝只是缩减了长城守军而已。

持续一年的姜瓖之乱，加之北方严重的饥荒、水灾和南明的复兴活动，对于初建全国统治政权的清朝来说形势非常紧张。陈协的《大同边备疏》中就说："夫天下事防于已然，不如防于未然，则虽有修葺迁运之劳，形势屹然。边民知警，若待已然，则烦费又当何如？臣愚以为沿边设险，莫如大同。……以边务重大，不宜轻忽故也。其他属在宣云，如口北等处，皆当严加修备，以待不虞。"《钦定大清会典则例》记载，顺治十五年"又题准修完边墙五十丈至百丈者，纪录一次"。这两条史料讲的即是此后为加强军事防御，对原来的明长城进行必要的修缮。这个时期清修缮长城加强防御之目的非常清楚，就是巩固其统治地位。

二 清朝利用长城实行满禁和蒙禁

清朝政权稳定之后，开始利用明朝的长城实行"满禁"和"蒙禁"。清朝非常重视位于长城以外的东北地区，称其为"龙兴之地"，故而利用明朝修建的长城，保护满洲地区的物产和种族。

从这个时候，长城的作用发生了根本性的转变。康熙朝起，东北就成了禁地，中原汉人被严格限制前往，史称"满禁"。在山西、陕西长城沿线实行的封禁，史称"蒙禁"。

"满禁"至乾隆初年更为严厉，在东北区域执行全面彻底的封禁。清朝边禁，对边境贸易进行控制，商贾和普通民众进出边疆地带，均须批准获颁"部票"才能通行。

清朝在东北地区实施封禁的表面理由有三点：一是关东一带出

产人参,大量涌入的流民上山偷采,屡禁不止,影响到了旗民的生计。二是东北地区设有皇家狩猎场,《清朝续文献通考》记载:"游民借开荒之名,偷越禁地,私猎藏牲。"三是清朝既担心流民太多,又影响旗人的民族文化特性。

据《清仁宗实录》云,"私垦地亩,致碍旗人生计"。《清宣宗实录》也有云:"旗人咸图安逸,不知力作,必致生计日蹙,且耳濡目染,习成汉俗,不复知有骑射本艺,积重难返,其害岂可胜言!"

其实,后者才是清朝闭锁山海关等长城关隘的真正意图。

光绪《吉林通志·圣训志一》记载,康熙皇帝说:"我满洲人等,因居汉地,不得已与本习日以相远,惟赖乌喇、宁古塔等处兵丁不改易满洲本习耳。今若崇尚文艺,则子弟之稍颖悟者俱专意于读书,不留心于武备矣。……将朕所降谕旨……晓谕乌喇、宁古塔等处人等知悉,并行知黑龙江将军,共相勉励,但务守满洲本习,不可稍有疑贰。"为了确保满人尚武之风持续下去,保护满洲族的风俗习惯,避免满人"习成汉俗",把该区域封闭起来就顺理成章了。

清朝为了使"禁关令"得到贯彻,基本上完全利用了明朝修建的长城。不但修建长城,还修一条柳条边。柳条边的修建,历经皇太极、顺治、康熙三朝,前后用时四十三年才基本完成,直到清朝后期,逐渐放开了"满禁"和"蒙禁",长城关隘才得以彻底放开。

清朝修建柳条边,目的在于隔离东北与中原、草原,防止非满洲族人随便进入东北地区,特别是防止中原汉人涌入东北。由顺治年间起,在满洲境内分段修建起来的柳条边,其长度达两千余里。

清朝以长城分隔内外,对满汉事务和蒙汉事务都制定了严格的规定。如关内"民人"不许越过"柳条边",不许进入东北满洲发祥地和朝廷分封给蒙古王公的牧场垦荒种地;满、汉族和蒙、汉族之间男女禁止通婚;禁止满族、蒙古族人学习、使用汉文或用汉文命名等。这样做的目的是保持满、蒙民族的文化和习俗，以巩固大清王朝的统治地位。

清朝严禁汉族民众越过长城至东北地区进行垦殖，同时明确规定长城以北是蒙古贵族的驻牧地带，以此限制汉人到其地垦殖或进行贸易，这就是"蒙禁"。在"蒙禁"的具体规定中，不允许蒙古各部越界交流，相互间不能进行贸易和通婚。蒙古人不能学习汉族文化，亦不可与汉族民众通婚。汉人至蒙地进行贸易或垦荒种地都受限制。不过，清朝所实行的"蒙禁"，并没有"满禁"那样严格。

清朝之前的蒙古区域一直把畜牧业作为主要生产形式，农业很弱，由此存在的粮食供给问题曾经引发过蒙古与明朝方面的激烈冲突。清朝成立并且政权稳定下来后，为解决粮食供应问题，很重视发展口外蒙古区域的农业。蒙古王公也要求发展本地区的农业经济，《清圣祖实录》记载，喀尔喀蒙古土谢图汗在康熙年间上疏言道："思得膏腴之地，竭力春耕，以资朝夕。"

解决好北部边疆区域的粮食供给，对于边地防御的意义重大。在康熙和雍正年间，准噶尔部少数上层贵族多次发动叛乱，北部边疆战事连连。清朝只好由内地把军用粮草，经过长途输运，送到农业极不发达的战地。《清圣祖实录》记载，康熙皇帝说"边外积谷，甚属紧要"。在当地解决好粮食供应，可以促使边疆稳固。

清朝明令限制汉族民众大量迁徙至边疆少数民族地区，以免影响该地区原有秩序。清朝作为一个全国统治政权，在东北地区没有坚持从全局利益出发，从早期的"招民授官"至后来的"永著停止"，使得东北这片土地上丰富的经济资源被封禁起来。

清朝实施"禁关令"，虽然阻挡住了汉人出关的合法途径，但并没有彻底止住北方流民越过长城，进入长城之外寻求发展的步伐。从中原非法前往东北一带谋生的民众，仍然千方百计地闯向关外。《圣祖仁皇帝圣训·圣治》记载，在康熙五十一年（1712），上谕中称，仅山东流民到长城之外的，就有十余万人。《简明中国移民史》中说，估计乾隆四十一年（1776）时，由华北越长城迁移到东北地区者（含已经变更流民身份定居关东者）多达一百八十万。

到了乾隆年间，清朝不得不默许一批意志坚决的农民，向长城之外迁徙。《清高宗实录》记载，乾隆在奏折的批复中说："若仍照向例拦阻，不准出口，伊等既在原籍失业离家，边口又不准放出，恐贫苦小民，愈致狼狈。著行文密谕边口官弁等，如有贫民出口者，门上不必拦阻，即时放出。但不可将尊奉谕旨，不禁伊等出口情节，令众知之，最宜慎密。倘有声言令众得知，恐贫民成群结伙，投往口外者，愈致众多矣。"

"蒙禁"也在这个时候有所松动，因为问题已经严重到不松动不行的程度。在陕西长城外出现了越来越多的被称为伙盘地的农耕村庄。这些由长城内迁来的汉人建立的村庄，与蒙古族人之间的风俗习惯、生产生活方式迥然不同。后来长城内迁带过来的地域文化，逐渐成为这个地区文化的主体。

汉人移民进入长城外，并没有引发严重的民族隔阂，更没有导致汉蒙民之间发生冲突。雍正以前，农业在长城之外的内蒙古西部兴起，农业与牧业很少发生矛盾。

此两种完全不同的经济类型，还起到了互为补充、互相调剂的作用。长城外伙盘地定居的农民，生活和生产上与蒙古族人之间交往的时间一长，蒙汉之间还出现了通婚现象。各民族间的融合，自然而然地成为大势所趋。

清朝实行边禁政策的同时，对长城各关隘的贸易，采取了很多积极措施。据《皇朝政典类纂》记载："乾隆十四年谕军机大臣等，据马灵阿奏称，宁夏沿边一带，向令蒙古进口交易，迨乾隆九年，

长城：追问与共鸣

经原任督臣庆复查办，因道员与驻扎之员外郎各持己见，至今案尚未结，以致久行之例，遽行禁革，多有未便。请查照旧例遵行等语。宁夏沿边口隘六十处，所向曾发给印牌，交该台吉等收执，遇有进口执持查验，立法原为严明，行之数十年，并无疏忽，今乃以查办之故，致使永远遵行之例，一旦禁革，有妨蒙古生计，殊非国家柔远之道。在边疆固宜防范，亦惟令该地方员弁于进口出口之时，详加盘验，弊端自可永除，可传谕尹继善、鄂昌等查照旧例妥协办理。"

清朝末年，黄河下游一带连续多年遭受灾害，农民陷入破产境地。为谋生路，不顾朝廷禁令，冒险进入东北地区的人越来越多，这就是历史上著名的"闯关东"，清廷不得不放开满、蒙禁。这是朝廷别无选择的事，开放长城内外是一种务实的态度。

清朝光绪二十八年（1902），停止执行限制汉民移居长城外的"边禁"政策。实施了二百五十多年的"边禁"解禁之后，清在内蒙古实施放开长城各关口的新政。允许长城内的汉民自由出入草原地区，从事农业生产和商贸活动。首先开放的是察哈尔、乌兰察布等西部地区，继而在昭乌达、哲里木等东部地区也允许大批汉民移居长城之外。

清宣统二年（1910）正式废止"满禁"和"蒙禁"。实际上此时的封禁，在很多地方早已经是形同虚设。根据《宣统政纪》的记载，废止"满禁"和"蒙禁"主要包括三个方面的内容：

第一，废除"禁止出边开垦"的旧例规定。"凡旧例内禁止出边开垦地亩，禁止民人典当蒙古地亩，及私募开垦地亩牧场治罪等条，酌量删除，以期名实相副。"清初所设禁止条例失去了作用。

第二，废除"禁止民人聘娶蒙古妇女"的旧例规定。变通禁止民人聘娶蒙古妇女之条，旗汉现已通婚，蒙汉自可仿照办理。拟由各边将军、都统大臣、各省督抚出示晓谕，"凡蒙汉通婚者，均由该管官酌给花红,以示旌奖"。

第三,废除"禁止蒙古行用汉字"的各条规定。"禀牍呈词等件,不得擅用汉文。蒙古人等不得用汉字命名,今则惟恐其智之不开,俗之不变,断无再禁其学习行用汉文、汉字之理。应请将以上诸例一并删除,以利推行而免窒碍。"

封禁政策是维护统治的需要,违反经济发展的规律。封禁阻碍了长城以外地区的经济发展,使北方农业危机加剧。弛禁是清不得已的选择,继续利用长城实行"满禁"和"蒙禁"已经行不通。弛禁时期山东、河北、河南的流民"闯关东"和晋陕流民"走西口",对长城内外的农业、手工业、商业都产生了很大的影响。

封禁造成东北地区人口过少,大片土地荒芜,为沙皇俄国吞噬中国土地提供了契机。历史地看,这项政策,使整个国家的利益蒙受了不可挽回的损失。

清末取消了"满禁"和"蒙禁",对于经济发展来说有着较大的积极意义。废止满、蒙禁之后,长城外的东北地区和蒙古草原的经济社会都有了进步。

三 清修长城防御蒙古准噶尔

清朝在辽东修建柳条边,修缮并利用明朝山海关到嘉峪关的长城实行"满禁"和"蒙禁",而在青海等地修建长城,则完全是出于军事防御的需要。以防范青海蒙古各部以及汉、苗、回等族农民起义为目的而修建的长城,其作用与其他朝代的长城无异。

康熙元年(1662),吴三桂、尚可喜和耿精忠各据一地,处于拥兵自重的状态。清朝获知吴三桂打算联合青海多尔济谋划反清时,就预先做出安排,令张勇屯守甘州,进行防御。朝廷为加强对吴三桂等的防御,而修缮利用了明代在这个地区修建的长城。

康熙六年(1667),张勇上奏说:"臣节准二镇。臣咨称前由,再四筹画,唯有照明季旧址修筑边墙,审度形势大小,酌量安兵,勤加守望之为得策也。然修筑可可口逦西至白石崖后所口等处,及重整扁都口至嘉峪关各隘,中间垒砌墙闸,需用砖石、铁柱以及匠作、夫役、工料等项,约估银三万余两。业经臣行令镇道地方文武各官会议修筑去后,但查边隘地寒早冻,必须来年五六月间,天气和暖,层冰消解,方可兴工。俟到彼时,提镇随带官兵道臣,督率夫匠分头修筑,悬垛固守,整立烽炖。"(《张襄壮奏疏》)

此后,清朝在青海修建边墙,源于蒙古准噶尔部贵族首领噶尔丹发动的叛乱。这场持续了七十年的战乱,对清朝西北部边疆地区构成了严重威胁。清朝在青海修建的长城,有很大一部分是对明朝西宁边墙的利用。

17世纪后期,噶尔丹掌握准噶尔部的统治权,进一步拓展本部的势力,控制了厄鲁特蒙古的另外三部。康熙十七年(1678),乘天山南路伊斯兰教"黑山派"同"白山派"发生教派争端,准噶尔部夺取了叶尔羌政权。噶尔丹势力占据天山南北之后,继续图谋割据西北,统治蒙古各部,威胁着青海、西藏和喀尔喀蒙古地区。

针对这样的形势,清朝力图和平解决纷争,派遣使者至准噶尔部抚慰。据《亲征平定朔漠方略》记载,噶尔丹也表达了"与中华一道同轨",不敢"自外于中华皇帝"的态度。

在强大的军事压力之下,噶尔丹态度虽好,实际上并没有听从清朝的号令,仍然向喀尔喀蒙古各部发动攻击。康熙三十五年(1696),康熙皇帝决定再次率清军亲征噶尔丹。这次征伐,取得了决定性的胜利。次年,康熙再次于宁夏一带消灭了噶尔丹残余力量。清廷君

第十三章　清朝对明长城的再利用

臣兴奋之余也知道，不彻底解决准噶尔的问题，西北的安宁不可能长久。

噶尔丹虽被剿灭，但平定准噶尔的战争并未结束。

噶尔丹之后的策妄阿拉布坦父子、达瓦齐和阿睦尔撒纳，继续坚持割据，并向西藏和青海等地发起攻击，使清朝西部边疆区域的稳定发生动摇。康熙二十九年（1690），准噶尔蒙古等部侵入了漠南蒙古，其势力达到了漠南蒙古的乌兰布统。由此长驱北京，也就四五百里的路程。

面对如此肘腋之患，康熙决定发起征伐行动。此后，清朝还继续对准噶尔部作战，雍正时期也多次发起对西北地区准噶尔征伐的"平定准噶尔"战争。

《清世宗实录》记载，雍正帝多次称准噶尔为"逆夷"，驻守长城的将军也多以"夷"称呼鄂尔多斯蒙古。如陕西延绥总兵官米国正奏言："榆林边城之外，即系河套，夷民杂处，交易为生。鄂尔多斯一部落，风气素称浑朴，近日多有内地民人，指引进口夷人，偷盗牲畜，窝藏分利。"在乾隆二十二年（1757），清朝彻底平定了准噶尔武装割据势力，确保了西北边陲的安定。

居于青海的蒙古贵族罗卜藏丹津等势力，于雍正元年（1723）发动了叛乱。这次叛乱的规模并不大，历时也较短，却依然给青海地区造成了很大的混乱。清朝在雍正二年（1724）三月，以年羹尧为抚远大将军，岳钟琪为奋威将军，发兵征伐。迅猛而至的清朝军队向叛乱武装发起攻势，获得了大胜，罗卜藏丹津只带极少残部仓皇逃离。

叛乱势力被消灭以后，清朝对居于青海地区的蒙古各部进行了具体安排。《清世宗实录》记载："总理事务王大臣等据年羹尧奏，定青海善后事宜：青海各部头目分别赏功罚罪。各部游牧地划分地

281

界，按扎萨克制……贡期自明年始，分三班进京请安进贡，三年一次，九年一周。四季贸易应在指定地点，擅进边墙者惩治。"

其中提到的"擅进边墙者惩治"，表明该时期青海地区的长城，仍然发挥着军事和政治作用。

年羹尧在战事平息以后上奏朝廷，要求修筑边墙，以隔离青海蒙古各部同准噶尔蒙古部的沟通。据《清史稿·青海额鲁特部》记载，雍正二年（1724）"请于西宁北川边外上下白塔等处，自巴尔托海至扁都口筑城堡，令蒙古等勿妄据"。

《平定准噶尔方略》也记载，同年，年羹尧请求在"西宁北川边外上下白塔处，自巴尔托海至扁都口一带创筑边墙，悉建城堡"。此处所用"创筑边墙"之语，表明其工程并非只是对前朝边墙进行简单的修缮，而是希望根据实际情况有所增筑。

在青海地区，对蒙古族各部的边墙又经过了多次修筑。《钦定八旗通志》记载，陕西固原提督范时捷到任后，于"（雍正）十年六月，奏修西宁镇边墙"。此段边墙至乾隆年间仍然发挥着作用，并且加以续修。《西宁府新志》中记载："乾隆十年，应琚率同知县张渡于残缺处复捐俸葺理，虽垣堑时有损益，而规模仍旧。"

从以上史料可以看到，清朝时长城的军事防御功能还是有用的，青海的长城依然同明代一样，用于防御蒙古的有关部族。在有防御需要的地方，清朝同样需要构建长城军事防御工程。

清朝还较大范围地利用明长城或新修建一些长城，对农民军进行堵截。清末，在山东还重新修缮了春秋战国时期的齐长城，以堵截南下的捻军。今天在起于济南市长清区，向东经过秦山山脉、沂山山脉至青岛的齐长城墙体较高大，保存较良好的地段，都是清朝为防捻军而修建。

四　清不再大规模建长城的原因

　　长城研究过程中，不少人讲到清朝时，认为清停止了长城的修建。几乎每次长城讲座，都会有人提出这个观点，可见已经是深入人心。

　　人们最常引用的是康熙的话："秦筑长城以来，汉、唐、宋不常修理，其时岂无边患？明末我太祖统士兵长驱直入，诸路瓦解，皆莫能当。可见守国之道，惟在修德安民。民心悦则邦本得，而边境自固，所谓'众志成城'者是也。"

　　康熙帝多次表达过这种观点。《清圣祖实录》中他还说过："昔秦兴土石之工，修筑长城。我朝施恩于喀尔喀，使之防备朔方，较长城更为坚固。"还有"本朝不设边防，以蒙古部落为之屏藩"等。

　　康熙帝的这段话是在康熙三十年（1691）针对古北口而讲的，他接着说："如古北、喜峰口一带，朕皆巡阅，诸多损坏，今欲修之，兴工劳役，岂能无害百姓？且长城延袤千里，养兵几何方能分守？"

　　事实上，并非完全如此。清朝修建和使用了长城，只是没有大规模修建长城。

　　康熙帝关于"在德不在险"的观点也不是他的发明，从战国时期就有相关的议论。《史记·孙子吴起列传》记载吴起就说过"在德不在险"。吴起以夏商周三朝灭亡为例，他说："昔三苗氏左洞庭，右彭蠡，德义不修，禹灭之；夏桀之居，左河济，右泰华，伊阙在其南，羊肠在其北，修政不仁，汤放之；殷纣之国，左龙门，右太行，常山在其北，大河经其南，修政不德，武王杀之。"

　　最后，吴起得出结论："由此观之，在德不在险。若君不修德，舟中之人尽为敌国也。"但是，安全的问题真的只靠修德便可以高枕无忧吗？

长城：追问与共鸣

北宋时期胡瑗在《周易口义》中的一段议论，非常有见地，对"在德不在险"的观点提出过批评。他认为："在德不在险，盖一时之权言耳，非万世之大法也。且五帝而下，尧都于冀，舜都于蒲，今之河中府是也。禹都于安邑，汤都于亳，今之河南是也。周都于酆镐，今之洛京是也。是皆其所都之地，所处之国，未有不以山河之险而守其国也。圣人之戒治天下者，安不忘危，治不忘乱，则可以永有其泰也。"

关于不能仅仅依靠长城，还要依靠人心，在战国时期就有议论。《战国策·燕策一》记载燕王与苏代的对话，燕王说："吾闻齐有清济浊河，可以为固；有长城巨防，足以为塞。诚有之乎？"苏代回答说："天时不与，虽有清济浊河，何足以为固？民力穷弊，虽有长城巨防，何足以为塞？"

我之所以强调这些，只是想说修长城的人并不是都不讲修德。国家及政权的安全，不修德不行，仅靠修德也不行。这一点就如同仅靠长城而不修德不行一样。

当然，清朝时不再大规模修建长城，不仅是统治者的认识问题，主要还是历史发展到这个阶段的必然。清朝利用明长城防御农民武装暴动的作用很有限，这是因为防御对象的性质已经发生变化。

清末，修缮战国齐长城防御捻军即如此。农民造反风起云涌多是因为活不下去了，或是贪官污吏横征暴敛造成的社会不公平。古语讲"不患寡而患不均"，这是告诉统治者，分配不公是社会不稳定的根源。

康熙二十九年（1690），康熙帝征伐准噶尔之后，于次年率诸王、贝勒、大臣至多伦诺尔（今内蒙古多伦），约内外蒙古来此会盟，为其划定疆界，制定法律。为喀尔喀蒙古诸部编制盟旗，标志着北部蒙古接受了清朝的管辖，并开始走向牧业定居化管理的历史时期。

第十三章　清朝对明长城的再利用

清之所以未大规模修建长城，有两个原因：

一是清朝继承了明代中后期与蒙古各部和平相处的政治遗产。

明朝隆庆和议之后，虽没有完全解决来自蒙古部族的威胁问题，但冲突已经非常小了。万历中期之后，长城的修筑主要是防御后金，为防御蒙古部族而修建的长城极少。清朝之所以能基本解决北方蒙古部族的问题，很重要的一方面是继承了明代的明蒙和睦之政治遗产，并在此基础上有所发展。

二是清朝是由满洲人建立的政权，其政权、文化及血缘都与蒙古各部有着千丝万缕的联系。

在清朝，满洲贵族是统治者，而汉人则是被统治者。清朝是一个二元文化及有着与之相适应的政治制度的帝国，兼有中原农耕文明与满蒙草原游牧和渔猎文明的特点。清朝通过建立蒙古八旗，以联姻、封地、封爵等措施，使漠南、漠北、漠西蒙古各部臣服，从而实现了中央对蒙古各部的有效控制。

明末清初，长城外靠近长城的蒙古草原地区，已经走上了农业化的发展之路。游牧经济不再是单一的经济形态，并且还逐渐地走向了定居化。

长城内外的民间贸易，在明末已得到深入的发展。农耕和商贸的发展，使草原上出现越来越多的定居区。

在这样的背景下实行起来的盟旗制度，更是从制度层面推动了草

大龙门口摩崖石刻

长城：追问与共鸣

原地区相对定居化的社会结构，对传统的游牧生活起到了较大的限制。长城之外草原社会从游牧到相对定居，是清朝时长城外的草原地区与长城内的中原地区实现政治统一的基础。

在草原地区推行藏传佛教即喇嘛教，也是康熙朝的一个高招，收到了事半功倍的效果。朝廷出钱，在蒙古草原大规模地兴建喇嘛寺庙，将喇嘛教发展成为蒙古族的族教。

喇嘛教盛行之时，三个蒙古男子就有一个男子到寺庙做喇嘛。最高峰时期寺庙中有五十多万的喇嘛，原本凶猛的蒙古骑兵，变成了喇嘛。而且，喇嘛教不允许结婚，因此蒙古族战斗力被削弱的同时，人口也自然会逐步下降。

发展定居农业、推行佛教、实行盟旗制度，都是社会经济发展到这个阶段的结果，同时也是清朝统治蒙古诸部的需要。康熙皇帝顺应了这个大趋势。

游牧部族开始定居是游牧民族与农耕民族走上融合的基础，在这样的基础上双方没有了巨大的利益冲突，长城的军事防御作用也就随之弱化。

经济类型一体化的条件下，文化也就逐渐趋同，随之而来的政治统一也就成为必然。农耕民族防御游牧民族的长城，失去了强大的防御对象，从军事意义上讲没有了存在下去的必要。

随着草原地区社会经济形态的变化，草原与中原的经济联系也越来越密切。儒、道、佛在蒙古地区的广泛传播，特别是藏传佛教在草原地区的深入发展，使游牧民的信仰体系走向稳定，人心思定成为草原社会的整体诉求。

清朝不再大规模修建长城，还有一个重要的原因，是明朝修建的长城质量很好，到清朝时还很坚固，清确实不需要大规模修长城。但是，清朝对长城的维修是有的，甚至在某些时段还新修了长城。

第十三章 清朝对明长城的再利用

但对长城的维护性修缮始终在进行。这方面历史文献记载有很多，比如《延庆卫志略》记载，清康熙五十四年（1715）修缮居庸关长城。

当时，山水暴发，西崖有一块巨石滚下来，将居庸关所属的上关城北城门堵住，行旅无法正常出入。钦差内务府官员调用壮夫亦无法移动此石，最后只得采取火烧等措施，将巨石分裂开来。

雍正十二年（1734）延庆卫守备骆飞雄请帑修缮南口城残坏处。乾隆十年（1745）延庆卫守备李士宣再次上奏朝廷，请求拨款修缮城垣残坏处。乾隆三十四年（1769）正月二十日，直隶总督杨廷璋上奏修缮赤城县独石口城工复勘事时，同时提出了修缮居庸关，他奏称：

> 臣经过居庸上关，查该关之券洞门系乾隆三十一年奏明择要修理，现已经完要隘，今残整参差，举目即见，似非所以肃观瞻而严拱卫，应将坍塌处所即行修葺，以昭整肃。约估所需，不过一千五六百两。臣已委员细加料估，俟回省经过时复加亲勘，另开清单具奏修理。其应用工料，即以赤城县城工内节省之项拨用，毋庸另为筹款。所有臣查勘各工酌量增减情形，理合恭折具奏，伏乞皇上圣鉴训示遵行。如蒙俞允，当即饬司将赤城城工□独石口边墙城券并上关墙工给银办料，春融开工，令玉神保驻工督办，该管道府不时往来一体稽查，务令实工实料，如式办理。工竣时，臣亲往照估收工，倘有办理不符，据实题参，不敢稍有疏忽，以副我皇上保障屏藩之至意。

乾隆帝批准了直隶总督杨廷璋的这个奏议。杨廷璋是否竭尽全力、问心无愧地做好了这件事，我没有进行深入研究。但是这个时期，清廷君臣依然认为有维修和使用明代长城的需要也确是事实。

287

总之，清朝不再继续大规模地修建长城虽有进步意义，但主要是历史时期发展的客观需要，不能因此而否定其他历史时期修建长城的做法。更不能因此而得出清朝不修长城是开放，其他朝代修建长城是闭关锁国、是保守的错误结论。

我们常说的闭关锁国，指的主要是清朝。在这个历史时期，中国错过了大航海时代及随之而来的工业革命。也是在这个历史时期，东方先进于西方的世界格局被颠覆，作为东方大国的中国开始落后于西方。

第十四章　长城与王朝的国家治理

从事长城考察研究工作三十多年，回想这个历程，总体来说我是快乐的。这种快乐，来源于对长城的爱。有人问我，为什么会如此爱长城？

我告诉他们，因为我爱我自己。我从事长城考察研究，从一开始就不是为了养家糊口，不是遵从上级或师长之命，一切都是听命于自己心灵的召唤。所以，为长城做事的过程中，活得不太做作，不太拘束。

快乐来自我的执着，执着是因为长城的伟大。长城，如此的伟大，从古到今与社会的关系如何？这些年我一直在思考，有时独自徒步在长城上，我甚至会下意识地自言自语，我在对长城说话，在对曾经在此修建长城、戍守长城的人说话。

这个时候，我的思考好像就是为了和自己说话。几十年来，深感长城研究还没有成为一个专属的学术领域，这是很遗憾的一件事。目前，这种状态正在改变，在一点一点地改变。

长城研究对象非常清楚，长城建筑及其历史。从事长城的研究者也很清楚，多属于历史、民族、文物等相关学科的学者。清楚的背后是不清楚，目前长城研究归于各学科下只是侧重长城而已，长

长城：追问与共鸣

城研究人员也是各相关学科的学者，偶尔涉及长城。

长城学的概念提出很多年了，目前在学科建设方面依然没有形成一个专门的领域。在这种情况之下，长城研究受到极大的限制，难以获得较大的发展。从这一章开始，将论述长城与政治、经济、军事、民族的关系，论述长城的精神及文化价值。

这些关于长城的论述及分析，总的来说是依据历史资料进行，但在做归纳分析时，也有假设前提的设定。这些基本假设尽量是从前面章节长城历史的研究中进行的归纳，也不排除为了对长城有关理论做阐述，而人为预设了前提条件。

以史为鉴，可知兴替。长城与中国古代王朝的国家治理关系极为密切。修建长城在很大程度上是一种帝王君主及整个朝廷维护统治、治理国家的活动。《尚书·毕命》中说"道洽政治，泽润生民"，便是对古代政治较好的注解。

作为关系国家安全和社会稳定的军事防御工程，长城是具有国家战略意义的浩大工程。历朝历代统治者修建长城，一般不会单纯从军事方面考虑问题，要综合考虑政治、经济等诸多因素。

从本质上说，修建长城是政治问题。不但长城的修建是政治，就是长城的防御功能能否有效发挥，也与当时的政治状况密切相关。政治清明、国力强盛的时期，军事力量自然也就强大，长城也就能够起到保障农耕地区安全的作用。

反之，当一个王朝政治腐败、国力衰退、民不聊生时，长城就很难起到应有的作用。中国古代不管什么朝代，长城地区的稳定和巩固都与当朝的经济社会安定和政治稳定紧密相连。因为，长城地区的稳定和发展，与中原地区农耕社会的稳定和发展息息相关。

中原王朝在北方建立的政治中心，早期长时间在长安，辽金及之后元明清则在北京。长城区域西部、东部、北部的战略地位，则随着政治中心的变化有所变化。

不管政治中心设在长安还是北京，历代王朝对东北、华北和西北地区的安全问题，都一定会给予足够的重视。王朝政权不断在这个区域修建长城，正是这种重视的反映。

因为不将北方的战略防御处理好，游牧势力会大规模地南进，掠夺和破坏中原地区既有的农耕社会。这些区域的战略防御处理得好，农耕与游牧的交错地带就稳定。中原王朝赖以生存的农耕社会安定，王朝经济社会就会发展。

长城内外各民族政权的交往和联系，无论对农耕王朝还是游牧政权都是政治问题。这种联系在不同的时期虽然有差异，但总体来说还是以中原为主导的居多。

一　长城产生与中央集权制

中国历史上，对于王朝政权来说，内忧必然导致外患。这样的结果，说明内忧与外患是相互联系的，都是严重的政治性问题。大一统的中央集权制，始终在为避免发生内忧与外患而努力，在面对和解决内忧与外患方面都不敢掉以轻心。

中国是一个大国，大国从来都是矛盾重重。管理如此庞大的国家，其政权必须有足够大的力量。可是，又往往因为实行中央集权制造成的政权腐朽，引发内忧并星火燎原，最后导致引起外患。到动荡时期，内忧与外患交织，这就是中国政治的辩证法。

长城的修建，与中国古代的中央集权制有关，而中央集权制又与中国政治对大一统的追求有关。所以说，大一统的中央集权制是长城产生和发展的政治基础。换句话说，没有大一统的

长城：追问与共鸣

中央集权制，既没有需要也没有力量修建万里长城，当然也就不会有万里长城。

中央集权制是古代中原王朝社会的基本政治体制，是在地主经济基础之上建构起来的国体政体。中国古代以个体、分散、独立、变化为特征的农耕经济，如果没有强大统一的中央集权制政权，就无法解决来自自然的危害，也无法防御来自游牧势力的抢掠和杀戮。

长城从诞生之初，就与农耕经济紧密相连。以农耕经济为基础的中原王朝的防御体系，在其漫长的形成和发展过程中，必然与中原王朝中央集权制度有着直接的联系。

中央集权制的特征，主要表现为通过武力争夺或政治斗争形成统一的政治实体。以皇帝为中心建立起一整套官僚机构，在政治、经济、文化和社会生活等多方面，实行高度中央集权和皇权的政治统治。

谈论中央集权，常将其冠以"专制"，这是因为强制性是中央集权的命脉。没有强制性，中央的权威就树立不起来，集权也就谈不上了。古代王朝通过皇权将强制性确定化、规范化与合法化。

历朝历代修建长城，都是通过中央集权统一号令、部署的重大国家工程，是一件强制性的大事。没有中央集权的这种强制性，就不可能动用如此之大的人力、物力建造万里长城。对于每一个长城修建者来说，在崇山峻岭之上建筑长城无疑都是苦难。

在强制性的中央集权管理之下，个人的苦难只能自己去承担，自己去忍受，没有别的办法。唐代诗人王翰在《饮马长城窟行》中写道："归来饮马长城窟，长城道傍多白骨。问之耆老何代人，云是秦王筑城卒。"这虽然是诗人的情感表达，也还是能说明个人在这样的国家工程中的牺牲。

大一统的中央集权制度在中国历史上存在了两千多年，这是中

第十四章　长城与王朝的国家治理

国社会经济结构相互依存、相互支撑的结果。这种政治制度，客观上对社会经济与文化的稳定和发展起到了重要的支撑作用。

这其中，长城对古代中国疆域的确立和相对稳定，对中华民族的形成以及对国家大一统局面的维系都起到了积极作用。中央集权制在极为有限的国力和物力情况下，充分利用全社会的人力、物力，进行创造性的建设，修建万里长城就是一个证明。

中央集权制主要通过实现大一统，来解决中央集权与地方分权的矛盾。长城防御体系的建设，维护的是大一统基础上的国家安全。这种建筑在大一统基础上的国家安全，反过来又促进了传统中国的大一统思想，造就了中华民族的大一统意识。这种意识有两个具体表现：一是对国家疆域统一的认同，一是中央集权制的存在。

从某种角度来看，中国的古代史是一部不断追求大一统的历史。在不同朝代疆域扩大或缩小的演化中，中央集权制度也在不断完善。随着中央集权的加强，大一统的民族意识也不断得到了强化。如今，大一统意识已经深入我们民族文化和思想，成为中国的一种不可能改变的政治理念或社会价值取向。

当然，这种集权专制在很多的时候对社会经济发展也有破坏性。专制制度的建立和延续使中国变成了一个权力社会，皇权可以支配整个农耕社会的一切。当统治者运用政治或暴力手段维护已经腐朽的政权时，对社会的破坏性就会很大。

在王朝发生动荡甚至摇摇欲坠的时候，长城无法发挥其应有的防御作用，反而会激化矛盾。雷纳·格鲁塞在研究中原与草原社会的关系时，注意到了这一点。他在《蒙古帝国史》一书中表达了对游牧政权与农耕政权关系的看法。雷纳·格鲁塞认为，长城内的王朝覆灭是政治事实。他说："我要说这是属于政客们的情况，他们曾在中国的朝廷里面帮助了，也可以说是招致了各种入侵。"

长城：追问与共鸣

中央集权制度以皇权为中心，皇帝对政、军、财大权具有独断权。当这种独断表现为随意性时，往往给国家财力、物力带来极大负担。中央集权政治制度在加强过程中，始终伴随着中央与地方的矛盾。

长城地区的屯兵重镇，军事力量较强。朝廷为了加强中央集权，避免驻军于长城地区的将领拥兵自重，发展为与朝廷对立的军阀势力，常常采取措施限制长城驻军将领的权力。

这种出于政治需要的措施，其结果对长城军事戍防效率的负面影响很大。将领们打起仗来畏首畏尾，甚至失误频频，很多都是源于政治的因素。

长城产生于春秋战国，中国境内大一统的有关制度也产生于春秋战国。大一统不仅是指政权控制的版图大一统，也包括政治控制的思想和文化的一统。

秦始皇修建中国历史上第一条万里长城，大一统的中央集权也由秦始皇初步实现。万里长城和大一统的同步形成，绝不是一个偶然现象。就如同在秦没有统一六国之前，不可能考虑修建万里长城一样，只有统一之后才能考虑统一的制度设计和全国性的防御。

秦朝初年，关于国家是实行郡县制还是实行分封制，曾展开过激烈的辩论。李斯坚决主张实行郡县制，他的这一主张被秦始皇采纳。郡县制符合大一统的发展需求，通过实施郡县制，秦朝第一次在制度的层面上实现了国家的大一统。

秦二世而亡后，一些政治人物总结历史经验时，得出了错误判断。他们中有人将秦统治失败的原因归罪于大一统，认为郡县制缺乏家国天下的稳定基础。这一观念在当时得到了统治阶层的认可。

郡县制的确是有其弱点，只要王朝的中央出了什么问题，顷刻之间便可能天下大乱，这一点在秦朝反映得最典型。后世也常有因朝廷和皇室出现权臣、幼主状态，或是昏君、宦官、外戚祸乱朝政，

第十四章　长城与王朝的国家治理

而导致天下大乱的发生。

汉朝建立后，采用了分封制与郡县制并行的政体，大量封侯以缓解来自皇权家族之外的威胁。分封诸侯带来的好处还没有体现出来，弊端却迅速彰显出来。痛定思痛，统治者才开始下决心解决问题。"七国之乱"发生后，晁错等政治家为实行和维护国家的大一统做出了不懈的努力。

汉武帝时，长城的修筑工程达到了一个新的前所未有的规模，大一统的政治制度也得以确定下来。任何王朝要想实现大一统，都要解决好边疆问题。长城作为稳定边疆的浩大军事防御工程，毫无疑问要构筑在修建者已经控制的边疆地区。没有国家的大一统，也就没有连绵万里的长城。

中国统一多民族国家的形成，有一个由统一到分裂，又由分裂到统一，多次反复的发展过程。单就统一而言，并不是一个时期突然形成的，都是先由小统一发展到大统一，由局部统一发展到全国统一，由若干民族的统一发展到几十个民族的统一。

在这逐渐走向统一的过程中，中国曾长时间处于多个政权并存的局面。春秋战国、魏晋南北朝、辽金宋时期，是中国古代三个分裂割据时期。不仅中原处于分裂状态，中原与草原相互对峙，就是草原地区也不统一。

中国古代曾经多次形成大一统的局面，一个强大的政权为了赢得战争，必须拥有良好的军队、有效的经济生产力和税收能力。有了这样的能力之后，这个政权就会与临近的其他政权展开利益争夺战。而这些利益争夺战又会反过来促进国家机器的发展，促使国家的战争能力增强，最后由强大的一方完成这个地区的统一。

长城的主要作用是保护农耕社会和农耕政权，农耕地区追求统一的文化，也是以农业自然经济为主体经济发展起来的文化形态。

295

统一的需求,把统一作为目标和境界,有利于农耕经济的发展。这种统一是中原地区的黄土高原、华北平原和长江中下游平原的统一,也包括中原地区向北方发展后所寻求的更大的统一。

统一的意识,统一的文化特征,对游牧文化也产生了重大的影响。游牧民族政权在发展强大之后,越过长城向南方大举进攻,也会把对全国的统一放在首要的位置。很多的少数民族政权,曾把建立统一的中央集权作为自己的战略目标。

不论秦始皇修建长城时期,还是汉武帝修建长城时期,都是帝国最强大的盛世。长城的修建者和守卫者,可以说身处盛世。风云变化,盛世也不稳定。

二 战与和的选择及力量与利益平衡

放眼人类发展史,爱情和战争是人类两大永恒的主题。这两个主题,直指人类生命繁衍和死亡。爱情的本质是男女的性冲动,结果是新生命的诞生。战争的本质是利益博弈,结果几乎总是伴随着死亡。

生死是人类永远无法超越的宿命。战争因素造成的死亡,是不可预测却又是注定要面对的悲剧。面对战与和,有的时候可以选择,有的时候无法选择。农耕政权内部,针对游牧势力是选择"战",还是选择"和",曾展开过无数次争论。战与和的选择是王朝依据力量与利益平衡的政治决策。

中国古代王朝的边患,主要来自北方游牧势力的侵扰。从负责边郡的封疆大吏,到皇上和朝臣,对此都有清楚的认识。但是如何解决这个问题,则是一个在争论中解决问题,在解决问题的过程中不断争论的事。

《三国志》记载:"秦、汉以来,匈奴久为边害。孝武虽外事四夷,东平两越、朝鲜,西讨贰师、大宛,开邛笮、夜郎之道,然皆在荒服之外,不能为中国轻重。而匈奴最逼于诸夏,胡骑南侵,则三边受敌。"

在中国古代社会中,长城地区是否稳定,直接关系到王朝统治的稳定与否。对长城地区的治理方略,是王朝治理国家的大政方针。从汉至明的正史可以看出,历代统治者探讨北部边疆的安全问题时,都承认对边疆及边疆民族的对策因时势不同而有所不同。

有时,农耕政权即便在军事上占据优势,主战派与主和派仍然在争论战与和的问题。在力量强大时谈和平是真的不想打仗,也只有在拥有强大实力之时,才能做到保护和平。

中国古代传世的历史文献,反映游牧民族思考和平的内容很少。但从极少量的文献中,也能看出游牧民族对和平的向往。无论游牧民族还是农耕民族,都不愿意打仗,向往和平是各民族人民的共同愿望。

《乐府诗集》的一首鲜卑民歌可以为证:"男儿可怜虫,出门怀死忧。尸丧狭谷中,白骨无人收。"字里行间,能感受到对死亡的恐惧,对战争的控诉。游牧与农耕民族的和解,在大多数的时间里是受欢迎的。

维护和平也需要有实力。和平的实现往往是建立在武力或暴力捍卫的基础之上,战与和的形势随双方军事力量强弱对比的改变而变化。在长城地区,战争可能转化成和平,和平也随时可能转化为战争。

和平的建立主要有三种情形:一是通过武力征服来实现;二是在一方强大的武力威胁之下,订立城下之盟;三是在双方都不能靠武力征服对方的情况下,实行有效的障碍隔离。

有时即便对方被征服或双方达成了某种避免战争的协议,也依然需要这种隔离。长城就是实现这种联系中的隔离、隔离中的联系最有效的媒介障碍物。

历代王朝修建长城,正是出于这样的原因,出于维护边疆地区稳定的政治需要。依托长城,实现游牧与农耕的隔离,和平的环境才能较长时间得到维持。

对长城外游牧势力的战与和的选择,使修建长城成为中国古代很多王朝政治的重大决策内容和政治考量。所以,在修与不修长城的问题上,历史上朝廷谋臣之间,甚至谋臣与皇帝之间,也曾发生过多次争持。除政界人物外,古代很多思想家也往往把修与不修长城,上升到国家生死存亡的高度来阐述。

战争具有残酷性。任何时期发动的战争都是以双方的互相残杀作为决定胜败的手段,对参战的双方都会造成巨大的伤害。能通过政治手段来规避战争或者减少战争,是人们长期追求的愿望。用政治的手段而不是以军事暴力的手段来解决双方的利益问题,是对双方都有利的事情,尤其是在双方势均力敌的情况下。长城的修建,为解决双方利益问题、建立新的利益平衡提供了一种不可多得的政治手段。

长城内外不同的政权、不同的民族之间存在的利益冲突,实际上是经济利益起主导作用的冲突。王朝有力量通过长城阻隔、管控和防御,达到一种较长时间稳定的平衡。长城内外和谐的时候,就是利益与力量平衡的表现。利益与力量失衡,一定会导致长城内外关系的失衡。

秦始皇统一中原后,向北疆拓土,为彻底解决北方匈奴对秦朝的威胁,万里长城应运而生。在秦始皇北逐匈奴前,匈奴拥有阴山以南广大的农牧交错地区。

《史记》在记载秦始皇派蒙恬北击匈奴时说："使蒙恬将十万之众北击胡,悉收河南地。"在记述匈奴冒顿单于时,则更明确地说"悉复收秦所使蒙恬所夺匈奴地者"。秦始皇派蒙恬亲率三十万大军北征匈奴,蒙恬进攻稳扎稳打,防守步步为营。《韩非子·亡征》说："无地固,城郭恶,无畜积,财物寡,无守战之备而轻攻伐者,可亡也。"

西汉初期,匈奴趁着中原地区连年战乱大举南下,重新占领了阴山以南的长城地区。汉武帝时期,派大将卫青、霍去病打退匈奴,重夺阴山以南地区,并修复秦朝修建的阴山长城,将长城向西北延伸到玉门关,后又延伸到今新疆罗布泊地区。汉长城向西延伸,保障了横贯亚欧的贸易大通道——丝绸之路的畅通,从而保障了汉朝经济贸易通道的畅通。

对长城之外的民族采取什么政治策略,是以和为主、以战为辅,还是采取兵戎相见、大肆征伐的策略,常常是王朝统治者比较困难的抉择。不同的形势条件下,采取不同的对策,结果则不一样。

《后汉书·班固传》记载,班固就说："汉兴已来,旷世历年,兵缠夷狄,尤事匈奴。绥御之方,其涂不一,或修文以和之,或用武以征之,或卑下以就之,或臣服而致之。虽屈申无常,所因时异,然未有拒绝弃放,不与交接者也。"班固的话说明,战与和是汉朝政治的两难选择。而长城,就是战与和这一矛盾体的结果。

汉朝如此,以后历朝历代也大抵如此。

隋朝修筑长城防御突厥,唐朝放弃修复隋长城,主要也是出于政治考量。李世民不想打仗了,他说："今委任李勣于并州,遂使突厥畏威遁走,塞垣安静,岂不胜远筑长城耶?"他的用意很明确,那就是用李勣这样能征善战的将军戍边,比修建长城有用。

李世勣是唐朝开疆拓土的主要战将之一,是功勋卓著、能出将入相的人物。武德九年（626），李世民即位后拜李世勣为并州都督，赐封邑九百户。

唐贞观二年（628）九月，突厥寇边，朝臣请求修筑长城以加强防御。据《资治通鉴·唐纪九》，唐太宗说："突厥灾异相仍，颉利不惧而修德，暴虐滋甚，骨肉相攻，亡在朝夕。朕方为公扫清沙漠，安用劳民远修障塞乎！"

唐贞观二年九月这件事，《新唐书》也有记载："诏将军周范壁太原经略之，颉利亦拥兵窥边。或请筑古长城，发民乘塞。帝曰：'突厥盛夏而霜，五日并出，三月连明，赤气满野，彼见灾而不务德，不畏天也。迁徙无常，六畜多死，不用地也。俗死则焚，今葬皆起墓，背父祖命，谩鬼神也。与突利不睦，内相攻残，不和于亲也。有是四者，将亡矣，当为公等取之，安在筑障塞乎？'"

明朝还没建立的时候，朱元璋接受朱升"高筑墙，广积粮，缓称王"的政治建议，保证生存的前提下积蓄力量，发展自己，壮大自己。明朝建立之后，逐步建设起北方长城防御体系，防御以蒙古为主的游牧势力。

这期间有战有和，总体上来说和多于战。特别是隆庆和议之后，明蒙之间基本上没有再发生大规模的战争。《明穆宗实录》记载，隆庆帝封俺答汗为顺义王时，在敕书中说："朕惟天地以好生为德，自古圣帝明王代天理物，莫不上体天心，下从民欲，包含遍复，视华夷为一家，恒欲其并生并存于宇内也。"

华夷为一家，说起来容易，真做起来还是很困难的。即便不能完全地融为一家，也不一定非要打仗。双方的关系也不仅仅是战与和两种形态，战战和和与不战不和的情形都不少，在碰撞与融合中发展是长城内外关系的常态。

三　长城地区的管理和控制

这里说的长城地区的管理与控制，主要指王朝政权依托长城以内地区的管理，实现对长城以外地区的控制。长城的关隘是供人通内外的，合法通过长城关隘，要有相关手续。汉朝通过持"封传"或"符节"，唐代实行"过所"制度，出长城进行贸易或其他活动都要持过所，没有过所的通行则为非法偷渡。宋代为"关引""符牌"，元朝才演变成"公验""腰牌"。

明朝出现"文牒""关照""符牌"和"勘合"等。这是一种管理和控制，被管理者或称为被控制者若从事非法活动，有效的控制可以令其产生恐惧感。

一些时候长城地区也会处于控制无效的状态，控制措施不断被对方以各种手段削弱。这就是反控制，直至最后失控。

这种类似行政管理的控制也有军事意义，但不是军事学的控制。军事学上有控制和反控制，都是指以兵力或火力在一定区域的机动，限制敌方或打破敌方对己的限制，以保持军事行动的主动权。

这是战术层面的事，中原王朝对长城区域的行政管理的控制，则主要是战略层面。战略上的控制和反控制是指在政治、军事、经济、文化诸方面，采取全方位的主动行为，以限制对方或打破对方的限制或要挟，避免受制于人。

长城地区的政治、经济、文化形态，与中原地区都有着不同的内涵。王朝对长城地区的控制，主要指对长城以内的管控，个别时期也包括对长城之外游牧政权的控制。从政治方面来说，王朝对边疆地区实施有效控制的方法有三种：

一是在边疆地区设置边郡，直接管辖。

二是敕封边疆地区的民族政权，如将其首领封为王朝官吏体系内的职务或给予一些名义上的官职，对边疆地区实行间接管理。

三是仅仅王朝边疆地区的农耕民族与居住在长城地区的游牧民族进行一个协议性的合作，使这一地区保持非战状态。

概括起来，这三种方法可以分为两种类型：一种是统治型，一种是治理型。

统治型是靠建立一套行政管理体系，通过行政威权管理来整合和处理与长城内外农耕民族和各游牧民族的矛盾。

行政管理的手段，对农耕与游牧两种不同经济类型之间的矛盾进行控制，在一些时期有用，另一些时期则可能没用。管控失误还可能激化矛盾，农耕民族和游牧民族的利益平衡被破坏，双方的矛盾进一步激化，还会引发更为激烈的民族冲突。

对长城地区的统治型管控，往往侧重王朝的利益和王朝的意志，忽视或轻视游牧民族的参与，与游牧民族的互动往往不够。在这种管控下，王朝政权的统治力量变弱或游牧政权相对强大之后，就很容易出现管理失控。严重的时候，这一地区统治型的行政体系，会被彻底瓦解。

治理型的管理，虽然前期也要依靠王朝的军事强制力来保障长城地区的稳定，但与统治型相比，更强调对长城地区不同游牧民族及政权利益的尊重和保护。

换句话说，治理型的管理更注重王朝与游牧政权的利益整合。治理的目的虽然是要控制长城内外的正常秩序，但控制主要通过协调来实现。《册府元龟·帝王部·来远》记载，唐高祖颁布诏书曰："画野分疆，山川限其内外；遐荒绝域，刑政殊于函夏。是以昔王御世，怀柔远人，义在羁縻。"

第十四章 长城与王朝的国家治理

　　唐高祖提出,边疆民族地区情况不同于内地,应实行羁縻政策。他认识到少数民族内部政治、经济、文化发展,与汉族地区不一样,因而不能照搬汉族地区的统治方式。

　　长城地区治理型的管理模式,往往能取得很好的效果,主要原因是治理强调双方要建立起一种具有建设性的、合作性的互动关系,强调游牧民族在社会秩序中具有广泛参与的可能性,强调通过合作协商和保证长城地区的和平与稳定。

　　治理型更能满足长城地区农耕经济和游牧经济的良性互动。统治型过于强调控制和打击,过于强调依靠力量来压服对方。统治型的模式在游牧民族发展到一定程度,或被压迫到一定程度的时候,反抗就会十分激烈。

　　所以,统治型的管理模式对于长城地区来说,大部分的时候很难得到有效的结果。

　　不管采取什么政策,想让长城内外地区隶属于王朝管辖,就要实行有效的军事压力。即便是对长城外的民族政权,给予高度自治式的管理,也只有在长城里边实行有效的以军事力量为后盾的控制和管辖,才能实行对外边的自治管理。

　　王朝由内向外地推行从直接治理到间接治理,更远的地方则基上是不治这样一个管理过程。越向外,王朝的统治力和管理力越弱,最外层只能实行不治的政策。

　　古代王朝时期,从内到外,由治向不治的过渡,是王朝由于力所不及而采取的一种管理政策。

　　各时期王朝的力量虽有强弱变化,但从思想上看这些王朝还是坚持天下大一统的政治理念。有的时候,王朝在长城区域处于主动地位;有的时候,王朝则处于被动地位。随着长城内外农耕与游牧双方力量此消彼长,被动与主动也发生相应的转换。

长城：追问与共鸣

王朝被动的时候，长城外边的游牧政权则处于主动；王朝主动的时候，长城外边的游牧政权则处于被动。长城地区的这种状态，在不同的朝代或一个朝代的不同时期，处于一定的动态变化。王朝和长城外边的民族政权往往随着各种事态的变化，采取相应的调整措施。

王朝对于长城地区游牧政权采取的控制措施，主要有安抚和征伐两种。安抚是王朝对长城以外地区的其他民族政权通过抚慰、安抚的政策，作出一些妥协和让步，换取双方的和平交往。抚慰和安抚的前提是己方的力量已经大于对方的力量或基本持平，否则根本谈不上对其进行安抚。

安抚的政策，又称为羁縻政策。首先是充分考虑各方面利益的平衡，找出产生矛盾和冲突的利益焦点。在此基础上，寻求带有妥协性的合作方式，通过协调来构建秩序。这种方法构建起来的秩序，可以不同程度地使矛盾得到缓解。释放来自游牧民族的压力，避免矛盾不断积累，酿成更大的危机。

征伐的对策，是指王朝通过战争手段对游牧势力进行武力征战。以军事打击破坏游牧经济的生产基础，消灭游牧政权的主力部队，武力驱逐游牧民族向生存条件更不好的地区迁徙等。

王朝的武装征伐与安抚手段，常常是交替使用，甚至有时也同时使用。长城以外的游牧势力较弱或是瓦解，不能对长城以内农耕地区袭扰的时候，王朝更多的是对其进行安抚。对靠近王朝边疆的游牧部族进行安抚，是王朝求得边疆稳定的手段。

这种安抚的前提，是对方接受并乐意维护大一统的管理。一旦有破坏这种管理的行为发生，光靠震惊与愤慨没用，还要有解决问题的军事和财政实力。

实力是军事的控制和反控制能力。安抚和征伐战略的配合使用，多数时候可以使长城地区的军事压力得到有效的缓解，使王朝的边疆地区获得较长时间的相对稳定。

随着双方政治态势此消彼长的变化，各自君主均会权衡利弊，调整自己的策略，制定相应的战略，采取新的措施，以求获得更大的利益。

旧有的条件变化了，双方就需要根据自身新的条件进行协商和妥协，寻求利益的重新分配，以建立新的平衡。利益和力量，是长城内外双方政策和措施调整的基础依据。不论是采取统治型，还是采取治理型管控，统治者都要随着力量与利益关系的变化做出相应的调整。

四　中原稳定与动荡对长城作用的影响

在很长的时间里，长城对于维护王朝的边疆安全和社会稳定的作用大小，很大程度上取决于当时的社会政治状况。总体上来看，政治清明、社会稳定的时期，长城的作用就大；政治腐败、社会动荡的时期，长城的作用就小。

秦统一中国之后，长城在秦始皇的手里，与在秦二世的手里，其所起到的防御作用有天壤之别。秦始皇北击匈奴、筑长城，致使匈奴退出阴山，逃往漠北。到二世胡亥时期，匈奴重新占据河南，不但控制了阴山河套地区，还越过长城直接威胁到华北平原。

国家的政治状态，完全决定着长城作用的大小，而不是相反。经常听到有人言，某某朝代大修长城，最后还是灭亡了，以此说明长城没有发挥作用。这种说法，过分强调长城防御在政权更替之中的作用。

长城：追问与共鸣

一个朝代是否走向灭亡，长城的作用极其有限。修建长城，本来也不是为了解决王朝内部问题。任何有利的外部防御条件，都不会起到扭转乾坤的作用。

秦始皇北逐匈奴后修建长城，阻挡了匈奴的南下，却灭不了陈胜、吴广起义燃起的熊熊烈火，这本来就是两码事。当然，毫无疑问的是，超出民力承受的范围，去修筑长城及其他大型工程，会激化社会矛盾，甚至成为加速秦朝灭亡的因素。

《汉书》在评价秦始皇时说："遂并天下，内兴功作，外攘夷狄，收泰半之赋，发闾左之戍，男子力耕不足粮饷，女子纺织不足衣服。竭天下之资财以奉其政，犹未足以澹其欲也。海内愁怨，遂用溃叛。"《太平御览》载秦朝民歌："生男慎勿举，生女哺用脯。不见长城下，尸骸相支柱。"

《淮南子》也说："秦之时，高为台榭，大为苑囿，远为驰道，铸金人，发適戍，入刍稾，头会箕赋，输于少府。丁壮丈夫，西至临洮、狄道，东至会稽、浮石，南至豫章、桂林，北至飞狐、阳原，道路死人以沟量。""祸在备胡而利越也。欲知筑修城以备亡，而不知筑修城之所以亡也；发適戍以备越，而不知难之从中发也。"

作者明确指出"备胡而利越"导致秦朝灭亡，其"备胡"主要指北逐匈奴的战争和修建长城的浩大工程。秦始皇为修建万里长城，让民众付出了沉重的代价。

国家实施的各项大型工程，必须以民力能否承受为考量。这也应该包括保障安全的军事工程。否则，哪怕再好的防御工程，也会对社会造成较大的冲击，甚至使国家经济走向崩溃。

西汉初年，朝廷推行"与民休息"政策。在利用长城的同时，主要是靠和亲、纳贡等政策缓解来自匈奴的军事压力。这个时期，修建的长城较少，长城的作用相对较小。汉武帝打败匈奴之后，长城成为开疆拓土的标志,发挥了很大的作用。

汉朝在战胜匈奴之后,对是否需要修建长城曾经发生过一场争论。这场争论的焦点是,既然已经打败了匈奴,修筑长城还有没有意义?最后,坚持居安思危、防患未然的主修派取得了争论的胜利。汉长城的修建及作用的发挥,极大地促进了汉朝长时间的政治稳定和经济繁荣。

认识政治如何影响长城作用的发挥,要从王朝处理长城内和长城外的敌对武装力量间的关系两个方面来分析。长城的修建,使王朝的政治发展与游牧民族的政治变化联系在一起,特别是农耕政权和游牧政权在长城地区冲突激化的时期,长城沿线各地方政权作为行政主体与长城外民族势力的互动状况,朝廷发出的各项指令的落实情况等,都影响着长城地区事态的发展方向。

洪武年间,明朝刚取得对元作战的胜利,北元势力退入草原地区之后,朱元璋确定的政策是:固边自守,相机外延。徐达等将领忠实地执行了"固边自守"政策,但对"相机外延"没有给予足够的重视。当然,朱元璋的指导思想也是固边自守为主,这一点在明朝军队攻克大都,元顺帝率众退居草原时,表现得十分清楚。当时朱元璋便颁旨,停止追击。

《明史纪事本末·故元遗兵》记载:朱元璋给各路将帅颁旨,要求他们"缮治城池,给守边将士衣"。朱元璋的旨意开启了明朝在长城地区置卫所、修城池、建烽燧、守隘口的系统防御战略,这是中原政治对长城影响最大的时期,长城的防御作用被发挥到最大。

洪武至宣德年间是明朝政治相对清明的时期,经济发展也比较快,国家实力逐步增强。社会有安定的生产和生活环境,经济就会出现繁荣景象。那时候的长城区域,处于比较稳定的状态。

正统年间,明英宗开启了宦官擅权乱政的先例,导致"土木之

307

变"。不知道被蒙古瓦剌部俘获的明英宗，以帝王之尊身在他乡，生死听由天命之时，对自己的作为是怎样的想法。

"土木之变"之后，长城修建得越来越坚固，其作用却大打折扣，蒙古瓦剌部多次进犯长城，并攻入长城之内。嘉靖年间，长城沿线战火连年，明朝军队边疆作战胜少败多。

万历前十年间，平民出身的内阁首辅张居正整饬朝纲、巩固国防，推行一条鞭法，使走向衰败的明朝重新获得发展，这个时候也是长城发挥作用最好的时期。长城有效地阻挡了蒙古骑兵的南下，在长城沿线双方开展的互市贸易也促进了长城两边经济的繁荣。

明朝为抵御蒙古及后金而大修长城，最后推翻明政权的并不是长城以北的蒙古势力，也不是山海关外的清，而是李自成领导的农民军。但不能因此而认为明代长城没有用。

明朝后期腐朽没落，社会矛盾重重，民变风起云涌。朝廷的主要力量放在维护统治、防范和镇压农民军造成的内乱上，对来自边疆地区外部的威胁，表现得相对软弱及力不从心。

五 长城加速草原社会的政治发展

我很喜欢降央卓玛的草原歌曲，最喜欢的是《呼伦贝尔大草原》："我的心爱在天边，天边有一片辽阔的大草原，草原茫茫天地间，洁白的蒙古包撒落在河边。"

特别是去呼伦贝尔大草原考察长城，越野车驰骋在一望无际的茫茫大草原。大敞着车窗，大声地唱着这首歌时，整个身心都处于一种陶醉的状态。

这么美的地方，曾经被称为不毛之地。中原农耕政权之所以称

第十四章　长城与王朝的国家治理

草原地区为不毛之地，只是因为这里不能种庄稼。不能发展农业的土地，对王朝政权来说便没有任何的吸引力。

农耕政权强大时，有强烈的扩张愿望。但是否采取扩张行动，要算一算账，新获得疆域的收益，必须要能够大于支出，这种疆域的扩张才有意义。否则，管理成本高于收入，甚至没有收入，管理成本却成倍地增加，占领这块地方干什么呢？

当然，这种收益主要是指经济但又不仅限于经济。这就是农耕政权在农牧交错地带，长期通过构筑和使用长城防御体系，来维持边疆地区稳定的原因。

长城内外的民族利益大致稳定，促使长城内外的联系不断加强。在这个过程中，游牧经济和游牧社会也有了长足的发展。政治上也从分散的部落组织，逐渐发展成以本民族为主体的政权，具备了向周边扩张的实力。当其发展到可以对王朝给予较大打击的时候，突破长城防御体系，进军中原就成为游牧势力的一种首要选择。

而面对王朝稳固的长城防御体系和庞大的守边屯兵，为了应对来自长城之内强大的政治和军事压力，长城外原本较小的游牧部落被迫将分散的力量合并。

秦汉时，由冒顿通过统一草原而形成的匈奴帝国，就是在这样的背景下完成的。秦在北逐匈奴之后修建长城，客观上加速推进了草原社会的政治发展。

发轫于今内蒙古河套阴山地区的匈奴，也是在东胡、月氏强大部落势力的夹缝中成长起来的。从头曼单于开始，匈奴先后经历了秦朝和汉朝的军事打击。秦二世元年（前209），冒顿弑父自立。

《资治通鉴·汉纪三》记载了冒顿"鸣镝弑父"的故事。"冒顿乃作鸣镝，习勒其骑射"。一天冒顿给身边的卫队下令："鸣镝所射而不悉射者，斩之！"接下来冒顿的响箭射向自己的好马，后来又

309

射向自己的爱妻，凡有不敢跟着一起射箭的都被当场斩杀了。最后以"鸣镝射单于善马，左右皆射之"。

冒顿在心里笑了，他知道这些卫士已经可以使用。一个炊烟袅袅升起的清晨，头曼单于刚要集合队伍出去狩猎，冒顿的响箭射向了头曼，"其左右亦皆随鸣镝而射。遂杀头曼，尽诛其后母与弟及大臣不听从者"。冒顿自立为单于，开始了称霸草原的征战。

头曼单于时期，匈奴还没有东胡强大，处处让东胡几分。东胡听说冒顿弑父自立，并没有意识到这种荒谬的悲壮之后，一定会使匈奴强势崛起。他们反而错误地认为，没有了头曼单于的匈奴会更加软弱可欺。

东胡王派出使者去告诉冒顿说："欲得头曼时千里马。"冒顿召集群臣商议，群臣都说："此匈奴宝马也，勿与。"冒顿道："奈何与人邻国而爱一马乎？"遂予之。过一段时间，东胡又派使者来找冒顿："欲得单于一阏氏。"冒顿询问左右近臣，侍臣都愤怒地说："东胡无道，乃求阏氏，请击之。"冒顿道："奈何与人邻国爱一女子乎！"于是选取自己所宠爱的一位阏氏送给了东胡。

东胡王得寸进尺，愈加骄横，再次派使者向冒顿索要土地。冒顿再次询问群臣，有人说："此弃地，予之亦可。"这时冒顿勃然大怒："地者国之本也，奈何予之？诸言予之者皆斩之。"冒顿随即率军去攻打东胡，并一举灭掉了东胡。

匈奴的旗帜高高飞扬在东胡人的上空时，冒顿紧握着双拳，心中盘算着下一个攻击目标。冒顿成为草原霸主之后，乘中原大乱之际拥"控弦之士三十余万"骑兵东征西讨，建立起具有行国特征的政权。秦修建长城以限南北，在某种意义上来说成为匈奴统一和发展的推动力之一。

也就是说，长城防御体系增加了长城内外政治分割的强度，客观上促进了草原社会政治发展。同时,游牧势力的发展,也加大了长城内农耕政权的防御压力。

古代中国的北方游牧政权,在秦汉时期得以发展壮大。见于史籍的生活在北方草原上的游牧民族先后有氐、羌、月氏、乌孙、匈奴、羯胡、东胡、肃慎、夫余等。

为了维持与农耕政权相抗衡的力量,游牧部落被迫采用大规模集中游牧的方式。集中游牧的方式,不利于牲畜的生长,也不利于游牧经济的发展,但可以形成亦牧亦武的较大军事对抗能力。

西汉前期到东汉初的二百四十多年间,匈奴大规模攻打长城地区的军事事件共发生了二十八次,其中二十一次并不是发生于秋天马匹膘肥体壮的季节。也就是说,在匈奴还没产生专职作战的军队时,已经借助集中游牧的生产方式实现了对武装牧民的有序调动,随时可以进行较大规模的骑乘奔袭战斗。

汉军对匈奴作战时,多次大规模地俘获匈奴人、马、牛、羊,也与匈奴的集中游牧有关。蒙古高原的游牧骑兵在征战时,家庭成员往往组成"老小营"随军前行。老小营跟随主力之后,一边向前移动,一边负责放牧和后勤保障。

具体而言,前方作战的队伍取得胜利时,老小营向前跟进,享受胜利成果。但是老小营要与主力保持足够的安全距离,否则前方一旦作战失利,老小营往往因不能迅速撤退,会遭受很大的损失。

匈奴政权的建立和其统治范围的扩大,使各游牧部落形成更大的合力。彼此之间的交流范围也更大,关系更密切。随着游牧部落之间经济、文化交流规模的扩大,游牧文明得到了迅速的发展。

匈奴游牧政权的建立,标志着匈奴社会进入了政治发展成熟期。其统治范围的扩大和内部的相对稳定,是匈奴政权得到发展的基础。匈奴在广泛融合各游牧部族文明的基础上,发展和创造了比以往更发达的游牧文明。

来自长城之内的政治影响，使游牧民族同这一地区的汉族或其他民族文明得以交流与融合，有些游牧民族还接受了农耕民族的政治理念，政治制度也成熟起来。

魏晋南北朝时期，北朝是来自长城之外游牧民族建立的政权，不但成为农耕地区的统治者，还直接维护和修建了长城。鲜卑族所建立的北魏政权是中国历史上第一个控制北方广大领土的游牧政权。成为农耕地区的统治者的北魏政权，也是中国历史上第一个通过大规模修筑长城，来防御更北方的其他游牧势力袭扰的少数民族政权。

六　和亲是王朝和游牧部族政治联姻

讲到和亲，大家首先会想到王昭君。她告别故土，北去草原穿越长城时，弹奏悲壮的离别曲，南飞的大雁被她的琴声所迷，竟然忘记了扇动翅膀跌落到地下，昭君就有了"落雁"的美称。

中国古代和亲的女人多了，为什么只有王昭君能名垂青史？道理很简单，因为王昭君出塞的时候，汉朝力量比匈奴要强大得多。汉武帝北征匈奴，修建长城之后，匈奴分崩离析。只有在这个背景之下，她才能发挥很大的作用。

和亲是王朝政权和游牧部族首领的政治联姻。将王室甚至是皇帝的亲生女儿，下嫁给长城之外边疆民族政权的最高统治者，以寻求双方长期和平共处。

王朝以长城体系为主要防御措施，尽量确保与北方草原社会交往的有序进行。在此基础上，为了促进双方的良性互动发展，农耕王朝与草原社会采用和亲等措施进行有效补充。

第十四章 长城与王朝的国家治理

在王朝与北方的历代和亲中,影响最大的是汉朝和唐朝与草原社会的和亲。通过和亲,农耕王朝与草原社会增进了政治、经济和文化等各方面的交流。长城内外军事对立的状态有很大的好转,全面战争爆发的可能性降到了最小。

实行和亲政策时双方的力量对比是影响和亲效果的主要原因。王朝力量相对较弱时,和亲多属于一种妥协手段;王朝力量相对较强时,和亲则带有奖赏性质。只有后一种情况,才可能出现王昭君以宫女出关和亲,还能对胡汉和睦作出贡献。

带有妥协性质的和亲,往往是发生在王朝实力相对较弱的情况下。王朝一面通过和亲缓解长城区域的军事压力,一面借助长城防御能力的增强来促进和亲发挥作用。

以汉朝为例,汉初与匈奴的和亲,是汉朝为缓解与匈奴在政治和军事上的紧张关系、通过妥协来获得安宁的一种手段。在送公主外嫁的时候,汉朝要陪送很多的丝绸、粮食等物资。以后,每年要分几次,以送给公主的名义输送物资到草原地区。

通过和亲和物资输送,匈奴一般会许诺不对汉朝的边地侵袭和扰掠。随着匈奴势力的不断扩大和力量的不断发展,匈奴对汉朝输送的物资的数量越来越不满意。于是,老上单于不断驱兵攻掠汉朝边郡。军臣即位之后,更不遵守和亲协议,悍然对西汉发动大规模战争,极大地震动了西汉政权。

为了寻求边地的安宁,五十年间汉朝被迫与匈奴修订和亲协定十多次,每一次协定的更改都是以汉朝做出更大的妥协让步为代价。

实际上,汉朝虽然输送了更多的物资,做出了更多妥协,但仍没有换来边郡的完全安宁。边郡不同程度地存在着各种匈奴势力的袭扰,仅靠和亲的方式,不能完全解决来自匈奴的威胁。这促使汉武帝下定决心,力图以武力征伐来彻底解决边境问题。

长城：追问与共鸣

汉武帝的武力征伐取得了一定的成效。元封四年（前107），匈奴提出和亲，以期缓解来自汉朝的军事打击。《汉书·匈奴传上》记载，杨信出使匈奴时提出的和亲条件是须"以单于太子为质于汉"。单于以此议与旧约相背为由，没有接受。

这表明汉匈和亲的态势，已经有了很大的转变。

历史发展到了元帝竟宁元年（前33），匈奴单于亲赴朝觐。汉廷将宫女王昭君嫁给呼韩邪单于，就属于嘉奖性质的和亲。这时的和亲，已经和汉初的和亲性质完全不同。

王昭君出身于"良家子"，既非"宗室女"，更非"嫡长公主"，即使在嫁单于后，似乎也未获"公主"称衔。昭君与呼韩邪单于的和亲，规格虽低，呼韩邪单于依然感恩戴德地上书"愿保塞上谷以西至敦煌，传之无穷"。

这是奖赏性和亲的典型事例。

这一事例的发生，说明王朝政权与北方草原社会之间的实力发生了本质性的变化。在汉朝对匈奴发动战争并大规模修建长城之后，在王朝的实力与匈奴相比相对较强的情况下，和亲朝着有利于双方边地稳定的态势发展。

元代诗人赵介的诗《题昭君图》，对王昭君的肯定很有代表性：

　　玉箸啼红别汉京，天骄含笑拟长城。
　　旁人莫讶腰肢瘦，犹胜嫖姚千万兵。

"嫖姚"指的是汉朝大将霍去病。李白的《塞下曲》有"功成画麟阁,独有霍嫖姚"。杜甫的《后出塞》也有"借问大将谁？恐是霍嫖姚"。赵介认为王昭君的功绩，更胜过汉朝名将霍去病的千军万马。这虽然是诗人的夸张，但可看出王昭君出塞增强了汉匈之间的民族团结，得到历史的好评。

此后的奖赏性和亲，如隋炀帝将宗女华容公主嫁给了高昌国王曲伯雅，唐将文成公主嫁给吐蕃松赞干布；妥协手段如唐穆宗以后与回纥的和亲等。说明在中国古代历史上，中原农耕政权与北方游牧政权的和亲及和议的达成与当时双方的实力密不可分。

和议达成之后，双方关系的维持则在很大程度上与长城区域的稳定状况有关。

清朝的满蒙联姻已经不是和亲的性质。这种联姻不是一种权宜之计，而是满洲统治者借蒙古部族力量稳定对北方的统治，并起到牵制汉族力量的作用。

清廷从蒙古王公家族中选择后妃，同时也不断地把公主下嫁给蒙古王公。《蒙古游牧记》中记录，乾隆皇帝曾作诗："塞牧虽称远，姻盟向最亲。"

七　朝贡是政治行为更是经济行为

2014年11月11日APEC第22次领导人非正式会议，在北京怀柔长城脚下的雁栖湖国际会议中心举行，国家主席习近平主持会议时，还特意介绍了长城。

中国邮政定于头一天发行"亚太经合组织第二十二次领导人非正式会议"纪念邮票。邮票整个构图除2014年APEC会议的标志外，左边是雄伟的长城，右边为旭日东升的泰山。

英国《金融时报》在报道中称，这次APEC会议显示中国正在亚太地区构建一个以中国为中心的新朝贡体系。也有外媒直接提出对中国构建"朝贡体系2.0"的疑虑。外媒之所以产生这种推测，是

315

因为对中国历史上朝贡体系的不了解。

中国古代的朝贡体系，历史上是维持东亚秩序的手段。这个体系实行了一千多年，运行到近代中国衰落之前。朝贡体系下中国经济外交上的"厚往薄来"，给予朝贡国远超出贡品本身价值的回赐，并允许一定程度上的经贸关系存在。

今天，在中国的经济实力逐渐增强的情况下，会不会借鉴这个历史经验呢？这一点毫无疑问，绝对不会的。但是，不论关于"朝贡体系2.0"的想象和猜测是否正确，从另外一个方面来讲，中国在未来无疑会致力于构建人类命运共同体。

历史上的长城与朝贡，主要是王朝政权与北方各族的朝贡关系。中国古代的朝贡是政治行为，也是经济行为。"朝"本来指诸侯对天子的觐见，"贡"本来指诸侯向天子进献物品，后来演化成王朝对周边民族政权采取的政治经济交往措施。

对王朝来说，朝贡的政治意义要远大于经济意义；对游牧政权而言则相反，朝贡的经济意义大于政治意义。长城的修建对调整王朝与北方各族的朝贡关系，起到了重要作用。

中国的朝贡体系是中心与边缘的关系，主要体现为以边缘地区向王朝为代表的农耕地区的内聚，以边缘向中心区的文明需求为动力，中心地区则给予边缘地区实质性的经济帮助。

中国的这种宗主国和藩属国、部落行国的朝贡关系，完全不同于西方的殖民体系。西方的殖民体系也是中心与边缘的关系，但彼此之间征服与被征服、掠夺与被掠夺的关系更明确。朝贡关系也不同于古希腊和古罗马与周边的关系。古希腊、古罗马主要是依靠从外邦、外族夺取财富，依靠夺取土地、奴隶，来支撑其强盛。

秦汉时期，朝贡制度被逐渐推广到处理王朝政权与游牧政权之间的交往上来。汉武帝之后确立起来的朝贡体系，成为王朝

第十四章 长城与王朝的国家治理

大一统政治秩序构建不可忽视的政策。

隋唐对突厥、回鹘、西藏等部落也都保持过朝贡的关系。当突厥等强盛到对隋唐边疆安全构成威胁的时候，朝贡关系中止。此时游牧政权被当作敌国而不是朝贡国或藩属国。

明代将长城的修建和使用发展到历史最高水平，同时将朝贡体制发展到极致。明蒙之间的朝贡关系是明朝与蒙古各部之间的联系方式，具有政治、经贸和文化三个方面的意义。

王朝政权在朝贡活动中一贯厚往薄来，对朝贡国的赏赐远远大于其进贡品，到明代依然如此。《明会典》记载："洪武二十六年定：凡诸番四夷朝贡人员及公侯官员人等一切给赐，如往年有例者，止照其例；无例者，斟酌高下等第，题请定夺，然后礼部官具本奉闻，关领给赐。"

根据各国的不同情况，明朝分别规定贡期为两年、三年或五年一次，朝贡须在规定的期间进行，《明武宗实录》记录："非贡期而至者，即阻回，不得抽分以启事端，奸民仍前勾引者，治之。"《明会典》中规定了明朝朝贡通商的政权、期限和朝贡的路线及居留地等详细内容。明中期以后的一段时间，这些规定对蒙古政权已经缺乏约束力了。

通过朝贡和赏赐，周边各民族可获取丰厚的经济收益，成为王朝藩属的一种政治资本，利于巩固自身在本族中的政治地位。还因为如此，王朝才能通过朝贡来控制一些少数民族政权。

在王朝与边疆地区力量平衡时期，或王朝力量相对强大的时期，朝贡体系建立在政治、经济互利的基础上，可以实现一种比较稳定的经济交往，带给双方较长时间的安宁。

当王朝失去优势时，朝贡便成为一种不合理的物资交换方式，甚至演变为王朝向周边民族的单向物资输出。王朝为减少这种单向

317

长城：追问与共鸣

物资输出带来的问题，有时会采取闭关的措施。而闭关也容易产生新的矛盾，甚至激化矛盾。

嘉靖二十九年（1550）蒙古俺答汗打进古北口、包围京城，也与朝贡密切相关。蒙文史籍《阿勒坦汗传》记载了这次事件："复至大明皇城外，将其围攻，将来战之军消耗殆尽，大国之众又欢然掳掠后，勒紧金缰敛兵各回本营。其后汉国大明汗慑于普尊阿勒坦汗之威名，派来名为杨兀扎克之人，谓'互相为害不能杀绝斩尽，故不如和好往来，买卖通贡'。派名为阿都兀齐者偕同来使前往，将大军撤至墙外开始会谈，以三万户分别进兵逼和，取得极多之田赋之后而回还。"

这些记载说明，明朝采用关闭长城关隘、减少通贡的措施，最终引发了蒙古和明朝的战争。战争的成本，要远远大于贸易的补偿。所以，不是所有的时间都可以依靠军事手段来达到政治目的。

朝贡也不全是游牧政权向农耕政权进贡，唐朝初立时曾有过一段向突厥称臣纳贡的历史。两宋时期力量较弱时，也曾向辽、金和蒙古称臣纳贡。北宋向辽、西夏称臣纳贡长达百年，南宋向金和西夏称臣纳贡约一百五十年。

这种由于王朝力量弱而向游牧政权纳贡，与王朝强盛时实行的朝贡体系不同，对方是以财产获取为主要目的。这种逆向的朝贡关系，在中国古代朝贡体系中属于非常态。

中国古代的朝贡，多以长城内的政权为中心，以封贡为主要交往模式，其所体现的是宗主国与藩属国的关系。朝贡体系虽然是以不平等为双方关系特征，但并不意味着宗主国对朝贡国在政治上有支配权。

2010年意大利的天主教耶稣会传教士利玛窦逝世四百周年之际，中华书局出版了《利玛窦中国札记》。利玛窦于明朝万历年间来到中国传教,他生命的最后二十七年生活在中国。《利玛窦中国札记》记载了利玛窦对中国古代的朝贡体制的议论。

他也观察到,向明朝纳贡的国家"来到这个国家交纳贡品时,从中国拿走的钱也要比他们所进贡的多得多,所以中国当局对于纳贡与否已全不在意了"。

他进一步议论说:"中国人接纳来自其他很多国家的这类使节,如交趾、支那、暹罗、琉球、高丽以及一些鞑靼首领,他们给国库增加沉重的负担。中国人知道整个事情是一场骗局,但他们不在乎欺骗。倒不如说,他们恭维他们皇帝的办法就是让他相信全世界都在向中国朝贡,而事实上则是中国确实在向其他国家朝贡。"

他的议论是对的,只是他还不了解农耕王朝这样做,既有文化理念的问题,也有无奈的成分。

八　开市与闭市都是一把双刃剑

人们常用"一把双刃剑"来形容事情影响的双重性。使用双刃剑,一面对着敌人,另一面一定是对着自己。也就是说,任何事情都既有利也有弊。

所有的剑都是双刃的,单刃的不叫剑,叫刀。所有的事物,都有两面性。长城沿线马市的开设或关闭,完全是一把双刃剑。明蒙之间战争的灾难性后果,使双方都蒙受了巨大的损失。

明朝在长城沿线设有马市。顾名思义,"马市"是买卖马的市场,实际上是游牧民族以马等畜产品交换其所需的各类物资的市场。长城之内的农耕民与蒙古各部族牧民进行茶马互市。马市的开设或关闭,有着十分明显的政治目的。茶是蒙古人生活的必需品,而草原

长城：追问与共鸣

地区又不生产茶，明朝统治者严格控制着茶叶的生产和运销。王朝所控制的不仅是茶，也包括游牧地区需要从农耕地区获取的一切生产生活物资。

明朝与蒙古关系紧张时，朝廷往往中断茶等蒙古部族需要的物资向北方的输送，试图将此作为控制蒙古政权的手段，用以配合军事行动，扼制其发展。

明朝嘉靖年间，明世宗拒绝和蒙古通贡，同时下令关闭了长城沿线关隘的互市贸易。欲通过采取绝贡的政策，让蒙古人知道贸易制裁的威力。绝贡和关闭互市贸易，使游牧民族生活水平急剧下降，在一定程度上抑制了蒙古势力的发展。绝贡和闭市逼得蒙古势力不断使用武力来争取双方物资的正常交流，长城沿线的战火因求贡不果而越演越烈。

这种情况，直到隆庆和议重新开放马市后才有所调整。站在历史的高度来审视明朝的历史可以发现，当时实行闭关政策，虽然是有利有弊，但弊大于利。

明朝关闭关隘的政策具有以下几点消极作用：

第一，闭关政策阻碍了经济的发展，影响了长城内外双方社会的稳定。影响社会发展速度的因素很多，能否处理好外部环境对自身的影响是一个重要原因。长城沿线的茶马互市，是农牧两种不同经济类型民族之间产生的客观需要。

《译语》是明朝现存第一部系统记载蒙古情况的笔记体史书。作者认为，蒙古部落近年"生齿日繁，又益以汉人居半，射猎不足以供之，其势不得不抢掠也"。将明蒙冲突的主要因素归结为，蒙古地区生活物资的生产未能跟上种族发展繁衍的速度。

俺答汗在《贡表》中也明确指出："臣等生齿日多，衣服缺少。……各边不许开市，衣用全无，毡裘不奈夏热，段布难得。"明确表明了游牧经济对农耕经济的依赖性。《万历武功录》记载，在明朝闭关的情境下"俺答分居开平上都，最贫，愧不如，益盗边自肥"。

第二，闭关马市贸易，无法真正做到自守。历史证明，闭关政策不管其主观动机如何，客观上都激化了王朝与周边的矛盾，削弱了对方势力的同时，也扰乱了自己。

短时间的闭关政策可以达到一定的政治目的，但长时间实施闭关政策是弱者缺乏自信的行为，通过闭关根本无法实现保护自己的目的。明朝采取闭关来回避与蒙古各部的矛盾冲突，结果不仅阻碍了正常的经济和文化交流，而且激化了双方的矛盾，导致战争频发。

另外，朝廷虽然颁布禁令不允许同长城外进行任何形式的贸易，但禁令只是关闭了官市，很多地方的民间贸易仍在私底下进行着。

有贸易就有和平，没有和平贸易必然导致战争。

闭关政策虽然在短时间内能实现对某一地域的制裁，但从长远来看，其对社会发展的消极性占主要方面。不论是明朝对蒙古的封禁，还是清朝的海禁都曾对社会的发展起到极大的阻碍作用。

需要指出，一些学者看到实施闭关锁国的保守表现对中国的负面影响。这些人因为古代长城曾有过闭关的历史，便将长城视为保守的象征，这种判断极其片面。

古代王朝在长城区域实行的各种政策和实践表明，开放是主流。即便是明代，马市开放的时间，也远远大于关闭的时间。嘉靖皇帝死后，双方都看到了重建和平关系的契机，于隆庆五年（1571），明朝与蒙古结束了战争状态，实现了"隆庆和议"。此后，明蒙之间基本上没有了大规模的战争。特别是在俺答汗死后，三娘子为维护明蒙和汉所作出的努力和贡献更是广为人知并传为佳话。

第十五章　长城与王朝的军事防御

从 1984 年徒步考察长城算起,我已经陪伴了长城三十五年,长城在我的心里已经形成了一种不可割舍的乡愁思绪。行走在长城上,我常想到古代那些披星戴月、顶风冒雨戍守长城的军人。

古代戍守长城的这些军人,他们有用于支撑自己精神的理想和信仰吗?或许没有,但他们依然是长城的重要组成。也可以说,他们才是真正意义的长城。

军事是长城历史的最重要属性。《左传》有曰"国之大事,在祀与戎",国家最重要的事情,莫过于祭祀和战争。祭祀是华夏礼典的敬天、地、祖先,戎就是军队、军事。"投笔从戎"讲的就是在国家危难的时候,文人弃笔从军,报效国家。

《孙子兵法》也开宗明义:"兵者,国之大事,生死之地,存亡之道,不可不察也。"战争关系到国家的生死存亡,为历朝历代统治者所重视。对于王朝政权来说,有效的军事防御是长治久安的保障。

军事是政治以流血的手段,分出对立双方的胜负。在长城沿线常态化抢掠和反抢掠,则基本上只有流血而没有胜负。修建长城,就是为了让长城内外不流血或少流血。

在中国古代,游牧政权军事挑战农耕政权,似乎是一种常态。

第十五章　长城与王朝的军事防御

在这种挑战的过程中，本应该谁强大谁占优势，但纵观中国历史，似乎被挑战的农耕政权不管强弱，占优势的时候都很少。在农牧交错地区，修建长城也是对优势不足的一种调整和补充。

被挑战者的"被"和被动的"被"是一个意思。被挑战者，本来就是被动的。农耕政权强大时，表现出容不得挑战，要准备征伐。而相对软弱时，又表现出经不起挑战的样子。

经得起或经不起挑战，都要修建长城。这就是中原军事力量强大的时候修建长城，中原军事力量不够强大的时候也修建长城的原因。

长城是王朝北部边疆的军事防御工程。研究长城，认识长城，不但要认识修建长城的一方，还要认识长城防御体系所防御的一方。古代军事家对作战双方彼此的认知就有很精辟的论述："知己知彼，百战不殆"。

除春秋战国各诸侯国相互防御的长城之外，长城多数是为防御游牧势力南下而修建。即便是少数民族建立的政权所修建的长城，也是其成为北方定居的农耕区域统治者之后，为了防御更北边的游牧势力而建造的防御工事。

农耕政权在边疆地区与游牧政权军事对抗，是中国历史长期存在的问题。其对抗模式，大致有以下三种：

第一，双方以激烈的战争方式进行大规模的军事决斗，战争的胜败将决定由谁拥有某片土地的控制权。对这样的战争，长城的作用就相对较小。在长城地区这样的战争也较少。

第二，双方不以决战的形式进行战争，而是一种中小规模的军事侵扰。对于游牧势力这种分散的、抢掠性的战争，中原守军基本处于劣势。对这样的战争，长城就有作用了。

第三，双方建立了有效的管理秩序，在进行正常交流的情况下，

323

长城：追问与共鸣

依然发生小股的、骚扰性的军事冲突。为构建有效的秩序，农耕政权不断修建长城、构建军事防御体系。长城以有效的防御作为必要条件，保障游牧与农耕之间和平交往的可能。

这三种情况随着不同的历史时期、不同的历史背景而不断变化。王朝的力量强大，游牧政权会主动放弃选择第一种模式。随着王朝的衰落，第三种模式也就失去了其存在的必要条件，常常被第二种模式的冲突打破。

只有在任何一方都没有对另一方形成较强优势，都无法通过战争的手段彻底解决问题的时候，第三种模式才可以正常运转。

中国古代历史上，农耕政权与游牧政权的军事对立，更多的时间处于谁也没有办法对另一方形成优势，谁也不能通过军事手段来彻底解决问题的状态。

自古就有人认为，修建长城的军事防御作用有限。《汉书·匈奴传下》记载，新莽时期，严尤在评论王朝政权对游牧民族的政策得失时说："臣闻匈奴为害，所从来久矣，未闻上世有必征之者也。后世三家周、秦、汉征之，然皆未有得上策者也。周得中策，汉得下策，秦无策焉。当周宣王时，猃狁内侵，至于泾阳，命将征之，尽境而还，其视戎狄之侵，譬犹蚊虻之螫，驱之而已，故天下称明，是为中策。汉武帝选将练兵，约赍轻粮，深入远戍，虽有克获之功，胡辄报之，兵连祸结三十余年，中国罢耗，匈奴亦创艾，而天下称武，是为下策。秦始皇不忍小耻而轻民力，筑长城之固，延袤万里，转输之行，起于负海，疆境既完，中国内竭，以丧社稷，是为无策。"

这类认识，几乎伴随了长城发展的全过程。长城发挥作用的时候，往往不是长城内外爆发全面战争之时。实际上，全面战争爆发之后，长城的防御能力就大大地降低了。

长城真正的防御作用，体现在长期有效防御的局部战争上。当

第十五章 长城与王朝的军事防御

长城沿线局部地区发生军事冲突，在武力对抗的暴力程度不高、双方投入的军事力量有限时，长城的作用往往能够得到较为充分的发挥。

修建长城是王朝政权没有办法消灭局部战争时所采取的防御措施。修建长城的战略目的，并不是要给对方以致命的打击，也不是要孤注一掷地消灭对方，而是要遏制对方，使其不能南下，以免扰乱农耕地区正常的生产和生活。

一旦发生战争，决定胜负的因素是多方面的，军事防御工程是多种因素中的一种。没有长城防御工事时，长城外面的游牧政权随时都有可能在局部发动战事，杀进长城里面进行抢掠，农耕地区的驻军很难在短时间内集中兵力进行阻击。

进攻一方集中自己的优势兵力打击一点时，攻守双方力量必然相差悬殊。守军若没有坚固的防御工事作依托，很难实现有效防御。而有了坚固的长城防御体，可以在一定程度上调节双方军事力量的差距，最大限度地实现有效防御的目的。有了长城军事防御体系，至少可以迟滞游牧骑兵的速度，缓解游牧与农耕之间的局部冲突。

直至今日，在世界陆战中，长城防御所体现的观念、措施也没有完全退出历史舞台。"二战"中法国的马其诺防线，第四次中东战争中的以色列巴列夫防线，从军事意义上讲仍是长城观念、战法的延伸与衍生。这至少说明，在接触性步兵陆战中，线性阵地防御依然受到重视。

一　长城的军事防御价值

今天长城沿线的很多城市，在说明自己的地理位置之重要时，

长城：追问与共鸣

还常常讲此地历来为"兵家必争之地"。地缘政治及特殊的地理环境，使某些特定的城镇成为主导一个区域安全的关键所在。

"兵家必争之地"无疑讲的是军事，长城的军事防御价值与长城防御的目的有关。进攻、防御是战争的两种基本形式，目的都是保存自己，消灭敌人。长城是军事防御工程，其主要的任务是防御。

防御有被动防御和主动防御之分。不能因为长城是对一个固定区域设防的体系构建，就简单地认为构建长城属于纯粹的被动防御。在很多的时候，理解进攻和防御需要站在国家和政权的发展整体历程中去认识；长城防御体系的军事价值，也需要历史地看待。

隋炀帝在《饮马长城窟行》的诗中，讲了他为什么要修筑长城。诗云："肃肃秋风起，悠悠行万里。万里何所行，横漠筑长城。岂合小子智，先圣之所营。树兹万世策，安此亿兆生。"

在他看来，修建长城是"万世策"，能够安定亿万人民的生活。这是在算政治账，而不仅仅讲军事价值。站在今天的角度看，隋炀帝的这个理念也是应该值得我们为其点赞的。

中国古代军事家十分重视防御。《孙子兵法》说："昔之善战者，先为不可胜，以待敌之可胜。"也就是说，善于指挥作战的将军，首先要做到的是不被敌人战胜，然后才是寻找机会战胜敌人。

这里强调的不被敌人战胜，指自己是不是做好了准备。要想做到不被敌人战胜，就要进行有效的防御，就要采取有效的措施来抵御敌人的进攻。只有这样，在双方军事对立的情况下，才能寻找战胜敌方的机会。

修建长城防御体系的指导思想之一，就是先做到使敌人不可胜。游牧民族政治文化的特征是全民军事化，随时准备战斗是牧民的生活常态，这是农耕民族不具备的优势。游牧军队的作战随机性和机动性很强，这一点在小规模的作战行动上体现得最为明显。

第十五章　长城与王朝的军事防御

尽管规模小，但由于发生的频率高，对农耕地区的破坏性并不小。在农牧交错地区，游牧势力主动发动进攻引起的争战居多。即便是在草原，游牧部族内部甚至是牧民在日常的游牧或狩猎过程中，随时都有可能发生抢掠他人或被他人劫掠的事情。小规模的战斗对他们来说是极为常见的事，事先不需要做任何准备，也不需要采取专门的防御措施。

就单个农民而言也打不过牧民，因为每一个农民都只是农民，而每一个牧民则都是一个战士。牧民既从事牧业生产，进行生产和生活物资的交换，又参与各种军事行动。每一个成年牧民都担负着养家和保卫生命财产安全的双重任务，集牧民和士兵的角色于一身。

《淮南子·原道训》云"人不弛弓，马不解勒"，生产的同时随时准备投入战斗，兵民合一的体制是符合游牧民族生产和生活特点的军事组织形式。骑马打仗是牧民从小到大，很顺理成章要做的事。

游牧民族从事游牧业的生产，早期没有发达到可以养一支脱离生产、专门从事军事作战的军队。牧业的生产状况决定了他们没有多余的粮草供应大规模的常备军，客观上也没有常年养一支常规军的需要。游牧民族没有固定的城镇、土地，更没有大量不动产的积累，不必集中大批的军队长期固守边防。

草原地区的生产生活条件艰苦，很多生活必需品又依赖农耕地区提供。在强大的生存压力下，游牧势力对农耕地区的抢掠成为一种常态，军事活动往往带有很强的以抢掠为目的的功利性。

抢掠除了抢到更多的物资之外，还包括俘虏更多的劳动力。此时他们进攻长城的主要目的，不是为了攻城略地，而是掠取更多的财物和人口。

长城作为一个军事防御工程，有其明确的战略目的和战略任务。修建长城并不是一时一事的军事行为，不是一种战役性的军事工事。

327

修建长城的目的和任务，也不是完成战役行为过程中的防御和保护。

修建长城是战略性的决策，是长城修建方最高决策层为实施全局战略而采取的军事防御手段。

修建长城就是为落实保护农耕地区的战略方针，实现保护农耕政权的战略任务。在确定了这个地区防御的总方针、总政策，甚至实施了战略行动之后才进行的。

长城在消灭敌人方面的军事作用比较弱，只有敌人来进攻的时候，守军才能依托长城有效地杀伤敌人。在非战争时期，长城的作用主要是保障长城沿线、长城内外进行交往的秩序。只有从这个视角去理解长城的军事防御价值，才能明白长城的存在意义。

修建长城的农耕政权，不可能无视来自长城外游牧势力的威胁。否则就可能给自己造成很大的损失。非战时期不能积极准备和遏制有可能发生的战争，不能很好地集结备战，长城地区持续稳定的战略目的就不可能实现。

一旦长城防御体系松弛下来，不论其威慑性的目的还是实战性的目的，都得不到有效的实现。长城地区进攻与防御的平衡一旦被打破，就会促使战争更频繁或更大规模地爆发。

无论是平时还是战时，长城防御体系只要真正有效地运行，都能起到一定的防御作用。平时进行备战方面的建设，以严阵以待的姿态威慑对方的行动；战时可以迅速调集兵力，指挥协调各兵种对进犯之敌进行堵截围歼。各部队、各兵种发挥自身优势进行有效的配合，可以对一些突发的进攻和骚扰进行迅速及时的反应，并采取灵活有效的行动。

修建长城是为保证农耕政权对长城区域的有效控制。秦、汉两朝大规模修建长城之时，都是在自己的力量相对强大而对方的力量相对弱小的时期进行的。这一点与明朝修建长城有些区别。他们为什么要在自己强大的时候修建长城，而不是采取其他方式来解决与游牧民族之间的冲突？不外乎以下几方面的考虑：

第一，中原统治者要实现有效控制长城区域的目的。长城区域的稳定、长城区域的安全与国家政治利益高度一致。这个地区不稳定，就会给中原农业地区的地方政权带来很大的威胁，社会就会出现不安定因素。而这个地区稳定了、完全得到控制之后，就会对游牧势力在心理上起到很大的威震和威慑作用。

第二，要实现保障内地安全的战略意图。控制北部农耕和游牧过渡地带的战略要地，是保障内地安全的举措。当战略上重兵突击征伐实现对过渡地带的占领之后，要保障宜耕宜牧地区的控制权，就要对一些战略要地进行控制。控制了这些军事要地，进可以给敌方以更大的打击，退可以保护大后方的整体安全。

第三，要充分考虑长城地区防御的成本效益。在广阔的长城区域，如果没有修筑长城，便需要用更大的军事力量去保护这一地区的安全。与采用长城来保护相比，无论是人力和经济力量都需要更大的投入。修建长城是以最小的代价，保护长城地区的安全，实现国家的战略目的，保护国家的政治利益。

长城的军事防御价值在于，作为战略手段，以最小的代价获取最高的战略效益和社会效益。实现有效防御的通常做法是，进行全面防御的同时对重点地段进行重点防守。

二　长城防御驻防系统

长城重镇古北口潮关城堡内，有一座小庙叫瘟神庙。庙里画着众神仙的壁画，其中第一位是茶神陆羽，第二位是酒神杜康。酒既能防病，又能怡情。喝酒是驻守戍守长城的士兵们身处边疆地区获得快乐的最简单的方法，也是成本最低的方式。

相对荒凉的农牧地区，即便没有残酷的战争，生活也很枯燥。三五好友，喝几杯酒可以祛除浑身的疲劳，释放精神的压力，排遣长夜的无聊。2014年在秦皇岛板厂峪长城修缮工程中，清理遗址时，曾在长城空心敌楼发现过陶制象棋。可以想见，那个时候戍守长城的士卒其娱乐是很匮乏的。

长城防御的戍防系统是一个完备而严密的体系，大到镇城、路城，小到城堡、关隘、墩台。戚继光在《纪效新书》中说，新开一座墩堠应该准备的物品为："每墩立五人睡住卧房一间，不拘草瓦。灶一口，水缸二个，锅一口，碗五个，碟十个，米一石，鲞十斤，种火一盆，种火牛马粪一担。器械：碗口铳二个，小手铳三个，火箭九枝，大白布旗一面，草架三座。"

这说的可能是抗倭时的事，南倭北虏是明代面临的两大问题。鲞是剖开晾干的鱼，江浙人民很喜欢吃的食品。我到浙江义乌去寻访长城义乌兵的祖籍，参观一些老宅院，看见今天还有老人在院子里晒鱼鲞。

长城线上的每一个屯兵聚落，都与周围的军事防御工事、各级的指挥中心密切相连。不同级别的指挥中心逐级相连，并与王朝最高军事指挥系统保持着直接的联系，形成了一套由点到线、由线到面、分地守御、重点设防的长城屯兵系统。

秦汉时期，军队便实行了屯兵戍守的制度。秦制规定：男子年满二十三岁要将名符交到官府，每年要在郡县服役一月，称作更卒；一生中要到京师服役一年，称为正卒；屯边一年，称为戍卒。若为临时征发去戍边的，称为谪卒。谪卒的征发对象多属罪犯，也包括大量赘婿、商人及商人子弟。

第十五章　长城与王朝的军事防御

汉代兵役也有三类：第一类是正卒。凡男子年满二十三岁，要充正卒一年，由所在郡都尉集中操练。在北方边地负责长城戍守等任务的为骑士，在内郡的为材官，在水乡的为楼船士。第二类是戍卒。到长城等边疆地区屯戍者，称为戍卒。不愿戍边者，有条件的可出钱雇人代戍。三是更卒。凡成年男子每年要在本县服役一个月。有条件不愿去服役者，可以交给官府三百钱，称为过更。

戍卒到达戍所之后，按职事分为戍卒、燧卒、亭卒、障卒、田卒、河渠卒和守谷卒等，分工十分明确。前四者戍守长城沿线烽燧亭堠，按规定查验出入长城内外的人员和物资。后三者从事屯田生产，为长城地区驻军提供保障。其中，田卒从事垦田耕作，河渠卒管理水利灌溉，守谷卒保管谷物仓储。

屯戍在长城地区的士兵，除了戍卒外，还有良家子、应募士、徒、驰刑士和谪卒。良家子的身份比戍卒高，应募士是招募而来的，徒是因罪没官的徒隶，驰刑士是囚。

屯戍卒发给月俸钱、衣被、口粮和武器等。普通屯戍每月发俸钱三百五十钱。屯田卒还能发到农具、耕牛及种子等，但屯田卒需按规定交纳田租以充军粮。

中国历史上各个朝代长城的屯兵系统名称不太相同，但职能基本一样。汉和明两代长城使用的时间长，在各方面都较有代表性。通过对这两个朝代的长城地区屯戍情况进行分析，可以较为清楚地了解长城地区屯兵系统运行状态。

汉朝封王主要是刘氏亲族，侯则主要封给有功之臣。初期主要靠王、侯所辖的部队作为边疆地区的屏障。武帝北击匈奴之后，通过建边郡，置边军，统属于国家的长城屯兵系统逐渐严密完备起来。

汉代边郡的太守是最高指挥长官，品阶为二千石。由他总领的全郡兵马每年除巡行边塞之外，还要巡视长城及亭燧的损坏情形并

331

及时进行修缮。其副官为长史、丞,他们一般分屯于沿边要地。

各郡太守之下设若干都尉,都尉是郡太守的副手。其职责是协助郡太守,负责本郡的军事和治安。

长城沿线的边郡,每个都尉都统领一个都尉府。他们的品阶一般与郡太守一样,都是二千石。下辖若干个侯官,侯官负责辖内烽燧亭燧的管理。都尉府的命令由侯官下达到烽燧亭障,前线的军事情况也由侯官负责上报到都尉府。

侯官还负责对部属的督察考核及军粮、军械等军需物品的发放。都尉、侯官的治所往往设于关隘要塞,如西汉敦煌郡下的玉门关、阳关都尉所,就位于河西走廊的大型关口。

侯是负责的长官,副官为侯丞。侯和侯丞是汉长城屯戍系统基层的管理者,对辖区负有全面责任。侯下属的军官,便是负责具体单项工作的人,有塞尉、士吏、令史、尉史等。塞尉、士吏等分屯在沿长城的烽燧。燧、燧、亭是长城上的下层防御单位。燧有燧长,燧有燧长,亭有亭长,各领其事。燧长、塞尉、士吏等军官的驻地称为障。

明代沿长城设辽东、蓟州、宣府、大同、太原、榆林、宁夏、固原、甘肃等九镇。随着长城防御需要的变化,到明末发展成为十三镇。每镇派总兵率军镇守,副总兵协守,并派参将分守。镇的下面又设若干路,路下设关、口等。隆庆年间仅在长达两千余里的蓟镇防线上,屯驻兵力就达十五万人之多。

堡城是长城防线基层的驻军场所,每座堡城负责一段长城和相关烽燧的防务。堡城下辖总旗、小旗及台丁。堡城一般设在长城里侧易守难攻的地方,凭借有利地形,既可设伏兵阻击敌人,又能向敌人发起攻击。堡城内屯兵多的有四百人左右,少的有一二百人。

在长城沿线的一些交通要隘,还设有大小不等的关城。所派驻

第十五章　长城与王朝的军事防御

守兵力视关隘的大小而定，中小关隘有数十人至数百人不等，大型关隘有数千人甚至上万人。

长城防御区内各级指挥官分别对上一级指挥官负责，平时分别负责所管辖地段长城的巡防守卫和屯兵系统的管理。战时则根据军情需要，率领所部参加长城沿线的作战行动。

明代蓟镇长城防御区的屯兵，除了常规部队之外还有辎重营。戚继光《戚少保奏议》中有《建辎重营》篇指出："蓟镇每遇虏人，军人骑一马，即盔甲什物已极力难前，别无驮载马骡；往往枵腹数日，徒具人形，莫能荷戈，焉望鏖战？"建立辎重营的目的，就是随时准备打仗。《戚少保年谱耆编》记载："无事则牧放骡头，操练火器，晒曝辎重；有事则随营而进发，粮尽则就近而运取；遇虏即依大军为势，以车为营。"

明代戍防的车兵，已非先秦时期的驷马战车，而是火器时代发明的一种载炮战车。每车双轮长辕，以骡两头驾驶，分别安放重型火炮大将军、中型火炮佛朗机以及火箭等。

每个车营配备重车一百二十八辆（若为轻车则为二百一十六辆），载大将军八位，佛朗机二百一十六架，火箭一万五千三百一十六枝。每辆车配备士卒二十人，其中正兵十人，负责骡马和火炮等事务；奇兵十人，分持鸟铳、藤牌、锐钯，配合火炮作战。

实际为炮兵和步兵的混编部队，每营三千一百余人。辎重车每车用骡八头，骡军配备火器和刀矛等冷兵器。辎重营车炮与步卒协同，有自己的独特战法。

据《戚少保年谱耆编》记载，辎重营作战时："将车上为女墙捍矢石，且取轻便，下有活裙以出战卒。如虏以数十骑挑我则不应；或虏势大，至近五十步时，火器齐举；虏近车丈余，步卒于车下出战。第一行，卒持长刀，用平日习法，伏地向前，至远不离车五步，车

333

即随步卒缓进，而步兵齐砍马足。二行，木棍打仆马之贼，只在仆时，乘其跌落，身体仰覆，屈伸未得，乃可著力。三、四行，钯枪杂上，以刺戳之。如或力倦，退保车内，又用火器冲放一次。"

长城防御戍防系统，除了人员配备，还有戍防军队的作战准备和部署。长城戍防的将士，随时都应该处于备战的状态。要求是这样，事实上很难做到这一点。

戍防军队的作战，虽然也有防御纵深，讲究包抄、迂回、运动防御的配合，但终究还是一种被动性很强的防御方式。

对于戍防的军队来说，其被动性表现在以下几个方面：

第一，敌方进攻方向的不明确。进攻方有选择开战的主动权，什么时候对长城发起时攻，对哪个关隘发起进攻，完全由进攻方决定。因进攻方有开战时间和地点的选择权，就有可能形成出其不意的进攻优势。

由于对未来敌人将集中优势兵力进行攻击战的方向不能确定，长城戍防军队只能采取整体的、全面的防御。这种全方位的防御使得防御方的兵力过于分散，应付小规模的进攻尚可，在面对集中优势兵力的大规模进攻时极为被动。

第二，我方作战类型的被动。长城这样一个军事防御工程，作为军事打击目标是可以确定的。进攻方可以根据自己的情况和已知的长城守军的情况，来决定进攻的方向和进攻的目标。集中优势兵力攻击固定目标，很容易摧毁这一固定目标的防御力量，摧毁守军的抵抗意志。

尽管长城戍防军队有意识地增强防御实力，多兵种配合作战，但总体上来说，长城防御主要是依托城墙及其前后的防御工事作战。单纯的、传统的作战方式对于缓解集中优势兵力进攻的敌方攻势显得十分薄弱。防御一方的正面阵地，很容易被对方攻破。

第三，作战兵力的机动性差。在战争发生之前无法确定敌人的进攻方向，所以兵力往往平均分配在整个长城的防御区。这种部署既无法集中精锐兵力歼灭进犯之敌，也没有足够的兵力进行机动作战和流动性作战。

明朝在长城沿线横跨东西万余里的区域内，布置了近百万的戍防兵力，但每次真正临敌的兵力、直接投入战斗的兵力并不是很大。战争开始之后，其他地方的兵力不能随机地调动，在战略战术层面上，兵力无法更好地发挥作用。

第四，无法快速结束战斗，难以长久坚持。长城区域的防御在不同的地方面对的是不同的情况，所以一般来说无法预先做出很好的作战安排。进攻长城的一方，可以控制战争的节奏，可以组织一系列的战斗，可以通过攻破长城上的一点把战争推向纵深，也可以在长城沿线多处发起战争，造成一个在相对宽泛区域内同时出现危机、使戍防长城的守军自顾不暇而很难形成协同作战的局面。

第五，长城戍防部队难以采取出奇制胜的战略战术。战争进行过程当中，给敌方以意想不到的打击，以出奇制胜的方式强化自己的优势和使行动更为优越，采取主动行动给敌人以沉重的打击显得尤为重要。

戍防长城的守军要固守在所负责的这片战场上，往往不能灵活机动地作战。作战不能灵活机动，还反映在无法主动摆脱被动状态上。敌方进攻一处关隘时，守军不管在多么被动的情况下，都不能想打就打、不想打就走，很难选用脱离战场的方式摆脱被动，恢复主动，在主动中歼灭敌人。

总之，在任何情况下，在任何时候，戍防的军队都要固守长城阵地。所以，有时会发生被进攻方牵着鼻子打的被动状况。需要强调的是，这一点并不是特殊现象。

进攻方想打什么目标，想在什么时间发动进攻，想以什么样的方式进攻，自主性都比较强，防御方在这方面只能等待敌方的进攻。在长城内外军事形势严峻的时候，长城守军则处于高度紧张的防御状态。

在长城的攻防战中，戍防军队只能依托长城减少己方的损失，并尽量给敌方造成最大程度的伤亡。说到底，防守方不管采取什么措施加以补充，在战争中的主动性毕竟还是很有限。

三　长城防御屯田系统

京津冀长城沿线广泛流传着人们来自山西洪洞大槐树的传说。这样的民间记忆，传达给后世以怎样的信息？其中虽有很大的不确定因素，但有一点是确定的，这就与长城沿线的军屯有关。

长城都在农村，考察研究长城要经常下村庄。长城的很多关隘和城堡早已经演变成村庄。长城脚下的村庄，依旧是安静的山区。村里的房子盖得越来越新，历史文化的遗存越来越少。明代住在这些城堡里的人，都是军屯的军户。今天住在这里的人已经是享受现代化生活的农民，他们的祖先大多数都是从各地军屯移民而来的人。

很多农民的房子都很破旧，让他们依然住在破房子里，是一件毫无道理的事。但社会又需要保留住长城的历史信息，怎么解决这个矛盾呢？最好的办法就是搞旅游。

让这些祖祖辈辈住在长城脚下的农民，因长城的保护和利用而过上好日子，他们就会感恩曾在这里屯戍的老祖宗。军屯是长城防御体系的一个组成部分，也是戍守边疆的一项战略措施。

军屯始于西汉，汉武帝凭借汉初几十年休养生息积聚的力

第十五章　长城与王朝的军事防御

量,逐击匈奴,在河西设置四郡,修筑长城,投入了极大的人力和物力。在军需物资负担繁重的情况下,打完仗之后朝廷以发展屯田为开发长城区域的第一要务。

《文献通考·田赋考七》记载,实行"无事则驱之为农而力稼穑,有事则调之为兵而任征战"的政策。这种寓兵于农、发展屯田的做法,为维护西域地区经济社会发展和丝绸之路的畅通提供了经济上的保障。

军屯的最大特点是利用守边戍卒,一边屯垦一边戍边。朝廷以戍卒名义,将内地农民调到边地进行屯戍,实行备战。征调到戍所后的农民,身份由民转兵成为军户。根据其具体负责的事务,分为戍卒、燧卒、亭卒、障卒、田卒、河渠卒、守谷卒。

前三种兵卒以执行军事任务为主,后三种兵卒的任务便是屯田生产。军屯人员的粮食及生活必需品、生产使用的农具等都由官府统一供给,收获的粮食也全部上缴官仓。

汉代屯田守边方略经历朝发展,到明朝时更趋于成熟。明初就将军屯作为一种制度确定了下来。为了防御蒙古各部族的侵扰,在大修长城的同时,在长城区域自东至西大兴军屯。

明代卫所按月给戍守军士发饷粮,屯田军士的粮饷按戍守军士粮饷的半数发给。负责屯田的军士,要按规定的数额交纳税粮,以充军粮。为了保证屯田制度的长期稳定,明朝军屯的戍卒另立户籍,叫军户。军户世代承袭,永世不得脱籍。

驻守在长城沿线的上百万军队一面耕种一面戍边,实现了屯田以给军饷的目的。《明会要·兵二·屯田卒》记载,洪武二十一年(1388),朱元璋"敕天下卫所屯田。凡卫,系冲要都卫及王府护卫,以十之五屯田;系卫所,以五之四"。

《明太祖实录》记载,随着长城地区军事形势的好转,朱元璋又

337

于洪武二十五年二月"命天下卫所军卒,自今以十之七屯种,十之三城守,务尽力开垦,以足军食"。

长城沿线卫所的军队,一般是十分之三负责长城的戍守巡视,十分之七负责生产屯种。在军情较为紧张的地方,戍守和屯田人员按各一半分配。《明会典·户部五·屯田》记载:洪武三十五年(建文四年,1402),规定军士屯田一分,纳正粮十二石。

也有在极冲之地,戍守人员配备更多屯种人员的情况。到永乐之后,就不再规定屯田和戍守军士的比例。《明太宗实录》记载,朱棣在永乐二年(1404)修订屯田法时规定:"守城军士视其地之夷险要僻,以量人之屯守为多寡。临边而险要者则守多于屯,在内而夷僻者则屯多于守。地虽险要而运输难至者,屯亦多于守。"

军屯为军队戍守长城提供了坚实的物质基础,既解决了军队的口粮,又开垦了大量的荒地,减轻了民众的劳役和赋役负担。

特别需要说明的是,明中叶以前军屯起到了较好的保障作用。

张家口堡子里

到明朝后期，随着军屯的荒废，很多地方的军屯耕地和军户，成了一些军官或地方官员的私有财产。到了这个时期，长城沿线军队粮食等后勤供给就又主要靠中央财政了。

四　长城烽火传递系统

　　北方长城沿线的冬日，漫长而且寒冷。屯田的军户冬天闲下来可以在屋内活动，而在烽燧值岗的士卒们，则不得不在寒风中承受恶劣天气的折磨。

　　烽火传递系统是长城防御体系的神经中枢，没有了烽火传递系统，整个防御体系都会陷于瘫痪，长城的守军就成了瞎子、聋子。

　　长城地区的烽火报警体系，大致可以分为两类：一类是沿长城横向传递军事信息、纵向传递军事信息为负责长城戍守的军事指挥中心。另一类是长城地区传递边郡之间、边郡与王朝中央之间的军事信息传递。

　　周幽王烽火戏诸侯的故事，说明中国古代烽燧、烽火用于军事活动，至迟在西周已经开始。到了战国时期，烽火作为军事信息传递得到了广泛的运用。《史记·魏公子列传》记载，魏国"公子与魏王博，而北境传举烽，言赵寇至，且入界"。

　　秦汉时期，烽火的使用更广泛。这个时期，关于汉代烽火传递的文献记载，已经更为丰富。《史记·司马相如列传》载："夫边郡之士，闻烽举燧燔，皆摄弓而驰，荷兵而走，流汗相属，唯恐居后，触白刃，冒流矢，义不反顾，计不旋踵，人怀怒心，如报私仇。"

　　贾谊在《治安策》中说到长城地区的严峻形势时讲："今西边北边之郡，虽有长爵不轻得复，五尺以上不轻得息，斥候望烽燧不得卧，

新疆库车县克孜尔尕哈汉代烽燧

将吏被介胄而睡,臣故曰一方病矣。"军情紧张的时候,负责瞭望和烽隧军事信息传递的人始终不能睡觉,军士都是穿着盔甲睡觉。

烽火制度延续到明清时期,在军事领域一直发挥作用。烽火报警系统是长城沿线卫戍部队的通信系统,由一系列烽火台和士兵组成。有敌情时,驻守在烽火台的士兵以张挂标识、点燃烟火或鸣放枪炮等手段,按照事先约定好的规则,将军情依次传递出去。如何施放信号,古籍中多有记载,近几十年也不断有相关的考古发现。

为保证信息的畅通无阻,烽火台一般建在视野较为开阔的地方,数量依地形山势和可视距离而定。在长城沿线及其延伸地区,有横纵数个烽火台系列,承担着不同的信息传递任务。

前面一旦发现敌情,通过烽火台快速地向上级及相邻防区传递出信息,以求尽快做好迎敌准备。汉代将从上一座烽隧接收烽火信号称为"受烽",正常地接收到信号称为"和受",接收信号发生错误称为"误和"。接收烽火信号后,继续向下传递称为"付烽"。

烽火传递的过程中,不论是"受"还是"付",都有可能发生错误。中间相隔的烽燧越多,传递过程中出现错误的概率就越大。尽量减少传递环节,是降低"误和"率的关键。

目前关于烽火信号传递的研究工作还很薄弱。国家文物局所做的长城资源调整,由于将调整范围确定为长城内外各一千米,所以很多纵向烽燧未被列入调查范围。

古代使用烽燧,由于烽火制度涉及军事机密,在何种敌情的状况下放烽多少,都不能对外泄露,所以有关烽火制度的具体内容在历代文献中保存下来的极少。汉代是烽火使用异常发达的时期,烽、燧建筑的规模很大。

居延和敦煌地区出土的大量屯戍遗简,为研究汉代烽火制度提供了真实的资料。汉代长城沿线的防御对象主要是匈奴,长城烽火有关的汉简中,有很多匈奴人进犯汉长城边塞的记录。

汉代对传递烽火信号做出的具体规定,称为"烽火品约"。烽台又称为亭燧,每一亭驻若干戍卒,设燧长。若干燧之间建一座小城堡,城堡内建较大的烽台,称为障,设侯官。其附近的亭燧统属于侯官,若干侯官又统属于都尉。

汉代烽燧有的建在长城内侧,距墙三到五米。有的和长城墙体相连。关于汉代烽燧的间距,民间有"五里一小墩,十里一大墩"的说法,其实际情形更为复杂。

从现有烽燧遗址分析,烽燧在地形开阔、首当其冲的地方设置密集一些,一二里一座;有河流、沙漠等天然屏障的地方稀疏一些,较远的十里左右一座。

关于烽燧报警的方式,过去普遍认为是白天以烟传警为燧,夜间以火传警为烽。汉长城考古发掘出一批简牍后,研究工作取得了突破性进展。目前已知汉代用于报警和传递军情的烽火信号有五类，分别为：烽、表、烟、苣火、积薪。

烽、表为标识物。烽是用草类编织或用木料做框后，蒙上白布挂出来的报警信号。用树枝和布帛、毛皮等做成的悬挂物，分圆形、方形、三角形等形状。表是可折叠的旗帜，使用方法和功用与烽相似。烟是在烽火台底下的烟灶里燃火，通过高出烽台顶部的烟囱升起烟柱来报警。烽、表、烟三种报警方式用于白天。

苣火是点燃芦苇束做成的手把并举起，主要用于黑夜。积薪是在烽燧之外堆起巨型草垛，并将其点燃，为重兵压境时所用。苣是用芦苇扎成长度不一，可以燃烧到底的火把。大苣长233厘米，直径5厘米，芦苇把；中苣长33～35.5厘米，直径4.5厘米左右，芦苇把。

《敦煌马圈湾汉代烽燧遗址发掘简报》记载："小苣长8.7厘米，直径3.0厘米，用细麻绳捆扎三道，似作引火用。"苣是用来燃放的消耗品，有时敌情严重或敌方频繁进攻时，对苣的需求量也会很大。所以，平时需要做好充足的准备。

汉代边境上的戍卒，经过训练后，若仍然对"烽火品约"条文无知或违章，便要受到处罚。据《居延新简：甲渠候官与第四燧》，候长某燔举烽火"不如品约"，被遣关县狱。"万岁候长居延沙阴里上造郭期，不知椟烽火，兵弩不擎持……斥免，它如爰书。"这些事例都表明，汉代对烽火制度很重视。

长城沿线都有烽燧，其他军事戍防系统也都有烽燧。也就是说，中国历朝历代不论修不修长城，修多少长城，都使用烽火传递系统。只是大部非边疆地区，烽燧的密度要小得多。

《武经总要》记载唐代的烽燧制度为："凡寇贼入境，马步兵五十人以上，不满五百人，放烽一炬；得蕃界事宜，又有烟尘，知欲南入，放烽两炬；若余寇贼五百人以上，不满三千人，亦放两炬；番贼五百骑以上，不满千骑，审知南入，放烽三炬；若余寇贼三千骑以上，亦放烽三炬；若番贼千人以上不知头数，放烽四炬；若余贼一万人以上，亦放四炬。"

明朝及以后，这些负责张挂或燃放烽火信号的墩台，又称为烽火台或烽堠、墩堠、狼烟台、烟墩等。《戚少保年谱耆编》记载："有警依协路放炮、举旗，因旗以识路，用炮以分协；夜则加火于旗上，或两烽交至，亦设有不易之规，千里之遥，瞬息可达。"

烽燧或烽堠有戍卒驻守，轮班守望，燧卒四到三十人，设有燧长或堠长统领。烽传燃烟放火制度在前代基础上有所改进，除了点烽、燃烟之外，还规定了鸣炮制度。在点火放烟时还规定要加一定量的硫黄、硝石，这样可以起到助燃的作用。

燃烽时要在柴草中夹杂一些牲畜干粪，以便烟飘得更高更直。烽火台常年配备旗帜、鼓、弩、软梯、炮石、火药、狼粪、柴草等物品，

明长城空心敌台

343

长城：追问与共鸣

随时都可以用不同的方法将入侵之敌的数量及军情紧急程度传递出去。《大明会典》记载明成化二年（1466）规定："若见虏一二至百余人，举放一烽一炮。五百人二烽二炮。千人以上三烽三炮；五千人以上四烽四炮。万人以上，五烽五炮。"

再往后，长城各镇根据自己的情况，相继规定了各镇的烽火信息传递规定。《宣府镇志·兵政考》记载："凡瞭见达贼境外经过，发梆一次，近边发梆两次；拆墙放炮一个，烧柴一垛；入境放炮两个，烧柴二垛；声息紧急，则以渐加添，仍各照记号举旗，兼竖立草人。贼势寡少，本墩差人走报；贼势重大，邻墩差人走报。如声息稍缓，则依次差人走报。至晚，每更一人轮流探听。折墙有声，随即举火放炮。"

明代对长城沿线烽燧的管理十分严格。看守烽燧烟墩的士兵，务必坚守岗位，要广积秆草，昼夜轮流看望。遇有紧急敌情，昼则举烟，夜则举火，不得延误。传报及时正确而克敌者准奇功，擅离职守、贻误军情则处以军法。

戚继光在《练兵纪实》也中有关于烽燧守军的建议："自古守边不过远斥堠、谨烽火。蓟镇以险可恃，烽火不修久矣。缘军马战守应援素未练习分派，故视烽火为无用。今该议拟呈会督抚参酌裁订。凡无空心台之处，即以原墩充之，有空心台所相近百步之内者，俱以空心台充墩。大约相去一二里，梆鼓相闻为一墩。"

长城修好之后，不是在长城上等着挨打，除了烽燧预警之外，守军还有一套远哨觇敌、迅捷报警的预警机制。同时，还有近哨以防偷袭，如明长城上的夜不收，便是长城附近的暗哨。

《戚少保年谱耆编》记载，明代拣选"惯习虏情，能夷言而熟识夷人者"为尖哨，深入到长城外数百里的草原侦察敌情，获得真实情报者有重赏；而望风扑影、谎报军情者会受到严惩。这一侦查机制，通过长期摸索和实践不断完善起来,与烽燧系统共同组成预警体系。

有关明代墩军的生活,西北师范大学博物馆内保存的明代"深沟儿墩"碑记载很详细。

碑文:"深沟儿墩 墩军:丁杲妻王氏,丁海妻刘氏,李良妻陶氏,刘通妻董氏,马名妻石氏。火器:钩头炮一个,线枪一杆,火药火线全。器械:军每名弓一张,刀一把,箭三十枝,黄旗一面,梆铃各一副,软梯一架,柴堆五座,烟皂五座,石二十堆。家具:锅五口,缸五只,碗十个,箸十双,鸡犬狼粪全。万历十年二月立。"

这块碑记录了五对戍守墩台的夫妻,墩军及妻子姓名、火器、器械、家具等都有记录,但没有涉及孩子。或许这是一个新建的墩台,五对年轻的小夫妻,当时尚无子女。

清代后期依然在使用烽火传递系统,传递军事信息。《清史稿·边防志》记载:"寇至百人者,挂一席,鸣一炮;至三百人者,挂二席,鸣二炮;至五百人者,挂三席,鸣三炮;至千人者,挂五席,鸣五炮;至万人者,挂七席,连炮传递。"

五　长城驿传递运系统

驿传是通过驿路,传递邮书和物资而设置的军事交通系统。《说文解字》:"驿,置骑也。"驿站的早期形态是指"置"下的驿骑。传递公文信息主要用车马,故称为驿站,又称驿传、传驿,或称置、置传、邮驿等。

吴礽骧根据《敦煌悬泉遗址简牍整理简介》分析后发现,县置职守"大致有六项:一、传递官府文书;二、凭传文书,为过往官员、军提供饮食、住宿;三、凭传文书和置传文书,提供交通工具;四、管理辖区乡里的户籍；五、负责辖区的社会治安；六、垦田种殖"。

况腊生《中国古代驿站军事交通法律制度考论》中进一步总结认为：："置应该是秦汉时期规模最大的综合性交通机构，下设有驿骑、传车、传舍、食厨和厩。置的交通职能具体有：传递官府文书、凭传文书、为过往官员和军队提供饮食住宿、凭传文书和置传文书提供交通工具、负责辖区的社会治安、垦田种植等。"

长城防御区内设置驿传交通、邮书传递的设施，建立相应的制度，和长城防御工程建设同步设置。长城区域内的驿传交通系统由驿路城、递运所、驿站等组成。其任务是为递送公文的人员或往来官员提供临时居住、更换马匹的场所，保障军事物资运输和储备的安全。驿传交通系统的这些城、所、站驻地都修建有坚固的城墙，配备有常设的防御兵力。长城沿线的驿传交通系统是长城防御体系的组成部分，设置得十分完备。

殷商时中国就有了驿传制度，秦统一六国后，为加强对全国的控制，秦始皇下令修筑了以咸阳为中心通往全国各地的驰道。驰道路面很宽很平，因马匹在路上可以飞驰，故称为驰道。

大规模道路建设的同时，驿传也得到同步发展。从长城到都城各主要交通干线上都设有驿站，中央与县郡直至边塞的联系都得到加强。秦代著名的驰道有九条，其中通往陕北上郡的上郡道，通往宁夏、甘肃的西方道，通往九原的直道等，都和秦长城相通。这些道路建设使长城区域的驿传得到了较大的发展。

汉代各地都设有传舍，三十里置一驿，供歇宿、停留及传递公文信息之用。由于长城上的烽燧往往处于边境交通要道上，守燧的吏卒兼管沿线邮书的收受发送，具有内地亭邮的邮递驿传功能。

汉代长城上的驿传系统，除负责朝廷和官府文书的邮递之外，还负责部分私人信函和简单物品的邮递。邮书传递于亭燧之间，公

第十五章 长城与王朝的军事防御

私邮书均由沿驿路线上的亭燧吏负责传送。

邮书每到达一燧,就由值班燧卒负责接收,签名并登记收受日期。送至本燧的邮书,则上交燧长;其他燧的邮书,则由燧卒送到下一燧。邮书既有直接送达,也有依次递送。

汉代长城沿线的驿骑,设在烽、亭和隧等军事防御建筑之内,用以保障军事信息的递送和边塞官兵往来的后勤。遇紧急军情,快速传递军情和上级命令的文书叫"檄"。所有的驿站都要给檄的传递开绿灯。

从甘肃敦煌汉长城烽燧内出土的汉简可知,"檄"是一种形制特殊的木简,呈多面杆状。下端尖细,便于手的握拿或揣在腰间。上方有槽口,军情紧急时要在"檄"上插羽毛表示,这就是史书上常说的"羽檄"。

传送紧急诏令和军事文书的士兵,每到一个驿站,换马不换人,昼夜不停,日行数百里,以最快的速度将诏令和文书送达目的地。

邮驿在唐代得到了空前的发展,官办的驿站以京都长安为中心与四方相连,陆路每三十里左右设一驿站,另设有水驿。据不完全统计,唐朝设有驿站一千六百三十九处,从事邮驿服务的人员约五万人。唐代驿站直接归军事指挥机构管理,《唐六典》记载:"兵曹、司兵参军掌武官选举,兵甲器仗,门户管钥,烽候传驿之事。"

自隋之后,驿传隶属兵部。到宋朝,驿夫全由士卒担任,战事紧张时还会设置急递铺兵,专门负责传送加急的军事情报。军事信息的上传,上级指挥机关指示的下达对军事形势影响很大。

金朝效仿宋朝的建置,在主要的交通线建设了很多递铺。每个递铺都是一座小城堡,铺与铺之间的距离一般为十里左右,每铺由四名士卒管理。长城沿线的递铺和驿站也都归兵部统一领导,驿站除满足军事需要之外,还按照规定的标准为过往的官员提供食宿和

347

车马。

元代的驿传制度继续因袭前朝，因版图跨欧亚大陆，其驿传组织的规模更大。《元史·地理志六》记载，元朝做到了"人迹所至，皆置驿传，使驿往来，如行国中"。元朝在几乎所有居住之地都设置了驿站，各种文书往来于世界各地，非常通畅。

明代的驿传也十分发达，各州府县均设驿站，有水驿、马驿、急递铺、递运所之分。余子俊曾议过驿传的作用，他说："宣上德，达下情，防奸宄，诛暴乱，驭边疆等项机宜，不过旬日之间遍及天下，可以立待无或后期者，实于驿传是赖。"

驿站所需人夫、马骡、车船等，作为差役由当地州县向民户编派。独立于驿站的递运所，专门从事货物运输类的组织管理工作。递运所采取定点和接力的办法来运送物资，这样可以提高物资转运效率，降低物流成本。

明长城沿线的每条驿路上，都设有驿路城、递运所和驿站，供传递公文人员或往来的官员休息、换马、补给。驿城的规模与屯兵的堡城相似，城为四方形，开两门与驿路相通。驿城的主管叫驿丞。

驿站全都是设在驿路上，这样方便过往人员停留、休息。驿站下设铺、亭、台等。驿路上的城、所、站要根据驻兵的多少，修建坚固的防御工事，在城防附近还建有路台来保障驿路城、站间的联系。

长城各镇的驿路及驿站多少，视需要而定。如明长城辽东镇共设置了七条驿路，有东关驿、杏山驿、四塔铺城等。有一条驿路与京城直接相连，是当时的主要干道。还有一条通向朝鲜，当时朝鲜使者进入中国，经过的第一座驿站城便是此路上的九连城。根据专家的考察，辽东镇长城沿线每三十里左右设一驿站。

驿站使用的凭证叫邮符，向驿站要车、马、人夫运送公文和物品，首先都要出示邮符，经验证无误后驿站才会给予安排。行政机构使用的邮符称勘合，兵部等军事机构使用的邮符称火牌。

邮符的使用，有着极为严格的规定。对执行特定任务的邮骑，有时还需要派兵加以保护。若需要快速递传的公文，要加兵部有具体要求的火票。沿途各驿站，必须保证按火票的要求接递。

火票写的公文等级是"马上飞递"，传递速度是日行三百里。火票标明的是日四百里、日六百里或日八百里，驿站就要按照规定的速度完成邮递任务。

通报军情、政令的官方文书"塘报"，也要求日行三百里。清朝的驿传采用雇役制，清朝末年电报、电话等现代通信设施和交通工具传入后，驿传制度才被废止。

六 长城不战而屈人之兵

唐代诗人汪遵在《长城》一诗中对秦始皇长城的威慑作用，曾有过如下的描述：

> 秦筑长城比铁牢，蕃戎不敢过临洮。
> 虽然万里连云际，争及尧阶三尺高。

汪遵的诗绝大部分是怀古诗，这首诗讴歌长城防御方已经做好了防御的准备，使进攻方不敢轻易来犯。修建长城防御游牧势力，有一个不可忽略的作用，就是这种威慑作用。

威慑作用就是"不战而屈人之兵"。《孙子兵法》里讲："上兵伐谋，其次伐交，其次伐兵，其下攻城。攻城之法为不得已。"在冷兵器时期攻城是一种不到万不得已，不应该采取的作战方式。

长城：追问与共鸣

要想对敌方进行战略性的威慑，就要让对方认识并相信己方的能力和决心。修建长城就是让对方看到己方保卫长城以内地区安全的决心和意志，这是长城起到威慑作用的基础。

大规模地修建长城，并在长城沿线驻扎重兵，就是一种显示自身决心和力量的军事造势。

当然，仅靠长城存在本身这样的一个事实，来实现战略威慑还不够，还要靠驻守长城军队进行的军事活动，来显示长城守卫的军事力量，显示长城守军的战斗能力，使对方放弃进攻长城的企图。

戚继光驻守蓟城时，曾经搞过一次十余万将士参加的大规模军事演习。因为指挥中心设在遵化的汤泉，故史称"汤泉练兵"。戚继光把当时蒙古部族的一些首领，都请到汤泉来观摩这场演习。通过演习，明朝军队向蒙古部族首领展示了自己的武装实力，告知对方长城内已经做好了使用武力抵御侵扰的准备，让对方在自己强大的武力威慑下，不敢轻易地采取敌对行动。

除长城沿线部队的操练和演习"示形于敌"显示威力之外，还需要有一些军事打击来增强威慑作用。仅仅是摆在那儿的、给人看的一种显示，还不足以使对方心理上真正产生畏惧并因此屈服。

所以，己方要采取一些军事行动，使对方在进攻长城时遭受一定的军事打击。只有军事打击的威慑作用与长城墙体的雄伟、长城驻军的力量强大，共同形成一种相互呼应的态势，才能真正地起到较好的战略威慑作用。

"不战而屈人之兵"是以强大的军事实力、战争潜力为基础，以良好的备战状态为基础。要想做到"不战而屈人之兵"，就要做好战争准备工作。一旦打仗，保证能打赢。

在军事学上，防御是指军队凭借险峻地势和坚固的防御工事固守一块阵地，"一夫当关，万夫莫开"，以逸待劳。长城防御绝非如此简单,长城防御以逸待劳的威慑作用,是基于长城攻防双方一般的客观性而言,并不排除双方的实战。

历史上,游牧势力攻打长城,所实施的进攻作战方式变化多端。这决定了长城守军进行长城防御的战争形态,也要随之有多种多样的应对。

游牧军队有的时候是单线重点突破型的进攻,骑兵部队对长城的某个关隘或某个城堡发起集中优势兵力的进攻,以强大的攻势突破某一个地方,然后按既定的战略目标向纵深发展,到预定的目的地实施抢掠后快速返回。

有的时候会采取多方向进攻的战略,从两三个甚至更多的方向,同时对长城防线实施进攻。只要有一点实现了突破,便很容易实现多点突破。多处突破长城之后,长城防御方就很难在较短的时间内切断进攻方回撤的道路。

选取多方向进攻还是单方向进攻,取决于进攻方施行军事打击的目的和投入兵力的多寡。相对于进攻方来说,防御方则主要是利用长城的纵深防御体系,首先尽量避免进攻方的攻城方略得逞。

若进攻方已经攻入长城,长城防御部队还有一种作战方式,这就是在进攻方向纵深推进时予以围堵,在其撤退时予以追击。追击战的目的有两个:一是让来犯的敌人在撤退过程中遭到沉重的打击。通过尾随追击,或包抄迂回追击,或平行追击,在追击中歼灭来犯的敌人。二是减少己方资产和人口的损失。

多数情况下,游牧骑兵进入中原地区的目的是抢掠财物和人口,进攻之初轻装上阵,战斗力很强。实施抢掠行为之后,马匹上驮有很多抢到的物资,骑兵不仅要自保,还要保护抢掠到的物资,驱赶虏获的人口,战斗力往往受到较大的削弱。

长城防御部队利用有利的作战时机实施追击和堵截,容易布置得当并取得较好的作战结果。《天下郡国利病书》云"虏大入则诸兵又于水草沟上下合击之"。

进攻战、防御战和追击战等作战方式在长城沿线时有发生,多数时候在一次战役当中可能会交互出现。《戚少保年谱耆编》记载,戚继光在镇守蓟镇时明确命令部队,作战方式要依据实际情况而调整:

有敌人进攻长城,"正面可御山梁拥众之虏,两面可打折墙之贼。便是虏马得向台空折墙而入,两台上暗认酋首,数铳齐发"。敌方一旦突破城墙时,应以包括车、步、骑、辎各兵种在内的机动重兵集团"追截,决一大战,或可击逐,使伤使乱"。

经过一系列的战斗,敌方兵疲将惰退走之时,沿边各路步卒要扼守险要之处以阻敌之归路。并由将领亲自率领骑兵追击,"各拼一死,一齐砍杀,务获奇功"。

敌屯长城之外,要派精兵夜袭敌营,"必获功如愿而后返"。打胜仗的威慑作用,才是更实在的威慑。长城的防御是一种防御与进攻相结合的防御,具有坚守与机动相结合进行防御的特点。

长城修建者要实现的防御目的是阻止和打破敌方对长城的进攻,保存和积蓄自己的力量,消耗或消灭进攻的敌人。具体说来,长城防御分为两个方面:

第一,坚守长城的城墙、敌楼、关隘、城堡。驻守长城的军队依托长城墙体、关隘、关楼、敌楼、城堡等坚固的阵地进行守卫作战,阻止游牧骑兵的快速进攻。通过坚守阵地,防守方可以有效地消耗敌人,延长敌人进攻的时间。这种防御,一般在防止敌方的抢掠行为、破坏敌人抢掠的目的时实施。

第二,分层次、逐级实施机动防御。不论是明代保卫都城的岔道城、八达岭、上关、居庸关、南口等各大关口组成的逐级防御系统,还是宁夏头道边、二道边、三道边的设置，都是根据长城墙体固定这一特点进行的纵深设计，目的都是为了实现分层次的机动防御。

机动防御可以在运动中歼灭敌人，而且不怕敌方攻进长城的某一关隘。因为，敌人一旦攻取长城某一关隘进入长城之内，长城沿线其他关隘和城堡之内的士兵仍可以钳制敌人，掩护主力集结。

集结起来的各方部队，可以对进入长城之内的敌军实行围歼，在很短的时间内包围并分割攻进长城的敌军，然后实行有效的打击，甚至将其部分军队予以歼灭。

长城防御的威慑力，还体现在多兵种的协同作战方面。戚继光在奏给朝廷的《请兵破虏疏》中提出，防御鞑靼"须驻重兵以当其长驱，而又乘边墙以防其出没，方为完策"。他提议组建与戍守城墙军队配合作战的车兵、骑兵、步兵和辎重兵等不同兵种。

车兵和步兵为"御冲突之虏于原野之间"的正兵，"御冲以车，卫车以步，而车以步卒为用，步卒以车为强"。《戚少保年谱耆编》提到，骑兵的机动性更强，"随时麾指，无定形也"。

此外，长城在同一朝代的不同时期发挥的威慑作用也不一致。在一个王朝政权的衰微时期与一个政权的兴旺时期，长城的威慑作用是不一样的。任何政权，不管强大还是削弱，都会考虑战略防御问题。强大的政权还有对敌人发动战略进攻的选择，这个时期长城防御的威慑作用就大。

特别是在一个政权刚崛起的阶段和强大的阶段，构建起来的防御体系实际上是对敌方发动进攻的强大后盾。这样的防御体系起到的是一个前进基地的作用。而对敌人的进攻，这个防御体系又是确保有效防御的条件。通过进攻，可以有效缓解来自敌方的军事压力。这个时期修建的长城，是基于长城地区整体防御安排的考虑。

削弱的政权因为缺少实力，只能以防御为主。这个时期，长城防御的威慑作用，因其实力不足，也受到削弱。没有很好的备战状态和很好的战斗实力、持续的战斗潜力，威慑作用就是不堪一击的纸老虎，无法实现威慑敌方的目的。

明英宗仓促亲征，想以大军北上的威胁震慑蒙古也先部，结果在土木堡被擒，正是这种威慑力失效的例证。威慑作用是避免战争和战争升级的有效手段，但用得不好也可能适得其反。

总之，长城防御威慑作用的发挥，取决于防守军队能否利用具有纵深的防线，通过阻挡或诱敌深入，给进攻之敌以致命的打击。长城防御通过运动和坚守相结合的战略战术，达到防御的目的。

第十六章　长城与王朝的经济关系

在中国古代,"经济"一词是经世济民的意思。现在对于一般人来说,经济就是钱和挣钱的工作。我徒步考察长城之后,成为国家公务员,生活基本上有保障。我现在已经退休了,工作期间我最满意的是工作和事业的高度契合。

但是作为中国长城学会的秘书长,乃至常务副会长,解决钱的问题一直是大问题。长城的研究、保护、宣传和利用都需要经费。其实,历史上长城的修建和戍守也都是要花钱的。特别是军事形势紧张之时,军费的开支就更大。

长城与王朝的经济关系,不仅仅是简单的钱的问题。对于国家来说,经济是价值的创造、转化与实现。长城基本上修建在农耕区与游牧区交错地带,古代生活在长城内外的族群,分别以农耕和游牧两种经济类型从事生产生活。

《长春真人西游记》记载,元朝时邱处机前往草原,登上张家口西北的野狐岭长城时曾说:"登高南望,俯视太行诸山,晴岚可爱。北顾但寒烟衰草,中原之风,自此隔绝矣。"两种不同的自然环境,决定了两种经济类型。

古人对此有很清晰的认识,《辽史·营卫志》也阐述了这个现象:

长城：追问与共鸣

"长城以南，多雨多暑，其人耕稼以食，桑麻以衣，宫室以居，城郭以治。大漠之间，多寒多风，畜牧畋渔以食，皮毛以衣，转徙随时，车马为家。此天时地利所以限南北也。"

北方的农耕和游牧是两种完全不同的生产生活方式，可农牧区之间并无不可逾越的天然屏障。

高度机动的游牧骑兵，在相当长的历史时期里对农耕地区构成了巨大的威胁。以农立国的农耕王朝，在没有能力控制北部辽阔的荒漠与草原时，就必须随时应对游牧军队的南下劫掠。

不管是中国古代实行定居的农耕经济的王朝，还是由游牧转为定居生活的民族政权，获得了北方的统治权或是中原的统治权之后，只要还没有实现中原和草原地区的统一，都会把防御游牧势力的威胁放在战略的地位。

这种战略思考的前提是，农耕与游牧经济的利益相互依赖又有着明显的对立。虽然很多时候双方也强调将这种关系尽量调节到一定的和谐程度，但双方的对立性贯穿在中国古代历史发展的过程中。农耕和游牧政权之间存在经济和政治上的对立，军事上处于相互防范的状态。

古代经济的发展，很大程度上受自然条件的影响。农耕地区占据着得天独厚的肥沃土地，发展经济的条件相对较好。而游牧地区则生存条件要差得很多。

在游牧经济受到自然威胁、游牧民生存受到冲击时，游牧政权便会向更适合居住的地方迁移，南下成为他们的首选。长城和王朝的驻军为保护农耕经济，在多数时候阻止了他们的南下。

游牧政权在强大时期与农耕王朝交往中表现出来的强势，让王朝对其怀有极强的戒备。在这个时期，即便是王朝对游牧政权采取怀柔的政策，也多属于不得已而为之。

第十六章　长城与王朝的经济关系

王朝对游牧民族开放马市，整体的战略思想还是要对游牧地区的经济和整体发展进行控制。王朝政权无意于缩小游牧地区与中原地区之间经济发展的差距，因为游牧政权所控制的地区经济越发展，游牧政权就越强大，对王朝的威胁也就越大。

从长远来看，长城对民族融合、经济互补和经济发展起了很好的作用。同时，应该清楚地认识到，修建长城一方的指导思想是要保护自己的利益，并对长城外实行有效的控制。控制体现在战略层面上，一些时期就是限制对方的经济发展。

发生在长城区域的农耕和游牧的矛盾与冲突，不管表现形式如何多样，深层次的原因是利益的冲突。利益是人类产生以来始终影响着人类行为的重大问题，人与人之间、组织与组织之间，不同的政权之间、农耕经济与其他经济类型之间，主要的关系都是建立在利益关系的基础之上。

利益诉求是长城区域农耕政权和游牧政权长期以来发生矛盾和冲突的内在原因。当双方力量发生了变化，双方对利益的诉求也就随之发生变化，双方原有的联系和交往秩序必然被打破。

长城地区发生的战争，是农牧政权利益冲突的表现，利益是农牧冲突的深层原因。《孙子兵法·火攻篇》记载，孙子在讲到动用战争手段的原则时，首先提到的是"非利不动"，然后才是"非得不用"和"非危不战"。

孙子提醒国君和将帅要严肃慎重地对待战争，没有利益不要行动，没有取胜的把握不要用兵，不到危急关头不要开战。孙子的这一论述解析了战争背后的经济因素。

农耕民族的社会进化，产生了选择性的地理扩展的需要。阿诺德·汤因比在《历史研究》中阐述："扩展文明的疆域以及因同化相邻的蛮族人而使人力资源得到扩充，是文明这个社会物种自诞生以来便具有的生命活力的恒久特点之一。"

农耕政权获得了新的可以耕种的土地之后,不但要保护好这个地区不再被夺走,还要在这里从事农业生产。所以,必须有强大的军事力量,为从事农业生产的人群提供安全保障。

长城作为平衡长城内外不同主体利益关系的一种手段,是在新的农牧利益平衡建立起来之后发挥作用的。这种作用并非一成不变,而是随着一些条件的变化而变化。

利益是维持一个民族、一个政权生存和发展的基本内容,所以都会在力量所及的范围之内获取自己的利益,保证自己族群的生存和发展。生存和发展就是以占有和享用更多的利益为基础,不管这种利益是以经济利益的形式,还是以政治利益、文化利益的形式表现出来。

王朝在维持与游牧政权的朝贡关系时,以厚往薄来为原则,表面上看并不在乎经济利益,实际上是为了保护农耕政权获得更大的经济利益。对经济利益的不断追求,成为不同利益主体之间矛盾与冲突的原动力。

经济利益是各种利益的基础,经济利益对实现政治利益、文化利益具有决定性意义。离开了经济利益,政治利益和文化利益就很可能会变成一种空洞的、没有意义的表现形式。

只有在经济利益得到保障的前提下,政治利益和文化利益才具有价值,因为政治利益和文化利益是更长远的利益。在追求利益的道路上,每一种满足都具有很明确的阶段性。在经济利益得到满足后,不同的利益主体随着自己力量的强大,就会有更高的利益诉求。

利益关系的变化是长城内外双方关系变化的基础,也是长城区域不可能长期处于一种状态的原因。力量的均衡被打破之后,会影响到利益结构的平衡。利益结构的平衡被破坏之后,在建立新的平衡过程中，会有很强烈的矛盾或冲突以对抗的形式表现出来，这是在长城区域不断发生冲突的根本原因。

总之，长城的修建绝不是只顾眼前经济利益的行为。只盯着眼前的利益，只想获得眼前的好处，不会做修建长城这样的事。修建长城以追求长治久安为长远的打算、长远的规划。

总体上来说，决策者考虑的应该还是长远的利益。当然，无奈的应急之举除外。到了一个王朝已经朝不保夕的时候，也就只能是"头痛医头，脚痛医脚"。

一　长城地区的农耕与游牧经济形态

每片被耕耘了的土地，都是农民在大自然中完成的杰作。土地是农耕者的理想世界，秋天的收获是现实对理想的诠释。这一切的实现，有一个前提条件，就是别打仗。

一场战争，一次抢掠，可能就是一个噩梦。战争可以杀掉一个人，可以毁灭一个家庭，摧毁一个村庄，甚至可以将一座繁荣的城市变成焦土。

长城在化解游牧民族和农耕民族的冲突与矛盾当中所发挥的作用很重要，是构建双方良性互动的条件。有了长城的存在，也就多了稳定和寻求和平解决利益冲突的基础。

长城区域不同民族存在差异与冲突，这种差异主要是源于农耕与游牧两种经济类型的形态差异，冲突则是农牧经济形态差异背景下所形成的。

长期以来有一种认识，认为长城外面的游牧经济是落后的经济，游牧民族是一种落后的民族。这种认识是错误的，其认识基础是由于游牧经济的落后性，决定了游牧民族处在一个滞后的发展阶段。所以，认为文明的不开化是游牧民族的主要特征，这一观点片面强调经济相对单一和相对落后带来的问题。

游牧地区经济类型单一是其特点，所谓的落后实际上是发展不平衡的差异。农耕和游牧两个地区的经济发展，不能用一个标准去衡量。就如同今天不能用一个标准来衡量农业和工业对区域经济的贡献是否先进或落后一样。

自然条件及其他各种环境所造成的经济规模的差距，更不能用落后或进步做简单的评判。农牧不同的两种经济类型，不能简单地说谁比谁先进或谁比谁落后。涉及由于农耕或游牧经济影响所产生的文化形态及生活方式，更不能简单地用落后或进步加以区分。

不同的游牧民族在不同的历史阶段，或同一历史阶段的不同地域，其发展水平也不平衡，就像农业地区同样存在的不平衡一样。游牧经济在有的时间段，在有的地方，随着自然条件或是社会稳定情况的变化会出现很大的波动，甚至可能出现经济倒退的情况。有的历史时期，游牧地区也取得过不错的经济成果。

游牧经济和农耕经济的总量差距越来越大的一个原因，就是游牧经济的财富总量缺乏积累。游动性是财富难以积累的客观原因，财富总量不能积累甚至影响到文明的传承。

汤因比在《历史研究》中把游牧社会归类为"停滞的文明"，就是基于这一点。蒙古帝国虽然驰骋欧亚大陆，却没有在世界各地留下多少物质遗产就是证明。今天在蒙古草原只看到很少的元代留下的古城遗址，而蒙古帝国时期留下的物质遗产更少，也说明了这个问题。

不同的经济类型的经济体之间，有着不同利益诉求的族群之间，只要发生关系，就会有利益的矛盾和冲突。矛盾和冲突是不是能够

第十六章 长城与王朝的经济关系

得到有效的化解,是不是要以战争的形式解决,结果可能完全不一样。

所以,长城区域农耕政权所采取的一切措施是否有效,主要看农耕与游牧经济体不同利益诉求中产生的矛盾和冲突是否得到了很好的调解。

农牧政权的冲突,主要表现为对生产、生活资源的控制。应该看到,农牧政权及农牧经济的冲突,实际上具有双重功能。

一方面,不同经济类型和不同政权体系下的冲突,使长城内外具有更大的分离性,使得双方的互相防御甚至发展到互相敌对的程度,使得长城内外的凝聚力越来越小。也就是说,长城内外组织形式上的直接联系表现得越来越小。

另一方面,游牧经济与农耕经济的冲突又具有一种整合的功能。正是相互之间经济上的差异和政权对各自族群凝聚之后产生的分离力量,使得大家更清楚地意识到彼此谁也离不开谁,认识到彼此联系的重要性。

随着双方对联系重要性的体会加深,他们往往会有意识地整合社会资源。这种联系在一些时候是以军事进攻和防御、征讨和反征讨等形式表现出来的。

蒙古草原上的游牧族群,除了畜牧之外,还有一个收入来源,这就是贸易。蒙古草原上的游牧民族自古以来就位于中国通往西亚和西伯利亚的北方草原丝绸之路上。早在青铜时代,南西伯利亚就通过今天的内蒙古草原地区与中国中原地区发生商业和文化联系。

游牧政权通过贸易、贡赋征收以及战略性和生计性的掠夺,来获取利益发展自己。抢掠来的各种物资除了用于自身的生产生活之外,还可以用于草原地区游牧民族内部贸易交换。牧民之间贸易需求的巨大,更加刺激了游牧政权向南抢掠行为的发生。

游牧政权为了利益需要,不断南下掠取物资和劳动力,而农耕

361

政权也不愿放弃已经取得的各种利益，需要想方设法保障自身利益。正是在各自保护利益的基础上，长城不断修建于两种利益的冲突地带。

在漫长的古代史进程中，长城主要防御对象是北方的游牧势力，以保障农耕经济的正常运转，在这方面的有效性是长城军事防御价值的体现。

明朝"隆庆和议"之后在长城地区出现的长时间和平局面，就说明了这样的问题。有了长城的存在，双方冲突的概率降低，双方在利益表达、利益平衡方面更容易通过协商谈判的方式来实现，更容易找到对双方都有好处的途径。

在双方利益都得到保证的框架下，寻求一种制度化的妥协是可以有成效的。可以通过达到双赢的目的，实现在长城内外不同利益主体互利共存的良好秩序。

在有效降低长城内外冲突概率的前提下，由于长城北面往往不止一个民族政权存在，王朝有时也会采用利益手段驱动、分化甚至瓦解北方各政权之间的关系，或离间同一民族中不同部落之间的关系。通过分化、瓦解弱化游牧政权的总体力量，来实现王朝的利益最大化。这种做法也是一种平衡的选择，一种退而求其次的选择。

王朝在与游牧政权进行利益关系的调整时，较多地表现为靠强大的力量来控制利益平衡以期缓和冲突。一般来说，王朝愿意维护长城地区的稳定，和平可以维护农耕经济的稳定与增长，免受战争带来的人员伤亡和财力消耗。

能否实现和平，不仅取决于王朝政权是否有和平的愿望，还要取决于王朝处理与游牧民族和平与战争的控制力。是否有较强的控制力，主要表现在三个方面：

第一，利用国家力量，对长城地区的各种经济资源实行有效控制。

第十六章 长城与王朝的经济关系

由于游牧经济在物资上对农耕经济的依赖性,这种控制常常成为王朝控制利益平衡的有效手段。这样做的结果,一定是双方都会有损失。所谓的是否成功,主要是看谁的损失更小。

第二,利用在边郡建立起来的行政管理体系,限制长城以外地区非农耕经济类型的发展,这也是王朝经常采取的措施。经济的发展往往会使一个民族政权变得更为强大,长城外面有一个强大的民族,无疑会对长城里面构成更大的威胁,这是王朝政权所不愿意见到的状况。

第三,通过文化的影响,使游牧民族产生向农耕地区靠拢的发展诉求,形成以中原为核心的内聚力。王朝通过文化活力的影响来保持和促进靠近长城的游牧民族对农耕王朝的文化认同,以增加边疆地区的安全。这也就是我们今天常说的软实力。

长城地区长期以来形成了不同的生产方式和生活方式,既有别于草原纵深的游牧民族,又有别于中原地区的农耕民族。长城地区的经济类型,也有别于草原和农耕两种经济形态。长城地区的经济因素与王朝采取什么样的策略或长城外边的游牧民族采取什么样的策略有着密切的关系。反之,这一切经济因素也会对双方政策产生重大的影响。

经济上的对抗和政治上的对抗,虽然是不同的两种表现形式,只要对抗达到一定程度,都会成为战争的诱因。战争或濒临战争,是长城地区在很多时候需要面临的社会状态。

在长城地区处于紧张的政治形态时,王朝采取的一些不太合理的政策措施,常会成为激化矛盾、引起战争的因素。王朝按照自己的政治、经济利益来规范长城地区的秩序。这种规范有的时候是对长城地区游牧经济社会和农耕经济社会军事对峙关系的破坏。

王朝用强大的军事力量来压制游牧民族的生存空间,使他们在

长城：追问与共鸣

长城地区难以获得安全的生存环境，也是激起他们的反抗，甚至导致战争的原因。王朝依据自己的利益，选择支持或限制游牧民族的发展。为了实现强制性管理，王朝政权若一味地依靠经济上的限制手段，致使游牧民族的生存受到了极大的威胁，同时也激化了双方的矛盾。

要保证长城区域的稳定，处理好中原与边疆地区之间的经济互动极为重要。在商业不甚发达、对商业不甚重视的中国古代，长城区域的经济互动往往与政治作为密切联系。

通过长城防御系统来缓解农耕与游牧的冲突，通过长城地区的马市贸易等经济往来缓冲双方经济利益的冲突。在交往的过程中，彼此之间的一些敌对情绪可以得到有效化解。

建立起来这种缓解冲突的长城体系，也在贸易等交流活动中培育了双方的感情联系。在双方比较频繁的经济往来和文化交流过程中，王朝在长城沿线所表现出来的经济和文化的力量，使很多游牧政权产生了强烈的归属渴望。这种对王朝的在文化或经济或行政上的认同，无疑大大缓解了双方的矛盾和冲突。

长城各关隘、各驻守官员与游牧政权保持着一定程度的联系，使得对长城区域各种资源进行管理和协商更有效率，保证了双方利益，也保证了双方决策者之间的良性互动。

长城作为调整农牧生产和生活秩序的手段，保护和推动了农耕和游牧两种经济的发展。长城抵御游牧势力侵扰的作用，与促进北部边疆地区经济发展的作用相辅相成。农耕经济是中国传统文化产生和发展的基础，贯穿于这一文化发展的始终。

农耕文明在北部边疆产生的影响，大多与以长城为核心的边防建设密切联系在一起。长城是农耕文明在边疆地区赖以存在和发展的基础，也是进行边防建设的根基。

第十六章　长城与王朝的经济关系

长城所经之处，为构筑和护卫长城所采取的一系列措施，极大地刺激了边地经济的发展。数以百万的屯垦军民带着中原的先进生产工具、技术和经营方式，在边疆初步建立起新的农业经济区。秦汉是经营北部长城地区最好的时候，军屯和民屯的移民规模很大，有时一次就有数以十万计的民众大迁徙。饱经战乱之苦的长城地区，也曾多次出现牛马布野的繁荣景象。

长城沿线出土的大量秦汉文物表明，甘肃河西地区、内蒙古鄂尔多斯以及辽东等地已使用铁犁、货币、衡器、量器。享受着和平生活的边地汉、匈两族，其生产、生活水平与内地并没有多大的差异。

王朝政权屯田实边、设置郡县，基本上是以长城为轴心或以之为后盾，向外扩展并形成较大的辐射面。不但田肥水美、种植五谷产量颇丰的地方被开垦为粮仓，而且暖迟霜早、不产良谷的山区及土地瘠薄的丘陵、沟坡地带，甚至曾被视为不毛之地的地方也得到最大程度的开发。

中原先进的生产技术和生产方式，对草原地区的游牧经济产生了深远影响，这一点有漠北匈奴墓中出土的中原铁制农具可以证明。《后汉书·南匈奴列传》记载，匈奴"乐关市，嗜汉财物"，往往"驱牛马万余头来与汉贾客交易"。

中原的生活生产必需品，输入到草原地区，推动了匈奴畜牧经济发展。互市使草原地区受益，中原地区也得到很大的帮助。《盐铁论·西域》记载：汉初牲畜奇缺，武帝时期的长城以南，已经是"滨塞之郡"，"马牛放纵，畜积布野"。充足的畜力投入到农耕生产和交通运输，提高了中原地区的社会生产力。

道路交通的发展，为长城区域经济的发展提供了强有力的支撑。合理布局的交通网络，在有效地服务经济发展的同时，更直接地为长城防御体系的军事相关事务提供服务。

道路是长城防御体系的组成部分，更宽阔、更平坦、更畅通的交通道路，是调配粮草、运送装备的生命线。交通道路若不能保证畅通，会成为阻碍长城防御体系发挥应有作用的瓶颈。

所以，历朝在修建长城时，都极重视道路的建设，沿着长城形成了干支结合、四通八达的交通网络。长城地区交通主干道路的功能是连接北边重镇和中原，为长城修建和戍守提供保障。

游牧经济区的生产特点是草原养殖，能够提供较多种类的畜牧和土特产品，以此与农耕地区进行商品交换活动。

牧民们十分需要通过交换活动，获得农耕地区生产的金属、布匹等手工业品和粮食、茶叶等生活必需品。农业经济区也需要来自游牧经济区的牲畜，用于农耕、运输和补充战争资源。此外，农耕区民间大量需要的皮毛等畜产品，也要通过马市进行交换来取得。这种双向需求促进了农耕和游牧两种经济的共同发展。

历史上，长城确实发挥了促进北疆经济发展的生命线作用，强化了农牧经济之间相互需要、相互促进的关系。但长城沿线经济的热闹和繁华，常常表现出一种不稳定性。

战火一起，这一商业贸易区瞬间便会繁华远去，热闹气氛消逝得无影无踪。长城的作用是尽可能采取和平的方式，尽可能减少战争，使双方在正常的经济交流中推动边地的发展。这样做的结果，可以使繁荣发展期保存的时间更长。

二　长城修建与戍守都靠赋税支撑

修建长城要动用巨大的人力、物力，这些物资和费用主要是由赋税来支撑。好在修建一处长城，仅是一次性的投入。但是长城防

第十六章 长城与王朝的经济关系

御的运转,却是一个复杂的系统,维持其运行需要庞大的经费支持。戍守长城防线,人吃马喂,需要持续性的投入。

这一切都要花钱,如果保家卫国的士兵靠着军饷无法养活家小,谁还会愿意当兵?明代就真的出现过这种情况,甚至在军饷全无,生路断绝的时候,典妻卖子都不是极个别现象。《崇祯长编》记载:崇祯二年(1629)三月"初八日,复集西门五里外,伐木立寨,择南兵一人为长,服蟒竖旗,大书'赤心报国、饥军设粮'八字"。

不同时期用于长城的边费开支也不一样,但都不同程度地对中原的经济产生较大影响。中原农耕政权建立的初期,新王朝刚刚经历过战乱,农业生产遭受了较大的破坏,国家急需发展经济,所以赋税一般征得较少。长城的修建相对也较少,这一点在汉代表现得最为明显。

修筑长城是一项超大型的国家工程,要动用数以百万计的军队和劳役。工程巨大就需要大量的经费保障,庞大的施工队伍就需要有巨额的粮食储备。所以,大规模修建长城的时期,朝廷不得不增税赋、征粮草,以确保长城修建工程的进行。

粮食的保障极为重要,秦始皇在下令修长城的同时,决定在全国范围内建立粮仓并广征粮食。《汉书·主父偃传上》记载,秦始皇"使蒙恬将兵而攻胡,却地千里,以河为境。地固泽卤,不生五谷,然后发天下丁男以守北河。……又使天下飞刍挽粟,起于黄、腄、琅邪负海之郡,转输北河,率三十钟而致一石"。

受修长城及其他大型国家工程的影响,秦朝赋税很沉重,农民要上交全年收获物的三分之二。赋税繁重,民不堪命,是导致秦朝短命而亡的一个原因。

汉武帝北征匈奴前,虽然通过几十年的休养生息,通过合理的赋税形成了较强大的国家并积累了较大的社会财富,但为了北逐匈奴和修建长城，同样出现了财政匮乏的问题。

朝廷不得不通过冶铁、煮盐、铸钱收归官营，通过实行均输平准、算缗、告缗等方式来增加赋税，用以满足激增的经费需要。汉武帝最终也意识到穷兵黩武给国家带来的严重后果，颁布"轮台罪己诏"来检讨自己前半生的决策。

明朝也有很多史料记载了为修建和守卫长城而出现的经费问题及解决方案。当经费需求超出国库积存和国家支付能力之后，朝廷常常通过加田赋、课盐税、以钱赎罪、卖官鬻爵等增加社会负担的方式方法来解决眼前的问题。

中国古代，农业税赋是国家的主要财政来源，加田赋也就成为统治者经常使用的办法。明朝在国库无力支付修建长城和守卫长城的巨额经费时，往往通过加田赋来解决。从宣德九年（1514）到崇祯二年的百余年中，明朝先后九次增加田赋，最后每亩田赋达到十二厘。繁重的田赋达到民力不堪重负的程度，将社会经济推到崩溃的边缘。

盐税以盐为征税对象，是很古老的税种。朝廷按照不同盐产区资源条件的不同，确定不同的税额，从量征收。食盐专卖，统治者将盐的售卖权严格控制在自己手中，垄断的做法使得盐业平时课税本来就比较重，国家有额外的大项支出，还要增加盐税。

明朝建立起稳定的政权后，立即规定盐为国家专卖。盐业的专卖收入是仅次于田赋的国家经济来源。明代，盐税一直是长城九边军事经费的来源之一。

据《明史·食货志四》记载，洪武三年（1370）为筹备山西、大同的边饷，朝廷批准"令商人于大同仓入米一石，太原仓入米一石三斗，给淮盐一小引"的奏请。《明武宗实录》记载，正德十四年（1519）规定，"正德十五年两淮盐课三十万引，两浙盐课二十一万四千四百余引于大同,以给军饷。"《崇祯实录》记载,崇祯六年(1633),"留两淮盐课十万两充饷客兵"。

以钱赎罪是指根据犯罪轻重,罪犯可以选择以交钱赎罪来代替刑罚。《明史·刑法志一》记载:"景泰元年令问拟笞杖罪囚,有力者纳钞。笞十,二百贯,每十以二百贯递加","至杖百为三千贯"。有经济条件的罪犯,宁愿以钱赎罪以逃避酷刑。此外,不愿意当兵或出徭役的,也可以交钱替代。

明朝中后期盛行通过官职买卖来筹措经费,解决当时的财政问题。官职的买卖以官衔的大小明码标价,不同的官爵卖出不同的银两。实际上这种做法在汉代便已经开始实行。

正德三年(1508),修筑长城边关墩堡共需要五十万两银子,朝廷解决不了这一经费来源,于是开武职,据记载,提督宣大等处兵部左侍郎兼左都御史文贵"四月初九日奏令在京及北直隶、山东、山西、河南、陕西、辽东、宣府、大同、延绥,有愿纳银授军职的听实授百户一百五十两,副千户二百两,正千户二百五十两,指挥佥事四百两,指挥同知四百五十两,指挥使五百两,都指挥佥事六百两"。

嘉靖年间,翁万达修大同一带的长城,在三年内花费银两百万余。这还不包括贪官向百姓摊派过程中层层加码、中饱私囊的部分。历史文献中有很多的相关记录,一些贪官也受到了惩处。

按当时粮食价格,两石米换一两银,一亩好田年收成约为一石米。修长城所用百万银两,需要两百万石大米,属四百万亩良田的收成。按明朝千万户家庭计算,翁万达修大同长城,全国农户平均每户出半亩田的收成。明朝二百七十余年中几乎都在修长城和戍守长城,耗费白银的数量虽然没有严格的数据统计,但其总量很大。

随着在长城地区实现的南北和平、经济发展,一些经济制度由

长城：追问与共鸣

此推行开来。明朝"隆庆和议"之后，在长城沿线开展贸易和物资交换活动，促进了双方的经济发展。长城沿线的和平状态，充分调动了农民的生产积极性，为张居正推行"一条鞭法"创造了条件。

"一条鞭法"是张居正为解决赋役沉重问题，改革赋役制度采取的政策。即将原来的田赋、徭役、杂税"并为一条"，折成银两分摊在田亩上，按人丁和田亩的多寡承担，这样大幅度增加了赋税中的货币比重，相对减轻了农民负担。

随着"一条鞭法"的实施，农民的人身束缚减轻，自主安排生产生活的空间增大，主观能动性的发挥更加充分，为经济的迅速发展创造了条件。明长城在万历年间有了很大的发展，得益于"一条鞭法"施行之后的经济支持。

任何事物对社会的影响都有正反两面，长城也不可能例外。作为世界伟大工程之一的长城之所以伟大，一个重要的原因是其工程浩大。浩大的工程需要耗费巨大的人力和财力才能完成，才能保证其正常有效的运营。不充分考虑国家的财政状态，大兴土木，会对经济发展造成破坏性影响，甚至激化社会矛盾，造成不利的后果。

谈论长城对经济社会造成的负面影响，总是绕不过秦始皇修长城。汉初，批评秦朝成为一种风尚，这方面的声音自然就比别的朝代要强得多。相对来说，其真实性也打了较大的折扣。

秦始皇派蒙恬攻逐匈奴、筑城守边的举措在汉代初年备受抨击。这些观点主要是说北逐匈奴、修筑长城所耗费的人力、物力之大，已经远远超出了国家财力所能承受的范围，对经济社会造成了很大的破坏，导致秦朝统治走向土崩瓦解。

在这些抨击秦朝修长城举措的文章中，有代表性的是贾谊的《过秦论》。即便是贾谊，也还是承认秦始皇长城确有作用的。他在文中说："使蒙恬北筑长城而守藩篱，却匈奴七百余里，胡人不敢南下而牧马，士不敢弯弓而报怨。……天下已定,始皇之心,自以为关中之固,金城千里,子孙帝王万世之业也。……一夫作难而七庙堕,身死人手,为天下之笑者,何也?仁义不施而攻守之势异也。"

这种对秦始皇修长城进行的批判,一直持续到汉武帝时期。《汉书·主父偃传上》记载,主父偃上书谈论政事时也说:"蒙恬将兵攻胡,辟地千里,以河为境。地固泽卤,不生五谷。然后发天下丁男以守北河。暴兵露师十有余年,死者不可胜数,终不能逾河而北。……男子疾耕不足于粮饷,女子纺绩不足于帷幕。百姓靡敝,孤寡老弱不能相养,道死者相望,盖天下始叛秦也。"这些言论也有很大的积极意义,对汉代吸取秦亡的教训,起到了较大的作用。

《秦代军事史》认为,秦朝投入修长城、守长城的部队,最多时达到了五十万人。而当时秦朝总人口只有一千万左右。直接用于长城修筑的人员已经很多,再加上为修长城做后勤的人力物力,如此巨大的投入确实给秦朝增加了巨大的负担。

为修长城秦朝耗费了大量人力物力,秦长城还没有发挥多大的作用,秦朝便灭亡了。秦的覆灭,究其原因,是在统一六国之后没有解决好涉及百姓切身利益的问题,没有妥善化解与六国贵族和民众的矛盾。在这一点上,隋朝也存在同样的问题。

事实证明,只是一味采用高压政策和酷刑无法维护社会的长期稳定。强力维稳行动下的稳定,虽然比动荡强,却也是不牢靠的稳定。

秦为修长城及直道、骊山皇陵等大型工程所征调的人力,远远超出了当时社会所能承受的极限。这种超负荷的运转,不仅对经济造成了严重的破坏,也严重破坏了社会的稳定。

秦二世而亡的教训,提醒着西汉统治者宽纾民力,在建国初期实行休养生息政策。这一时期对秦修长城的评价,更多地集中在批评其未考虑实际情况建设大型工程的弊端。今天,不能延续汉代的思维方式否认秦朝功绩,也不能因为长城的伟大,而忽略当时超出国力修筑长城,给社会带来的破坏性影响。

由于长城的作用主要是防御,随着匈奴的强大和对农耕区域汉朝的要求激增,采用战争来解决双方的利益冲突成为汉武帝时的选择。长城区域的战争爆发,由此带来的经济问题也随之显现出来。

汉武帝时对匈奴的战争,虽然取得了一些胜利,但也耗损了国力,"文景之治"以来国家积累的财富消耗殆尽。为解决财政入不敷出的问题,以武帝为代表的统治者增加百姓赋税,将盐铁专营权收归国有,加重了百姓的负担,也影响了社会的发展和稳定。

明朝的九边军费有四个方面的来源,分别为屯田、民运、开中和京运。早期以屯田收入为主,中后期逐渐以中央财政支付的京运银为主。

明朝修长城和打仗的经费支出,也主要是通过向百姓摊派银两获取。明朝后期,随着辽东战事越来越激烈,各项摊派更是层出不穷。每次朝廷征派银两,少则数十万两,多则数百万两。

万历中期以后,整个世界进入寒冷加剧的时期,粮食产量骤然减少。北方的酷寒使等降水量线普遍南移,明朝全国各地连年遭灾。而朝廷在这种情况下,不仅没有通过赈济灾民,解决民生问题,反而继续大量征派银两,大量抽丁充军。这种恶性循环致使大批农民破产逃亡,甚至走上与官府为敌的造反之路。

长城的修筑和在长城区域进行战争的经验教训证明,军事行动和经济是相互影响、相互制约的关系,两者互为因果。没有强有力的军事保障,经济发展会受到严重的影响。在经济状况不允许的情况下,强行进行大型军事防御工程的建设,大规模地采取军事行动,也会对经济发展造成严重破坏,严重影响社会稳定。

明代晚期,长城防御和经济的关系就陷入了这样一个无法走出的怪圈。不只是明朝,清朝虽然没修建长城,到清末,依然是深陷此怪圈不能自拔。

清代经济衰退,民不聊生,造成民怨四起,揭竿而起。镇压农民起义军,王朝国库更加收不抵支。加之随后的西方列强侵华,晚清财政陷入很大的困境,并导致国家主权的逐步丧失。主权的沦丧,又使朝廷财源更加枯竭。

三 长城内外经济互补性是贸易的基础

长城内外农耕和游牧两个经济体之间,存在对生活生产资料需求的互补性。有了这种供求关系就会产生贸易,这是长城内外自然资源和人口的空间分布不均衡的结果。农牧双方的互补性,构成了双方经济关系上有较强的相互依赖。这就是我们常说的长城内外谁也离不开谁的原因。

对于王朝的统治者来说,长城的存在首先在制止战争,维护王朝统一稳定及边疆地区安全。长城这一作用的有效发挥,增加了互市贸易,在经济发展方面所起的作用也很大。

《说文解字》对"市"的解释是"买卖之所也",接着又说"市有垣"。"市"是用城墙围起来的做买卖的地方。长城各关口以茶马互市为主要贸易形式的经济交流,成为长城地区农牧经济的互补,对农牧地区正常的社会生活都有影响。

统一稳定的政治局面,客观上为经济的发展提供了必要的保障,这是长城促进经济发展的首要方面。当然,这也是中国古代王朝为什么要不断修建和使用长城的一个原因。

构建与长城配套的边郡体制,促进了边地的开发,加速了边地经济的发展。秦朝修建长城之后,不是单纯依靠重兵驻防,而是对长城地区的边郡建设相应地予以较多的关注。

《史记·秦始皇本纪》记载,秦始皇三十三年(前214),在蒙恬夺取河南地后,除继续沿用北边原有的十二郡建置外,"西北斥逐匈奴,自榆中并河以东,属之阴山,以为三十四县,城河上为塞"。也有文献记载,这次所设为四十四县。不管多少,新设置的边郡"初县",对长城地区的经济发展起到了很大的推动作用。

西汉初年,虽然无力对匈奴发动大规模军事行动,但利用修复和加固秦长城,阻止了匈奴小股力量的抢掠,使北方农户可以在相对安全的条件下耕田种地。这为西汉恢复国家经济争取了时间,也为西汉积蓄力量创造了条件。

西汉王朝在具备战胜匈奴的国力和军事力量后,连续发动三次大的战役,将匈奴逐出漠南。随后将长城防御体系向西伸展到盐泽(今新疆罗布泊),向北则把"塞外列城"修到居延海。

汉朝时,居延海地区水量充足。湖畔的土地肥沃,水草丰美。汉代的屯田,使此地区成为中国最早的农垦区之一。居延海是控制巴丹吉林沙漠和大戈壁通往漠北的通道,自古为兵家必争必守之地,占据了这里就可以保障河套地区的安全。

通过修筑长城防御体系和驻军,汉朝控制了祁连山和焉支山,打通了河西走廊。此后,通过长城防御体系,将河西走廊的大片良田和河套地区联系起来,为张骞出使西域后开辟的丝绸之路提供了安全保障,为后期发展与西域的贸易交流创造了条件。

有长城保护边地之后,长城地区的通商条件大为改善,商贸经济得到较大的发展。除保护丝绸之路外,利用长城沿线关隘、城堡实现的自发贸易或政府有组织的市场贸易,有效地调节了农牧双方的物资需求,交换了生产生活经验,促进了双方经济的发展。

第十六章　长城与王朝的经济关系

汉武帝北逐匈奴之后修建的长城，阻止匈奴残余势力的抢掠。此后，汉匈双方进入一个相对和平的时期。在长城沿线马市特别是民市，农牧双方进行物资交换与交流，自发地进行商品贸易。据《汉书·匈奴传下》记载，六七十年间，北部"边城晏闭，牛马布野"。

茶马互市是在长城关口所开设的，长城内与长城外进行贸易交流的市场。因以农耕地区的茶叶、布帛、铁器等生产、生活必需品，交换或以现金收买游牧地区的马匹为主，所以叫茶马互市。主要指王朝开设于古代中国东北、北部和西北部长城沿线，比较集中的大规模集市性贸易活动。

早在汉朝，长城边关就已经开设了关市，当时的贸易项目有牛马和布匹等。西汉通过和亲与匈奴建立相对稳定的关系后，开通了关市，以丝绸、金属制品、粮食、酒和茶等，交换匈奴族的马、牛、名贵毛皮及畜产品等。这一时期的关市，又称"绢马互市""榷场""马市"等。

唐、宋、元等朝代的马市贸易都很发达。唐朝与回鹘族绢马互市，是以进贡和回赐为主要方式。绢马互市密切了唐与回鹘的关系。茶马互市与饮食文化的演进有关，草原地区离不开茶，茶除了消化大量的肉食之外，还有补充微量元素的作用。

中国是世界上种茶、饮茶最早的国家。从唐代起，饮茶风俗从内地逐渐传入草原畜牧业地区。但在当时，茶叶只是少数民族贵族阶层才能享用的奢侈品，普通牧民还无缘享受，饮茶之风还没有普遍形成。后来随着时代的发展和牧民消化大量肉食的需要，饮茶之风逐渐在长城以外形成。茶叶成为长城外游牧民"日暮不可缺"的日常生活必需品。

朝廷经常派"茶马御史"到各地巡视，以实现国家对茶马贸易的控制。随着长城内外农耕与游牧贸易的发展，关市开放的范围越

375

来越广，规模和次数也更大更多。在贸易交流过程中，长城内外民间的贸易行为更为活跃。

明朝，所设的马市最多。辽东马市和宣大马市的规模都很大。马市虽然有时开有时停，有时大有时小，但作为农牧经济的双向贸易交流渠道，总体上处于运转状态。

明代马市的发展以"隆庆和议"为界，分为前后两个时期。前一时期以明蒙之间官办的"朝贡优赏贸易"为主；后一时期马市性质发生变化，发展成为互市贸易，官市过渡到民市，在更大规模的贸易市场上，民间自相往来、互通有无占据了主导地位。

隆庆五年（1571）以后，长城沿线除辽东原有马市外，九边各镇又开设十一处马市。其中大同有三处，即得胜口、新平、守口；宣府一处，即张家口；山西一处，即水泉营；延绥一处，即红山寺堡；宁夏三处，即清水营、中卫、平虏卫；甘肃二处，即洪水扁都口、高沟寨。这些都是每年只开一次的官市，在当时称为"大市"，属定期定额的贸易往来。

按月开放的"民市"，贸易交流的物资更多样，属于官府监督之下的民间贸易行为，当时称为"小市"。

明朝对各地方马市的开放时间和规模，都有明确具体的规定。成化十四年（1478）规定，辽东镇长城的开原马市，每月开放一次，由初一到初五。广宁马市每月开放两次，分别为初一到初五、十六到二十。

万历时民市开放的次数越来越多，在一些地方甚至出现了不闭市的状况。交易品种越来越多，交易量也越来越大。长城外的游牧民到关市来进行贸易，要带着马匹等贸易货物到指定的地方进行官验，获得批准后才能进入市场。

牧民到长城关隘进行马的交易，首先要由市场管理机构认定马的等级，马的价钱根据马的等级而确定。这样做的目的，主要还是保护牧民的利益。只有价格更合理，贸易才能做到可持续。

永乐元年（1403）将马分为上上马、上马、中马、下马、驹五种。上上马一匹可以换绢八匹、布十二匹。到永乐十五年（1417）重新规定了马的价钱，上上马可以换米五石、布绢各五匹。官市之外的民市，原则上由贸易双方自由议价。

长城里边的人可以用农具、服饰、粮谷、铁锅等交换牧民的马、牛、羊、毛皮、人参等。市场管理机构要征收"马市抽分"，作为管理和抚赏的费用。官市除按马的等级付给物品外，还要按前来进行贸易的游牧政权首领职位的高低，另给多少不等的抚赏。

宣府、大同马市是长城区域较大的马市。朝廷为笼络日益强盛的瓦剌，正统三年（1438）以后在大同增设马市，对前来进行官市贸易的蒙古瓦剌给予厚赏。正统十四年（1449）瓦剌大举进攻长城之后，大同马市随之被关闭。

隆庆四年（1570）十月，俺答汗的孙子把汉那吉投降，第二年俺答汗受封顺义王，结束了长期的军事冲突。隆庆五年（1571）五月至八月，先后在大同得胜堡、宣府张家口堡、大同新平堡、山西水泉营堡分别开马市，朝廷以银购马，另有很丰厚的抚赏。

万历《宣府镇志》记载，张家口一带"南京罗陵铺、苏杭罗缎铺、潞州绸铺、泽州帕铺、临清布帛铺、绒丝铺、杂货铺，各行交易，铺沿长四五里许"。马市在满足双方生产和生活需要的同时，也在客观上起到了缓解农牧冲突的作用。

清代初期，茶马互市沿袭明制。随着清朝在全国范围内统治秩序的建立，社会安定，以及农牧业经济的发展和民间贸易的繁盛，茶法、马政也开始发生了相应的变化。清统一全国后，以往由官方指定的互市形式，逐渐被空前广泛的民间自由贸易所取代。

377

明清马市有很大的本质区别。明朝马市的开设多处于被动的情形，时开时闭，依当时长城内外双方的形势而定。双方关系紧张时期，市口的规模和作用十分有限。

清代马市贸易的情况则有较大发展，一些长城贸易边口已经不仅是集贸市场。其贸易品种和交易量，都已经发展成为商品转运站和货物集散地的阶段。

长期的贸易交往，使长城沿线边口城市逐渐发展成为由长城之内通向西北和北部蒙古地区的商业枢纽。如张家口，据《最新蒙古鉴·附录》记载："查该处为商货运转总汇之区，北通内外蒙旗及库伦、乌里雅苏台、科布多等处，西通伊犁、新疆、宁夏，每年输出砖茶至数百万箱，输入皮货，亦复不少。"

贸易对区域经济发展有极大的促进作用，随着长城贸易边口重镇的多元化发展，这些城镇逐渐发展成为长城沿线地区性的政治、经济、文化中心。

王朝为维护边疆地区的稳定，对长城地区的经济发展总体上执行经济扶持政策。除屯田垦耕、鼓励贸易之外，历代王朝为了促进长城地区经济的发展，还采取了减免税收等其他一些措施。

长城地区地广人稀，自然条件不好，与内地相比较社会经济发展极不平衡。对长城地区实行特殊的税收制度，甚至不收赋税，目的是通过减轻经济负担，开发和发展这一地区的经济。

王朝将长城地区纳入国家政治体系中之后，很多时候在经济上表现出不计得失的态度。朝廷对长城地区不征收赋税，即便收税，其税率也远低于中原内地。以此来稳定长城的边民，促进边疆经济的发展，求得边疆的安定。

汉朝对归附于王朝的游牧民，也免征赋税。《资治通鉴·汉纪》记载，"久居塞内，与编户大同"的南匈奴，就实行了免税的政策。

第十六章　长城与王朝的经济关系

唐朝在这方面做得更好，据《册府元龟》记载，在隶属于安西都护府管辖的突骑施汗国的君长，以驼马代税向唐朝纳税时，朝廷认为这样的征税不妥，"税彼部落，则有劳费"，于是"敕有司不令辄受"。

唐朝对汉化程度高，且已实施中原体制的边疆地区征收赋税，一般也只征"半赋"。对于很多的羁縻州县，则不征赋税。对羁縻州县的户籍管理也有别于内地，户口不需要上报户部。

王朝对边疆地区还实施一系列的优惠政策，比如提供种子、农具，派出大量能工巧匠到边疆地区帮助发展，赈济遭遇自然灾害的边疆民族地区等。这些举措，客观上推动了边疆地区的经济发展。对边疆民族地区实行这些经济政策，暗含着王朝要控制边疆的意图。当然，有的时候这样做也是出于一种迫不得已，因为经济交流的不足或中断，很容易引发农牧政权间的战争。

随着频繁且不可或缺的经济文化交流，边疆游牧或狩猎政权不断向王朝政权靠拢。不过其强大到足以与王朝抗衡的程度时，经济手段能起到的作用就有限了，来自长城之外的不安定因素非但未得到消解，反而会使长城地区更加动荡。

长城外边有的时期游牧政权切实感受到中原发达的物质文明，并不断接受中华之礼仪道德、政治制度，逐渐被纳入大一统的政治秩序之中。而有的时期游牧政权在具备了入主中原的实力之后，就会以推翻旧王朝并建立新的王朝为发展目标。

认识游牧与农耕经济方面存在互补关系，还要认识到这种互补关系在需求方面表现出极大的不平衡。不平衡的需求关系主要是两个方面：一是在互补关系中，以长城外的游牧民族对长城内的农耕物资需求为主，而农耕民族对游牧经济的需求要少得多；二是互补关系中游牧民族对农耕民族有较多的经济的依赖性。

农耕是自给自足的经济性质，决定了其没有形成很大的畜产品

379

消费市场。农耕经济通过个体家庭饲养，可以解决食物结构中对动物性食物的需求。所以，对游牧经济也就不会形成依赖。

这一点与中世纪的欧洲相比，形成了很大的反差。西欧古代社会生活中，对畜产品的需求也很高，很普遍。需求既包括对草食动物的肉类，也包括草食动物的皮毛。

古代中国农耕地区并不需要游牧地区的大量畜产品来维持日常的生活。长城外的游牧地区特别需要农耕地区的粮食和手工业产品，但长城内的农耕地区却并不太需要游牧地区的饲养牲畜和畜产品。

非平衡状态下的经济关系，很难持久地维持下去也是一个实际情况。王朝需要以政府行为干预农牧之间在长城关口的贸易，并以官方购买的形式来调整这种经济需求的不平衡性。

四　长城既防外也防内

每次到内蒙古草原去，都会感到潇洒，仿佛回归到了一种很久远的生活情景之中。豪放地吃肉，大碗地喝酒。酒至半酣，享受蒙古族朋友的载歌载舞。

陶醉于牧歌美酒过后，我曾想，明代逃出长城跑到草原来的人，追求的可否就是这种生活呢？长城不止防外，也有防内的任务，这方面似乎鲜有人知。防内的任务很重，首先是防止农耕地区的人向长城外逃逸，其次是阻止长城内外非官方控制的贸易往来。

这既是政治问题，也是经济问题。对传统农业社会而言，增加财富的有效方法就是限制人口和财富的流动。长城之内的人口和财富，大量地流向长城外，对王朝来说是不愿意见到的情况。

对农民来说，在长城内外种地只要安全有保障都是一样。随着长城内人口的增加，可耕地相对减少，生存压力随之加大。长城外地广人稀，还没有税收的压力。在这种情况下，会有农民愿意选择到长城外耕种。所以说长城的作用，既防外也要防内。

跑到长城外的财富和人员越多，农耕王朝的损失就越大。这些农民被纳入游牧政权的统治中，会提高游牧政权的经济和军事实力，从而对农耕地区造成更大的冲击，迫使长城区域军事力量有较大的增加。

《汉书·匈奴传上》云，汉昭帝始元元年（前84），"匈奴国内乖离，常恐汉兵袭之。于是卫律为单于谋：'穿井筑城，治楼以藏谷，与秦人守之。汉兵至，无奈我何。'即穿井数百，伐材数千。"颜师古注曰："秦时有人亡入匈奴者，今其子孙尚号秦人。"卫律能向单于建议让秦人为其守护城堡，可知秦人的数量不小。拉铁摩尔也注意到了这一点，在《中国的亚洲内陆边疆》中，他认为中国的长城"不但防止外面的人进来，也阻止里面的人出去"。

西汉元帝时，南匈奴与汉朝和好，向汉朝表示愿为中国守卫北方边疆，世代做中国的臣属，请求拆除长城以方便长城内外交往。按理说，这个要求也是可以理解的。

大臣侯应在给汉元帝上的奏疏中，提出反对拆除长城。他反复提到边郡有很多汉人偷越边塞之事。侯应讲了十条不能拆长城的理由，其中有三条是在说长城有防止汉人逃向游牧地区的作用。

《汉书·匈奴传下》记载，侯应说："往者从军多没不还者，子孙贫困，一旦亡出，从其亲戚。……又边人奴婢愁苦，欲亡者多，曰'闻匈奴中乐，无奈候望急何！'然时有亡出塞者。"

这三个理由，一是防止在征讨匈奴战争中做了俘虏的将士子孙，因贫困而逾境投亲；二是防止长城里边的奴婢，因生活困苦羡慕"匈奴中乐"而逃出长城；三是防止造反的人，在情势危急时北奔投敌。

长城：追问与共鸣

汉元帝接受了侯应的意见，派车骑将军许嘉口谕匈奴单于说："中国四方皆有关梁障塞，非独以备塞外也，亦以防中国奸邪放纵，出为寇害，故明法度以专众心也。"

逃亡长城之外的人群，有负罪逃亡的人员，这种人相对较少。多数是在长城之内生活压力过大而逃亡的人员，汉简中有很多这方面的记录。

控制长城之内的人向长城外逃跑，不仅汉代有，明代同样面临这个问题。明"隆庆和议"之前，长城以南人民逃出的人数很多。《读史方舆纪要》云："中国叛人逃出边者，升板筑墙，盖屋以居，乃呼为'板升'。有众十余万。"

在明朝，一方面是长城区域发生战争，蒙古势力毁家灭田强制被虏获的汉人北徙，一方面也有些长城内的汉民自愿北上，寻找生活的出路。那个时期，跑到长城之外，已经算是亡命天涯了。

长城沿线的居民，特别是山西雁北地区的汉民，因长城内外地域相连，生活环境相似，语言及风俗习惯上与塞外也十分接近，这为彼此加深了解提供了许多便利的条件。频繁的接触使南北民众认识到蒙汉社会制度差异，而地域便利给予他们选择更有利于自己生活空间的可能。

沿边汉民在长城内遇到危难之时，往往以塞外为避难之地。俺答封贡之前，北部长城沿线的汉民冒险越过长城，自愿北上到蒙古地区谋生的人多以万计。大批汉民或被迫或自发地进入长城以北地区，必然把农耕方法和生活习惯引入蒙古草原，丰州川的农业开发便是证明。

在长城以外地区，游牧民接受农耕方式并不是一件容易的事情，而在靠近长城宜于放牧的地方，则基本都有适宜于农耕的大片土地。"叛人"丘富等人逃到长城之外，大力发展了长城外的农耕，文献中关于丘富及丰州川的记载有很多。丰州川的农业，涉及一个名词"板升"。板升是蒙语之汉语音译，为城、堡之意。

俺答汗在其统治的土默特地区，为长城内跑过来的民众建居住的城堡，让他们安定下来开垦荒地，建立村落。板升的产生有一个重要因素，就是俺答汗认识到，面对明朝的经济封锁，发展草原地区的农业是一条出路，可以缓解明朝的封禁压力。

《万历武功录》记载：嘉靖二十五年（1546）"四月，俺答阿不孩及兀慎娘子，建砖塔城，用牛二牛贝耕，城约五六顷，所种皆谷、黍、蜀、秫、糜子"。次年，俺答又"备外臣朝请，请瓯脱耕具及犁楼、种子，因归耕"。

俺答将逃亡的汉人安置在丰州川，给他们建城盖房，使其从事农耕。明朝官员也认识到这些人"耕田输粟，反资虏用"，对长城防御构成威胁。

逃到长城之外的汉人成分十分复杂，主要有明朝的叛人和他们的追随者，有被抢掠去的边民，也有被吸引过去的贫苦边民等。其中高层以明朝的叛人和他们的追随者为主，中下层以被吸引过去的

抚宁石碑沟长城

贫苦边民和被抢掠去的边民为主。

长城对内的防范，还有就是对长城内外实行经济控制，特别是防范走私贸易。这一点大家了解得比较少，有必要多说几句。

长城内外农耕社会与草原社会的互补性很强，需要交流的物资品种很多，粮食就是主要贸易物资。若将长城地区种植的谷物向南方运，由于一路都是农田，没有可供放牧的草场，用于运输的马匹等牲畜需要圈养在车马店里，还要购买粮草饲养，运输的成本很高。

将粮食运往草原市场，成本就低多了。只要选择好合适的道路，用于运输的马匹等牲畜可以在草原上随便放牧，人也可以在草地上搭建帐篷休息。若不加强管理，长城之内商人的趋利行为，会使临近长城农耕地区大量的粮食流向草原地区。

当然，不仅是粮食，还有布匹、茶叶、铁锅等生活和生产用品。这样的贸易，不符合农耕王朝的利益，所以要利用长城防御体系，阻止这种走私贸易行为的发生。

五 长城对丝绸之路的保障作用

这几年有一个很热的词"一带一路"，它是"丝绸之路经济带"和"21世纪海上丝绸之路"的简称。中国政府借用古代丝绸之路的历史符号，倡议打造"一带一路"沿线国家的经济合作伙伴关系，构建政治互信、经济融合、文化包容的利益共同体、命运共同体和责任共同体。

我们今天讲人类命运共同体，古代丝绸之路本来也就是这样的利益共同体。长城与丝绸之路关系极其密切。西汉时张骞出使西域，开通了联结地中海各国的陆上丝绸之路。以长安（今西安）、洛阳为起点,经甘肃、新疆到中亚、西亚。

丝绸之路和长城一样,都是典型的线性文化遗产。在带状的文化遗产区域内,积淀着深厚的历史文化。丝绸之路已经存在两千多年,但"丝绸之路"概念的历史才有一百四十年。1877年德国学者李希霍芬首次使用"丝绸之路"一词,最初是指公元前114年到公元127年间,连接中国与今乌兹别克斯坦及中国与印度之间丝绸的贸易通道。后来丝绸之路被广泛使用。

1910年德国历史学家阿尔伯特·赫尔曼著《中国和叙利亚之间的丝绸之路》,将丝绸之路的西端延伸至中东地区。19世纪末德国学者李希托芬著《中国亲程旅行记》,在一张地图中提到了"海上丝绸之路"。

这从另一个方面说明,国际社会对丝绸之路为人类社会发展所做贡献是认同的。汉朝在河西走廊及以西地区修建长城的主要作用,就是为保障"丝绸之路"这条沟通东西方的国际道路的畅通。

以中国丝绸为代表的贸易交流,肯定要早于长城的修建。在长城的屏障下,丝绸之路才有了更大规模的发展,乃至成为被传诵千古的中外友好往来的历史佳话。研究东西方交往的这段历史时,人们都不会忘记讲长城的作用。

讲到长城时,自然都会提到中外经济、文化交流的丝绸古道。汉长城的修筑,不仅抵御匈奴等的掠夺,长城沿线设置的城障关塞,还为过往的使者商旅提供住宿和粮食、饮水等生活物资的给养。

汉朝丝绸贸易的盛况,可以从两个方面反映出来:一方面是往来使者把丝绸等中国货物往西运,并将中国文化传播出去;另一方面是商业性质的丝绸交易,也给中国带来了西方的货物和文化。

张骞第二次出使西域时,"赍金币帛直数千巨万……道可便派遣之旁国"(《汉书·张骞传》)。张骞通西域成功之后,许多人争着出使西域,而这些使者"相望于道,一辈大者数百,少者百余人,所赍操,大放博望侯时",即携带大量的丝绸,"其使皆私县官赍物,欲贱市以私其利"。汉昭帝元凤四年(前77),傅介子入西域,"持黄金锦绣行赐诸国"(《汉书·傅介子传》)。

汉朝皇帝也常把丝绸作为最贵重的礼物,赐给外国使者。《汉书·张骞传》记载,汉武帝"数巡狩海上,乃悉从外国客……散财帛赏赐,厚具饶给,以览视汉富厚焉。"元封中,遣江都王建女细君嫁乌孙王,《汉书·西域传下》记载,细君"以币帛赐王左右贵人",而武帝"间岁遣使者持帷帐锦绣给遗焉"。

宣帝元康元年(前65),龟兹王来朝,宣帝一次赐给"绮绣杂缯琦珍凡数千万"。东汉时,班超出使西域,仅赐给焉耆、危须、尉犁三地王子五百匹彩色的丝织品。据《后汉书》记载,东汉皇帝也常常赏赐丝绸给外国使者。

西域各国来汉经商者多,所以文献中常见"贾胡"一词。《后汉书》记载:"尝有西域贾胡,不知禁忌,误杀一兔,转相告言,坐死者十余人。"《后汉书》中还记载了耿舒与其兄书,书中也提及西域贾胡:"伏波类西域贾胡,到一处辄止。"这样就出现了"驰命走驿,不绝于时月;商胡贩客,日款于塞下"的局面。

汉代丝绸贸易的盛况,不但见于文献,而且为考古出土的实物所证明。《斯坦因西域考古记》记载:19世纪末20世纪初,一些外国人窜到新疆、河西探险,斯坦因在敦煌、玉门、婼羌、吐鲁番、楼兰、尼雅等地盗走的有丝绢、锦缎、丝绣等。中华人民共和国成立后,在丝绸之路各点发现的汉代丝织物更多。

《"丝绸之路"上新发现的汉唐织物》云,1959年在甘肃武威磨嘴子一座汉墓中发现一幅绢地刺绣。据《新疆民丰县北大沙漠中古遗址墓葬区东汉合葬墓清理简报》,同年在新疆民丰(尼雅)的一座东汉墓中发现大批织物,计有绮、锦和刺绣。据《新疆维吾尔自治区文物考古工作概况》,在新疆昭苏等地发掘的乌孙墓群中,亦有丝织遗物。在吐鲁番、楼兰等地都有汉朝丝织物发现。

汉代的丝绸贸易地,如楼兰、吐鲁番、尼雅等,都是大型聚落。吐鲁番是北道的要冲,楼兰是南道的要冲。尼雅是汉代精绝国遗址,是楼兰和于阗之间的咽喉要地。

《斯坦因西域考古记》记载:斯坦因先后三次在此盗掘,大量丝织品和汉晋木简出土。罗振玉、王国维在《流沙坠简》中认为木简文字"似汉末人书,尚在永平以后",史树青在《谈新疆民丰尼雅遗址》中则认为"其时代可推到西汉后期"。

借助丝绸之路这条欧亚通道,中西各国除经常互派使节友好访问、赠送礼物外,还彼此交换自己的物产和技术。如西方各国移入中国的植物就有棉花、葡萄、苜蓿、石榴、胡桃、无花果、胡麻(芝麻)、胡瓜(黄瓜)、菠菜、胡椒、胡葱、西瓜等,还有玻璃、海西布(呢绒)等特产。从中国传入西方各国的东西除大量的丝织品外,有铁器、手工艺品和养蚕、缫丝、冶铁、灌溉、造纸等技术,也有桃、杏、李等果树。

同时,印度的佛教通过大月氏,经由丝绸之路传到了中国各地。出土的汉简中所见有关进出长城使用过所的人,多数是月支国的商人。月支国人来中国购买丝绸,转运安息,从安息继续向西,可到大秦。

丝绸之路是长城区域的重要地区,长城区域常会出现军事冲突甚至战争,如果丝绸之路一直在战火的燃烧之中,发展大规模的贸易往来就谈不上了。即便丝绸之路大部分地区处于很危险的时期,处于高度紧张的非战争状态,对贸易也有很大的伤害。和平状态下,贸易就相对繁荣。随时都可能发生战争的时候,这种很大的不确定性,导致商业贸易的风险加大,至少是利润减少。

长城：追问与共鸣

汉唐两代是丝绸之路大发展的时期，在楼兰遗址出土的木简，有不少唐代进出长城关口所用的身份证明——过所。《释名疏证补》道："传，转也，转移所在，执以为信也。亦曰过所，过所至关津以示之也。"也就是说，过所是通过关戍、渡口时需要出示的文件。

阳关和玉门关都是汉唐丝绸之路的大关隘，到唐代汉关已经因环境变迁而废弃。向东迁移的唐代阳关和玉门关，也依然很荒凉，这从唐诗中可以感受得到。

王维的《送元二使安西》云：

渭城朝雨浥轻尘，客舍青青柳色新。
劝君更尽一杯酒，西出阳关无故人。

这首千古传诵的名诗，又名《阳关曲》。写的是送友人去边疆长城，表达了作者面对残酷无情的战争那种"古来征战几人回"的悲壮。当然西出阳关的荒凉，主要还是自然环境与内地相比的差距。

不打仗尚且如此，打起仗来则更加残酷。只有处于和平的时候，这条路的通畅才有保证。双方关系十分紧张，战争一触即发的时候，集聚在长城地区的战争阴云使得整体形势处于高度紧张的状态，商旅也会止步不前。

战争不仅残酷地发生在农耕和游牧政权之间，甚至同一民族不同的政治势力之间也同样残酷。《资治通鉴》记载："初，匈奴降者言：'月氏故居敦煌、祁连间，为强国，匈奴冒顿攻破之。老上单于杀月氏王，以其头为饮器。'"

当然，也不能过于地夸大长城的作用，甚至也不应该过分地强调丝绸之路的畅通。因为这条路完全畅通的时间并不长，就如同汉代长城的使用时间并不长一样。

第十六章 长城与王朝的经济关系

不管王朝控制的这条西域商路是否畅通,这条路上的商贸却始终以各种不同的形式存在着。这是东西方经济与文化发展的需要,而不仅仅是官方的意志。

第十七章　长城与王朝的民族关系

世界上没有哪一个民族像中国人这样讲缘分。"百年修得同船渡，千年修得共枕眠"，说的就是缘分。面对着一段或砖或石垒砌的长城墙体，我常感觉这些聚在一起的砖石也很有缘分。

长城砖就这样一块挨着一块，像牵着手的人们。长城的砖石，见证了修建长城和戍守长城者的生活，目睹了千百年来在长城上演绎着的喜怒哀乐和悲欢离合。

中国历史上各种不同的部族，在不同的时期，从不同的方向，进入到中华大地，这无疑也是一种缘分。

中华民族的融合，特别是长城内外农耕文化与游牧文化的融合，令中华后世子孙充满敬意。正是这种碰撞中的融合，塑造了中华文明的伟大。从这个意义上说，长城是一条中华民族融合的纽带。

数千年来，中华大家庭成员彼此之间，在血统、传统和文化等诸多方面相互融合，造就了今天中华民族多元一体的民族类型。换言之，没有长城内外各民族的融合，也就没有今天这个多元一体的中华民族。

长城地区是全国民族成分最具复杂性的地区之一，也是文化特色最鲜明的地区之一。这里民族众多，农牧交错。长城这条有形的纽带上,记载着中国不同民族之间的融合轨迹。民族学专家李凤山认为,"长城成为巨大民族融合纽带上的一块强力磁石,吸引着南北各地的各民族络绎不绝地一次次涌向长城民族融合纽带,融进长城带民族融合的洪流"。

生活在长城地区的各民族,在相互交往、广泛接触的过程中,不可避免地会产生各种矛盾和冲突,其民族关系表现为四种形态:竞争、冲突、调适、融合。

长城内外各民族相互依存,谁也离不开谁。这条纽带将各方维系在一起,任何力量都无法长期阻止其正常交往,更无法彻底切断长城内外的联系。长城是民族融合的纽带,这不是长城修筑者的主观意愿,而是历史发展的必然结果。长城在长城内外各民族之间发挥秩序的调整作用的过程,极大地体现了社会发展的需要。

长城对农耕与游牧的调整,主要反映在民族关系上。民族关系和民族政策、统治民族和被统治民族之间的关系方面等问题,在长城地区自始至终都是重要的历史内容。

代表农耕民族的历代王朝,都曾承受过来自游牧政权不同程度的威胁。北部蒙古高原大漠的游牧经济与黄河、长江流域的农耕经济,双方不但形成了经济发展时空上的不平衡,还造成了两种文化上的差异。

这两种经济文化之间既有联系又有矛盾,既有相互的需要,又有相互之间的排斥。正是文化和经济上的深层原因,导致两大区域之间出现了一个长期在冲突中融合、在冲突中发展的历史现象。农耕与游牧民族的冲突与对抗,体现在政权的争夺方面是最激烈的。

元明改朝换代与其他历史时期的王朝兴替本无太多实质性的特殊意义。由于明是由典型的农耕民族建立起来的以农为本的王朝,在推翻元朝的过程中和政权建立之后,为彰显其正当性而不断强化民族矛盾及恢复农耕民族政权的意义。

"驱逐胡虏,恢复中华"是朱元璋建立明朝时提出的口号。将"胡虏"与"中华"对称,使用了民族概念,前者是指蒙古等少数民族统治者,后者则是指魏晋以来由汉族融合其他少数民族而形成的中华民族。显然,今天评价朱元璋的口号是仅站在了农耕政权的立场之上。

元朝实行将全国各族人分成四等的不平等民族政策:第一等人是蒙古人,地位最高。第二等人是色目人,包括西夏、回回人等,地位次之。第三等人是金朝统治区的汉、契丹和女真人等,地位再次之。第四等是南宋统治区的汉人、其他各族人,地位最低。所以起兵于南方的反元武装,打着反抗民族压迫的大旗,有很强的号召力。此后,这种带有民族歧视和仇视的心理并未彻底消除,每当双方有矛盾和冲突时,就能激起这种情绪。

融合,则更多体现在文化方面。长城地区民族文化的多样性与同一性,表现出了普遍与特殊、一般与个别的关系。生活在长城地区民族的多样性,决定了这个地区文化的多样性。各民族、各地区文化的个体性、独特性,使彼此的文化互相区别开来。区别并不是彼此分立,更不是完全对立。中华民族文化的共性,是各民族在数千年的发展过程中相互影响、相互吸收的结果。

长城既见证了政权间的斗争,又参与了长城内外的民族融合。学界一般认为,中国文化至少有三条平行的生长地带,产生三种不同的子文化:一是产生于黄河流域以华夏族为代表的中原文化;二是产生于长江和长江以南地区的南方文化;三是产生于蒙古大草原及其周遭以各游牧民族为代表的草原文化。

长城地区是中原文化和草原文化的汇聚之地。农耕和游牧两种文化在长城地区由碰撞、交流到融合,逐渐形成了各民族对中华文化的认同。

游牧文化是中华文明的组成部分。中国古代游牧民族对中国和世界文化所作出的贡献很大，尊重和理解游牧文化的这种贡献，对认识中华文化的多元性很有意义。

德国学者伊里亚斯在《文明的进程》一书中，把"文化"和"文明"作了界定和区分。他认为"文化"使民族之间表现出差异性，表现着一个民族的自我和特色。"文明"则使各个民族差异性逐渐减少，表现着具有人类普遍价值的行为和成就。

"文化"使各个民族有差异，"文明"使各个民族更融合，民族的融合是人类发展的方向。长城是中华各民族融合的见证。

一　长城区域民族融合的纽带

长城的修建者为什么修建长城？一般人认为，修建长城首先是为了自己，而不是为了长城之外的人，更不是为了子孙后代。

今天历史地看待这个问题，这样的回答显然过于片面。人类在不同历史时期不同文化背景下创造的辉煌业绩，特别是被历史证明了的伟大行为，客观结果都不是用简单的"为了自己"便能予以概括的。

伟大的价值，应该既解决现实问题，又观照未来和希望。长城是具有这份伟大价值的文化遗产。我们在讲长城的历史地位与作用时，经常说长城是中华民族融合的纽带。

数千年来，长城陪伴中华民族时而缓慢时而迅猛地在发展。在这样的变革过程中，长城的文化得以成型，得以继往开来地传承至今。

393

长城：追问与共鸣

在长城区域发生的战争中，攻方和守方的主力常常是两个不同的民族，多个不同的民族同时参与战斗的情况也时有发生。这种状况决定了讲到长城时不可避免地要涉及各民族之间的交流与碰撞。

讲民族冲突及战争，首先应该承认民族矛盾。承认长城内外双方在一定时期内是一种相互对立的关系。当时分别建立起来的农牧政权，互为利益竞争关系，存在内外之分。农牧民族冲突激化时，双方进入战争状态。农牧之间的对立性并不是历史长河中的偶然事件，而是矛盾长期存在的一种表现。

中国历史上，北方民族的发展都在不同程度上与长城发生关系。长城内外政权为自己的生存和发展，会产生一些共同的利益和不同的利益。在不同时间内不同利益体相互交织的过程中，历代王朝承受过来自游牧势力不同程度的威胁。游牧政权在面对生存压力的同时，很多时候也还要承受农耕政权强大的军事压力。

北部蒙古高原大漠的游牧经济与黄河、长江流域的农耕经济时空上的不平衡，造成了两种文化上的差异。这两种经济文化之间既有联系又有矛盾，相互之间既有需要，又相互排斥。

正是文化和经济上的深层原因，导致两大区域之间出现了一个长期在冲突中融合、在冲突中发展的历史现象。长城地区各民族发展和融合有一个曲折复杂的过程，其交流融合的程度、规模在不同的时段内表现出不同的状态。

长城在多民族共生共存的地区、农耕与游牧过渡地区存在的理由，就是不同的民族在一定的历史时期，多重的矛盾和多重的利益叠加在一起。要解决北方不同利益主体之间、不同文化之间及不同民族的不同阶层之间的矛盾，不是简单的事情。

在一个共同的地域从事着相同经济类型生产的人群，日积月累中形成了共同的文化特征，结合成一种具有共同利益的社会关系。

第十七章　长城与王朝的民族关系

在形成农耕和游牧这两大民族体的过程中，经济关系和地域关系是重要的因素。

农业生产发展到一定阶段后，在农业地区形成文化特点和心理特点一致的民族共同体。与此同时，在草原地区草场是生产基础，畜牧是生产形式。这样共同的地域下，共同的经济生活，在农牧地区分别形成相对独立的语言和不同的信仰。

游牧民族强大后，也会形成政治组织形态，作为权力机构来决定民族共同体的发展。有了公共利益的代表机构去管理和支配整个民族的资源，也就逐渐地形成各民族不同的文化特征和行为模式。

在长城区域生活的不同民族的生存状态和经济行为，往往带有强烈的过渡性。农耕与游牧两种经济形式同时存在，互相争夺资源，决定这个地区具有很强的冲突性。

分布在长城地区荒漠中的绿洲，水草丰美，既可以作为定居农业的发展基地，也可以作为游牧的场所。对绿洲的控制，是农耕政权和北方游牧政权争夺的焦点。

不可否认，中国历史上民族歧视和民族压迫，不是一时一事，也不是某一朝代的问题。唐朝应该说是民族政策比较好的一个时期，唐太宗李世民十分重视唐朝境内的各个民族。《资治通鉴·唐纪十四》记载："自古皆贵中华，贱夷狄，朕独爱之如一。"这是研究民族问题的学者们经常引用的一句话。

如果凭着这句话，就认为李世民是民族平等主义者，那就错了。同样是李世民，据《贞观政要·议安边第三十六》，他还说过："中国百姓，天下根本；四夷之人，乃同枝叶。扰其根本以厚枝附，用求久安，未之有也。初不纳魏征之言，遂觉劳费日甚，几失久安之道。"由此可见，这么一个开明的皇帝，也同样有民族偏见。

金修长城就是为了防御蒙古族，蒙古族是进攻方。仔细分析引

长城：追问与共鸣

起金朝和蒙古族之间大冲突的原因时，可以认为金朝作为已经定居了的少数民族，为了保护农耕经济的安全而对蒙古族进行防御，但又不是如此简单。

在蒙古族还并不是很强大的时候，金朝对蒙古族实行了三年一次的减丁。减丁是一项很残酷的政策，就是强迫蒙古族的儿童、青年男女充当金朝的奴隶。通过这种手段来减少蒙古族人口数量，以期达到逐渐弱化或灭掉蒙古族的目的。

在这样的压迫下，蒙古族的民族仇恨很强烈。当然，金朝也在政治打压蒙古族的同时，不会放弃对蒙古族大量物资强迫性的掠缴。所以，蒙古族面临着灭种、灭族的威胁。在这种情况下，蒙古贵族则以复仇的名义动员全民族，对金朝进行战争报复，其性质已经超越了农牧经济冲突引起的战争。

在王朝政权实行较强的压迫性民族政策时，长城在各民族之间的交流和沟通方面起着一定的妨碍作用。这样的政策，也常常在长城地区激化起很严重的民族矛盾和冲突。

长城伴随了各民族长期的相互交往、相互影响、相互学习的历史发展进程。除汉民族外，与长城历史关系密切的有匈奴、契丹、突厥、鲜卑、柔然、女真、蒙古等民族。

经过两千多年的发展，这些民族有的整体失去了本民族原有的特点和特征，变成另一个民族的组成部分；有的在发展的过程中吸收了其他民族的特点，使本民族的特性也发生了变化。

从总体上说，中国古代长城内外的碰撞与融合从来没有停止过，这其中包括人种、物质和文化等多方面。在碰撞与融合的过程中，王朝始终有一种文化和精神层面的优越感。

利玛窦说："总的说来，中国人，尤其是有知识的阶层，直到当时对外国人始终怀有一种错误的看法，把外国人都归入一类并且都称之为蛮夷。"利玛窦认为,这是中国不能融进世界,并在近代落后于世界、走向衰落的原因之一。

他继续说,中国人"偶尔在他们的著述中,有提到外国人的地方,他们也会把他们当作好像不容置疑地和森林与原野里的野兽差不多。甚至他们表示外国人这个词的书面语汇也和用于野兽的一样,他们难得给外国人一个比他们加之于野兽的更尊贵的名称"。翻开中国古代文献,这样的内容比比皆是。

二 长城内外的多民族共生共存

中国古代长城内外的不同民族,说着不同的语言,以不同的经济类型从事生产和生活。不同的经济文化和不同的社会发展水平差异,是长城内外各民族之间发生冲突的原因之一。有了不平衡才有多民族之间的交往、竞争和冲突。

中国古代长城区域不同民族共存是最基本的状态,这一点是长期如此。在复杂的历史发展过程中,长城内外不同民族共存状态有下列几个主要特征:

第一,在长城区域,游牧民族生活的自然环境条件,比农耕民族生活地区恶劣。这一点在历朝历代都具有普遍性。在王朝比较强大,给游牧民族带去较大的政治、军事压力时,游牧民族只能向自然条件更恶劣的地方迁徙。这种生存自然条件、自然状况的不平等,也是导致民族矛盾长期存在、不断激化的因素之一。

第二,在长城区域,农耕民族和游牧民族之间存在着民族隔阂。王朝所处农耕地区的经济实力较强,比游牧民族经济更发达。经济上的优越性,使王朝在心理上也有很强的优越感,并将这种优越感带到文化中。在这样的情况下，很容易产生民族歧视。

　　游牧政权在强大到一定程度，有力量对中原地区发动战争获得胜利，建立起以游牧民族为主体的政权后，对农耕民族进行管理时也会从语言、信仰、生活习俗等方面采取一些强制性措施，同样体现为一种民族歧视。

　　第三，游牧民族在长城内外迁居和流动，不同朝代有很大的变化。历史上，周边的游牧民族政权始终是王朝的主要威胁。一些王朝采取比较好的战略和政策，解决与周边的游牧民族的关系，可以与一个强大的游牧民族政权形成很好的联系。

　　中国古代历史上在长城区域生活的游牧民族并不是同一个游牧民族，所以前朝所积累下来与他们建立起来的友好联系，对新迁徙和流动过来的不同民族没有意义。前一个朝代有效地解决了长城区域的冲突问题，随着新的游牧民族的出现，问题会再次出现。这就是农耕王朝为什么在不同的历史时期总会面临不同的威胁的原因之一。

　　第四，长城区域不同民族建立起来的政权状况，对中原也会产生不同的影响。长城以北的游牧民族、部族之间形成一个统一的强大政权，王朝就面临更大的、长期的威胁。而长城外边的民族政权处于严重分散的状态时，王朝所承受的威胁和挑战就要小得多。

　　中原之外的其他民族政权处于分散状态时，来自游牧民族政权的威胁主要是各部落小股的对农耕地区的骚扰性的抢掠，不会造成整个区域更大的破坏，更不会威胁王朝的整体安全。

　　生活在长城区域的各部族、各民族及其政权之间的联系，构成了复杂的、变化的整体。游牧民族政权抢掠农耕经济带来破坏性，与游牧经济本身的不稳定性有关。游牧民族政权以抢掠财物和人口、破坏农耕社会安定和破坏生产力为主要表现形式。

长城的修建是用来调整农耕与游牧的关系，但不能一味指责游牧势力的杀伤力和破坏性。农耕政权对游牧民族同样具有很强的杀伤力和破坏力，特别是农耕经济向北发展的过程中这种破坏力很大。

　　历史上，王朝的军队对游牧地区的征讨过程，也会对游牧经济造成巨大的破坏。战争造成的是双向破坏性，有游牧势力对农耕地区的抢掠，也有农耕政权为了拓展和保护已得的利益而对游牧民族实行的大规模征讨和杀戮。

　　双向的破坏对农牧经济都是很严重的损害。所以，不能仅简单地说游牧民族对农耕民族的袭扰具有破坏性。

　　秦始皇修万里长城时，在阴山大青山地区已经没有很大的匈奴力量，当时匈奴对长城地区构不成严重的军事威胁。汉武帝北征匈奴后修长城时，在这个地区也已经没有强有力的匈奴力量与汉朝抗衡。所以，很多的时候，修建长城还是为了规范农牧秩序。

　　过于强调游牧民族的抢掠性和杀戮行为，也不符合历史事实。长城区域是多民族的会聚区，各民族在矛盾与冲突中交流共存，必然是在这一地域生活的常态。

　　对农耕和游牧政权的关系而言，关键是看利益与力量的平衡，其次才是方式方法正确与否。利益与力量相对平衡时期，双方关系的关键在于双方对建立长期互信合作的态度。

三　面对游牧势力农耕社会的力不从心

　　人们常常用"爬长城"来称呼去长城游览，有的时候，在陡峭险峻的地方，真的要手脚并用地往上爬才行，地地道道的一种爬行。

　　我们徒步考察长城时，努力地往上爬是一种挑战，而且是一个

长城：追问与共鸣

挑战接着一个挑战。特别是爬到一处进退两难的地方，本来以为爬过了危险之处，结果发现前面更高更险，已经没有了退路，只能继续往前走。

历史上游牧势力对农耕社会的冲击，对防御方来说常是没有退路的境地。不但防御方没有退路，就是进攻方有时也是没有退路。这就是长城内外碰撞与融合不可回避的原因。

王朝与北方游牧民族政权战火不断，尤其是魏晋时期的北方政权跨越长城进入农耕地区，给中原社会带来灾难。但今天历史地看待这个问题，游牧政权对农耕社会的冲击，特别是游牧民族政权成为北方农耕地区统治政权后，更重要的意义是促进了不同民族之间的政治、经济、文化、风俗等方面的融合。北方民族政权在开疆拓土、促进中华文化发展与传承方面，也发挥了重要作用。

长城地区是游牧民族对农耕民族造成强烈冲击的地区，一旦游牧势力向农耕地区发动进攻，往往具有很强的冲击力，会造成长城地区农耕百姓的极大伤亡。历史地看，来自游牧民族的巨大冲击也有积极的一面，即使中华民族文化不断得到新活力。

游牧民族对农耕民族的冲击，农牧的矛盾和利益冲突过程中的暴力手段，还不能简单地理解为杀戮。农耕民族内部的战争，也同样血腥，没有秦国虎狼之师的征伐，也就没有统一的秦朝。

同样，不能简单地用打仗或不打仗、战争的残酷或不残酷来衡量及评价农耕与游牧的关系。站在人道主义的观点、站在渴望和平的立场来看，战争就是罪恶。另一方面，在严酷的现实当中，在弱肉强食的社会环境下，战争是一种求生存或是获得更好生存的手段。没有能力战斗就没有能力对抗威胁，没有能力战斗也就没有能力保护自己生命和生活的空间，特别是在草原地区。

王朝军事力量强大、政治局势稳固的时候，对游牧民族政权可以用经济、军事和政治的手段加以遏制，强迫对方和解。中原政治不稳定、军事力量弱的时候，就无法实现这样的和解。

面对来自游牧民族势力的冲击，农耕政权常常表现得力不从心。其实这并不全是因为农耕政权的软弱。至少因为在以下几个方面，游牧民族要强于农耕民族：

第一，从客观条件来说，在荒漠和草原地区作战，游牧民族具备地利。他们一直生活在荒漠和草原地区，已经适应了这样的地理环境。

严酷的自然环境，使从小就在饥寒和困苦的状态下生活的牧民，练就了强壮的体魄。而农耕民族军队中大部分人是在平原地区长大，很难适应荒漠和草原地区的艰苦环境。

第二，牧民从小就是在马上生活，生活和作战都需要骑马，其机动灵活大大超过农耕地区的步兵。骑在马上射箭和士兵短兵相接都具有很大杀伤力，缺乏机动灵活性的步兵更容易遭受很大的损失。

第三，游牧民族的部落组织形式，更有利于军事行动。较为原始的部落组织，单线条的部落指挥方式，强化了游牧骑兵的军事力量。游牧政权的军事组织和行政组织是同一组织体系，平时为了生存而训练的求生技能与军事训练具有很大的相似性。成年男子都是战士，兵牧合一，甚至连妇女、儿童都可以直接参加战斗。

第四，游牧民族军事行动的经济投入相对较少，对政权的影响相对较小。农耕地区的王朝采取大规模的军事行动，既需要进行大规模的军事动员，又需要筹集巨额军事经费。这样的军事行动，往往给农耕社会带来了沉重的负担。

游牧民族没有这个问题，向南扰掠可以获得巨大的收入。即便是部分的成功，也可以获得部分的经济收入。抢掠除了会有些人员伤亡之外，基本上不需要投入更多的社会成本。

长城：追问与共鸣

游牧民族对中原农耕地区发动的战争，并不都是为了抢掠。有时虽然很频繁，规模也不小，但发动战争的目的却是为了求和。这种为求和、求互市而发生的战争，虽然在游牧政权和王朝的军事冲突中并不占主导地位，但也并非个别现象。游牧与农耕民族之间互市贸易受阻，可能是战争的结果，也可能是新一轮战争发动的原因。

余英时在《汉代贸易与扩张——汉胡经济结构关系研究》中，通过对汉匈关系的研究发现，贸易与战争有一种密不可分的关系。他说"中国商人在边境沿线的探索活动经常引起汉帝国的政治、军事扩张"，"驻防的军队也促进了边境贸易的发展"。

明朝嘉靖年间，俺答汗率部对长城地区进行大规模的进攻，就是以明朝开放长城沿线的马市贸易为主要目的。这样的情形，在长城地区的战争中属于较少的。

求贡是一个蒙古部族十几年战争的重要诉求，因为只有明朝解除了对长城外的物资封锁，来自农耕地区、蒙古族生活的必需品，才能以满足蒙古部族需要的数量进入到草原地区，草原地区那些肥硕的马、牛、羊也能进行贸易交换。在这个时期，明朝采取了错误的闭关政策，造成战争规模越来越大。

游牧政权对农耕社会的冲击，发展到一定的程度不仅是利益诉求了。这样的进攻会对农耕政权的存续构成威胁，甚至最终颠覆农耕政权。

中国历史上的王朝政权，无论存在时间或长或短，都是经历创立、发展、兴盛、衰落的过程。旧的王朝走向衰败时，大多依靠新的力量实现王朝的更替。

改朝换代有两种形式：一种是来自长城之内的农民暴动或豪强武装、重臣大将的造反，推翻旧的王朝夺取政权；另一种就是游牧民族建立的政权，越过长城问鼎中原。

第十七章 长城与王朝的民族关系

第一种形式的改朝换代较为普遍。孟子"民为贵，社稷次之，君为轻"之观点，就试图解决这个问题。第二种形式的改朝换代，在中国古代社会融合程度越来越高的时候出现得较为频繁，包括北朝、辽、金、元、清。

当农耕王朝腐败混乱之极时，来自北方的游牧政权以王朝更替的形式，实行了社会政治的革命。北魏、辽统一北方，元、清入主中原都属于这种形式。

在漫长的历史时期，以王朝政权为正统的史家，对于中国社会发展过程中的游牧政权代替农耕政权统治全国，往往是按照"以夷变夏"有违正统的标准加以否定。

从历史唯物主义的立场来看，游牧政权强大之后，顺应历史发展潮流乃至入主中原，推翻腐朽没落的王朝的过程，具有推动中国历史前进的作用。

国际上研究中国历史的学者，多将中国古代的王朝社会分为"典型中国社会"和"征服王朝"两大类。先不考虑这种对中国社会模式的划分是否合适，但基本反映了中国历史上游牧政权多次颠覆农耕政权的事实。

游牧民族对于农耕地区的作战，在没有形成规模的时候，以物资抢掠或人口掠夺为目的。当然其中也有以战求和，求得王朝开放与游牧民族进行茶马互市。

游牧政权南下控制部分农耕地区甚至入主中原，是其力量发展之后的政治诉求。在草原地区发展强大起来的匈奴、突厥等少数民族政权，曾先后完成了长城以北广大地区的统一，只是在中原更加强大的两汉、隋、唐的控制下，才未能深入到中原地区。

有一种观点认为，历史上农耕民族的民众与当时的朝廷一起反对游牧民族的进攻。这种观点在以汉族为主体、以农耕民族为主体

403

记载下来的各种文献和研究史料中比较常见。

实际上，在不同的时期、不同的地方，各种情形并不一样。有些时候由于朝廷腐败、民不聊生，一些富豪和民众在对王朝的统治政权失去了信心，就会转而支持游牧民族政权的军队。

蒙古军队攻打南宋，忽必烈的东路大军打到长江边时，南宋守军虽然已经提前在这一地区把民船和舟楫全都收缴，但等忽必烈大军集结在长江边时，这一地区的民众和富豪还是偷偷把船送给蒙古大军。

南宋横征暴敛、欺压民众所造成的民怨已经十分严重，而蒙古军所到之处却没有给当地民众造成过多的压迫和伤害。民众权衡利弊之后，选择了支持忽必烈及其军队。

就长城建筑而言，不论是汉民族建立的"典型王朝"还是少数民族建立的"征服王朝""渗入王朝"，都有修建长城的经历。北魏、北齐、北周、辽、金五个朝代的鲜卑、契丹、女真等民族进入中原建立政权后，逐渐与汉民族相融合，为防御更北方的游牧民族也效法中原大修长城。所以，长城是中国各族人民共同创造的奇迹，古代各族人民劳动和智慧的结晶。

四　中原王朝保持对游牧民族军事压力

秦时明月汉时关，万里长征人未还。
但使龙城飞将在，不教胡马度阴山。

这首唐著名边塞诗人王昌龄的《出塞》，表达了作者克敌制胜的强烈愿望，及对实现和平的渴望和不惜做出牺牲的决心。

同时，从这首诗中也能感受到农耕地区的王朝若没有强大的军事实力做后盾，想维持长城区域的和平和发展是不可能的。王朝保持对游牧民族的军事压力，是维持王朝安全的措施之一。

长城地区的边郡随时面临局部战争。虽然有时战争的规模不大，但这些战争可以促使双方在一定程度上达成妥协。当然，双方妥协之后的局面维持具有很大的不确定性。

在这样的时期，进攻长城的游牧政权军队和越过长城去征讨游牧政权的王朝部队，都并不期望彻底打垮对方。可是，局部战争却可能发展成为在局部区域具有毁灭性的冲突，会对长城地区造成很大的冲击。不确定性、不安全感会削弱王朝长城地区的控制体系，王朝因此需要承受更大的政治成本。

游牧政权发动的局部冲突，对王朝的边疆战略也具有重要影响。局部冲突发展到一定的规模，就有可能进入不可控的战争状态。农耕政权对游牧势力的向南发展有一种强烈的防御意识。即便双方在力量均衡的情况下签署了协议，建立起避免战争的妥协方案，防御意识同样存在。

农耕政权对游牧势力向南发展进行遏制，是一种始终坚持的态度。游牧政权的利益和王朝的利益具有本质的冲突，王朝对游牧的遏制符合王朝利益。

有的时候，王朝甚至采取闭关政策来压制游牧经济的发展。一旦这种情形出现，长城区域脆弱的和平状态很容易受到破坏。王朝始终把游牧民族视为其政治、经济利益的最大威胁。王朝维护长城地区的稳定秩序，实质是要维护对中原地区的政治控制。

在长城地区，当农耕与游牧之间的利益平衡被打破之后，游牧政权往往在与王朝的军事对峙中获得巨大的利益，而王朝在中原地区的统治力同时受到严重的削弱。

长城：追问与共鸣

在长城地区处于相对稳定的和平时期，王朝面临的来自游牧民族的威胁也始终存在。这种威胁并不因为修建了长城或是王朝在这个区域获得了战争的胜利而彻底地消除，退居到漠北的游牧民族随时都可能向南发起新的冲击，威胁也随时有可能殃及农耕地区的更大范围。

在这种情况下，王朝在长城地区就要随时做好战争的准备。准备不充分，在面对战争时往往较为被动。这是一个长期的问题，有备无患在什么时候都不是权宜之计。

王朝对游牧民族的征战，从确定打击目标、选择征讨的时机，到控制征讨军事行动的节奏和最后评价对游牧政权作战的行动效果，并没有形成一套完整的体系。至今尚未发现古代文献对这些内容进行完整的、详尽的、定量的记录。

王朝对游牧政权进行大规模的征讨，首先要解决的问题是确定打击目标在什么地方。游牧社会属于全民皆兵的体制，加上游牧骑兵的机动性强，中原部队到草原地区作战，很难寻找和确定打击目标。

在找不到真正的打击目标之时，军事行动没有办法展开。因此，王朝只能以高强度的军事压力，来遏制游牧民族向南发展，并通过控制与其物质交流等方式，来破坏其发展壮大的经济基础。

这样做的目的，是试图从政治上、精神上瓦解对方，为解决双方在这个地区的冲突局面创造条件，也力争在军事上强化自己、削弱敌方，为解决双方在这个地区的冲突问题争取主动。

实际上王朝对于游牧政权的征伐，既不能彻底解决游牧民族的威胁，也不能长期有效控制游牧民族的传统牧场，这不单纯是军事力量强弱的问题。

汉朝从建国到汉武帝北击匈奴的六十多年里，虽然成功地控制了河套及西域地区，却无法长期有效地控制长城外的大草原。南北

第十七章　长城与王朝的民族关系

朝时期的鲜卑族,本来是游牧民族,后来发展成为定居民族,也长期受到柔然人的侵扰。

唐朝从高祖武德七年(624)征伐突厥开始,到高宗永徽元年(650)设置管辖突厥的单于、瀚海两个都护府,经历了二十六年的征伐,期间还俘虏了突厥可汗,可以说是取得了全面的胜利。

唐太宗死后,突厥政权经常反叛,不断骚扰唐朝的边疆地区。唐玄宗开元时期,不得不对突厥采取积极防御政策,最后还是借回纥之手才将突厥击败。

游牧民族实力强大时,对中原地区进行大规模的攻杀抢掠;实力弱小时,对农耕地区是小规模骚扰性的抢掠。农耕政权的大规模征伐对游牧政权的大兵团作战可以形成有效的打击,但对游牧民族分散零星的扰掠收效甚微。

长城防御的成本,要远远小于征战的成本。所有的战争,不管是正义还是非正义,不管是进攻还是防御,不管是胜利还是失败,都需要面对战争所带来的破坏。

长期的战争,对农牧双方的经济都会造成严重的破坏。虽然破坏性有时候也有积极意义,但战争的破坏性所具有的消极影响客观存在。战争的消极性、破坏性,首先体现在所有的战争都会造成重大的人员伤亡。王朝对游牧地区进行征伐,双方都有大量人员伤亡和经济损失。游牧骑兵越过长城进行抢掠,也会有人员伤亡。除了直接投入战争的军人,伤亡人数中往往包括更多的平民。

战争严重损耗社会财富。任何战争,尤其是长时间的对抗战、持久战,参战的双方都要投入大量的财力、物力才能争取战争的胜利。所以在战争时,所投入的财力是巨大的。

汉武帝时期北征匈奴,在短短的几年之内就消耗掉了此前几十年积累下来的国家财力。汉武帝不得不向富人提出要求,请他们捐款支持军队作战。

战争破坏自然环境和生态。战争的破坏在长城区域表现尤为明显。长城地区降水量相对较少,自然生态环境本来就比较脆弱。发生连年战火,破坏便更加严重。

战争的破坏不但威胁游牧民族的生存和发展,对农耕地区的经济也产生了严重的影响。陕西统万城在修建之初尚属于富庶之地,水草丰美,树木茂密,宜耕宜牧。连年的战争不断损害当地的生态系统,到统万城被废弃的时候,这一片地区已经沙化,原来在此居住的百姓被迫背井离乡另求生路。

战争还会造成社会经济的停滞和萧条。由于战争造成人员的大量伤亡,从事经济活动的精壮劳动力相应地出现缺乏,这在中国古代生产力相对低下的情况下本身就容易造成经济的停滞。更何况,由于战争导致社会的不安定,生产劳动者在连生命安全都难以保证的环境中,无法安心地、全力以赴地去从事生产劳动,萧条很容易随之产生。

认识到长期战争对长城内外的社会经济都有很大的破坏性,双方在理性的状态下,都会追求一种不打仗的状态。和平是人类文明永恒的追求,消灭战争一直是人类的理想。但避免战争的良好愿望,很多时候没有办法实现。不仅在古代,就是在未来,消灭战争依然是一种期望。战火还要伴随人类走很远很远的路。

战争除了直接的利益争夺外,还有政治权利的争夺。通过战争和军事手段获取政治权利,就可以对其他的利益主体进行有效的控制,并获得经济等直接的利益。政治利益和经济利益在不同的政治实体之间,具有不可分割性。这也是从古到今各种战争所要达到的目的。

五　向长城地区移民促进民族融合

有一次独自坐在长城上，仰着头看天上的浮云。我突然想，飘荡的云今天在这里陪伴亮丽的晚霞，明天会被风吹到哪里？就如同过去那些驻守长城和进攻长城的人，现在他们在哪里？

夜晚，看着月空中若隐若现的星星，似乎也有一种漂泊感。千百年来生活在长城内外的人，生活在长城内外的民族，也是处于如此动荡的流动和迁徙过程之中。

长城区域的人口流动，对民族融合的影响很大。这种流动既有主动移民，又有被动的迁移或逃避灾难。主动移民也表现出双向特征，首先是农耕政权大规模向长城沿线移民。王朝取得对游牧政权作战的胜利之后，向长城地区移民，这是人口流动和迁徙促进民族融合的主要原因。

春秋及战国前期，生活在长城以南的是戎狄和东胡部落，《左传·昭公四年》："冀之北土，马之所生，无兴国焉。"燕国和赵国发展起来之后，向北扩张，修建长城，并大量移民。这两个游牧民族一部分向北迁徙，一部分融入农耕民族。

秦汉在修筑长城的同时，移民大量的农户前往河套等地居住屯戍，汉代更有内地人自动或被征调到西域充当田卒。汉朝大规模移民实边，是在汉武帝时期。当时社会已具备了移民实边的各项条件。首先是大规模用兵匈奴，开拓了疆域，新增了边郡，需要移民实边。其次是这时期土地兼并盛行，无地农民增多，有民可移。再有是国家富足，有足够的财力资助移民在立足未稳时的生活。

中国各王朝政权控制的疆域，始终处于变化之中。王朝强盛时疆域就得到扩大，衰弱时疆域就随之缩小。长城位置的变化，也与疆域扩张或收缩有关。

第一次大规模移民是在元朔二年（前127），车骑将军卫青、将军李息收复河南地，汉武帝新置朔方、五原二郡。《汉书·武帝纪》记载，这一年夏，"募民徙朔方十万口"。

第二次大规模移民，是在元狩二年（前121），这一年汉始筑令居以西亭障关塞。《汉书·西域传上》记载："后稍发徙民充实之"，这次移民规模可能不大。

第三次大规模移民是在对匈奴第三次战役结束的元狩四年（前119）。《汉书·武帝纪》记载，其年冬"有司言关东贫民徙陇西、北地、西河、上郡、会稽凡七十二万五千口"。《资治通鉴·汉纪十二》记载，元鼎六年（前111）"分武威、酒泉地置张掖、敦煌郡，徙民以实之"。据《汉书·武帝纪》记载：元封三年（前108）"武都氐人反，分徙酒泉郡"。

农耕政权的大规模移民实边，对长城区域的民族融合作用很大。另一方面，将王朝北方各游牧民族不断迁入长城之内，甚至将其转变成农民，更直接促进了民族融合。

西晋初年，长城以北的匈奴及其属部继续南下归附中原政权。先是，司马昭称帝后不久，塞外匈奴大水、塞泥、黑难等南下，后是太康五年（284）、七年（286）、八年（287），匈奴胡太阿厚、胡都大博、萎沙胡、大豆得一育鞠等先后率部内附。

仅自永元二年（90）至永和五年（140）期间，塞外匈奴南附的总人口便达数十万。我们今天汉族中的某些人，就是这些匈奴人的子孙。《晋书·江统传》记载："关中之人百余万口，率其少多，戎狄居半。"朝廷将他们迁居内地，分予田地耕种并编为民户。

长城地区被动性人口迁徙发生的两个主要原因，一是相互残杀的战争,二是自然灾害发生。游牧势力南下获得胜利之后,移居到新占据地区驻牧,也是人口迁徙的一种形式。在发生人口迁徙现象的同时,还造成了利益格局、社会关系、社会结构的变化。

趋利避害是人的本性,除强制性的迁徙外,迁徙常常是在权衡利害得失之后作出的符合自身利益的选择。匈奴南下将掳掠的人口押回长城之外,汉人筑城定居,从事生产来满足匈奴的需要。

匈奴在南下掳掠粮食的机会大为减少时,也会努力参与到筑城和农耕等活动中来。苏联学者吉谢列夫在研究阿巴坎和伊沃尔加这类宫殿和城池时,在《蒙古的古代城市》中对这一问题进行了较为深入的阐述。地处匈奴统治最北部地区的城池如此坚固,城池内还有不少汉式农具和匈奴游牧风格的器具,完全是游牧民族定居化的情形。

魏晋南北朝的大迁徙,使少数民族在长城区域的数量快速增多,迅速改变了该区域民族分布的状况,构成了一个不同民族大错居、小聚居的格局,很大程度上强化了民族交流,促进了彼此间政治、经济与文化上的进一步融合。

西晋末年,晋统一中国后很快就爆发了"八王之乱",并引发了中国历史上第一次南北大迁徙。居于长城地区匈奴、鲜卑、羌、羯、氐等政权,乘机对晋朝发起攻击。

战乱加上西晋末年北方旱灾、蝗灾、疾疫连年不断,长城地区的人口大量迁徙向长江流域,引起连锁反应,导致长江流域的人口向更南的地方迁徙。

少数民族向内地迁移,不同程度地改变迁入地民族的人口结构,那些有较强政治组织力和军事实力的民族迁入,还会使迁入地呈现出少数民族化的趋势,这就是历史文献上所谓的"胡化"。

这些南迁而来的少数民族,对于所迁入区域的社会经济、政治和文化诸方面的影响大小，主要取决于其迁入人口的规模。若迁入人口数量比较少，就可能被迁入地原有的社会风俗所同化。若迁入人口数量较大，就会促使迁入地社会风俗朝着迁入民族的风俗方向发生变化。

南北朝时期大规模的迁徙，有力地推动了民族间的融合进程，内迁的少数民族可以接受中原地区较为先进的文化，发展农业经济。各个民族在碰撞中加深了彼此之间的了解，实现了一定程度的融合，也为隋唐时期的统一和社会发展奠定了基础。

中国古代长城地区屡屡发生战乱，致使这一地区的农民由北方向南方迁移，寻找新的安身立命之处。中国历史上出现过三次大规模的南北人口大迁徙，基本上都是农耕和游牧冲突造成的。这三个时期是中国历史上的混战时期，而且也都是长城防御懈怠、调整作用不大，甚至不发挥防御作用的时期。

"安史之乱"是唐朝由盛转衰的转折点，引发了中国历史上第二次南北大迁徙。发生"安史之乱"的七年多时间里，主要战场都在北方，南方没有受到多少冲击，所以有大批北方人向南方迁移。这些逃避战乱的移民，多是有一定经济实力者，给南方的经济发展带去了新的生机。

北宋的"靖康之难"时期，发生第三次南北大迁徙。北宋末年，金军攻破东京（今河南开封），除了烧杀抢掠之外，俘虏了宋徽宗、宋钦宗父子，以及大量赵氏皇族、后宫妃嫔与朝臣。金军押着三千多皇宫贵族北上金国，东京城被洗劫一空。山东、河南等地区纷纷被金占据，很多北方汉人跟随着宋廷迁移到南方。

除了这些大的历史事件导致的南北迁徙之外，更多的人口流动是潜移默化进行的。长城内外的迁徙并非简单地你进来、我出去这类线性运动，其过程非常复杂并漫长。几千年的迁徙过程，各民族朝着相同或完全不同的方向，以网状的方式向四周扩散。人们主动的迁徙，多是朝更适合生存的方向迁徙。

在复杂和漫长的过程中形成不同的族群，更多来自不同地方游散的人之间的通婚，形成新的族群。以今天的汉族为例，其民族成分在分子生物学意义上不能说是纯种的民族，每个人都是长城内外不同民族之间，因民族融合而发生基因变异的参与者。其他的民族亦如此，只是互动和混血的程度，没有汉族高而已。

六 长城与中华民族的多元一体

人类学意义上的民族，普遍被认为是基于血缘、宗教、地域、习俗、语言等内容的某种身份认同。中华民族有着非常不同的地方，这就是多元一体格局背景下，除了对本民族的认同之外，还有一个对中华民族的认同问题。

中华民族包括中国境内五十六个民族。不同的民族实体之间，也有宗教、地域、习俗、语言等方面的不同。共同点是彼此早已形成相互依存、统一而不能分割的整体。可以说，中华民族的多元与一体格局的形成与长城有着密切的关系。

一个民族的文化越向高层次发展，民族的整体稳定性也就越好。文化发展程度越高，民族自觉意识就越强，这是一个中华民族能长时间存在的基础。中华文明的形成和发展，经历了三个较大的发展阶段：

第一阶段是从炎黄到夏商周，再到秦统一中国。这个时期，黄河流域形成了以华夏族为中心的文明。秦统一中国，农耕政权建立了大一统的封建国家，长城在这个时期产生并发展起来。

长城：追问与共鸣

第二阶段是农耕社会与游牧社会在两千多年的时间里的冲突与融合，最终农耕社会与游牧社会形成了费孝通所说的"中华民族多元一体格局"。长城几乎伴随了这个历史阶段的全过程。

第三阶段是从1840年前后开始，中华文明面临西方文明的严峻挑战。长城的作用在这个历史阶段发生重大转变，成为中华民族精神的象征。

今天西方文明的很多元素，已经逐渐地为中国所接纳。在未来的人类文明发展过程中，中华文明与世界文明无疑将由多元走向一体，形成世界文明的多元一体新格局。

在这样的发展过程中，长城所揭示的如何在多元的背景下构建一体和谐发展秩序的意义，对人类文明的发展有很大的借鉴价值。

长城内外各民族及其政权，不论和平时期还是战争时期，都处于地区性多元调整状态。各民族在长城区域的碰撞与融合，促进了中华民族实体的形成和发展。

李凤山《论长城带在中国民族关系发展中的地位》一文认为"长城是中华民族的摇篮，是最早的地区性统一中心"，"自公元前51年南匈奴归汉后，中原农业地区的华夏汉族与北方畜牧业地区的匈奴族的汇合，便是中华民族形成之始"。

长城区域在中华民族统一与分裂的过程中，始终处于前沿地区。生活在长城地区的各民族，都是中华民族整体的一部分。中华民族统一体形成之后，各族的差异性并没有消失。由于中华民族的多元关系，各民族之间又存在着反复分合的动态发展过程。

中华民族初步形成之后，无论分裂还是统一时期，无论是汉族政权统治还是少数民族政权统治，生活在长城内外的少数民族在保持独立性的情况下，又都极其重视和中原地区的一体性。少数民族追溯民族起源时号称为炎黄子孙、华夏，就是这种追求的一个表现形式。

《史记·匈奴列传》中司马迁认为匈奴是"夏后氏之苗裔"。《晋书·赫连勃勃载记》记载，建立了夏政权的赫连勃勃，说自己是"匈奴夏后氏之苗裔"。出现此种情况虽有很多因素，但毫无疑问反映了一种认同。

欧美各国的东方学界和日、韩的东洋史学界多数学者认为，中国历史上的北族王朝除鲜卑人建立的北魏，都保持了"征服王朝"的特色。中国学者与西方及日韩学者的观点形成尖锐对立。但是，对中国文明的统一和连续，学者没有异议。

斯塔夫里阿诺斯《全球通史：从史前史到21世纪》中认为："中国人与他们在向东扩张至太平洋、向南扩张到越南的过程中所同化的游牧入侵者和较为原始的部落一样，一开始都是蒙古种人。因而，中国人在他们整个历史上享有同一种族和同一文化。"

中国学者的主流观点认为，历史上入主汉地的少数民族王朝，都不同程度地接受了中原文明。这个过程，就是中华民族的融合过程。中外学者的观点分歧在于，西方及日韩学者强调文化冲突；中国学者则在正视和承认"冲突"的前提下，强调文化的融合。

北方入主中原少数民族不同程度的汉化是历史事实，却并非所有入主中原的游牧民族或牧猎、农牧兼营民族，都被汉族同化也是历史事实。但北方民族建立的王朝，作为全国或北方政权在其统治政权存在时期，都无一例外地接受了中原文明。

考察契丹人建立的辽、女真人建立的金、蒙古人建立的元、满人建立的清，这些政权除了保留部分原有的风俗习惯和社会组织结构外，执行的政策多是中原王朝的模式。来自长城之外民族建立政权的汉化过程，就是游牧或狩猎民族政权接受中原文明的过程。

进入长城之内建立政权的各民族，认为控制中原地区即是"正朔"所在，统一了长城内外的北魏政权，就认为自己是中华的代表。北魏时期的大臣韩显宗，在上书给魏孝文帝时，就称南朝为伪政权，《魏书·韩显宗传》记载，他说"南伪相承，窃有淮北，欲擅中华之称"。韩显宗的观点，代表了北朝人视自己为正统，而称南朝为"伪"政权的普遍认识。

十六国时，匈奴屠各人刘渊建立"汉国"，并自称"汉王""汉帝"。据《晋书·刘元海载记》，他还"立汉高祖以下三祖五宗神主而祭之"，这是对中华民族一体的认同。

辽太祖耶律阿保机曾就奉祀历史上有大功大德者的人选问题命大臣讨论。《辽史·义宗倍列传》记载，当大臣们说要敬佛时，阿保机否定说："佛非中国教。"皇太子说："孔子大圣，万世所尊，宜先。"阿保机大悦，也认为应当奉祀孔子，于是批准了修建孔庙的提议。

费孝通在《中华民族多元一体格局》中提到，中华民族作为统一的民族实体早就已经形成，但长城内外各族对彼此之间内在联系的一体性认识却是一个发展的过程。清末以后，尤其是近百年来，帝国主义对中国侵略和瓜分行动加剧，中华民族面临日益严重的危机。同时各民族为反抗中华民族的共同敌人而浴血奋战，共同反侵略，维护国家领土完整与独立，逐步认识了极深刻的内在联系，并且迅速上升为中华民族的自觉意识和民族觉悟。

今天，随着中国的进一步崛起，中华民族呈现出完全不同于以往的国际地位。明天，中国人势必将进一步扩大其在国际事务中政治、经济、文化、军事、思想等领域的影响力。

第十八章　长城精神价值之洞见

谈长城的精神价值，用"洞见"一词似乎显得有些过重了，其实不然。2019年1月文化和旅游部、国家文物局联合印发《长城保护总体规划》（简称《长城总规》）。规划阐释了长城价值和长城精神，这在文物系统的确是很少见的。从这个意义上说，完全可以用"洞见"一词。

国家文物局第一次在官方文件中谈长城的精神价值，是2016年11月发布的《中国长城保护报告》，其中说：长城蕴含着团结统一、众志成城的爱国精神，坚韧不屈、自强不息的民族精神，守望和平、开放包容的时代精神。

这次颁布的《长城总规》，阐释了长城价值和长城精神，强调了长城文化景观的特性，提出规划核心是长城价值的保护展示，规划目标是长城精神、抗战精神、长征精神的传承弘扬。规划明确了长城保护、传承、利用的相关工作原则、目标、内容及管理要求。

《长城总规》对长城内涵、长城价值的认识，继承了《中国长城保护报告》对长城精神的梳理总结，再提出长城最突出、最核心的价值在于其所承载的伟大精神。

2019年7月24日，中央全面深化改革委员会第九次会议审议

长城：追问与共鸣

通过了《长城、大运河、长征国家文化公园建设方案》。为什么要建国家文化公园？中央说得很明确：国家文化公园是国家推进实施的重大文化工程，通过整合具有突出意义、重要影响、重大主题的文物和文化资源，实施公园化管理运营，实现保护传承利用、文化教育、公共服务、旅游观光、休闲娱乐、科学研究功能，形成具有特定开放空间的公共文化载体，集中打造中华文化重要标志，以进一步坚定文化自信，充分彰显中华优秀传统文化的持久影响力、社会主义先进文化的强大生命力。

长城国家文化公园建设，重要目的是打造国家文化战略高地，坚定文化自信。

两千多年来的历史，年复一年的文化积累和沉淀，使长城成为中华文明的符号。应该怎么认识这个符号的意义和价值？这个两千多年来不断修建长城的国家，为什么到近现代会走到受人踩躏的悲惨境地？为什么曾经如此地缺乏文化自信？

这个问题的确曾经很困扰我。长城在中国历史上产生了深远影响，发挥了巨大作用，这个作用应该怎么解读？毫无疑问，长城积淀和凝聚了极为丰富而深刻的思想内涵，但长城如何体现了中华民族的思想感情、思维方式和价值取向？长城熔铸了中华民族威武不能屈、热爱和平的文化精神，怎样理解长城代表着中华民族勇敢顽强、和谐共存的文化追求？

今天的长城，已经不仅仅是一座建筑。作为中华民族共同观念和精神形态的代表，长城身上浓缩、沉积和展示着中国人爱国的思想与和平发展的希望。

长城不仅仅是中国历史上的军事防御工程，不仅仅是让世人叹为观止的文物古迹，长城更是中华民族的精神象征，是中华民族文明和文化的载体。长城已经深深根植于中华民族的记忆，融入中华

第十八章 长城精神价值之洞见

民族的血脉。

长城是中国各民族共同创造的奇迹，作为世界遗产蕴含着中华民族特有的精神价值和文化意识。中华民族是长城内外各民族。为什么要强调这一点？因为历史上我们很多人都曾有过错误的认识。1905年，革命先驱孙中山提出了"驱除鞑虏，恢复中华"，显然这里说的"中华"，仅仅是汉族。孙中山没想到，他的口号提出之后，首先遭到汉族文化人的反对，最后在《中华民族临时约法》里，提出了"五族共和"，包括了汉、满、蒙、回、藏等其他民族。我们今天所说的中华民族是五十六个民族是一家。

认识长城的精神、文化价值和现实意义，可以从两个角度来思考：

一是长城在中华文明进程中的价值。中华文明传承延续至今，成为世界文明古国中唯一没有中断的文明，要认识长城在这个历史进程中发挥了怎样的作用。

二是长城与国家和民族的历史传统、文化积淀的关系。要认识中华文化沃土上创造出来的这个人类奇迹，有着怎样深厚的历史文化渊源和广泛现实的社会生活基础。

长城作为世界文化遗产，是历史文化的载体和人类文明的记录，今天又成为中国最热门的旅游资源之一。游览长城，可以满足人们了解历史及体验文化传统、进行美学观赏等需求。对长城文化遗产的开发利用，是长城地区旅游事业发展的重要项目。

长城的精神价值是长城形成以后所承载的物质文化和精神文化的价值。认识长城的精神价值，要从进步、积极的和正面的角度来界定长城文化和长城精神。长城在古代王朝时期，固然有其文化的消极面，但这不是长城精神和文化的主体。

长城在历史发展过程中，一直延续着自身的文化，并且不断地加以丰富和完善。长城文化不仅涵盖了长城产生以来两千多年与之相关的情感与意识的累积,也是对长城产生之前中华民族文化的继承,代表了长城建造和使用前后,中华民族各个历史时期的精神与价值取向。

长城文化是中华文化中很有代表性的组成部分,反映了特定时期的社会思维模式、价值取向,体现了中华民族的创造力,其文化内涵映射了中国每个历史阶段的民族性,代表了中华民族的精神。

真正的民族精神,是指能反映历史进步和社会发展方向的思想和观念,通过弘扬和培育,达到提高全民族素质的目的。当然,任何文化都有其积极一面,亦有其消极的一面。况且,每个时代的文化也都有其时代的局限性。我们追求的优秀传统文化放在任何时空,都有其引领社会进步作用的文化内涵。

中国从来也没有如今天这般高度地融入国际社会,世界环境已经在改变,我们故步自封或与其他文化格格不入,都会阻碍中国的变革和社会发展进程。

一　长城与中华传统文化

1984年7月北京晚报等新闻媒体发起"爱我中华,修我长城"社会募捐活动。这是当今将保护长城和维修长城的意义提高到爱我中华的高度的活动。可以说是新中国成立起来,第一次将长城与中华民族及中华文化最直接、最紧密联系起来的活动。

党和国家领导人习仲勋和邓小平先后的题词,将此活动推向全国范围,甚至影响到了海外华人团体,"爱我中华,修我长城"活动发起的时候,我们正在徒步考察长城的路上。我们是此前两个月即 1984 年 5 月 4 日从山海关老龙头出发,踏上的征程。

谈长城与中华传统文化,我们有必要先认识"中华"之概念。章太炎在 1907 年写了一篇《中华民国解》,发表在《民报》第 15 期上,他在文章中写道:"中华之名词,不仅非一地域之国名,亦非一血统之种名,乃为一文化之族名。"中华文明是四大文明古国之中唯一没有中断的文明,这期间长城起到了文化纽带作用。长城内外不同的民族文化,在碰撞与融合中完成了中华文明的发展历程。

文化自信的基础是什么?应该是对我们自己国家,自己民族传统文化、传统思想价值体系的认同与尊崇。长城文化是建立文化自信的基石,这一点社会各界认识得还不够充分。

中国人的主人翁意识是中国传统文化的重要内容,通过参与集体事业实现其对生命至高无上的追求,数千年来都是一种美德。家国同构的社会体系,血脉传承成为高于一切的信仰。这就是中国人如此重视"中秋团圆""除夕守夜"的原因。

中国古代"家国一体"的社会结构中,国家是家庭的放大,是集体主义和血脉传承的核心。人们对社会安危的担忧及个体为社会安全而做出的努力,既是对家的负责,也是对国的负责。在这样的责任感中,形成不可战胜的合力。

中国传统文化很重视安、危、乱的辩证关系。《周易正义》讲:"危者,安其位者也;亡者,保其存者也;乱者,有其治者也。是故君子安而不忘危,存而不忘亡,治而不忘乱,是以身安而国家可保也。"

中国文化历经数千年而绵延不绝,在长期的历史进程中围绕着安、危、乱,形成了独特的精神内涵,这是长城文化的一个方面。对此进行简单的概括,就是"居安思危,有备无患"。

长城内容丰富且深刻的文化,在诸多历史时期都获得了认可。

长城：追问与共鸣

长城的修建和使用，几乎贯穿了中国的发展史，与影响中国社会发展的中国传统文化一脉相承。

长城文化是中国社会独有的现象，中国古人通过修建长城，以及在长城沿线的政治、军事和经济等领域中的活动，适应了自然和社会发展，从而也改造了自身的生存状态。

中国古人修建和使用长城，以自身生存发展需求改变环境的社会实践，通过适应、利用和改造环境，使生存理念和价值观念得以实现和深化。长城文化就是在这样的过程中得以丰富和发展，构成了独特的行为模式、价值观念。

长城历史悠久，延绵万里，在漫长的时间和巨大的空间中，长城地区生存的各个族群以及他们之间的利益关系，既独立又不可分割。时间、空间和族群三者关系的复杂性，构成了长城文化的深远与厚重。

长城文化保留在各个时代的记忆、话语和行动中。围绕长城而构建的文化范式，反映着该区域族群生存发展的基本规律，形成了具有广泛性并为大多数人所认同的文化模式。长城文化传统一直表现出强大的生命力和影响力。

长城沿线的中华各族群获得了有别于他人的独特文化传统，这样的文化传统把中华民族久远的历史联结起来，形成有完整思想程序、持续逻辑关系的集体记忆。长城文化是长城区域各族群历史上各种思想文化、观念形态的总体表征，是先民共同创造的，并为后人世代继承发展的文化，这个有机的文化体系是中华民族数千年的记忆。

不同的民族聚居在长城内外，为了自己的生存和发展，为了共同和不同的利益，在各个历史阶段始终进行着互动。而长城，为各个族群争取最大程度的和平稳定时期，促进农耕和游牧地区的整体发展，起到了非常大的作用。

　　农耕和游牧文化在长城内外相互影响，构成了中华民族的文化形态，也塑造了中华民族自身。中国作为全球农业发源地之一，始终处于农耕文化和游牧文化长期并存又相互补充的融合之中，身处其中的长城，在一定程度上调整着农耕文化和游牧文化间的矛盾，亦被这个矛盾所左右。

　　古时修建长城的王朝，一个非常重要的目的是实现对长城区域的有效控制。长城区域的稳定和安全与政权利益高度一致，修建长城是为了保障统治中心的安全，农耕政权和游牧政权定居后都是如此。

　　对农耕政权而言，能否控制农耕与游牧过渡地带的战略要地，成为能否保障内地安全的衡量标准。修建和使用长城的结果，直接促进了中华传统文化的延续性和一致性。

　　中华传统文化是生活在这片土地上各个族群文化的融合体，获得了中华民族大家庭所有成员的认同。在全球各民族文化中，中华文化的完整性和一致性非常罕见。虽然历史上长城地区的各民族之间曾发生过不少矛盾冲突及征战，但这种矛盾和征战的最终解决，也为各民族共同生存及和谐发展提供了机遇。

　　长城区域的稳定和统一，对中华民族的稳定统一具有重大的支撑作用。在任何一个历史阶段，如果长城地区不稳定，中国便会处于动荡中，中华民族文化的延续和统一也会受到威胁和动摇。

　　长城内外各民族在融合过程中逐渐形成了对中华文化的认同。不管在魏晋南北朝、辽金统一北方时期，还是元、清统一全国时期，从来都坚持了对中华文化的认同。游牧民族与农耕民族进行政治、军事、经济和文化互动的过程中，不断地吸收农耕文化，同时游牧文化中优秀的部分也影响和充实着农耕文化，为中华民族文化的发展作出贡献。

　　农耕与游牧两种文化形态相互作用的结果，增强了中华民族文化的生命力和影响力。文化是一个民族的灵魂，民族发展的动力。英国历史学家汤因比说过："就中国人来说，几千年来，比世界上任何民族都成功地将几亿民众从政治文化上团结起来。他们显示出的这种在政治、文化上的统一的本领，具有无与伦比的成功经验。这样的统一正是当今世界的绝对要求。"

　　"国家兴亡，匹夫有责"八个字，是中国传统文化表达对国家负责的最好写照。为国家视死如归的精神就是集体主义的最高境界。这一点在长城历史上表现得更为明显，有多少人献身于修建长城和守卫长城，根本就无法统计。国家的兴亡和老百姓息息相关的优秀文化传统，以身报国的民族精神是中华民族能走到今天的基础。中华民族历史上精忠报国的仁人志士数不胜数，都是基于这种文化的熏陶。

　　这种精神激励无数的仁人志士为国家挺身而出。为了国家不怕牺牲的精神传统，在今天也是保卫和建设强大国家的精神力量。

二　长城与爱国主义情感

　　中国是一个大国，不管强大的时候，还是贫弱的时候，都是一个不容忽视的大国。对于一个大国而言，以爱国主义为核心的民族精神，比小国尤为重要。否则，很容易成为一盘散沙。群龙无首的军阀混战时期，就是一个非常典型的历史阶段。这个时期，中国处于多灾多难的痛苦深渊。

　　爱国是中华民族的优良传统，是中华民族精神所包含的内容中的核心价值观。历史上,长城内外的对立双方发动的民族战争,与当今中华民族大家庭的爱国主义精神并不冲突。

攻守长城的各方都是中华民族的成员,农耕和游牧两种文化形态相互作用,共同促进了中华文化的大发展。在这个过程中,长城也成了中华民族文明传承的载体。

长城文化蕴含了反对分裂、维护统一、崇尚和平的爱国主义精神和英雄主义情结。爱国主义的内涵,一直随历史发展而产生变化。古人的爱国主义,主要表现为反对分裂,反抗政权内部对统治构成威胁的势力,保障社会安定,人民生活安宁。

爱国者的个人命运常和王朝命运紧密相连。他们的努力,并不是维护王朝的腐朽,这些爱国的仁人志士常是王朝衰败和灭亡的牺牲者。一个王朝到了帝王将相沉湎声色,文武百官穷奢极欲的时候,一心精忠报国的英雄则命运多舛,多不得善终。

在中国古代,有很多将军队或对国家有贡献的人比作万里长城的事例。从目前的文献记载来看,最早出现"万里长城"一词是在南北朝时期,将"万里长城"比喻军队。

《宋书》记载,一千五百多年前南朝的名将檀道济率领北伐军队正要大展宏图收复北方之际,却被皇帝收了兵权。昏庸的皇帝听信谗言,担心檀道济军权过大会谋反。中国历史上虽不乏"主昏于上,政清于下"的例子,但很难持久。檀道济痛心疾首,十分气愤地谴责陷害他的行径为"乃复坏汝万里长城"。由此可见,至迟到此时,万里长城已经成为军事、国防的象征与标志,融入了爱国主义的情感。

唐代修建和使用长城很少,但《全唐文》记载唐太宗就说过:"秦筑城以备胡,未若选将为长城;汉设策以御戎,吾知得人为上策。"他明确地提出秦始皇修长城防御匈奴,不如选择能征善战的将领当作长城。在他的话语中,长城俨然已经是国防的代名词。

唐代诗人韩翃,曾写诗赞扬突厥族将领哥舒仆射是"万里长城家,一生唯报国"。在这里汉族诗人将身为突厥人的唐朝将领比喻成长城,说明这个时期民族融合的程度很高。

在明代长城的象征意义使用得更为广泛。《明太祖实录》记载,开国大将徐达曾被朱元璋誉为"万里长城"。徐达一生骁勇有谋,作战功勋和筑边功绩显赫,"万里长城"之誉当之无愧。

嘉靖十八年(1539)秋,杨守礼任钦差巡抚宁夏地方都察院右副都御史。他到任后整肃边防,修筑贺兰山赤木口等处长城,并决心要恢复北路镇远关、黑山营等军事据点。次年冬,以功升右都御史总督陕西三边军务。

杨守礼在宁夏任巡抚虽仅一年的时间,却受到宁夏地方父老高度赞扬。刘思唐的《筹边录序》中赞扬杨守礼道:"若假以久任,俾得究竟其设施,必能以身为西北长城,销北虏之患于未形。"嘉靖《宁夏新志》赞扬总兵官潘浩修建和戍守长城的功绩时说:"总兵官潘浩,能谨烽堠,迄今人以'潘长城'称之。"

中国古代军事家并不是一味地强调武力,都有追求和平的情怀。修建长城和戍守长城的名将戚继光,年轻时就有着自己对爱国主义的理解,他在世袭父亲的军职后,写下了"封侯非我意,但愿海波平"的诗句,表达的就是这样的情怀。

当然,古代的很多王侯将相把忠君和爱国等同起来。其实中国传统文化对此有非常清晰的分析。孟子就说:"君之视臣如手足,则臣视君如心腹;君之视臣如犬马,则臣视君如国人;君之视臣如土芥,则臣视君如寇仇。"

到了近现代,长城所代表的爱国主义精神,又添加了新的时代内容。主要表现为反对向西方列强出卖国家利益,反击西方帝国主义势力发动的侵略战争，保卫民族独立和领土主权，勇于为救国图强而不惜牺牲自己。

鸦片战争之后，中国成为欧洲扩张影响的主要地区，欧洲入侵者靠武力强硬地打开闭关的中国大门。面对外国列强的武力征服，本来已经完成了历史使命的长城浴火重生，实现了涅槃。对来自海上的入侵，建筑实体的长城防御体并无实质性的军事意义，但有鉴于长城在历史上曾经成功地保卫了农耕地区的安全，保卫了中原文明的延续和发展，长城逐渐与保家卫国的爱国情感紧密联系在一起。

战败的教训是惨痛的，代价之大举国难以承受。鸦片战争之后，战败的中国政府在西方强权的压迫之下，成为战争赔偿债务国。国家根本无力再发展经济和民生建设。西方对中国市场包括海关这样的国家机构的强行垄断，使中国政府的财源进一步枯竭。

那个时候，在强大的侵略者面前，国土沦陷，哀鸿遍野。处于一盘散沙状态下的中国迫切需要号召力，使全体中国人在危机面前迅速凝聚成一个有力量的共同体。将长城由历史而联系到民族，进而联系到国家，政治家和文化人经过一番思量和宣传，为危难中的中国、危难中的中华民族找到了精神支撑的形象，这就是长城。

日本侵略者于1931年9月18日侵占中国东三省后的第三天，宋哲元即率第二十九军全体官兵，向全国发出"抗日通电"："哲元等分属军人，责在保国。谨率所部枕戈待命，宁为战死鬼，不作亡国奴，奋斗牺牲，誓雪国耻。"

1933年元旦，侵华日军向山海关发起进攻，何柱国下令部队坚决抵抗，并发布《告士兵书》："愿与我忠勇将士，共洒此最后一滴血，于渤海湾头，长城窟里，为人类张正义，为民族争生存，为国家雪奇耻，为军人树人格。上以慰我炎黄祖宗天之灵，下以救我东北民众沦亡之惨。"

长城：追问与共鸣

《义勇军进行曲》中"起来，不愿做奴隶的人们，把我们的血肉筑成我们新的长城"更是唤起了数亿国人支持抗战、投身抗战的高涨热情。抗战期间，许多中华儿女高唱着这支歌奔赴最前线，有数百万中国军人在抗日的枪林弹雨中壮烈牺牲。

一时间，爱国的传单中、激扬的口号中和慷慨的歌声中，长城作为一个标志、一种语境成为中华民族保家卫国意识觉醒的代表。在反抗外来侵略和建设国家的过程中，长城就自然而然地成为爱国的精神标志，为全民族所认同。

每次去北京密云古北口长城和河北遵化长城，我都会去古北口烈士陵园和石门二十九军烈士陵园，庄重地向烈士墓鞠三个躬。1933年长城抗战，这些中国军人在"誓与长城共存亡"口号的鼓舞下，团结在一起英勇作战，壮烈牺牲在长城的怀抱里。

1935年10月初，中央红军北上抗战的长征队伍走到了宁夏固原六盘山西麓，毛泽东写下诗句"不到长城非好汉"，表达红军开赴抗日前线，以长城好汉的胸怀投身到救国救亡的战场之决心。抗战的中国军人，他们就是中华民族的万里长城。

经过半个多世纪，长城与救国、长城与爱国的表达，强化成亿万中国人心中的精神力量。1949年之后的爱国主义精神，更多地表现为维护国家统一，建设富强民主的现代化强国，实现中华民族的伟大复兴。在各个历史阶段，爱国主义精神都是推动社会发展的强大力量，这种神圣情感都在凝聚着社会各个阶层。

今天仍将中国人民解放军称为"钢铁长城"。不但在军事领域，在政治领域和人们的日常生活中，都可以见到长城的印记。长城文化的精神价值和审美意识，已渗透入中国社会文化的各个领域、各个方面。

在中国人的心里，长城不仅仅是一个古迹。长城是中国历史的缩影，是中华民族的代表物。在世界各地，即使是对中国了解不多的人也知道中国有万里长城。今天讲到长城，早已超出历史上军事防御工程的本来意义，成为中华民族记忆和情感的一部分。

我曾经在给大学生作报告时问过大家，爱"国"爱什么？今天怎样理解"国"这个概念？"国"有三个要素：首先是一片或大或小的地方，中国陆地面积约960万平方公里，内海和边海的水域面积约470多万平方公里。第二是这个地方生活着一群或多或少，以自己文化为根基的人，中国大陆总人口达13.6亿人。第三是这个地方和生活在这里的人的安全。

爱国就是爱我们赖以生存的土地，爱生活在这片土地上的人民，共同建设家园和维护国家的安全，爱祖国的优秀文化。爱国不仅是中华文化的精髓，也不仅是人民的义务和责任，应该是全人类的普世价值，爱国的概念是超越民族、国家和文化的价值观。

三　长城与勤劳顽强美德

我在大学作报告时，说了上述内容之后，曾有学生问我：如果只选择一个词来形容长城，您会选择什么？

我常说，会选择"顽强"。我很喜欢香港文联主席、著名画家张孝勇的话，他说：顽强是中国人性格和最本质的特征。什么叫顽强？张孝勇说顽强就是"明知其不可为而为之"。修建长城，充分体现出了这样的顽强精神。

长城，中国人民汗水和智慧的结晶。长城，中华民族精神的象征。勤劳和勇敢顽强是长城文化的特点，也是中华民族精神的主要内容。没有勤劳勇敢精神的民族，不可能建造出长城这样伟大的人类奇迹。古代生产技术不先进的情况下，主要依靠人力劳动完成长城建筑施工，而且又是在崇山峻岭、峭壁深壑之上，其艰难程度足以用艰苦卓绝来形容。

古今中外，凡到过长城的人无不惊叹其磅礴气势、宏伟规模、艰巨工程与防御意义。长城融汇了古人的智慧、意志、毅力以及承受力。古人正是凭借着勤劳、不怕困难与自强的品行，修建了长城，并在长城发展历程中，凝聚了精神意志。

数千年的长城修建史，表现了中华民族的坚强与勤劳，这样的独特思维和文化个性，成就了这个民族解决生存与发展问题的创造力。没有勤于劳作和勇于创造的精神，也就无法在数千年的时间里，修建成数条长城，使民族的生命力得以延绵不绝地传承。

中华民族漫长的历史发展过程里，就算在最危险的时刻也能转危为安，并且强大起来，自强不息的精神始终在发挥着作用。古人在长期的实践中，为了谋求生存与发展，探索出了以修建长城的方法和工艺，适应各个时期的政治、军事和经济形势，推动了社会的发展。

另一方面，长城给修建长城的人带来了很大的痛苦。在如此艰难的环境下，修建如此大的工程，为此付出生命的都不会很少，更何况是承受痛苦。勤劳勇敢，不等于不痛苦。不愿意承受痛苦，更不愿意付出生命的代价，也不能说就不勇敢勤劳。

中国古代文献中记载了很多对修建长城持批判观点的认识。这方面的表达，在古诗人最为明确。古代诗人写了很多的边塞诗，我读得最多的是东汉末年"建安七子"之一的陈琳作的《饮马长城窟行》。在没有开始关注长城之前，我就会背这首诗。徒步走长城时对家的思念，对亲人的牵挂，和诗中与妻子对话的那个士卒的心情完全相同。

第十八章　长城精神价值之洞见

说不好从什么时候开始，我更愿意一字一顿地读这首诗。把这首诗默写在纸上，再逐字地读。仿佛能从每一个字中读出一个个为长城而付出生命的律动感。

开始写这本书时，我就决定一定要用上这首古诗。现在，我把它放在这里，这一最适合的位置：

> 饮马长城窟，水寒伤马骨。往谓长城吏，慎莫稽留太原卒！官作自有程，举筑谐汝声！男儿宁当格斗死，何能怫郁筑长城。长城何连连，连连三千里。边城多健少，内舍多寡妇。作书与内舍，便嫁莫留住。善待新姑嫜，时时念我故夫子！报书往边地，君今出语一何鄙？身在祸难中，何为稽留他家子？生男慎莫举，生女哺用脯。君独不见长城下，死人骸骨相撑拄。结发行事君，慊慊心意关。明知边地苦，贱妾何能久自全？

诗人写出了长城修建者和戍守者的苦难。历史上有很多人，从这个方面批评修建长城。唐代胡曾在《长城》诗中写道："祖舜宗尧致太平，秦皇何事苦苍生？不知祸起萧墙内，虚筑防胡万里城。"

今天理解古代劳动者的这种牺牲，要站在为国家乃至为民族做出贡献的立场上来理解。2004年我的《瓦合集——长城研究文论》由科学出版社出版，我在自序《我与长城》中写道：

> 站在长城上，我看见孟姜女向我走来，她枯瘦的脸黑乎乎的，两挂清莹的泪珠，像是泉水似的不停地向外涌着。在孟姜女的前后左右是无数的长城修建者。那些卑贱的芸芸众生，在他们存在的年代里，每日塌腰弓背地劳作着，如履薄冰。但历史发展到今天，在我们感受长城伟大的时候，我认识到他们的

长城：追问与共鸣

智慧与血汗，早已镌刻在长城这座人类文明的丰碑之上。今天作为人类文化遗产的长城，也使长城修建者们拥有了智者的胸襟和英雄的风度。

古代劳动者修建长城时或许没有这样的理解，没有这样的认识，但这并不影响我们今天感受长城的伟大时，为建造长城的劳动者的勤劳勇敢和伟大发出由衷的赞叹，为先人伟大的创造力而骄傲自豪。

长城的修建者之勤劳的信念来自对家的负责和坚信，发扬的是"愚公移山"的精神。当被问到何时才能将山移走时，愚公信心十足地回答："虽我之死，有子存焉；子又生孙，孙又生子，子又有子，子又有孙，子子孙孙，无穷匮也。"

"愚公移山"的精神，就是长城文化所包含的勤劳勇敢、自强不息、奋发图强的顽强精神，是中华民族坚韧不拔、排除万难、不达到目的决不罢休精神的直接体现。赫赫有名的文人、名震四方的战将如此，为创造长城而做出巨大牺牲的无数劳苦大众亦如此。

这样正面的理解，是一种民族的自觉。一个民

作者（右一）在平型关徒步考察长城

族的文化层次越高,民族的整体稳定性也就越好,民族自觉意识也就越强。这些品行在今日世界形势错综复杂的环境下,显得尤为重要。中华民族长期存在与发展的基石,就是这种品质。

不仅是从国家的层面如此,对个人而言亦如此。我走了一辈子的长城,做了一辈子长城的事,我的长城之路走得愈发坚强且淡然,就得益于长城的历史与沧桑给予我们的勤劳勇敢、自强不息、奋发图强的顽强精神启迪。

四 长城与崇尚和平理念

1998年和2002年,先后有两位美国总统登上长城。中国外交部对此十分重视,精心挑选陪同美国总统的专家,要求此人不仅要对长城的历史了如指掌,更要表达出长城所代表的精神,我有幸接受了这个任务。

当美国总统面对长城这一人类最伟大的古代防御工程时,提出了一个大多数人都想知道答案的问题:为什么要耗费这么大的人力和物力来修筑长城?我给出了自己的答案:"要建立起农耕与游牧交错地带秩序才会修筑长城,中国人修长城是为了和平。"

我告诉美国总统:"建筑长城的人并不想打仗,只有渴望和平、不想打仗的民族,才会投入这么大的人力、物力建筑万里长城。修建长城的人不可能背着长城去打别人。"

布什总统参观完长城后,在留言簿上签名,我走上前对布什说:"请总统先生在长城上为和平写一句话。"布什欣然题写了"Peace to our people and best wishes."。新华社报道时翻译为"祝愿我们的人民永享和平"。

长城：追问与共鸣

长城是为不打仗而修建的，长城是和平的象征，这个观念，前辈季羡林、侯仁之诸位老先生一直在讲。游牧政权的每一次南下，给农耕地区带来的都是杀戮和生活被彻底打破后的混乱。中原政权对草原地区的征伐，铁骑所到之处同样对草原牧民的生活是极大的破坏。

"和平"一词最早出现在西周时期《周易·咸卦》的象传。原文为："天地感而万物化生，圣人感人心而天下和平。"修建长城为的是不打仗，或至少是为了减少打仗。中华文明不主张崇尚武力，讲"和平""和为贵"，奉行与人为善、以邻为伴的行为准则。不但讲"和为贵"，还强调"和而不同"，这样的思想境界反映了中国传统文化的本质特征。

尽量努力不让使用武力发展到近乎狂热的程度，始终是中华民族的一种文化追求。深入挖掘长城与中华文明的价值，对在世界范围内构建"和而不同"的和谐世界、建设多元共存的全球文明秩序，具有理论价值和现实意义。

杜甫诗句"安得壮士挽天河，净洗甲兵长不用"，很好地诠释了中国人追求和平的理念。在中华传统文化中，对于战争进行有效的控制，也是长城防御体系产生的文化基础。正是在这种文化背景下，在传统文化思想受到广泛关注和认同的情况下，古代王朝政权才会不断地修建长城。

只有更好地理解中华民族热爱和平的心理，把握中华传统文化的内敛特征，认识中华文化对战争尽量采取遏制的态度，才能真正地认识长城文化，认识到长城修建和使用的意义。即便对于战争，中华传统文化也是讲求以文武并用的手段来解决问题。类似"不战而胜"的想法，始终是兵家的最高层次追求。

中华民族文化中对待战争的态度有一个比较突出的提法，便是反对直接的战争威胁,讲求先礼后兵,在发生矛盾冲突的情况下,尽量争取以谈判的方式解决问题。就算冲突已经发生,军事行动也要适可而止,不要把对手置于绝地。

虽然这些思想并没有始终贯彻在所有的军事实践中,在战争过程中,使用残酷手段给予对手毁灭性打击的事例层出不穷,但并不影响中华传统文化"非战"的主体诉求,更不妨碍中华传统文化精神中追求和平的主流意愿,以及"非礼不动""非德不动""非危不战"的思想。

在诸子百家思想影响下、顺应春秋战国形势所修的长城,从其产生之日起,便在顺应战争形势的同时注入了和平的思想理念。尤其是墨子以其卓越的军事智慧,将守和御两者有机结合,在其筑城理念中加入国备思想,对中国长城的修筑产生了重大而深远的影响。

春秋战国之后,历代长城的修建过程中,都在强调和平与国备的思想。秦汉及以前所修长城,在一些时间段里有其攻城略地、最终实现天下一统的目的。成书于战国初期的《司马法》说:"古者以仁为本,以义治之之谓正。正不获意则权。权出于战,不出于中人。是故杀人安人,杀之可也;攻其国爱其民,攻之可也;以战止战,虽战可也。"为了更多人的安宁,为了制止最大规模的战争,古人确实曾经在短时间里利用长城作为进攻的前沿。

同样是在《司马法》中,还有这样的观点:"国虽大,好战必亡;天下虽安,忘战必危。"这就是辩证法,有备无患之精神核心是超越敌对立场的价值追求,长城的和平精神也是一种超越敌对关系的精神。几千年来,长城是永备防御工程,反映了中国古人希望用这一永备工程实现永久和平的愿望。

中国数千年来不断朝着统一、安定的方向发展,分裂战乱的时间相对较少，与长城蕴含的和平精神有着密不可分的关系。《孙中山全集》中孙中山对秦始皇的功过进行总结时说："秦始皇虽以一世之雄，并吞六国，统一中原……为一劳永逸计，莫善于设长城以御之。始皇虽无道，而长城之有功于后世，实与大禹之治水等。"

斯坦因实地考察西域后，在《斯坦因西域考古记》中提到"汉武帝的长城用意乃是作为大规模的前进政策的工具"，这是有一定道理的。但是，可以清楚地看到，古人以其智慧建造的长城，最终的目的是防御，通过防御最大限度地化解战争。

今日之中国，个人既畅想未来美好生活，也有对国家民族复兴的期盼，这一切的前提是和平。中国俗语"家和万事兴"，就表达了对安定生活向往的普遍认同。

当然，和平的维护要有理念，更要靠实力。让百姓从此再无战乱灾祸之忧，要靠实力说话。一味沉醉于歌舞升平之中，不但不会有和平环境，还会面临更大的国家和民族的危机。

19世纪晚期以来，积贫积弱的中国被欺负到无以复加的地步。处于挨打的地位不仅是因为我们落后了，政治上日益黑暗腐朽造成的社会动荡，使生产和社会生活遭受到严重破坏。在我们挨打的时候，已经没有了话语权。侵略者的枪炮之下，和平理念无法实现。

北京城在前门和宣武门之间有一座和平门，此门并非明清时期北京城的城门，而是1926年在城墙上新开，用以连通南新华街与北新华街的。这座城门初名"新华门"，1927年为了区别于中南海新华门，而改名为"和平门"。张作霖统治北洋政府时期，因日本人的反对而将此门改名为"兴华门"。一个国家在自己的国土上连将一座城门称作"和平门"的权力都没有了的时候，其维护和平就只能成为一句空谈了。

今天，中国开始走向繁荣富强。中国人的和平理念，有了对人类文明发展施加更大影响的可能性。长城所代表的中华文明之精神，将为人类文明贡献中国人的智慧。

五　长城——世界遗产

位于美国纽约的联合国总部，代表休息北大厅里挂着中国政府于1970年恢复中华人民共和国政府在联合国的合法地位后，在1974年赠送给联合国的长城挂毯。这幅长10米，宽5米的长城挂毯是天津毛毯二厂制作的，画面是八达岭长城，为何世尧的摄影作品。

中国政府于1985年12月12日，成为"世界遗产众约缔约国"。1987年长城等6处文化和自然遗产因其独特的历史、艺术和科学价值，被整体列入《世界遗产名录》。中国历史上修筑过的长城，都是世界遗产的一部分。长城世界遗产证书在位于八达岭长城的中国长城博物馆展出。

任何一个民族，在历史发展过程中都会有一些具有代表性的建筑留给世界，比如埃及的金字塔、印度的泰姬陵、希腊的帕特农神庙、罗马的竞技场等。中国的长城，也是具有这种价值的地标性建筑，而且是其中特别突出的代表。

长城在全世界已经成为中国的代名词，成为世界语境的中国符号。世界各国的游人到中国来，不论是国家元首、各界名人还是普通游客，只要有可能都要去参观长城，这让长城进一步成为联结中国与世界各国的文化桥梁。

联合国教科文组织的《执行世界遗产公约的操作准则》规定，文化遗产项目必须符合六项条件中的一项或几项方可获得批准。中国长城以符合五项条件的绝对优势，顺利通过审核。

长城：追问与共鸣

这五项条件是：

1. 代表一种独特的艺术成就，是一种创造性的天才杰作。

2. 在一定时期内或在世界某一个特定的文化区域内，对建筑艺术、纪念物艺术、城镇规划或景观设计方面的发展产生过比较大的影响，体现人类观念转变。

3. 能为一种已经消逝的文明或文化传统提供独特的至少是特殊的见证。

4. 可以作为一种建筑或建筑群或景观的杰出范例，展示出人类历史上一个（或几个）重要阶段。

5. 与具有特殊意义的事件或现行传统、思想、信仰、文学艺术作品有直接关系或实质联系。

世界遗产的六项条件中的"传统的人类居住地或使用地的杰出范例"被认为与长城无关，故未列入其中。实际上，长城沿线由军事聚落发展形成的城市和村镇，完全符合这一条件。只是在当时的环境下，各方面对此认识上有欠缺。

世界遗产委员会评价长城："约公元前220年，一统天下的秦始皇，将修建于早些时候的一些断续的防御工事连接成一个完整的防御系统，用以抵抗来自北方的侵略。在明代（1368—1644），又继续加以修筑，使长城成为世界上最长的军事设施。它在文化艺术上的价值，足以与其在历史和战略上的重要性相媲美。"

从这段世界遗产委员会当时的评价可知，列入《世界遗产名录》的长城绝不仅仅是明长城，更不是明长城的某一个地方，而是整体。包括秦始皇长城，也包括秦之前早期的秦、赵、燕长城。与秦、赵、燕长城同时期的其他战国长城，也应该包括在内。

第十八章 长城精神价值之洞见

今天,世界遗产长城,已经成为世界各国游人向往的旅游胜地。"不到长城非好汉"已经成为中外游人熟知的一句名言。雄伟壮丽、历史悠久、内涵丰富的长城,吸引着越来越多的游人。长城沿线山川秀丽,名胜古迹随处可见,对国内外游人也有很强的吸引力。

世界各国的朋友,只要来到中国,特别是来到北京,都会去看看长城,不然会深以为憾。全国各地长城,每天都会接待数千万的朋友。在对外交流方面,长城已经成为一条友谊的纽带,把中国和世界各地的朋友们连在一起。

北京八达岭长城自 20 世纪 50 年代正式作为参观景点接待各国政要以来,截至 2017 年,接待参观长城的世界各国首脑就有五百余位。八达岭长城游人最多时,一天就有七万余来自世界各地的朋友们。

长城是世界了解中国的一个窗口,原因就在于长城代表的是中国传统文化,中国传统文化的许多精微都可以在这里得以体现。长城这个巨大防御工程也充分体现了中国传统文化"非攻""非战"的战争选择观,世界各国的游人,在这里可以深入了解和切身感受蕴藏在长城上的中华文化思想。

最后,想和大家聊几句关于太空能不能用肉眼看见长城的问题,这是我在各地作报告讲《世界遗产——长城》时,人们会经常问到的问题。

我一般回答:我也不知道。

这是一个争论了很多年的话题,中国宇航员杨利伟从太空回来后,对这个问题的回答是"没有看到长城"。

我曾当面问过杨利伟,为什么只是说"没有看见",而不是说"看不见"长城。他说:"我说的没有看见,只是说我这次没有看见。"

关于在太空能不能看见长城,其实说"能看见"和说"看不见"的也都没办法证实自己的观点。前几年有科学家从理论推测得出"太空中看不到长城",很快这一结论又被另外的理论家给予理论上的否定。

我不知道在太空是否能看见长城,只知道在地球上可以看见太空中的卫星。1970年春天,我上小学五年级,学校安排看"东方红一号"卫星飞过我的家乡秦皇岛。这是中国发射的第一颗人造地球卫星,全国人民在不同的时间翘首等着看中国的第一颗卫星从自己头顶飞过的盛况。

大家真的看见了卫星当时同学们欢呼雀跃的情形,至今仍历历在目。现在知道了那颗卫星的轨道近地点高度是437.7公里,卫星的直径只有约1米,加上"观测裙"最宽的地方直径也不到4米。

据后来有人写回忆录说,中央当时对卫星发射提出了四点要求,"上得去,抓得住,听得到,看得见"。看得见,就是让全世界在地面上仅凭肉眼都看到这颗卫星,这是一项政治任务。

能在地面看见这颗不大的卫星,在条件合适的情况下卫星上的人是不是也能看见长城呢?我还是愿意相信有这个可能,更何况现在的长城体量要比卫星大得多,似乎比一个点状的卫星更容易被肉眼观察。

美国航天员尤金·安德鲁·赛尔南也多次声称,他在太空用肉眼看见了长城。没有理由怀疑赛尔南的说法,当然没有理由也可以不相信,因为谁也没有办法证明给大家看。

《中国新闻周刊》发文《太空中到底能不能看到长城?》,猜测赛尔南能看到,而杨利伟没看到的原因,说了五个理由:一是赛尔南上太空是三十多年前的事,那时空气污染还不严重,能见度良好。二是或许他眼睛很好,没有被长期航天员学习伤了视力。三是没有遇到沙尘暴和雨雪云雾。四是飞船位置、太阳角度以及季节植被亮度也许恰好适合观察长城。五是赛尔南160公里的最低轨道高度，比杨立伟的343公里低了许多，自然观察地面也更清晰。

关于在太空用肉眼能不能看见长城的争论，本身就说明了长城的伟大。只有长城这样的历史文化古迹，才能引起世界如此广泛的关注。太空与古老的长城相结合的话题还会延续，或许等将来太空游成为一种旅游项目之时，从太空看长城很可能会成为太空旅游的一大亮点。去太空旅游看长城，现在这代人是赶不上了，但仍然是令人充满期待。

不过，我们要保护好长城才行。否则到那时候，人可以随便上天了，可是长城没了，让后世子孙看什么呢？保护长城是一件刻不容缓的事，研究长城今年可以做，明年还可以做；这个世纪可以做，下一个世纪也可以做。保护长城就不一样了，不抓紧保护的话今年没一点，明年没一点，等到若干世纪之后能随便上太空，也看不到长城了。

北京八达岭长城

长城：追问与共鸣

这绝不是危言耸听，2009年4月19日《京华时报》报道，时任国家文物局副局长的童明康介绍国家长城资源调查成果时说：明长城总长度为8851.8公里，其中的人工墙体6259.6公里。按照《长城资源保存程度评价标准》，保存一般的1104.4公里，保存较差的1494.7公里，保存差的1185.4公里，已消失的1961.6公里。从这组数字可以看出，长城墙体保存状况总体堪忧，较好的比例只有不足10%，而已经消失的长城则占30%还多。

明长城资源调查数据公布那天，时任国家文物局局长的单霁翔说："不让长城再缩短一米。"他说这话时心情一定很激动，其实他的话表达的仅是决心而已，乐观之情溢于言表。

长城是中华民族祖先创造的伟大奇迹，我们这一代人要感受长城的伟大，子孙后代也有这个需要。所以，我们有责任保护好长城，给子孙后代传承下去。

保护伟大的世界遗产——长城，让我们携手同行！

主要参考文献

[1] 方诗铭、王修龄:《古本竹书纪年辑证》,上海:上海古籍出版社,2005年。
[2] 杨伯峻编著:《春秋左传注》,北京:中华书局,1981年。
[3] 缪文远、缪伟、罗永莲译注:《战国策》,北京:中华书局,2014年。
[4] 杨伯峻译注:《孟子译注》,北京:中华书局,2012年。
[5] 杨伯峻译注:《论语译注》,北京:中华书局,2015年。
[6] 孙诒让注:《墨子间诂》,北京:中华书局,1986年。
[7] 高华平、王齐洲、张三夕译注:《韩非子》,北京:中华书局,2015年。
[8] 黎翔凤:《管子校注》,北京:中华书局,2004年。
[9] 陈广忠译注:《淮南子》,北京:中华书局,2012年。
[10] [清] 朱彬:《礼记训纂》,北京:中华书局,1996年。
[11] [汉] 司马迁:《史记》,北京:中华书局,1979年。
[12] [汉] 班固:《汉书》,北京:中华书局,1974年。
[13] 王利器校注:《盐铁论校注》,北京:中华书局,1996年。
[14] [宋] 范晔:《后汉书》,北京:中华书局,1999年。
[15] [晋] 陈寿撰,[宋] 裴松之注:《三国志》,北京:中华书局,1982年。

[16]［晋］张华：《博物志》，南京：凤凰出版社，2017年。
[17]［唐］房玄龄等：《晋书》，北京：中华书局，2000年。
[18]［唐］李延寿：《北史》，北京：中华书局，1999年。
[19]［北魏］郦道元：《水经注地理疏证》，北京：线装书局，2017年。
[20]［北齐］魏收：《魏书》，北京：中华书局，1999年。
[21]［唐］令狐德棻等：《周书》，北京：中华书局，1999年。
[22]［唐］魏征：《隋书》，北京：中华书局，2000年。
[23]［唐］李百药：《北齐书》，北京：中华书局，1999年。
[24]［唐］杜佑：《通典》，北京：中华书局，1984年。
[25]［唐］李泰等撰，贺次君辑校：《括地志辑校》，北京：中华书局，1980年。
[26]［唐］李吉甫撰，贺次君点校：《元和郡县图志》，北京：中华书局，1983年。
[27]［晋］刘昫：《旧唐书》，北京：中华书局，1999年。
[28]［宋］欧阳修、宋祁：《新唐书》，北京：中华书局，1999年。
[29]［唐］李林甫等，陈仲夫点校：《唐六典》，北京：中华书局，2014年。
[30]［唐］吴兢撰，裴汝诚导读，紫剑整理：《贞观政要》，上海：上海古籍出版社，2009年。
[31]［宋］司马光：《资治通鉴》，北京：中华书局，1997年。
[32]［宋］李昉：《太平御览》，北京：中华书局，1960年。
[33]［宋］李心传：《建炎以来系年要录》，北京：中华书局，2013年。
[34]［宋］宇文懋昭：《大金国志校证》，北京：中华书局，1986年。
[35]［元］脱脱：《辽史》，北京：中华书局，1999年。
[36]［元］马端临：《文献通考》，北京：中华书局，1986年。
[37]［元］脱脱等：《金史》，北京：中华书局，2000年。
[38]［明］宋濂：《元史》，北京：中华书局，1976年。

[39]［明］严从简著，余思黎点校：《殊域周咨录》，北京：中华书局，1993年。

[40]［明］余继登：《典故纪闻》，北京：中华书局，1997年。

[41]［明］王士琦：《三云筹俎考》，台湾：商务印书馆，1966年。

[42]［明］戚继光：《纪效新书》，北京：中华书局，1996年。

[43]［明］戚继光撰，张德信校释：《戚少保奏议》，北京：中华书局，2001年。

[44]［明］戚祚国：《戚少保年谱耆编》，北京：中华书局，2003年。

[45]［明］申时行等：《明会典》，北京：中华书局，1989年。

[46]［明］陈子壮：《昭代经济言》，北京：商务印书馆，1936年。

[47]［明］陈子龙：《明经世文编》，北京：中华书局，1962年。

[48]［明］查继佐：《罪惟录》，杭州：浙江古籍出版社，2012年。

[49]［明］谈迁：《国榷》，北京：中华书局，1958年。

[50]［明］陈鹤：《明纪》，上海：国学整理社、世界书局，1935年。

[51]《明实录》，台北：中央研究院历史语言研究所校印，1966年。

[52]［清］龙文彬：《明会要》，北京：中华书局，1957年。

[53]［清］谷应泰：《明史纪事本末》，北京：中华书局，1977年。

[54]［明］李清：《三垣笔记》，北京：中华书局，1997年。

[55]［明］顾炎武：《天下郡国利病书》，上海：上海古籍出版社，2012年。

[56]［清］孙奇逢、孙承泽：《畿辅人物考》，北京：北京古籍出版社，2013年。

[57]［清］马骕撰，王利器整理：《绎史》，北京：中华书局，2002年。

[58]［清］顾炎武：《日知录》，兰州：甘肃民族出版社，1997年。

[59]［清］顾祖禹：《读史方舆纪要》，北京：中华书局，2005年。

[60]［清］赵翼：《廿二史札记》，北京：中华书局，1984年。

[61]［清］福隆安等：《钦定八旗通志》，北京：国家图书馆出版社，

2013年。

[62] [清] 穆彰阿、潘锡恩等纂修：《大清一统志》，上海：上海古籍出版社，2008年。

[63] [清] 傅恒：《平定准噶尔方略》，乌鲁木齐：新疆文化出版社，2017年。

[64] [清] 张廷玉等：《明史》，北京：中华书局，2000年。

[65] [清] 屠寄：《蒙兀儿史记》，北京：中国书店，1984年。

[66] [清] 张穆：《蒙古游牧记》，太原：山西人民出版社，1991年。

[67] [清] 张廷玉：《清朝文献通考》，北京：商务印书馆，1927年。

[68] [清] 席裕福：《皇朝政典类纂》，台北：文海出版社，1969年。

[69] [清] 钱骏祥：《宣统政纪》，《辽海丛书》，沈阳：辽海书社，1934年。

[70] [清] 温达等：《亲征平定朔漠方略》，北京：中国藏学出版社，1994年。

[71] 《清实录》，北京：中华书局，2008年。

[72] 赵尔巽等：《清史稿》，北京：中华书局，1998。

[73] [明] 孙世芳：《宣府镇志》，《中国方志丛书》，台北：成文出版社，1969年。

[74] [明] 任洛等：《辽东志》，《辽海丛书》，沈阳：辽海书社，1934年。

[75] [明] 刘效祖，彭勇、崔继来校注：《四镇三关志校注》，郑州：中州古籍出版社，2018年。

[76] [明] 朱栴：《正统宁夏志》，北京：中国社会科学出版社，2015年。

[77] [明] 胡汝砺：《宁夏新志》，《中国方志丛书》，台北：成文出版社，1969年。

[78] [明] 杨经：《嘉靖万历固原州志》，银川：宁夏人民出版社，1985年。

[79] [明] 卢承业，[清] 马振文：《偏关志》，太原：山西人民出版

社，1983年。

[80]［清］张上龢、史梦兰：《抚宁县志》，《中国方志丛书》，台北：成文出版社，1969年。

[81]［清］吴廷华、王者辅：《宣化府志》，《中国方志丛书》，台北：成文出版社，1969年。

[82]［清］刘起凡：《开原县志》，《辽海丛书》，沈阳：辽海书社，1934年。

[83]［清］宋琬、路遴：《永平府志》，北京：中国审计出版社，2001年。

[84]［清］黎中辅纂，许殿玺校注：《大同县志》，太原：山西人民出版社，1992年。

[85]［清］魏元枢、周景柱：《宁武府志》，台北：学生书局，1968年。

[86]［清］吴重光：《代州志》，台北：学生书局，1968年。

[87]［清］高弥高：《肃镇志》，《中国方志丛书》，台北：成文出版社，1969年。

[88]［清］黄文炜：《重修肃州新志》，台北：学生书局，1967年。

[89]［清］李熙龄纂修，陕西省榆林市地方志办公室整理，马少甫校点：《榆林府志》，上海：上海古籍出版社，2014年。

[90]［清］陈士桢修，涂鸿仪编辑：《兰州府志》，《中国方志丛书》，台北：成文出版社，1976年。

[91]［清］钟赓起：《甘州府志》，《中国方志丛书》，台北：成文出版社，1976年。

[92]［清］杨应琚：《西宁府新志》，西宁：青海人民出版社，1988年。

[93] 珠荣嘎：《阿勒坦汗传》，呼和浩特：内蒙古大学出版社，2014年。

[94] 罗振玉、王国维：《流沙坠简》，北京：中华书局，1993年。

[95] 罗哲文：《长城》，北京：北京出版社，1982年。

[96]［美］F.J.梯加特：《罗马与中国——历史事件的关系研究》，郑州：大象出版社，2009年。

[97] 陈可畏：中国长城协会编《长城国际学术研讨会论文集》，沈阳：吉林人民出版社，1995年。

[98] [法]雷纳·格鲁塞著，龚钺、翁独健译：《蒙古帝国史》，北京：商务印书馆，1989年。

[99] [意]利玛窦撰，何高济、王遵仲、李申译：《利玛窦中国札记》，北京：中华书局，1983年。

[100] [美]斯塔夫里阿诺斯：《全球通史：从史前史到21世纪》，北京：北京大学出版社，2006年。

[101] [美]拉铁摩尔著，唐晓峰译：《中国的亚洲内陆边疆》，南京：江苏人民出版社，2010年。

[102] [英]奥里尔·斯坦因著，向达译：《斯坦因西域考古记》，乌鲁木齐：新疆人民出版社，2013年。

[103] [英]阿诺德·汤因比著，[英]D.C.萨摩维尔编：《历史研究》，上海：上海人民出版社，2016年。

[104] 彭占杰：《金代长城遗址出土三方官印考》，《辽海文物学刊》，1995年第2期。

[105] 李治亭、王桂平：《努尔哈赤与皇太极亡明辨》，《社会科学战线》，1997年第3期。

[106] 白音查干：《长城与汉匈关系》，《内蒙古师大学报》，1998年第6期。

[107] 李文龙：《保定境内战国中山长城调查记》，《文物春秋》，2001年第1期。

后　　记

　　写作这本《长城：追问与共鸣》，源于我在长城的人生之路上，经常地会问一下自己"为什么"的念头，这并不只因为我有多敬业，而是因为对长城我有太多不懂的地方。我相信，会有很多想了解长城的人，也想知道这些为什么。

　　在这本书的写作过程中，我尽量去关注大众的文化视角，而不仅是在学术的层面上来思考和观察。这是一本为那些真想了解长城，并通过了解长城而增进对中华文化的理解的人而写的书。

　　两年前燕山大学出版社社长陈玉找到我约一本书稿。她说很想出版一本既有一定的学术含量，又能令长城爱好者有阅读快感的书。当时我担任总主编的国家"十二五"项目《中国长城志》，正处于最后冲刺的阶段，但我还是答应她，忙过这段时间，一定抓紧写一本这样的书。

一

　　我出生在河北秦皇岛，如果说每一个人身上都有家乡的烙印，那么家乡给我留下的痕迹就是长城。我降生到这个世界，降生到秦皇岛，一定是带着长城使命来的。从另一方面讲，没有家乡的长城，也就没有我的长城人生。所以,我首先要感恩家乡和家乡的长城。

徒步考察长城之初,完全是很自我的事。不曾想会在这条路上走这么长的时间,更没想到会在这条路上走得这么远。一件事由自己喜欢,变成了社会责任。我的长城之路,经过深思熟虑后所决定。我相信如果有下辈子,我还会做这样的选择。

感恩家乡和长城之外,我还要感恩时代,我们这一代人,生活在改革开放这个有激情和理想的年代。我们满怀对未来的憧憬,渴望学习并努力突破自己。

我很幸运,家乡有长城,又赶上了好时代。我一生都跋涉在长城上。在长城的怀抱里,一直在感受长城的天高地远。我的长城之路,是一条无边无际的路,是一种精神的皈依。长城的雄伟壮阔,培育了我的真诚,使我渐渐地有了深沉的历史情怀。

二

走完长城之后,我们用了十个月的时间,以"华夏子"的名字写作并出版了徒步考察长城的报告《明长城考实》,随后又完成了一本通俗读物《长城万里行》。事实上,原来只是以为把书写完就完了,没想到后来会一辈子献身长城。

在那之后,我去北京大学学习了两年,开始了有关长城的学术研究。期间,我参与筹备中国长城学会的创建。1987年,中国长城学会成立,成为民政部注册的唯一一家以研究、宣传、保护长城为主旨的国家一级社团组织。我从副秘书长、常务副秘书长、秘书长、副会长、常务副会长,一直走到今天。

从那时起,我就开始了与长城有关的专职工作,长城事业成为我人生目标的不二选择。徒步考察长城是我今生受益最大的一段时光,按理说这样的时光应该是永难忘怀。

实际上，若不是外界提起，我已经很少能想起这段经历。徒步考察长城这件事，仿佛已经离我很远很远。也曾有过夜深人静时，自己突然回首这 30 多年来的长城之路，而独自百感交集。不过，这样的时候很少。

三

30 多年来，我虽然为长城的研究和保护倾注了所有的希望和激情，但是至今依然没有多强的成就感。我这一辈子，只做了长城研究与保护这么一件事。几十年我一直在做长城的事，看来这一辈子也不会离开长城了。一辈子真的很短，转瞬间已是白头。

几十年中不断有记者采访时问我："研究长城的路上，有没有遇到过瓶颈？"我说："自己每天都生活在瓶颈中，干的都是力不从心的事。"记者又问我："奋斗在瓶颈里，想没想过放弃？"我笑道："习惯了。或许，离开瓶颈，反而会不习惯。"我这样说，想表达的意思是，对于我来说长城研究之路并不是那么一帆风顺。

我的长城之路，更像是我人生的修炼。几十年来始终在做的事，都是一个人的修炼过程。我的修炼场所，就是苍茫大地上的中国历代长城。在修炼之中，我的身体保持着健康，我的意志更加坚韧、坚强。三十五年来，我努力在沉淀自己，努力在寻找内心最真实的精神需求。

四

在我与长城结缘的三十五年中，走过了太多的长城，也阅读了很多的长城文献。我这一生可能就做了这么两件事：一是不断地在走长城，一是不断地在读与长城相关的书。

如果将我的长城人生比喻成爬山的话，我这几十年，一直在爬"走

长城：追问与共鸣

长城"和"读长城"这两座高山。我一直在攀登，在有生之年，还要继续攀登。因为，我觉得长城文化的核心价值，需要作出既符合历史，又符合时代精神的重新解释。

在大学开讲座时，曾有大学生问我：几十年如一日，研究长城，保护长城，是怎么坚持下来的？我告诉他们，没有坚持，也不需要坚持。就如同我们吃饭，一年吃一千多顿饭，怎么坚持吃这么多饭？我们没坚持，饿了就吃，仅此而已。

每个人生命的长度都是可知的，再长也就那么百十年，长不到哪去。不过，说到生命的深度乃至生命的宽度，变数就大了。长城是我生命的一部分，使我生命的深度和宽度都有了最大限度的延展。生活努力的空间大了，生命的价值也就随之大了。

五

一个研究者和研究对象之间应该保持有一定的距离，这样他的研究成果才能更接近于客观。我和长城之间的感情过于深，我的书中有一些对长城的过度赞誉，对其价值进行过度解读的情况是肯定有的。就如同面对一个恋人时，对她很小的一个举动、一个表情都会赋予很多的意义一样。

我爱长城，爱我的国家和民族，却无意让自己承担某种政治角色。经常会有人问我："你对批评长城的观点怎么看？"我认为很正常，我能够接受。就如同我的父亲有缺点有毛病，别人批评他，我能够接受一样。但你最好别在我面前指着他的鼻子，这与批评无涉，关乎情感。

我相信，即便是主张"长城无用论"的长城研究者，绝大多数人的目的，也不一定是要贬损中国的历史。他们的观点能提醒社会看到阳光下的阴影。但我始终坚定地认为，长城是中华文化的根基、文化自信的基石。

六

事物总是处于不断地被创造、不断地遭受毁灭的过程。所谓对永恒的追求，也正是因为生命始终面临着危机。可是长城这样的物质文化遗产，则只有毁灭一个方向。

这也是我们为什么要强调长城保护的原因，我们保护的努力都是为了减缓长城毁灭的过程。就如同我们每一个人，都尽量地保健、尽量地养生，延缓身体的衰老，争取延年益寿一样。

我们保护长城不仅是要保护长城的建筑，还要保护长城的风骨。这是这么多年来，我不断呼吁修缮长城要坚持最小干预的原则的原因。我衷心地希望，长城风骨永存。这也是我近十几年一直努力呼吁甚至公开批评长城修缮问题的原因。中央财政投入大量经费修缮长城，不能达到保护长城的目的，就已经不对了。如果再对长城造成破坏，那可就是罪过了。

七

长城事业，包括长城研究和保护利用，早已经成为我的理想。有理想，就要有承受被理想折磨的准备。理想在远远地向你招手，可是当你奔跑过去的时候，理想又是那么的遥不可及。这是我30多年来做长城保护的一种感受。

追求理想的前进道路上，有荆棘和坎坷，寂寞和孤独，更有迷茫和不知所措。当你被折磨得精疲力竭之时，或许是幸运离你最近的时候。

能否实现理想，要看你是否能扛住各种折磨。真正到达理想彼岸的人很少，更多追求理想的人，都是在被折磨的路上。忍耐着，迷茫中忍耐着前行，是我对年轻人的忠告。

<h2 style="text-align:center">八</h2>

长城是中国历史和中国文化的荣耀。长城这个研究对象太重大了，时间太悠久了，规模也太巨大了。所以，人们在描述长城时最常用的词是雄伟、伟大。以往的长城研究，也多是宏大的叙事。

出现这样的现象，一点也不奇怪。但是过于宏大的叙事，会使我们的成果损失很多重要的东西。所以，我觉得在面对伟大长城的同时，还要更加注意一些细节的研究，特别是人类学视角下的研究。这方面我做得还不好，还要继续地努力。我知道这是很困难的一件事，也正因为既需要又困难，才更有意义。

<h2 style="text-align:center">九</h2>

我还想谈一下长城学。为什么要谈长城学的问题呢？因为，这是我的努力方向。建立长城学，是我的奋斗目标。有朋友说我谈到长城学的时候，有一种天真与率性，我喜欢这种与年龄无关的精神状态。

这是一件非常艰巨的事情，需要做出非常艰苦的努力。长城学是从总体上研究长城的一门学问，是对长城进行综合研究的学科。也就是说，长城学是一门关于长城的综合性认识科学，任务是把各部门科学对长城不同侧面、各个层面的认识有机地组合起来，达到对长城的总体认识。

长城学有三个特征。第一是个体性。长城学分别对不同时间、不同空间的长城进行研究。第二是整合性。长城学主要是运用哲学方法和相关学科知识，对长城的各个侧面进行综合研究，借以获得对长城的完整认识。第三是科学性。长城学不但要揭示长城的存在和发展,而且要揭示它反映出的人类历史发展规律。

在中国,可以说没有任何的文化遗产像长城一样,对中国历史和文化的发展,有着如此之大的影响。长城研究已经有了很多的成果,但显然这还远远不够。这是我们为什么要致力于推动长城学的学科建设的原因。

十

我还想谈一下长城的利用,这也是我今后工作的一个重点。长城工作首先是保护,第二就是利用。今天长城的利用,主要还是区域整体发展或者休闲度假相结合的基本业态,所以我们要提高政府、企业、社会组织对长城保护的积极性。当然,也还要激发农民的积极性。

毫无疑问,旅游是对长城利用的重要形式。中国文化遗产研究院编的《爱我中华,护我长城——长城保护2006—2016》中记载全国长城旅游景区有92处。其中包括专门的长城观光景区45处,综合景区47处。据我所知,这个数据显然是过于保守了。我所说的长城利用,并不是政府或企业又建了多少个卖票挣钱的景区。我的愿望是要让祖祖辈辈生活在长城脚下的农民,能因为长城保护和利用而受益,要让他们能过上更好的生活。

最后,我想强调,个人的一己之力虽然是有限的,但我的长城之路还要往前走。今后会有收获,或许也还会有遗憾和伤感。在长城的怀抱,我依然会爱憎分明。总的来说,我是一个喜欢简单的人。2000年5月我们从长城回来发生那场两死三重伤的车祸,我也昏迷了数日,浑身多处粉碎性骨折。在恢复期间不能看书,不能去长城,乃至严重脑震荡之后不能思考。我选择了儿时曾简单学过的画画。

我和几位好朋友、画家一起,在北京通州宋庄做了一个美术馆,

长城：追问与共鸣

名为上上美术馆。我给自己起了一个笔名，叫一十。很多朋友问过我，为什么起这样一个名字？我回答，我喜欢简单。实际上这是一个竖着写的干字，这是我情有独钟的字。人的一生总是要干点事的，而且干就要争取干好。

我这一辈子，选择了长城，从1982年开始准备徒步考察长城算起，可以说是简简单单地干了一件不是很简单的事。退了休，原本就不多的物欲和名声的追求，越发地淡了。为长城做事的投入，更仿佛是一件自然天成的过程。岁月的磨砺无法使我变得更温和。我觉得这也是一种返璞归真的通透，是我的一种活法。研究长城时间越长，越感觉对长城知之甚少。关于长城有关的为什么，我还将继续地追问下去。

图书在版编目（CIP）数据

长城：追问与共鸣 / 董耀会著 . — 2 版 . — 秦皇岛：燕山大学出版社，2020.4（2021.6 重印）

ISBN 978-7-81142-997-8

Ⅰ . ①长… Ⅱ . ①董… Ⅲ . ①长城－文化研究 Ⅳ . ① K928.77

中国版本图书馆 CIP 数据核字（2021）第 089326 号

长城：追问与共鸣（修订版）
董耀会 著

出 版 人	陈　玉
图书策划	陈　玉　裴立超
责任编辑	柯亚莉　朱红波　裴立超
封面设计	吴　波
出版发行	燕山大学出版社
地　　址	河北省秦皇岛市河北大街西段 438 号
邮政编码	066004
电　　话	0335-8387555
印　　刷	秦皇岛墨缘彩印有限公司
经　　销	全国新华书店

开　本：880mm×1230mm 1/32	印　张：14.875	字　数：350 千字
版　次：2020 年 4 月第 2 版	印　次：2021 年 6 月第 4 次印刷	
书　号：ISBN 978-7-81142-997-8		
定　价：76.00 元		

版权所有　侵权必究

如发生印刷、装订质量问题，读者可与出版社联系调换

联系电话：0335-8387718